中国民政事业高质量发展研究（2010～2017）：功能定位、现状评估及发展战略

曾　鹏　邢梦昆　侯岚芬　著

中国财经出版传媒集团

经济科学出版社
Economic Science Press

图书在版编目（CIP）数据

中国民政事业高质量发展研究：2010－2017：功能定位、现状评估及发展战略/曾鹏，邢梦昆，侯岚芬著．—北京：经济科学出版社，2021.8

ISBN 978－7－5218－2093－5

Ⅰ.①中… Ⅱ.①曾…②邢…③侯… Ⅲ.①民政工作－研究－中国－2010－2017 Ⅳ.①D632

中国版本图书馆 CIP 数据核字（2020）第 228800 号

责任编辑：李晓杰
责任校对：李 建
责任印制：范 艳 张佳裕

中国民政事业高质量发展研究（2010～2017）：功能定位、现状评估及发展战略

曾 鹏 邢梦昆 侯岚芬 著

经济科学出版社出版、发行 新华书店经销

社址：北京市海淀区阜成路甲 28 号 邮编：100142

总编部电话：010－88191217 发行部电话：010－88191522

网址：www. esp. com. cn

电子邮箱：esp@ esp. com. cn

天猫网店：经济科学出版社旗舰店

网址：http://jjkxcbs. tmall. com

北京季蜂印刷有限公司印装

787×1092 16 开 24.5 印张 510000 字

2021 年 9 月第 1 版 2021 年 9 月第 1 次印刷

ISBN 978－7－5218－2093－5 定价：92.00 元

（图书出现印装问题，本社负责调换。电话：010－88191510）

（版权所有 侵权必究 打击盗版 举报热线：010－88191661

QQ：2242791300 营销中心电话：010－88191537

电子邮箱：dbts@ esp. com. cn）

作者简介

曾鹏，男，1981年7月生，汉族，广西桂林人，中共党员。哈尔滨工业大学管理学博士，中国社会科学院研究生院经济学博士（第二博士），中央财经大学经济学博士后，经济学二级教授，现任广西民族大学研究生院院长，重庆大学、广西民族大学博士生导师。是国家社会科学基金重大项目首席专家、教育部哲学社会科学研究重大项目首席专家、"广西五一劳动奖章""广西青年五四奖章"获得者，入选国家民委"民族问题研究优秀中青年专家"、国家旅游局"旅游业青年专家"、民政部"行政区划调整论证专家"和"全国基层政权建设和社区治理专家"、广西区党委、政府"八桂青年学者"、广西区政府"广西'十百千'人才工程第二层次人选"、广西区党委宣传部"广西文化名家暨'四个一批'人才"、广西教育厅"广西高等学校高水平创新团队及卓越学者"、广西区教育工委、广西教育厅"广西高校思想政治教育杰出人才支持计划"卓越人才、广西知识产权局"广西知识产权（专利）领军人才"等专家人才称号。

曾鹏教授主要从事城市群与区域经济可持续发展方面的教学与科研工作。主持国家社会科学基金项目5项（含重大项目1项、重点项目1项、一般项目1项、西部项目2项）、教育部哲学社会科学研究后期资助重大项目1项、中国博士后科学基金项目1项、省部级项目20项。出版《珠江—西江经济带城市发展研究（2010－2015）（10卷本）》《中国—东盟自由贸易区带动下的西部民族地区城镇化布局研究——基于广西和云南的比较》《中西部地区城市群培育与人口就近城镇化研究》《西南民族地区高速公路与特色旅游小城镇协同研究（中、英、日、朝鲜四种语言版本）》等著作8部（套）；在《科研管理》《自然辩证法研究》《社会科学》《国际贸易问题》《农业经济问题》等中文核心期刊、CSSCI来源期刊、EI来源期刊上发表论文103篇，在省级期刊上发表论文25篇，在《中国人口报》《中国城市报》《中国经济时报》《广西日报》的理论版上发表论文40篇，在CSSCI来源辑刊、国际年会和论文集上发表论文26篇。论文中有9篇被EI检索，有4篇被ISTP/ISSHP检索，有88篇被CSSCI检索，有3篇被《人大复印资料》《社会科学文摘》全文转载。学术成果获省部级优秀成果奖26项，其中广西社会科学优秀成果奖一等奖1项、二等奖4项、三等奖7项；国家民委社会科学优秀成果奖二等奖1项、三等奖1项；商务部商务发展研究成果奖三等奖1项、优秀奖1项；团中央全国基层团建创新理论成果奖二等奖

1 项；民政部民政政策理论研究一等奖 1 项、二等奖 4 项、三等奖 3 项、优秀奖 1 项。

邢梦昆，男，1995 年 9 月生，汉族，河北石家庄人，中共党员，广西民族大学民族学专业博士生，主要从事民族地区与区域经济可持续发展方面的科研工作，发表论文 5 篇，其中 3 篇被 CSSCI 检索；参与研究省部级项目 2 项，厅局级项目 4 项。

侯岚芬，女，1996 年 8 月生，汉族，广西桂林人，中共党员，广西大学马克思主义理论专业博士生，主要从事区域经济可持续发展方面的科研工作，发表论文 2 篇，其中 1 篇被 CSSCI 检索；参与研究省部级项目 2 项，厅局级项目 4 项。

前　言

　　伴随着中国特色社会主义新时代的到来，经济社会快速发展，人民生活质量不断提高，我国社会主要矛盾已经转化为人民日益增长的美好生活需要和不平衡不充分的发展之间的矛盾。与此同时，内容更加复杂、层次更加多样、覆盖面积更广的多元化现代民生问题逐渐显现出来。目前，我国的民政事业也存在着发展不充分不平衡的问题，整体来看西部地区的民政事业由于受到历史、经济发展等多方面因素影响，与东部地区的发展差距较大。伴随着我国经济进入新常态以及国家的"西部大开发"等政策的不断引导，虽然西部地区民政事业的发展水平依旧落后于东部地区，但是也有所提升，如何进一步引导、推动中国民政事业的高质量发展进而解决新时代背景下的新型社会问题是摆在眼前的重要任务。

　　党的十八大以来，习近平总书记发表的一系列重要讲话涉及很多关于民生、民政事业的重要指示，民政工作关系民生，连着民心，是社会建设的兜底性、基础性工作。现阶段民政工作应当加强党的建设，进行工作机制的创新和服务观念的转变，密切关注基础性的民生问题，更好地履行民生保障、基层社会治理、基层社会服务的职责，全面推动民政事业的高质量发展，以满足人民的新型需求，解决社会出现的新型问题，为全面建成小康社会做好保障，为建设社会主义现代化国家做出贡献。

　　目前，关于民政事业的研究大多还停留在理论分析和工作经验总结上，甚至有一些研究者认为民政事业没有理论。民政事业的理论研究较为滞后，这是因为民政部门的职能较为分散，民政事业包含的内容和涉及的学科较多，影响民政事业发展的因素较为复杂，致使专业研究人员较少，大部分研究成果是民政工作人员通过总结工作经验所得。

　　本书以中国民政事业高质量发展为研究对象，从功能定位、现状评估及发展战略三方面对民政事业进行了系统的研究，理论层面上详细论述了新时代背景下经济社会对民政事业的新型要求以及高质量的民政事业如何推动经济社会的进一步高质量发展，就民政事业如何高质量发展进行了充分讨论，同时对中国民政事业的发展现状进行了充分的数据测评，分析出当前中国民政事业发展的优缺点，进而针对性地提出了相关的发展战略。研究成果对于推动中国民政事业高质量发展、明确民政事业功能定位、优化民政事业工作机制、破解民政事业不平衡不充分发展的难题具有重要的理论价值和现实意义。

　　本书观点鲜明，逻辑缜密。首先，回顾了中国民政事业的发展历程，以及发展特征与趋势，分析了新的历史条件下民政事业所面临的脱贫攻坚战进入决胜期和弱势群体扩大、人口老龄化进一步加深和老年需求增多、婚姻登记工作复杂性和殡葬观念落后、社会治理主体多样化和民主化进程推进等新型社会形势。其次，对中国民政事业高质量发展展开理论框架分析，阐明了经济社会和民政事业之间的相互关系，明确了高质量的民政事业对经济社会的积极作用，并对民政事业高质量发展的内涵进行界定和特征总结，在对民政事业高质量发展的构成维度进行深度剖析的基础上，进而将民政事业高质量发展的重点划分为社会救助、社会事务、基层社会治理、养老福利四个方面，探寻出影响民政事业高质量发展的关键因子，并详细论证了他们之间的逻辑关系，在理论层面上构建了中国民政事业高质量发展的研究框架。再次，对中国民政事业高质量发展展开了实证分析，构建了包含145个四级指标、18个三级指标、5个二级指标的中国民政事业高质量发展指数评估体系，通过灰色综合评价法对全国民政事业高质量发展综合水平包含经济建设支撑水平、社会救助兜底水平、社会事务覆盖水平、基层社会治理水平和养老福利普惠水平五方面的变化趋势和差异性进行了测算分析，得出全国民政事业高质量发展中存在的突出问题。最后，针对现状评估中所分析出的突出问题，秉承"覆盖面广，精细度高""政府主导，多元参与""管理兜底，服务为先"的理念从推动民政事业均衡发展、促进机构优化和人才建设、创新机制提升服务质量三个角度进行了相关发展战略建议。

曾　鹏

2021 年 5 月

目 录
Contents

第一章

绪　论

关切人民群众、维护人民利益是国家稳定、社会发展的重要支撑，民政工作关系民生、连着民心，是社会建设的兜底性、基础性工作。所以，处理好与人民群众日常生活密切相关的民政工作是十分必要的。

第一节　研究背景及问题的提出

一、研究背景

民政这一概念在中国由来已久，是由政治、经济发展到一定程度所衍生出的，民政事业是极其具有中国特色的，它泛指中国历朝历代的政府以人民群众为服务对象，以维护人民切身利益为目的一系列具有社会性、政治性的社会行政管理服务工作。中国最早的民政工作可以追溯至三千年以前，西周时期就已经有了领土划分，设置行政组织、调解民事纠纷等社会管理举措。随着社会生产力的不断发展，社会对于民政工作的需求不再仅仅满足于划分领土、设置行政组织等服务于政府的举措，而需要更多地深入人民生活当中，所以在唐宋时期，"民政"这一概念被正式提了出来，由于受"民本"思想的影响，"安民立政""修治民政"的出现证明"民政"这一概念被赋予了新的意义，虽然这些概念的提出是广泛的代指有关人民群众的一切社会行政管理事务，并且没有设施专门的民政机构，没有形成系统的民政体系，但是这种为民考虑的做法体现出了民政工作对国家和政府的意义。近代以来，社会现实的巨大变革和西方先进思想的传入，使我国的民政体系逐渐开始形成并完善，主要分为以下几个阶段：

第一个阶段是近代的独立民政体系得以确立。清末，中国历史上首次设立了专门的民政机构，当时的民政部是总管全国公安、内务、民政事务的最高机关。具体管理事务为：地方区划、警政、新闻出版、清查户口、市政管理、医疗卫生、社会救助、风尚习俗、宗教寺庙等诸多方面，不同于现代意义的民政部，清末时期的民政部门涵盖了现代民政、公安、城建、卫生等多方面的内容，是一个职能庞杂的综合机构。虽然民政部的设立标志着中国独立民政管理体系的确立，但是仍有许多缺陷与不足：在地方并没有建立独立的民政机构，没有从上至下的系统民政体系，这就导致了诸多民政事务不能很好地在地方顺利实施；官员设置不合理，冗官冗衙长期存在，影响行政效率，浪费政府资源，加重了财政负担；部门职责庞杂，使得民政部任务繁重，在实际运作中往往有权责不清、效率低下的问题出现。辛亥革命后，全国实行新的行政体制，行政机构更加专业化。在北洋军阀和国民党统治时期，中央政府都会设置内务部管理全国内务行政，业务内容基本和清末民政部相似，在这一阶段中，一般会在政府职能机构中把民政部作为必设机构。

第二个阶段是 1949～1978 年有关民政体系的探索。新中国成立后，国家在经济、社会、政治等方面都亟待稳定规范的政策规划，中国共产党参照在革命解放区的执政经验迅速建立了一个基本完整的政府管理机构。民政事业的相关职能被划分到内务部及地方民政部门，这标志着我国民政职能体系框架的确立。在新中国成立的初期，内务部的管理范围十分广泛，第一任内务部部长谢觉哉认为只要是人民的事务，没有别的专业部门管就都应该由民政部来管理。内务部最初的机构设计包含了办公厅、干部司、民政司、社会司、地政司、优抚司等。从各部门的具体职能而言，办公厅负责内务部内部的相关文件流转与日常办公，干部司主要负责部门内部人员的调动、培训等事宜，民政司主要负责指导地方人民政权建设、行政区划制度与地名设置、户籍人口的登记管理，社会司主要负责相关社会福利与社会事务的供给服务，地政司主要负责城市与农村的土地工作，优抚司主要负责烈士、军人、工人家属、残障人群的优抚工作。由以上各机构的职能划分可以看到，在新中国成立的初期，由于百废待兴，亦为了适应初期建设的需求，政府的相关部门的管理范围也相对宽泛；同时也可以看到内务部除了在社会福利与社会事务、行政区划与地名、社会优抚事业、抗灾救灾等方面展开日常工作外，也承担了如人口、土地、人民政权建设等特殊历史时期的职能任务，这也能从内务部各机构的名称上反映出来。1954 年的政府政策文件《事务院关于民政部门与各有关部门的业务划分问题的通知》将社会救济、人口安置、医疗费用减免、烈士陵园修建、儿童福利保障、房屋管理等方面的职能纳入内务部的范畴，从而进一步强化了内务部在社会事务、社会福利等方面的职能范围。随着 1954 年 9 月事务院改为国务院，国家政府结构体系得到进一步的完善，在国务院下设的 35 个部委中，内务部排在首位。1954 年 11 月的第三次全国民政会议强调了内务部在优抚、复员、救灾、社会救济等方面工作重心，随后几年中内务部的职能范围又经历了紧密的变化调整：1955 年政府将国内救济的工作统一合并到内务部；1956 年将户籍人口的管理工作从内务部移交到公安部门负责，将城市房屋管理的工作移交到城市服务部；1958 年将土地管理方面的职能移交到农垦部。随着我国的发展进入相对稳定的阶段，内务部的职能定位也逐步向着民政事业的专业化管理进行变迁，其他的诸如国家内部政治事务等方面的职能逐渐被剥离调整，我国的民政事业自此逐渐从宽泛化向着专业化进行发展。

1958 年底内务部向中央提交了《关于民政部门的机构设置问题的请示报告》，保障了内务部与民政事业的相对完善和稳定的运行。在 1959 年第五次全国民政会议上，内务部对民政事业进行了进一步安排，即民政事业的主要业务包括优抚、复员安置、救灾、社会救济、社会福利、地方选举、基层政权组织建设、行政区划、土地征用、婚姻登记、婚丧礼俗改革等方面，会议基本确定了我国民政事业的主要职能范围。1968 年随着《关于撤销高检院、内务部、内务办三个单位，公安部、高法院留下少数人的请示报告》的同意批复，内务部的行政工作因此叫停。1970 年中央批准的《关于国务院各部门建立党的核心小组和革命委员会的请示报告》则标志着内务部的正式撤销。在内务部撤销后，我国民政事业的相关工作被划分至公安部、财政部、国家计委劳动局等部门负责。内务部的撤销给新中国成立之后逐渐形成的民政职能体系带来较大影响，政府所承担的民政服务职能难以持续展开，社会救济、社会福利、社会事务的服务供给不到位，对于这一时期的国家发展、人民生活都带来了不便。

第三个阶段是改革开放后民政体系的不断优化。1978 年，民政部正式建立，包括办公厅、政治部、优抚局、政府机关人事局、农村社会救济司、城市社会福利司、民政司等职能机构，恢复对于行政区划、收容遣送、救灾救济、优抚安置、拥军优属、特殊人群保障等方面的管理职能，并且将基层选举、退伍军人安置、难民事务、基层权建等方面的任务归入民政部的范畴。总体而言在民政部建立的初期，相关职能部门的设置主要是参考了内务部时期的民政职能，以恢复为主。在 1983 年的全国民政会议上，民政部部长崔乃夫对民政事业的职能进行了新的阐释："民政部门承担着基层政权建设、优抚安置、救灾救济、社会福利、行政区划、殡葬改革、婚姻登记等方面的工作。这些工作有一部分属于政权建设，有一部分属于社会保障，还有一部分属于行政管理。这些工作都关系着国家的及建设发展，关系着亿万群众的切身利益"①。该阐释对我国民政事业进行了三个部分的划分和总结，这也成为我国民政事业发展的重要指导方向。随着我国经济社会的发展，为应对新的发展形势下的社会需求，政府的管理职能逐渐开始转变，民政事业的职能开始增多。1988 年国务院批注了民政部的机构改革方案，民政部增加了地名管理与行政区划、社会团体、福利彩票等方面的职能，公布了《军人抚恤优待条例》，推动了优抚的法制化建设。在 1993

---

① 民政部办公厅. 跨世纪的中国民政事业：1994－2002（文献卷）［M］. 北京：中国社会出版社，2002：205.

年的国务院机构改革中，民政部进一步增加了农村养老保险、儿童收养、社会团体登记、社会服务、区级界线勘定、双拥等方面的职能，这使得民政部在社会救济、社会福利、社会事务等方面的职能范围进一步丰富与扩大。

我国社会主义市场化经济的不断发展对民政部门与民政事业提出了新的要求。1994年，全国民政会议上提出了应当将民政工作更好地适应于社会主义市场经济体制的需求的议题，会议上还对民政基本职能进行了新的定义："根据国家赋予的职责解决社会问题，调解社会矛盾，促进社会公平与社会稳定，依法维护和保障社会大众的基本生活权益，不断发展为社会大众服务的社会福利和社会公益事业，促进经济和社会的发展"①。国务院在1998年规定的18项民政部的职能对我国民政事业的职能范围规定得更加清晰明确，突出了职责的全面性、与其他部门职责的边界性，还将社会养老部门的职能进行剥离，更进一步突出了民政部门在救灾、优抚安置、社会团体的管理等方面的职能，强调了民政部门在公共服务领域的定位，并且在社会主义市场化体制机制不断完善的情况下，不再将民政经济的相关概念纳入现有民政职能体系中。在1998年后，民政部门的相关职能在我国的服务型政府的建设中尤为突出，逐渐形成了覆盖社会救助、社会组织管理、社区建设、灾害救助、拥军优抚等方面的完善的核心民政事业体系。2003年后，我国进一步将社会工作、生活无着人员救助管理、慈善事业的职责纳入民政部的管辖范围。在2008年的国务院机构改革中，民政部形成了一个包括民间组织管理、优抚安置、救灾、社会救助、基层政权和社区建设、区划地名、社会福利和慈善事业、社会事务、规划财务、国际合作等方面职能在内的现代化的完整的职能体系。

第四个阶段是进入中国特色社会主义新时代以来民政体系得到进一步发展。党的十九大报告提出，中国特色社会主义进入新时代，我国社会主要矛盾已经转化为人民日益增长的美好生活需要和不平衡不充分的发展之间的矛盾。报告还强调要坚持在发展中保障和发展民生，加强和创新基层社会治理。根据党的十九届三中全会通过的《中共中央关于深化党和国家机构改革的决定》《深化党和国家机构改革方案》和第十三届全国人民代表大会第一次会议批准的《国务院机构改革方案》，强调了民政部门与民政事业需要强化基本民生保障职能，为困难群众、孤老、孤残及孤儿等特殊群体提供基本社会服务，促进资源向薄弱地区、领域、环节倾斜。积极培育社会组织、社会工作者等多元参与主体，推动搭建基层社会治理和社区公共服务平台。改革后民政部门的主要职能包括：社会组织管理、社会救助、基层政权建设和社区治理、区划地名、社会事务、养老服务、儿童福利、慈善事业促进和社会工作等方面。改革后的民政事业将养老服务纳入民政体系，进一步专注于公共服务与行政管理等方面的职能。改革也对原有民政事业管辖的拥军优抚、救灾等职责进行了剥离，调整优化了政

---

① 李荣时．民政统计历史资料汇编［M］．民政部计划财务司，1993.

府的职能体系结构以适应新时代下的经济社会发展要求。

本书对新中国成立以来的民政事业的发展历程进行分析，认为我国的民政事业总体上呈现出以下特征：开放性、多元性、群众性、社会性。

第一，开放性是表明我国的民政事业呈现出动态化的不断调整、不断适应于时代发展需求的特征。随着我国在不同历史时期的经济社会发展需求的不断变化，民政事业的职能及职责范围也在不断调整变化，一些不适应于时代发展需求的部门结构会进行调整变动，而一些新的政府职能、社会需求被重新列入民政事业的管理服务范畴。总体上我国的民政事业呈现出开放性的特征，不断随着政府职能、社会需求进行动态化的融合调整。

第二，多元性是表明我国民政事业的内容丰富、责任重大。我国的民政事业包含了社会救助、社会管理、行政区划、社区建设、社会组织、社会福利、社会事务等多个方面的内容，而这些职能既有社会公共服务的内容、也有基层社会治理的内容，还有政府政权建设和政治制度方面的内容，各项职能之间的相关性较弱。总体上我国的民政事业呈现出多元化的特征，以适应于我国纷繁复杂的社会发展需求。

第三，群众性是表明我国民政事业的发展基础和原则。我国的民政事业的核心就是为人民群众服务，特别是对困难、残疾、受灾等社会弱势群体展开救助。我国民政事业的群众性是民政事业完善、丰富、发展的基础。

第四，社会性是表明我国民政事业属于社会管理与社会服务的职能范畴，一方面民政事业的核心就在于公共服务、社会管理，因此要突出民政事业的社会性；另一方面也表明民政事业中社会参与、多元主体的特性，通过强调民政事业的社会参与属性可以有效弥补政府在民政职能方面的资源不足、服务多元的需求。

综合看来，从古至今我国的民政职能都处于不断调整变化的状态，其业务有增有减、功能有强有弱、职责有杂有精，在经历了从庞杂到精细，从辅助到独立，从零散到整合的各个历史阶段后，其民生保障、社会救助等服务性职能不断被强化，工作重点由"管理"转变为"服务"，工作内容更加精细化、专业化、系统化。从历史发展的角度来看，"服务"并不是脱离于"管理"的，而是融入了新理念和新目标，能更好地保障人民群众利益。民政工作的职能变迁和国家权力、社会发展的过程相契合，遵循着制度变迁的历史发展规律。在市场经济蓬勃发展的今天，民政工作必定要进行高质量的发展，自觉融入经济社会发展总体布局中。

二、问题的提出

党的十九大以来，中国特色社会主义进入新时代，社会矛盾发生了重大改变，经济结构调整迎来关键时期，相对应的民政工作也要进行变动调整，才能跟上社会的需求。习近平总书记指出，在深化改革当中，要坚持从实际出发，遵循客观规律，积极从基层探索，不断总结经验，以推进理论实践创新。在民政事业的改革中，要适应经济社会的需求，就要从现有的问题出发，对背后的原因进行分析总结，探寻民政事业发展的规律，以探索出高质量的民政事业发展之路。

首先，我国面临着脱贫攻坚战进入决胜期和弱势群体扩大的问题。2017年1月，习近平总书记在河北张家口慰问基层干部群众时强调："要把社会保障兜底扶贫作为基本防线，加大重点人群救助力度，用社会保障兜住失去劳动能力人口的基本生活。"[①] 当前我国的脱贫攻坚战进入了决胜期，随着2020年越来越近，脱贫攻坚工作的压力也越来越大。目前虽然脱贫工作整体颇有成效，但偏远地区或自然条件较为恶劣的山区仍存在深度贫困，针对这种情况，要进行深度调查挖掘，彻底将绝对贫困现象消除；在经济发展的同时，由于个人和社会双重原因的影响，弱势群体的规模也在逐渐扩大，他们包括但不限于孤儿、失孤老人、残障人士、重疾患者、失业者、农民工等。所以以在新时代的背景下，我国的社会救助工作仍面临着诸多的新型问题。

第一，贫困人口数量仍然巨大。深度贫困地区往往伴有自然条件恶劣、基础设施建设不完善、生态系统脆弱等特征，同时贫困人口也存在丧失劳动能力或劳动能力低下等问题，这就导致在深度贫困地区扶贫的成本较高，而伴随着建档立卡贫困政策的退出，未来必定有大量的短期内未脱贫人口被纳入社会救助的对象中。

第二，相对贫困人口的出现。经过多年的扶贫工作，大部分的绝对贫困人口解决了温饱问题，但伴随着经济社会的不断发展，人民的生活需求并不再仅仅局限于吃饱穿暖。他们和富裕人口在经济及社会上的"贫富"差距越来越大，成为相对贫困的人口，且数量日益增多。和富裕人口相比，他们的收入依然较低，参与社会活动的能力依旧较弱，依然无法享受到社会发展的成果。

第三，返贫现象的出现。一些贫困家庭在接受社会救助之后曾短暂地脱离贫困境地，但由于自身条件没有得到提升，且未曾留下一点积蓄就又发生了自然灾害、重大疾病等问题，这就使刚刚脱离贫困境地的家庭再次成为贫困户。这样没有建立预防风险机制的扶贫模式只解决得了一时之急，却阻止不了返贫现象的出现，无法真正让贫困家庭脱贫。

第四，弱势群体的扩大。长期以来，我国的城乡二元结构大大限制了社会的协调发展，一方面农民由于资源、基础设施、环境等方面薄弱的原因陷入长期贫困的境地，另一方面农村剩余劳动力向城市转移过程中，由于受经济体制改革和市场发展升级的影响，一些技术含量较低但吸纳了很多农村剩余劳动力的落后产业逐渐被替代，导致许多职工面临着下岗失业的危机。这些来自农村的劳动力和城市的失业者一样，在城市生活中都处于弱势地位，在社会利益分配当中他们的弱势特征愈发明显，且随

---

① 习近平春节前夕赴河北张家口看望慰问基层干部群众，中国共产党新闻网，http：//cpc. people. com. cn/nl/2017/0125/c64094 - 29047469. html。

着产业的升级，他们的群体日渐扩大。

其次，我国面临着人口老龄化进一步加深和老年需求增多的问题。2016 年 12 月，习近平总书记在全面深化改革领导小组第 30 次会议中强调："制定和实施老年人照顾服务项目，要从我国国情出发，立足老年人服务需求，整合服务资源，拓展服务内容，创新服务方式，提升服务质量。"① 一方面自 20 世纪 80 年代开始，国家制定了计划生育政策来限制人口过度增长，另一方面伴随着医疗卫生条件的改善，我国人均寿命得到了明显的延长，相较于 1981 年的 67.77 岁，2020 年中国居民的人均预期寿命将达到 77.3 岁，而到 2030 年，中国居民的人均预期寿命将升至 79 岁。根据中国统计年鉴数据显示，我国 65 岁以上的老年抚养比逐年增加，2015 年老年抚养比大大超过了 7% 的标准线，说明目前我国人口老龄化问题十分突出。所以，在新时代的背景下，我国的养老福利工作仍面临着诸多的新型问题。

第一，"421"模式的家庭结构出现。20 世纪的计划生育政策在国内产生了许多独生子女家庭，家庭普遍呈现"421"模式，即家庭当中有 4 名老人，2 名中年劳动力，1 名儿童。这种模式使得夹在中间的 2 名中年劳动力压力倍增，他们既要负担孩子的教育生活等一系列开支，又要兼顾 4 名老人的养老工作，不止在经济方面压得中年劳动力喘不过来气，在心理方面也使他们疲于应对。

第二，空巢老人大规模出现。由于地区发展不平衡，大量农村和欠发达城市的劳动力向大中城市流动，这就使得人口流出地区出现大量的空巢老人。这些空巢老人即使依旧保持着劳动状态但在经济上仍然难以实现自我养老，在精神层面，由于长期缺少陪伴，他们普遍缺乏精神慰藉。整体来说，针对他们的养老工作质量较为低下。

第三，高龄老人不断增多。医疗卫生条件的不断改善使我国的人均寿命出现了大幅度的增长，但是随着年龄的增长，老年人的患病概率也大大增高。当下的老年人普遍患有慢性疾病，这些病痛会大大降低他们的生活质量，但是目前的养老环境并不能很好地全方位提供医疗服务，这就使得诸多老年人的生活就是"医院家庭两头跑"。

第四，养老保险在农村地区的推进水平仍有待提高。一是由于农村地区经济发展水平较低，许多农村家庭不愿承担养老保险的费用支出，认为自己和儿女未来可以保障自己的养老；二是由于农民文化水平较低，对于养老保险的认识不够清晰，对其安全性和保障性都心存疑虑；三是政府在养老保险事业发展过程当中亦没有起到很好的宣传作用，且目前我国养老保险的保障作用仍有限。

再次，我国面临着婚姻登记工作的复杂和殡葬观念落后的问题。2019 年 4 月，习近平总书记在重庆调研时强调："在整个发展过程中，都要注重民生、保障民生、

---

① 习近平主持召开中央全面深化改革领导小组第三十次会议，中国共产党新闻网，http://cpc. people. com. cn/nl/2016/1206/c64094 – 28926859. html。

改善民生，让改革发展成果更多更公平地惠及广大人民群众，使人民群众在共建共享的发展中有更多获得感。特别是要从解决群众最关心最直接最现实的利益问题入手，做好普惠性、基础性、兜底性民生建设，全面提高公共服务共建能力和共享水平，满足老百姓多样化的民生需求，织就密实的民生保障网。"① 由于市场经济的不断发展，我国人民与世界的交流越来越密切，对于红白事务的观念也有所转变。殡葬处理虽然经历了自新中国成立以来的不断规范化，但是目前社会事务服务管理方面仍有流程不规范、管理不到位等现象发生，人民对每个人所必经的生活内容即红白两事都有着更新的需求。所以，在新时代的背景下，我国的社会事务工作仍面临着诸多的新型问题。

第一，涉外婚姻增多。我国西部地区的经济发展水平较低，在婚姻观念上存在着陋习，许多青年男女无法承担高额的婚娶费用，非法中介为攫取利益引致的跨境买卖婚姻，导致边疆地区非法的跨境婚姻存在，即使是双方自由恋爱，由于受双方国家的法律所限，组成的家庭也难以获得双方国家的合法性承认。同时，正常的涉外婚姻登记也存在着流程不规范等诸多问题。

第二，目前社会仍存在着不合法但事实婚姻的问题。在落后的贫困地区，相关婚姻登记机构的配置不合理或者实际工作中的覆盖不到位，导致男女嫁娶都只按习俗由家中长辈或当地德高望重的长者进行办理，这种情况同样不受法律保护；另外，许多农民工进城打工，导致夫妻常年分隔两地，也有因此存在"临时夫妻"的情况。综合来看，我国存在着婚姻法制化宣传不到位的问题。

第三，殡葬方式存在消耗能源污染环境的问题。习近平总书记在参加第十二届全国人大四次会议青海代表团审议时指出："生态环境没有替代品，用之不觉，失之难存。在生态环境保护建设上，一定要树立大局观、长远观、整体观，坚持保护优先，坚持节约资源和保护环境的基本国策，像保护眼睛一样保护生态环境，像对待生命一样对待生态环境，推动形成绿色发展方式和生活方式。"② 我国目前的主要殡葬方式是火葬，推进这种方法一开始是有较大争议的，有人认为它违背了尊重群众意愿和准则的理念，就这样将遗体一烧了之，是否顾及了人民群众对亲人的哀思？并且，从资源保护和生态环境角度来讲，火化遗体需要耗费大量的柴油和电能，而且在火化的过程中会产生大量的有害气体。

第四，殡葬陋习持续存在。我国的传统殡葬习俗中的一些糟粕部分仍然存在，不仅要花费大量的钱财购买高价墓地，还要"买房""买车"焚烧给逝者使用，出殡过程要大操大办，甚至衍生了一系列代哭丧等服务，这样的情况反映出了人民对传统殡

---

① 记习近平总书记在重庆专题调研脱贫攻坚，中国新闻网重庆，http://cq.chinanews.com/new/2019/0419/4639490.html。

② 节选自《杭州日报》，2016 年 3 月 11 日。

葬习俗的不正确认识。

最后,我国面临着社会治理主体多样化和民主化进程推进的现状。2014 年 9 月,习近平总书记在庆祝全国人民代表大会成立 60 周年大会上的讲话中指出:"我们要坚持国家一切权力属于人民,既保证人民依法实行民主选举,也保证人民依法实行民主决策、民主管理、民主监督,切实防止出现选举时漫天许诺、选举后无人过问的现象。"① 随着市场经济的不断发展和信息化社会的来临,虽然我国人民对于民主权利的使用和参与社会治理的意愿越来越强烈,人民群众树立起了强烈的主人翁意识,基层民主政治建设步伐进一步推进,社会组织数量也正大量地增长,但是仍存在群众民主意识不到位,参与治理难等多方面的问题。所以,在新时代的背景下,我国的基层社会治理工作仍面临着诸多的新型问题。

第一,农村地区的基层自治组织行政化的问题。目前,为了满足农村人民的民主需要,维护农村地区社会稳定,我国在农村形成了村委会等机构,但是由于农村群众的民主意识不够强,对村委会等组织的认识不够清晰,再加上在农村的确也有许多事务是由村委会办理,这就导致农民将村委会当作一个专门管理农村群众的组织,使村委会带上了一层行政化色彩。

第二,参与自治人群的性别歧视问题。由于我国传统的重男轻女思想,在落后地区女性接受教育和参与政治的优先级是低于男性的,这就导致在参与民主政治的过程当中,多数女性缺乏对民主政治的正确认识,参政热情也不高,同时其参政的门槛也高,在村委会选举的过程中往往出现没有女性候选人或女性候选人较少的情况。

第三,社会组织登记难的问题。我国自改革开放以来社会组织迅速发展,并且呈现出多样化趋势,但是往往在登记注册的过程中由于手续、资金等问题导致大量想参与到社会治理的组织难以进行注册登记。

第四,政府对社会组织干预过多的问题。在市场经济蓬勃发展的今天,政府依旧没有完全放开对社会组织的干预,使许多社会组织的地位较为尴尬,甚至使其在某些方面变成了政府的附庸,没有独立的运行方式和路径,不能完全地根据市场和自身需求进行发展。

通过对以上社会需求进行分析后可以看到,民政事业现阶段也面临着关键的转型期,传统的民政工作已经无法满足新时代背景下的发展需求。在此,我们需要回答几个问题:中国民政事业的发展特征是什么?中国民政事业和经济社会的关系是什么?中国民政事业的功能定位是什么?中国民政事业的发展现状如何?中国民政事业如何进行高质量发展?对这些问题的分析和回答,正是中国民政事业高质量发展研究的出发点。

---

① 习近平在庆祝全国人民代表大会成立六十周年大会上的讲话,中华人民共和国中央人民政府网,http://www.gov.cn/xinwen/2019 - 09/15/content_5430007.htm。

第二节 文献综述

一、文献回顾

在西方社会并没有"民政"一词，在西方国家，诸如我国民政工作的内容，被广泛地分布在社会保障、养老、社会福利和社会救济等领域，并且有一系列的标准规范被运行在这些领域当中。英国的《新公民宪章》运动的开展与实施对公共服务标准体系的确立影响深远，它的内容大致体现为对服务内容的精细化、对服务标准的具体化、对服务程序的效率化、对服务违规的责任化。该运动旨在推动民众对公共部门的监督机制的形成，提高公共部门的服务效率，使公共服务全面覆盖人民日常生活。可以说，英国的《新公民宪章》运动在国家治理方面的方式和理念都为西方国家的政府改革提供了良好的借鉴。

在我国民政事业的发展历程中，传统民政采用的是以农业经济和计划经济体制为基础的社会行政管理方式，无论是政府工作理念、总体工作布局、体制机制建设还是社会管理方法都处于较低的发展水平。作为一个开放的系统，现代民政被要求要有与现代化经济体制相适应的社会行政管理方式，无论是其工作理念还是技术手段方法上，现代民政都被不断赋予新的内涵，注入新的发展元素。党的十八大报告从保障人民群众民生发展、促进和谐社会民主建设、完善社会管理工作机制、提高现代公共服务水平等几个维度规范出了现代民政的基本框架，逐渐将社会建设提至与经济建设同等重要的新高度，这促使民政事业从幕后走向台前。党的十九大报告对民政工作提出一系列新目标、新思路和新要求，将中国特色社会主义现代民政建设推向高潮。

国际上对民政事业发展水平研究的起步较早，英国便是其中的代表。英国是具有悠久社会救济传统的西方国家，是世界上第一个把社会救济以法律的形式确定下来的国家，早在1601年就颁布了《伊丽莎白济贫法》，还有诸如拉潘的《现代英国经济史》、费边社会主义等一系列有关于社会保障福利制度研究的成果。英国、瑞典甚至还在发达地区征收专门的济贫税，来增加社会救济的资金，同时也加强公民的济贫意识，提高救助水平，缓和社会矛盾，减轻政府财政负担。在其他国家的养老服务方面，发达国家较早进入老龄化社会，美国在20世纪70年代就尝试将养老工作投入到市场运营，并探索出了居家养老和社区养老的新模式。德国则要求本国成年公民要到养老机构义务劳动，这样既能全民参与养老活动，形成尊老爱老的社会风气，又可以降低养老服务人员的工作压力。

伴随着社会的发展，我国民政事业的研究成果也不断增多，许多学者和民政工作者各自从不同的角度来分析民政事业的工作理念、如何转型发展和职责定位。

关于民政工作的理念探讨。郑杭生（2011）指出民政工作从传统走向现代是通过"现代的成长和传统的被发明"来实现的（传统民政的发掘与提升），意即不断减少传统性、初级性，增加现代性、高级性。马伊里（2009）认为坚持以人为本的价值基点，是对人格尊严的尊重，是对人民生活的保障。真正做到以人为本是可以对社会发展起到促进作用的；以人为目标，强调人和自然的和谐共生，推动人和社会的共同进步。王世田（2011）集中论述了新时期民政工作在理论创新方面所取得的进展与成就，总结了现代民政与传统民政的区别以及民政工作的时代特色，并指出现代民政主要是体现在工作理念、管理服务方式、技术手段、队伍建设方面的现代化，应树立"以民为本"现代民政理念，引导多主体参与，打破思想束缚进行管理机制革新，并将管理机制逐渐规范化、细节化、专业化，利用现代卫星、网络科学技术手段等为其服务。

关于民政职能转变方面的探讨。随着传统民政向现代民政、小民政向大民政转变，民政职能也经历了从庞杂到精细，从辅助到独立，从零散到整合的变迁，其社会救助、养老福利等服务工作地位逐渐凸显。杨荣、刘喜堂（2015）认为民政职能的变迁反映出了国家政府和社会之间的权力关系变动，这是受到历史规律的影响的，伴随着我国社会主义市场经济的不断发展，民政部门的职能将会从自上而下的管理变为全民参与的治理。江华锋、吕静（2014）提出现代民政要从原有体制转变为新型体制，将公共资源进行合理的配置，协调国家和社会的关系，民政工作的核心应该是维护社会公平。唐钧（2017）认为在新的时代背景下，民政部门的职能越来越重要，时代的需求亟须民政工作的改革创新，在改革创新过程中应着重注意要有大局意识，以党和国家的要求和社会发展的实际情况为基准；应强调以人为本，以服务人民为工作的出发点，让人民有幸福感；应与国际接轨，自觉吸取国外创新成功的经验，总结国外失败的教训，基于我国的国情，正确地进行民政部门职能的转变。

与此同时，一些国内的学者和民政工作人员对民政事业的发展亦从不同角度提出了一些看法和建议。

从民政工作的功能定位角度来看：马伊里（2009）认为现代民政要以人为本，强调"增加人的社会资本，恢复人的社会功能"。崔艳丽（2018）认为民政职能定位要通过社会救助和社会福利保障人民群众的基本权利，要通过养老儿童福利保障特定群体的生活基本需求，要通过对民众的基本事务服务保障全体人民群众的基本生活。汤维建（2018）认为现代民政职能调整要将民政工作的多元化和现实相结合，现代民政职能分为兜底保障的社会救助、普惠大众的社会福利、基层群众的社会自治、服务民生的社区民政、自愿奉献的社区工作、专业优质的社会服务等。

　　从民政工作的发展现状角度看：张海滨（2019）认为目前民政工作的发展也有不平衡不充分的现实问题，人民办事难、事务覆盖面积小等问题将限制着民政事业的转型和发展。栾波（2018）认为当前民政工作仍存在救助功能无法满足群众需求、部门之间权责不清，管理内容重叠或有遗漏、社会组织登记手续过多等问题。吕承超（2016）对我国社会保障发展空间的非均衡及影响因素进行考察，认为在2003～2013年，虽然社会保障的财政支出总体有增长，但是不同地域的差距也十分明显。在非均衡性上，社会福利的非均衡程度最高，各方面的非均衡程度不断扩大，各地区的差距也呈现出快速增长趋势。肖宁（2016）指出民政工作目前没有进行标准化建设，民政工作缺乏系统的理论研究，还存在着标准化人才队伍亟待加强，标准化宣传不到位，财政标准化投资较少等问题，整体的民政工作质量仍有待提高。李丽君（2018）认为当前民政工作发展不平衡不充分具体表现为民政工作观念落后，基础设施陈旧，服务人员综合素质不高，没有系统的人才引进机制，城乡、东部西部之间发展差距过大，社会参与度不足等方面。

　　从民政工作的发展角度来看：郑功成（2018）认为，民政事业的发展要从三个角度来看，首先，要关注民政工作的时代性，与时代背景相结合，贴近人民群众；其次，要注重民政事业的法制化建设，改变以往无法可依的尴尬状况，确保法律全覆盖民政工作；最后，要确保民政工作的普惠性，伴随着社会的不断发展，民政工作不只是针对救济绝对贫困人员和鳏寡孤独人员，而是要扩大服务范围，建立普惠大众的现代化民政服务体系。北京市民政局在《全面贯彻党的十九大精神　努力践行"为民爱民"理念　加快推动首都民政事业创新发展》一文中提出，要深入落实党的十九大精神，进行改革创新，通过信息化建设，增加民政工作人员数量等方法推动民政事业工作效率。雷黎明（2018）认为要不忘初心，将工作的出发点放在人民身上，为人民谋福祉；要梳理民生需求，改革民政工作对人民需求全保障；要细化工作内容，将工作中心放到基层社会服务上；要与国际接轨，延续历史传统，满足人民最基本的需求。丁文才（2018）认为民政工作者需要转变作风、构建新的服务模式、做到城乡统一体系、将党建工作和民政工作相结合。

　　在社会救助方面，社会救助是最古老，最基础的社会保障方式。孔子针对春秋末期的社会现实就主张贤政，密切关注百姓生活，以达到天下大同，他曾提出轻徭薄赋，灾年救助，照顾鳏寡孤独弱势群体等主张，儒家的"仁爱"思想推动了古代救助活动的进行，为当时的政府提供了一种救助贫困人口的治理思路，这些都是古代的社会救助的萌芽。我国的社会救助体系经历了长期的探索，在20世纪90年代，政府为了解决下岗潮带来的严重失业问题，出台了《城市居民最低生活保障条例》，希望以此来缓解由于民众失业造成的生活困难问题。亦是自20世纪90年代，我国政府针对农村贫困地区和偏远山区进行了大规模、有针对性的扶贫开发工作。2007年开始，农村扶贫从以开发式扶贫为主转入扶贫开发与社会保障并重的阶段，国务院正式下发文件，要求建立农村最低生活保障制度。2014 年，政府开始实施《社会救助暂行办法》，形成了"8 + 1"的社会救助新格局，至此，我国建立了具有中国特色的社会救助体系。

传统的社会救助只针对贫困人口，伴随着新时代的到来，社会对社会救助工作又提出了新的要求。林闽钢（2019）认为，我国的社会救助面临五大新起点：基于不平衡不充分的发展，要担负起补短板、兜底线的责任；推动全面小康社会建设，要担负起保民生、共享成果的责任；进入后扶贫时期，要担负起防反弹、促发展的责任；根据党的十九大"弱有所扶"的新指示，要担负起全面服务的责任；随着电子信息技术的发展，要加快方式创新、精细化服务建设。习近平强调，要着力保基本兜底线，织密扎牢民生保障"安全网"，服务打赢脱贫攻坚战，做好低保和特困人员的基本生活保障工作。钱再见（2002）认为在我国多元主体下的社会救助主体为弱势群体，从不同角度对弱势群体进行了总结和界定，对弱势群体对社会的影响做了系统分析，并指出在救助的过程中应将政府和社会组织等社会主体相结合，采取多种救助方式。胡宏伟等（2019）认为社会的发展使得社会的复杂性和多样性逐渐增强，各类风险急剧增加，这就需要社会救助工作的精细化，前瞻化，有效地应对各种风险的发生，降低贫困风险发生对人民群众的影响。

与此同时，一些国内学者和民政工作人员对社会救助的发展亦从不同角度提出了一些看法与建议。郑杭生（2003）认为过去的社会救助政策只关注到如何保障弱势群体的生活物质条件，而没有关注如何促进社会整合以带动弱势群体脱离困境，要将二者有机结合。刘凤芹（2007）认为针对特定人群要推动选择性社会救助，解决某些群众因一时的困境而脱离生产的问题；同时指出应当调整开放式扶贫策略，"授人以渔"，通过技能培训来促进劳动力进入市场，从而达到脱贫的效果。江治强（2015）认为现阶段社会救助工作有经济方面的结构调整会导致中低收入人群更容易陷入失业危机，进而转变为贫困人口；我国绝对贫困减轻，但支出型贫困凸显，社会救助体系亟待转型升级；救助政策不合理导致资源重合浪费等问题，提出应当增强社会救助风险预防功能、加快救助方式创新等改革思路。关信平（2017）认为虽然在过去的 20 年中我国社会救助工作取得一定成果，但是新时代背景下的贫困问题正呈现出新的特点：由生存型贫困向生活型贫困转变。工作的中心应放在帮助提高贫困者生活质量，缩小收入差距等方面。谢勇才等（2015）认为现行的生存型社会救助制度仍有工作观念消极，救助方式过时、救助标准不高、救助对象单一、救助效率低下等方面的不足，要通过变思想、改方式、扩范围、提标准等方式进一步促进社会救助制度的完善。杨思斌（2008）认为目前中国社会救助的法律框架已经基本完成，但是仍存在诸如法律不完善等问题，并提出应当从转变立法观念、加快立法进程等重要途径去解决上述问题。

在面向最普遍人民大众服务工作的社会事务方面。我国已建立了现代的婚姻登记制度和殡葬管理制度，合成为具有中国特色的社会事务体系。我国的社会事务体系经历了长期的探索，在20世纪50年代颁布了我国第一部婚姻法，废除了封建的婚姻制度，以男女平等为指导思想，确定了依法登记是结婚、离婚的必经程序，但截至90年代颁布的《婚姻登记管理条例》都没有彻底坚持登记成立婚姻的原则。2001年，我国对第二部婚姻法进行修订，对事实婚姻的性质进行进一步确定，对事实婚姻完全否定。现行的2003年颁布的《婚姻登记条例》减少了政府对婚姻的干预，反而将其转化为服务者的身份，充分保障了婚姻自由和人格平等的原则。而有关殡葬制度，在古代中国，孔子就特别强调殡葬之礼，秦汉时期殡葬礼制就已经十分完备，北宋末期的"漏泽园"即为官营公墓。长期存在的殡葬传统早已和人民的信仰有所契合，形成了殡葬制度，其内容就是比较古老的有关殡葬事宜的社会事务服务。新中国成立后20世纪80年代，政府颁发了第一个全国性的殡葬行政法规《关于殡葬管理的暂行规定》，标志着我国殡葬事业从此初步进入了法制阶段。1997年，《殡葬管理条例》详细地规范了殡葬管理的方法、火葬地区的划分、遗体处理、殡葬机构与设备等内容。2012年，政府对《殡葬管理条例》进行了进一步的改动，将强制执行违规土葬相关规定删除，充分体现了现代殡葬制度的人本主义精神。

传统的社会事务只针对性地提供基本服务，伴随着新时代的到来，社会对社会事务工作又提出了新的要求。陈华文（2006）认为，要树立以人民为中心的思想，破解殡葬改革的难题，从思想上重视殡葬改革工作，以宣传手段充分调动民众参与殡葬改革，同时要维护人民的利益，实现人和自然的和谐共生。陈先义（2017）认为当前社会民主法制化进程的不断深入和社会服务的透明化，人民群众对殡葬制度的要求也随之提高。殡葬制度关乎人权和生态的统一，当前的殡葬改革进程过快，需要创新殡葬改革方式，尤其是在农村地区转变殡葬理念，推动绿色殡葬改革。随着社会发展和经济水平的提高，人民群众对自己的生活要求也越来越高，因此，在日常事务办理中，需要有更个性化的服务。张淑华（2019）认为必须把人民作为工作基本点，运用好智能化手段，整合各部门信息资源，打造"数字民政"服务平台；另外还需守住行业底线，针对现有殡葬领域问题进行专项整治、公益性公墓建设等为题进行进一步的工作方式梳理，确保工作安全稳定推进。

与此同时，一些国内学者和民政工作人员对社会事务的发展亦从不同角度提出了一些看法与建议。在婚姻服务改革方面，目前存在着婚姻登记异地办理困难，涉外婚姻重视程度不高、管理缺失等一系列问题。王淑敏（2018）认为目前的婚姻登记流程过于简单，容易出现婚姻诚信危机、无法证明婚姻状况、婚姻档案不完善等问题，并且指出了建立离婚限制条件、开发全国婚姻登记系统和婚姻身份识别系统等改革思路。赵莲（2011）认为目前在边境地区存在着不遵守两国婚姻法律而根据习俗办理的跨境婚姻，这种事实婚姻对未来家庭的生活造成了不便影响，也使入境人员对自己原国家的认同逐渐淡化，认为应当加强对婚姻办理机构的设置，对目前已有的事实婚姻酌情承认并补办手续，并且加大婚姻法律等相关内容的宣传引导。在殡葬管理改革方面，戴香智等（2016）认为过去的殡葬制度存在着政策实施不规范，宣传工作不到位，民众理解不到位等问题，导致目前社会上仍存在诸多陋习，并且指出了殡葬改革要推进绿色殡葬的宣传，加快立法进程，强化殡葬管理监督等措施。王启梁等（2016）认为强行将火葬定为殡葬改革目标会导致干部将火葬数量当作政治要求，导致管理思维僵化，容易出现许多灰色地带导致经济和治安问题；还指出在加强法律监管的同时，殡葬改革要走可持续发展道路，在积极倡导绿色殡葬的基础下，承认多种葬式并存的社会现象。

在基层社会治理方面，基层社会治理是一种社会多种主体共同参与社会发展的过程。中国古代的农村长期依靠乡绅来维持秩序与生产，秦汉时期的乡和里作为基本行政组织既能促进生产，又能生活自治，实际上是扮演着基层行政组织和民间自治社区的双重角色。长期以来受传统儒家思想的影响，"宗族""伦理"的观念早已深入人心，这种观念在人们心中具有强大的权威性。和现在的全民参与政治有所不同，当时是由宗族首领决定相关事宜，但是已经体现出了由不同社会主体共同参与社会发展的特征，这就是比较古老的基层社会治理。新中国成立初期，在城市社区中，为了便于管理城镇基层事务，特在街道建立起了行政机关来进行城市的基层自治。1952年政府明确指出居民委员会是群众自治组织，而现阶段的社区居民自治是随着社区建设于20世纪90年代形成的；与之相对应的，20世纪80年代，在广西出现了一种全新的社会组织——村民委员会，它是由于村民们基于社会治安需求而自发组建成的。1982年，宪法中出现了村民委员会和居民委员会的身影，它们被确定为我国的正式制度；1998年，政府通过了《村民委员会组织法》，这标志着我国的基层群众自治制度的建立。社会发展需要社会组织共同参与，自新中国成立以来，由于宪法保障了人民结社自由，大量的社团随着社会发展而迅速发展，它们多为学术性、艺术性社团，也包括青联、妇联等人民团体。为了对社会组织进行系统管理，政府出台了《社会团体登记暂行办法》，使社会组织管理自此有法可依。1957年之后，由于历史原因，大部分社会组织因受到了严重的冲击而停止了运作，也鲜有新的社团成立，社会组织的发展在这一历史阶段陷入了停滞。自改革开放以来，我国学术类社会组织迅速增加，促进了科技和社会的发展；经济性、公益性社会组织和各类行业协会开始出现，得到了政府的大力扶持。20世纪80年代，政府出台了包括《基金会管理办法》《社团登记管理办法》等一系列法规，社会组织管理体系初步形成。伴随着21世纪的到来，各类社会组织呈现出井喷式的增长，在"十二五"规划中政府首次将社会组织管理纳入了顶层设计规划中，同时政府在管理模式上也进行了有效的探索，包括登记管理制度改革、政社分开，加大扶持力度等方面。党的十八大以来，我国不断推动现代化社会组织管理体制建设，取得了巨大的发展成就。至此，我国建立了现代的基层民众自治制度和社会组织管理制度，并合成为具有中国特色的基层社会治理体系。

传统的基层社会治理主体主要是政府部门，伴随着新时代的到来，社会对基层社会治理工作又提出了新的要求。在基层民主政治建设方面，郁建兴等（2018）认为，过去的基层自治多注重于民主选举而忽略了关于民主决策、民主管理和民主监督的工作，并且在工作当中只注重于"自治"而忽略了和"法治"与"德治"的结合。李晓广（2010）认为，目前某些地方的村民的综合素质较差，参政性别歧视较强，参政意愿较弱，对基层自治理解不深刻不到位，无法客观地使用自己的民主权利，村级组织制度亦有待完善，民主失真的情况时有发生，使基层自治流于形式。张志远（2014）认为，边疆地区的矛盾影响着全面建成小康社会的推进，目前边疆地区存在着民众参政意识不强，社区服务单一等问题，在国家治理现代化发展的今天，边疆治理的转型也急需现代化发展，要在治理模式中着重解决边疆区域问题。在社会组织管理方面，严仍昱（2013）认为，社会管理格局应由社会多元主体共同联结，其中包括党委、政府、社会组织、公众个人等要素，社会要求各要素之间协同发展，推动社会共治共享。社会组织数量的不断增多，社会组织涉及行业不断增加，要求有更多的自主运作能力，更独立的社会地位。康晓强（2011）认为，社会正在向政府社会合作多元治理的方向转型，人民参与感逐渐加强，公益精神培育有所成就，这就要求社会组织在基层社会治理中发挥更重要的角色。谢群慧（2013）认为，政府部门要逐渐与社会组织有所分离，在保证"权责分明、依法自治"的要求下更多地发挥社会组织的活力。

与此同时，一些国内学者和民政工作人员对基层社会治理亦从不同角度提出了一些看法与建议。在基层民主政治方面。夏建中（2002）认为，目前基层自治组织发展规模相当可观，工作人员较多，综合素质逐渐提升，财政投入逐渐加大，服务管理的对象逐渐扩大，组织结构有了进一步的优化。但由于行政机关设置的不够深入，造成了大部分基层事务由居民委员会代办，这就造成了居民委员会有了行政色彩。徐勇（2001）就如何连接好社区自治的两个主要角色，即政府与居民之间的关系时提到应当将政府与社区关系进一步明确，并通过宣传等手段调动居民参政的积极性。目前村委会选举是村民自治工作中民众参与度最高的活动，它直接影响着村委会的人员组成、综合素质和服务水平。陈阵等（2019）认为在目前的村委会选举中，存在法律滞后、标准没有统一、缺乏监管等问题，因此提出完善监督法规、协调政府、村委会与村民三者之间的关系等措施。在社会组织方面，葛忠明（2016）认为，目前的社会组织有着数量少、规模小的特点，组织机构也不够完善，工作人员素质不高，机构管理水平也有所欠缺，同时政府干预过多导致其发展活力不足，使得人民群众对其信任度降低，全民参与的效果不好。虽然现阶段社会组织发展进入了法制化建设中，但是仍然有着发展困境。康晓强（2011）认为，门槛过高是社会组织发展困难的一大原因，其中包括人数门槛、资金门槛和地域门槛，应当加以引导而非加强管制，应界定好社会组织在基层社会治理中的角色定位，积极引导培养社会组织的公信力。项继权（2008）认为社会组织在农村中扮演了提供公共服务的重要角色，可以增强村民的社区认同感，促进村民关系融洽，亦为促进城乡服务均等提供了重要推力，但有一定的封闭性，所以要尽快完善相关制度，统筹城乡建设，引导农村社会组织进行合理的产业化、精细化、开放化发展。

在养老福利方面。养老福利是对人民群众人权保护、人文关怀的重要体现。我国早在西汉初年，就已经在全国范围内有了养老福利政策，对贫困老人予以送衣送粮等特殊关照；南北朝之时出现了"独孤院"对孤儿和老人进行收容；宋代设立了许多针对贫民和老年人的福利机构，当时福利制度基本达到了从生到死全覆盖的程度；到了明朝，有年长老人的家庭可以免除一人徭役，并且国家予以补贴，贫困的老人还会收到国家所赠送的生活必需品，这就是古代的养老福利。我国的养老服务在新中国成立初期覆盖范围较为狭窄，老年人的福利保障多为单位负责，城市中的社会福利院只收容没有固定收入、丧失劳动能力等类别的老人，而在农村，老年人的养老基本以家庭供养为主。20世纪80年代，由于计划生育政策的原因造成了家庭规模开始缩小，老龄人口逐渐增多，社会养老福利工作压力增大。民政部提出的"五年规划"文件中指出了养老设施满足不了社会需求，福利机构条件较差，福利标准制定过低，民政工作效率低下等问题，要求社会与政府共同承担养老福利工作，转变工作方式，由"雪中送炭"转变为"锦上添花"。20世纪90年代，市场经济体制改革直接影响了城镇职工养老保障制度的改革。《中共中央关于建立社会主义市场经济体制若干问题的决定》对此进行了一系列详细部署，希望构建一个多维度的社会保障体系。1998年国务院要求养老金社会化发放，并且将一些行业的养老工作交由地方管理。2000年国务院提出了完善社会保障体系总目标。2000年之后国家开始推动全面社会福利化建设，至此，我国建立了具有中国特色的养老福利体系。

传统的养老福利服务方式主要是救济式服务，伴随着新时代的到来，社会对养老福利工作又提出了新的要求。由于老龄化进程不断加快，我国老年人数量急剧增加，并且有较多高龄老人，他们的生活自理能力更差，所以单纯的救济型养老福利方式无法满足老年人需求，急需一种全方位保障老年人生活的养老福利机制。由于计划生育政策的影响，我国出现了大量"四二一"模式的家庭，家庭养老压力剧增，同时随着社会流动性的不断增强，空巢家庭开始增多，"养儿防老"的观念逐渐淡化，这就要求养老机构的数量和规模应该有所发展。邬沧萍（2011）认为现阶段的养老模式下"自主养老"的观念逐渐形成，老年人对生活的要求也日益多元化，要求在其身体和心理上都予以关注，所以应该更新养老观念和工作模式。青连斌（2018）认为随着经济社会的发展和家庭养老功能不足的情况出现，使社会养老压力越来越大，"抱团养老"作为西方的先进养老模式，在中国有一定的借鉴意义，可以让老年人在互助过程中降低养老成本，并且在心理上消除空虚。沙艳蕾（2019）认为，目前中国老龄化速度相对于经济发展速度增长过快，这使得老年人的经济状态不佳，收入无法满足其日常需求，且养老压力和医疗压力都十分巨大，需要对集中养老的模式进行探讨。

与此同时，一些国内学者和民政工作人员亦对养老福利从不同角度提出了一些看法与建议。郭竞成（2010）将国内外的居家养老模式进行分析对比，认为政府和社会的财政投入大小直接影响着养老机构发展的好坏，所以政府应当加大养老福利事业投资力度，推动居家养老模式的发展，有助于扩大养老服务范围，提升服务质量，满足老年人要求，缓解养老机构压力，同时也要注意养老事业的发展要与经济发展相协调。蔡笑腾等（2010）认为，目前的养老福利体系对农村老年人关注度不够，养老服务机构不能满足农村养老的需求，农村的养老福利体系仍需完善；要明晰养老含义，将家庭和社会相结合，共同寻找农村养老的新路径。睢党臣等（2016）指出有必要运用现代技术，对养老福利工作进行进一步的改善，推动互联网居家养老工作的发展。就目前来看，社会中已有多家公司为互联网居家养老设计了信息平台，但是政府对社会企业的引导不足和财政政策支持的滞后，导致互联网居家养老模式不能得以系统地在社会中推广，另外，目前的互联网居家养老产品功能较为单一，无法适应养老的多种需求，同时缺乏相关的法律条例，无法对互联网居家养老行业进行标准统一，政府应当找准定位，整合资源，积极引导，加快建立监督机制和立法进程，对互联网居家养老进行规范。李学斌（2008）认为，虽然目前养老福利服务逐渐规模化产业化，并有了社会多元主体的共同参与发展，但是仍满足不了社会需求。在服务设施方面，虽然养老机构日益增多，但是相对而言养老机构供给不足，布局不合理，服务设备过时，且利用率低下；在服务水平方面，虽然养老福利服务开始转型，但是相对而言服务水平较低，各个机构服务内容较为单一，没有综合型的机构同时满足老年人的多种需求；在服务人员方面，虽然近年来开始对养老服务人员开始培训，但是相对而言还是没有建立系统性的培训上岗机制，部分工作人员的工作观念落后，服务意识不强。

二、文献述评

我国民政事业不仅受到国家政策调整、制度变迁的影响，也与经济社会客观发展情况紧密联系在一起。新中国成立初期，我国的民政事业受到之前解放区民政发展模式的影响。在改革开放之后，我国民政事业不仅继承了内务部时期的民政职能，同时也根据不同时期特定环境背景下对民政职能进行增减调整，从而实现了动态均衡的发展模式。

在新中国建立初期，国家在经济、社会、政治等方面都亟待形成一个稳定规范的格局。因此，党和国家领导人参考之前解放区的建设经验在短时间内建立了一套完整的政府框架结构。我国的民政职能体系是在这一时期形成的，民政事业呈现出相对宽泛且粗犷的治理模式。而在"文革"期间，党和政府的管理体系受到严重破坏，导致我国的民政事业呈现出停滞、倒退、失位的情况。在"文革"结束之后，我国的民政事业得到重新构建，并且随着国家各项改革而不断发展完善。因此可以看到，我国的民政事业发展与国家政策制度变迁呈现出紧密的联系。

在改革开放之前，我国的发展以计划经济体制下的政府政策规划管理发展模式为主。政府在经济发展、文化建设、社会管理、资源配置、收入分配等各方方面面都呈现出主导作用。同时政府的经济职能、社会职能也呈现出政治化的倾向。客观上使在1978年前我国的民政事业总体上主要受到政治因素的影响。在改革开放之后，我国的发展逐渐转向以经济建设为中心，着重强调国家经济社会的发展，政府职能也因此发生了巨大的变化，并且随着社会主义市场化经济体制的确定，我国的社会事务、社会管理呈现出复杂化、多样化的发展趋势，客观上对于我国的民政事业发展提出了更高的要求。特别是在21世纪，我国经济社会发展水平不断提升，公共服务与基层社会治理的需求由少到多，由简至繁，民政事业中社会福利、社会管理等方面的职能的重要性、专业性日益凸显。

民政事业作为政府一项重要的服务职能，是政府推动社会公平与发展的体制机制。国家民政事业的政策变迁也反映出不同时期的经济社会发展状况与政府治理模式的变化。随着国家经济的发展、市场成熟与社会进步，民政事业有了相较以前更大的发展空间。通过民政事业的发展来协调政府与社会关系，维护社会的公平正义，从而得以形成"强国家—强社会"的发展格局。因此，民政事业的发展需要遵循经济社会的内在发展规律，与经济社会协调发展，为实现服务型政府的治理模式转变做好准备。

伴随着民政事业的不断改革，我国目前的民政事业发展方向和"小政府、大社会"理念相契合，国内的学者和民政相关工作人员对中国民政事业发展的功能定位、发展现状、发展方式等方面进行了研究，为我国民政事业改革提供了大量的理论支持和经验。但是在新时代的背景下，学者和民政相关工作人员大多只聚焦于对政策的解读和对民政事业某一职能、针对某一地区的具体的分析，研究方向较为单一，分析内容也不够深化，缺乏全国范围内各地区的横向对比，无法客观地论证出全国各地区民政事业发展的具体水平，既没有一个多元素的民政事业发展水平的研究体系，也缺乏对民政事业整体水平的科学评估。因此，十分需要一个客观、科学、系统的指数评估体系来对高质量民政事业发展情况进行分析。

从研究方法来看。目前大部分研究学者是民政事业相关工作人员，他们大多是从自己的工作当中进行总结研究，缺乏系统的理论模型和实证研究，理论模型的构建是为了对中国民政事业高质量发展进行深层次的分析研究，实证研究的分析是为了对理论模型进行检验，保证研究的客观性和科学性。

从研究角度来看。目前大部分研究学者只聚焦于对政策的解读和对民政事业某一职能、针对某一地区的具体的分析，研究方向较为单一，分析内容也不够深化，缺乏全国范围内各地区的横向对比，无法客观地论证出全国各地区民政事业发展的具体水平，既没有一个多元素的民政事业发展水平的研究体系，也缺乏对民政事业整体水平的科学评估。因此，十分需要一个客观、科学、系统的指数评估体系来对高质量民政事业发展情况进行分析。

从研究内容来看。目前大部分研究学者只聚焦于民政事业某一部分的具体内容进行研究，对于影响民政事业发展因素的研究不多，尤其是鲜有学者论述社会经济发展对民政事业发展的具体影响及意义，因此应构建一套针对民政事业高质量发展影响因子的分析体系，进一步从多方面推动民政事业的高质量发展。

从对策研究来看。目前已有许多针对社会现实的民政事业发展对策建议，但是在实施的过程当中往往陷入困境，缺乏一套集动态调整、针对性强、监管到位的特点于一身的发展战略用于立足于中国各地的现实情况，因地制宜地在保护当地人民群众的基本利益的基础上进行多样化服务，更好地推动中国民政事业高质量发展。

第三节　研究目的及意义

一、研究目的

本书以中国民政事业为研究对象，对中国民政事业的发展历程进行了回顾与总结，分析了现有的民政事业的特点、存在的问题以及对推动民政事业高质量发展的作用与启示，以对中国民政事业高质量发展的功能定位为出发点，构建了一套包括经济建设支撑水平、社会救助兜底水平、社会事务覆盖水平、基层社会治理水平和养老福利普惠水平五个子系统的中国民政事业高质量发展指数评估体系对中国民政事业高质量发展的现状进行评估，从而有针对性地提出对应的发展战略，以此来完成"中国民政事业高质量发展研究"的整体架构，推动中国民政事业进一步高质量发展。

二、研究意义

本书着眼于中国特色社会主义新时代背景下的中国民政事业高质量发展，遵循"提出问题——分析问题——解决问题"的正确逻辑，通过研究民政事业发展的特征及趋势，对新时代背景下民政事业进行功能定位和现状评估，再针对性地提出发展战略，以推动中国民政事业的高质量发展。

第一，从学术价值的角度来看。首先，本书能够在理论角度上以文献梳理和现实情况为基础，对中国民政事业的发展历程进行梳理和反思，对民政事业的演化过程进行分析讨论，总结归纳民政事业发展的一般规律，为政府正确把握民政事业发展方向提供理论依据。其次，本书结合新时代背景下的民政事业面临的问题具体阐述了经济社会和民政事业的相互作用关系，并明晰地阐述了在新时代背景下如何以民政事业的高质量发展推动社会的高质量发展的方法。同时明晰了高质量发展民政的内涵及构成维度，进而对中国民政事业的发展方向进行分析，以及基于社会现实对高质量发展民政事业的功能定位进行阐述，从而构成了一整套"现实问题—秉承理念—发展目标"的理论框架。再次，本书通过明确功能定位构建中国民政事业高质量发展评估指标体系，将社会救助兜底水平，社会事务覆盖水平，基层社会治理水平和养老福利普惠水平构建为影响民政事业的关键因子，并通过进一步细化三级指标和四级指标，构建出了科学的中国民政事业高质量发展指数评估体系，对中国民政事业高质量发展水平进行了全面系统的评估。当前民政事业研究中鲜有这种系统的研究模式，对丰富民政相关学科理论，拓展民政研究方式有着重要的学术意义。最后，本书从新时代下社会对民政事业的发展要求出发，针对中国民政事业高质量发展指数评估体系评估出的民政事业发展现状，秉承"覆盖面广，精细度高""政府主导，多元参与""管理兜底，服务为先"的理念从民政事业平衡发展、机构优化人才建设、民政服务质量提升三方面分别提出发展战略，为政府合理推进民政事业发展提供了理论支撑。

第二，从应用价值角度来看。首先，通过对中国民政事业高质量发展的综合水平及经济建设支撑水平、社会救助兜底水平、社会事务覆盖水平、基层社会治理水平和养老福利普惠水平六个方面的数据测算和现状分析，深入分析影响我国目前民政事业发展的重要因素，清晰直观地看出每个地区民政事业发展的优缺点，有助于政府堵漏洞、补短板，推动全国民政事业协调平衡发展，为破解我国民政事业不平衡发展的重大现实问题提供关键性的战略建议。其次，通过中国民政事业高质量发展指数评估体系的实证评估，对民政事业的各个影响因子进行综合检验，为全面履行民政工作最底线的民生保障、最基本的社会服务、最基础的社会治理和专项行政管理职责提供数据依据，从而为我国民政事业高质量发展的现实要求提供多样化的战略建议，对进一步深化改革，开拓创新，全面推进民政事业高质量发展有着重要的现实意义。

第四节 研究问题、内容、思路及方法

一、研究问题及内容

通过对文献的分析和对社会现实的把握，本书主要对以下问题进行研究：

第一，在新时代的发展背景下，人民需求日益增多，社会发展情况日益复杂，要正确认识民政事业的功能定位，探寻影响民政事业高质量发展的关键因子，以促进其高质量发展。

第二，通过对经济建设支撑水平、社会救助兜底水平、社会事务覆盖水平、基层社会治理水平和养老福利普惠水平五个子系统的数据计算与评估，系统、科学、客观地分析我国民政事业高质量发展综合水平，对我国民政事业的发展现状进行进一步探究。

第三，针对我国民政事业高质量发展现状，结合我国民政事业高质量发展功能定位，有针对性地对不同子系统的发展现状进行发展战略建议。

本书的主要研究问题分为五大部分：

第一，绪论在第一章。首先，通过归纳中国民政事业发展的历程和分析新时代背景下中国民政事业发展的政策变化、历史现实条件，对目前中国民政事业发展总体情况进行总结分析，进而实现对民政事业发展特征和发展趋势的探寻，寻求中国民政事业发展的一般规律。其次，从理论结合实际的角度，随着当前我国社会诸如脱贫攻坚战进入决胜期、弱势群体扩大、人口老龄化进一步加深和老年需求增多、婚姻登记工作复杂和殡葬观念落后、社会治理主体多样化和民主化进程推进等新型问题的出现，对中国民政事业的发展提出了新的挑战。再次，从文献分析角度分析了民政事业发展的历史，从不同维度对民政事业的功能定位、发展现状、政策建议等多方面进行了全方位的文献回顾并述评，分析当前学界未曾讨论的关键因素，进而建立中国民政事业高质量发展研究的理论分析的基本框架、研究范式、逻辑关系。

第二，对中国高质量发展民政事业进行功能定位，主要在第二章。首先，通过讨论中国民政事业高质量发展的现实需求，明晰了新时代背景下经济社会对民政事业的高质量发展要求和民政事业如何推动经济社会高质量发展等问题，将民政事业高质量发展的内涵及特征予以确定。其次，从社会的现实情况出发，以党的十九大报告和民政部机构职能改革为基础，以民政职能角度为准则，科学地讨论了民政事业高质量发展构成维度的划分依据并进行了维度划分，做到了理论与实际相结合。再次，对中国民政事业高质量发展的框架进行了构建和解释，明晰了中国民政事业高质量发展的研究框架。

第三，对中国民政事业高质量发展进行现状评估，主要在第三章至第九章。首先，明晰中国民政事业高质量发展的研究原则，从多种评估方法中选择合适的评估方法，以我国民政事业功能定位为参考，以中国民政统计年鉴为数据基础，利用灰色综合评价的方法，构建起中国民政事业高质量发展指数评估体系。其次，分别对中国民政事业高质量发展的综合水平及其五个子系统——经济建设支撑水平、社会救助兜底水平、社会事务覆盖水平、基层社会治理水平和养老福利普惠水平进行排名对比和评分分析以对变化趋势进行分析，进行地区差异和区段变动分析以对差异性进行分析，从而最终对中国民政事业高质量发展现状进行评估，探索目前存在的问题。

第四，对中国民政事业高质量发展进行发展战略建议，主要在第十章。根据中国民政事业高质量发展指数评估体系得出的现状分析结果和反映出来的问题，秉承"覆盖面广，精细度深""政府主导，多元参与""管理兜底，服务为先"的理念分别对民政事业整体平衡发展、社会救助机构救助水平提升、社会事务机构服务效率提高、基层社会治理机构社会治理多样化、养老福利机构养老模式探索等方面及各机构优化人才建设提出对应的发展战略建议。

二、研究技术线路图

图1-1为中国民政高质量发展研究的技术路线。

三、研究方法

在研究方法上主要采用了文献研究法、理论模型构建法和实证模型测算法。

（1）文献研究法。通过文献研究法总结国内外关于民政事业发展的研究成果、发展趋势及问题处理方式。

（2）理论模型构建法。通过建立中国民政事业发展的理论分析框架，明确我国民政事业功能定位，为本书的数据测算分析做出理论指导。

（3）实证模型测算法。以中国民政事业高质量发展综合水平为一级标题，构建经济建设支撑水平、社会救助兜底水平、社会事务覆盖水平、基层社会治理水平和养老福利普惠水平五个子系统作为二级标题，并结合现实情况及相关内部逻辑形成三级、四级指标结构，对所得原始指标进行分析处理，通过无量纲化处理、灰色综合评价和灰色聚类分析，从而对各省份的民政事业高质量发展综合水平、经济建设支撑水平、社会救助兜底水平、社会事务覆盖水平、基层社会治理水平和养老福利普惠水平分别进行评估分析，建立一套完整的中国民政事业发展指数评估体系。

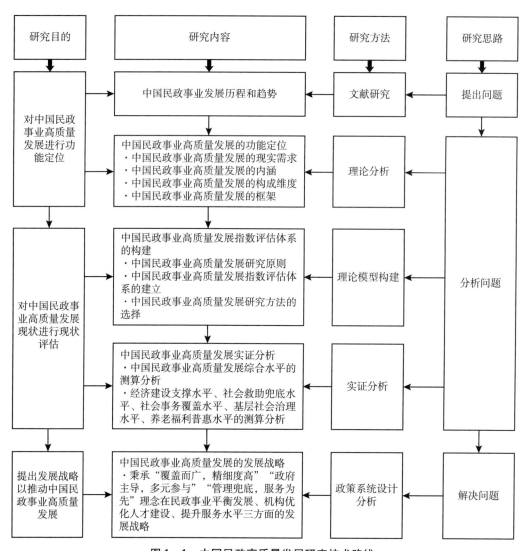

图 1-1　中国民政高质量发展研究技术路线

第二章

中国民政事业高质量发展的功能定位

第一节　中国民政事业高质量发展的现实需求

一、经济社会对民政事业高质量发展的需求

伴随着改革开放 40 多年来经济的快速增长，我国经济已经向高质量发展过渡，同时逐渐呈现出新时代特征。单纯从经济发展的角度来看，高质量的经济发展要求经济质量的进一步提升，包括生产要素配置合理、生产效率提升，以科技进步和管理创新作为经济质量提高的动能，从以往的增多资源要素投入以促进经济增长的方式向创新生产管理方式、科学配置资源要素以促进经济增长的方式过渡；从整体发展的角度来看，高质量的经济发展的效果同时又体现在社会、政治、生态等多方面的影响因素上，所以，在经济发展方式创新的基础上还要求社会进行高质量的发展。

伴随着改革开放 40 多年来社会的快速变迁，我国社会的主要矛盾已经转变成了人民日益增长的美好生活需要和不平衡不充分的发展之间的矛盾。从目前已有的成果来看，在新时代的背景下，社会生产力已有巨大的进步、人民生活水平显著提高且已经全面建成小康社会，但是，高质量的社会发展要求其在民主法治、生态文化等多角度都有所发展以满足人民对于美好生活的多种需要。目前，社会仍存在着城乡二元结构未被打破、东西部发展差距过大等诸多发展不平衡不充分的问题。为了贯彻以人为本的理念，让全民共享改革开放成果，让人民活得有尊严过得更幸福，民政事业作为一项为人民群众谋福利、兜底线的工作，社会要求其具有高质量的内容来为人民服务。

新中国成立以来，伴随着政府机构的不断改革，我国的民政事业也经历了职责的变化和不断发展。从目前已有的成果来看，民政部门已经成为脱贫攻坚的重要推力，

已建立起了服务于人民群众的社会事务服务体系、在基层社会自治方面和社会组织管理方面有了长足进步、养老福利方面的服务质量有所提升，但是高质量的民政事业发展要求民政事业要进一步扩大服务范围、协调事业发展、转变服务观念、带动多元主体共同参与。目前，民政事业仍存在着服务对象有待扩展、内生发展动力不足、服务观念落后、服务供给主体单一等问题。为了让民政事业更加精细化、专业化，做到真正的"民政为民，民政爱民"，社会要求民政事业在社会救助、社会事务、基层社会治理和养老福利方面有进一步高质量的发展。

二、民政事业高质量发展对经济社会的积极作用

高质量的社会救助在服务受众上不仅包括了传统帮扶救助的绝对贫困人口，还增加了支出性贫困人口；不仅包括了以往脱贫攻坚主战场中的农村及偏远山区等地方的贫困人口，还增加了城镇中低收入者以及在住房、教育、医疗等方面有困难的弱势群体。在救助方式上不仅包括了直接提供钱财物资的直接救助方式，还增加了包括保险、无息借贷、廉租房等多种救济方式以满足不同弱势群体的生活需求，在济困的同时也关注受众的心理情况。高质量的社会事务在服务受众上不仅包括了我国居民还包括外宾。在服务方式上不仅包括了传统的婚姻、殡葬等事务的办理和管理，还利用现代化技术增加了包括智能政务、绿色殡葬等多种事务办理和服务方式，既提高办事效率又保护生态环境。高质量的基层社会治理在服务受众上不仅包括社区、乡村居民，还增加了社会组织；在服务方式上不仅包括了针对社会和个人的需求进行相对应的服务引导，还包括了对社会组织和基层自治组织的管理，政府结合社会的力量对城镇和乡村居民的现代化需求进行多种服务模式的供给，对社会组织的发展采取减少干预、加强引导的方式，转变了以往以管理为主的治理方式。高质量的养老福利在服务受众上不仅包括了身体和经济状况较差的老人，还增加了身体状况较为健康但是在心理或生活等其他方面有养老需求的老人；在服务方式上不仅包括了直接住宿养老院的养老方式，还增加了包括医养结合、社区养老、居家养老、智能养老、抱团养老在内的多种养老方式；不仅包括了直接的资金福利发放，还包括了组织团体活动，对老人进行心理辅导等多种保障老人身心健康的服务方式。高质量的社会救助、社会事务、基层社会治理、养老福利工作的经验积累不仅丰富了中国民政事业高质量发展的理论体系，还推动了中国民政事业的服务水平和高质量发展进程。

高质量的民政事业以服务于人民为出发点，不仅包括了对人民相关事务的管理，还要与时俱进转变观念，向服务型民政转型；在办公方式上不仅包括提供传统的必要的人工服务，还要利用现代科学技术，向智慧型民政转型；在工作效率上，不仅包括了传统的绩效考核管理制度，还要加强相关规则的设立，完善监督机制，向高效型民政转型，其转型方式是我国政府职能转型的缩影，与政府职能转型的落脚点，即坚持

以人民为中心的价值追求，保障人民利益，维护社会稳定相一致。高质量的民政事业以社会和谐发展为出发点，维护社会的公平正义，通过服务内容的拓展、服务方式的变革以及服务观念的转变，从人民需求出发，以解决实际生活问题为抓手，着力解决社会矛盾，和谐社会环境，让人民对国家和社会有认同感，进而维护社会的公平与正义，促进社会的协调平衡发展。高质量的民政事业以促进人与自然和谐共生为出发点，抓住时代主题，将保护环境和维护人民利益两大目标有机结合，探索社会发展的新路径，以满足现代人民对于生态环境的需要。高质量的民政事业以社会民主法制为出发点，不断下沉治理中心，依法规范社会组织和社会个体的社会行为，保障人民参与社会治理的权利，一方面通过宣传和引导基层民主自治工作，不断提高人民的民主意识，最大限度地实现让人民当家作主；另一方面通过对社会组织的扶持引导实现多主体共同参与社会治理，进而推动社会的民主化、法制化进程。

高质量的社会具有稳定性的特点，不仅包括社会秩序的稳定，还包括经济社会发展的稳定性；高质量的社会具有公平正义性的特点，不仅包括人民个体之间的公平正义，还包括城市发展、资源分配、金融运行等多方面的公平正义；高质量的社会具有创新性的特点，不仅包括科学技术的创新，还包括经济发展模式、制度改革、政府—社会—市场关系等多方面的创新；高质量的社会具有民主法制性的特点，不仅包括政府管理社会过程中的民主法治，还包括经济发展、制度保障等多方面的民主法治；高质量的社会具有共享性的特点，要求经济发展不能以资本积累为单独的最终目的，而是要以服务人民，让人民共享发展成果为发展方向和目的；高质量的社会具有与环境和谐共生的特点，要求经济发展不能以牺牲环境为代价，而是要在保护生态环境的同时推进经济的发展；高质量的具有开放性的特点，不仅包括了对世界资本的开放，还包括了对世界新型发展理念、高精尖科学技术、优秀文化等多方面的开放。高质量社会发展的特性为经济发展提供了坚实的发展基础，有力地推动了我国经济高质量的发展。

第二节　民政事业高质量发展的内涵

一、民政事业高质量发展的内涵界定

实践决定意识，意识反作用于实践。在过去几十年的实践过程中，我国逐渐摸索出了一套适合我国国情的民政事业发展理论，即在新时代背景下，结合过去民政事业发展的优秀经验，基于新时代的现实情况，总结出一套适用于新时代高质量发展的民政事业理论来推动其高质量发展。首先，中国民政事业高质量发展应包含一系列用以

提高人民生活水平、满足人民需求的相关政策，因为社会救助、社会事务、基层社会治理和养老福利是民政事业的重要内容，所以有关于这些方面的现有理论和推动其发展的政策规划应当包含在中国民政事业高质量发展理论当中。其次，基于我国的特殊国情，需要秉承着"民政为民，民政爱民"的逻辑制定相关政策规定以解决诸如对弱势群体的救助、对人民生活事务的服务、对基层社会自治组织的建设以及养老工作的推进等多种问题，所以这一系列以解决在社会主义新时代背景下的社会问题为目的的、具有中国特色社会主义特征的政策规定也应当包含在中国民政事业高质量发展理论当中。最后，民政事业的发展需要社会多元主体的共同参与，受计划经济体系下工作思想的影响，仍有认为民政事业是政府单位的工作观念存在，这种政府责任制的观念大大限制了民政事业高质量发展的进程，需要制定相关政策规定来协调政府与社会的关系，激发社会其他主体的活力与潜能，因此，完善监督机制，促进市场活力等一系列政策规定也应当包含在中国民政事业高质量发展理论当中。

中国民政事业高质量发展的核心内容是，立足于经济发展进入新常态，经济建设向高质量发展转变的社会基本特征，以人民需求为主导，秉承"民政为民，民政爱民"的理念，构建出一个立足中国国情的、带有中国特色社会主义的高质量发展民政事业理论体系，用以指导和解决新时代下人民群众的多种需求，探求新时代民政事业高质量发展的路径，平衡城乡和各地区间的民政事业发展，最终实现民政事业平衡充分、精细广泛、多元参与、服务为先的高质量发展。社会救助方面要解决的问题是，能否继续助力脱贫攻坚工作，发挥好兜底线的作用；能否进一步提升救助质量，由扶贫向防贫逐渐转变；能否拓展救助范围，由扶贫向扶弱转变，保障全体人民群众的生活使其过得有安全感。社会事务方面要解决的问题是，能否提高政务办理效能、节约办理时间；能否满足生态环保要求，将环境保护和殡葬事业有机统一，人与自然和谐共生；能否真正做到以需求为导向，建立意见采纳机制和政务反馈机制，让全体人民群众的生活过得有存在感。基层社会治理方面要解决的问题是，能否进一步推动民主化进程，加强权力监督，保证人民群众的法定权利得以使用；能否加强思想引导，增强个体和社会的参与社会治理的意愿；能否协调好政府—社会—市场的关系，将三者有机结合，激发社会和市场的活力，让全体人民群众的生活过得有参与感。养老福利方面要解决的问题是，能否进一步深化养老事业改革，提高养老机构的服务水平；能否带动城乡养老事业协调发展，真切保障需要养老服务的老年人能够获得服务并享受福利待遇；能否推动养老模式的进一步创新，从心理、生理等角度提供不同的服务模式，让全体老年群众的生活过得有尊严。

二、民政事业高质量发展的内涵特征

中国民政事业的高质量发展具有综合性、动态性、创新性、特色性、普惠性五大特征。

高质量发展的综合性反映到民政工作当中就是指民政工作内容涉及了社会的方方面面，如社会救助、社会事务、养老福利、基层社会治理等。这就要求在民政事业高质量发展过程中一是要做好顶层设计、依托现实、秉承理念、强化研究、协调资源、全面推进；二是要落实重大部署，科学制定相关政策，协调推动工作运行，评估现实工作成效，完善整改工作机制，确保重大部署科学落地；三是要建立科学的评估监督机制，对工作人员进行系统考核，整改工作作风问题，加强工作监督机制，推进绩效评价、政绩考核等多项评估体系；四要设计发展评价体系，随时跟踪发展情况，客观分析评价发展程度。

高质量发展的动态性反映到民政工作当中就是指民政工作的职能在不同的发展背景下需要回应不同的需求，如贫困人口的动态变化，社会事务服务的领域扩大，人口老龄化的加剧，基层社会治理的建设情况等。这就要求在民政事业高质量发展过程中一是要时刻关注社会动态，开放理念，遵循"从群众中来到群众中去"的原则回应人民群众需求，加强和人民群众的对话沟通；二是要紧跟发展步伐，深入调查社会发展现状，以经济社会发展为基准，预测未来发展需求，制定贴切的民政政策，并进行有效应对，未雨绸缪。

高质量发展的创新性反映到民政工作当中就是指民政工作服务方式的转变以及服务动力的推进，其涉及社会救助的救助方法和标准、社会事务的服务方式以及服务机制、养老福利的全新模式、基层社会治理的建设、协调方式等诸多方面。这就要求在民政事业高质量发展过程中一是要提高综合水平和效率，增强集约化程度，创新机制、优化结构，实施科学合理的民政政策；二是要打破资源壁垒，协调资源，加快新型模式创新，聚焦最底线的社会救助，最基本的社会事务，最贴心的养老福利，最基础的基层社会治理；三是要加强民政工作人员的素质建设，提升其综合服务水平，增强创新动能，实现民政事业发展动力的持续增长。

高质量发展的特色性反映到民政工作当中就是指不同区域其社会现实亦不同，应针对社会现实发展带有区域特色的民政工作，如不同区域其社会救助受众人数及受众类别，社会事务地区风俗特色，养老福利推进方式，基层社会治理引导方向等均不同。这就要求在民政事业高质量发展过程中一是要考虑本区域的自然环境、产业基础、人文环境等现实因素，因地制宜开展工作，防止一个标准通用各地的情况出现；二是要进行区域间的分工协作，发挥各区域的特色优势并进行整合交流，形成特色化的民政工作体系。

高质量发展的普惠型反映到民政工作当中就是指让全体人民群众共享发展成果，能够因社会救助的受众标准和覆盖范围，社会事务服务的覆盖程度，养老福利工作的资源配置，基层社会治理建设水平等使尽可能多的群众无差别受益。这就要求在民政事业高质量发展过程中一是要使其更好地回应并满足全体人民的需求，确保人民的幸福感、获得感和安全感更加真实；二是要秉持"民政为民，民政爱民"的工作理念，一切从人民出发，一切以人民为核心，发展的成果确保落实在人民的日常生活中；三是要全面细化服务对象和扩展服务范畴，确保有需要的人民群众都能切实感受到发展成果，摒弃以前的补缺型服务模式，向改善型服务发展，全面拓展民政工作内容。

第三节 民政事业高质量发展的构成维度

一、民政事业高质量发展构成维度的划分依据

第一，党的十九大报告中的民政理念和民政部门机构调整。

以中央对民政工作的方针政策和战略部署为主导，2018 年的民政部门机构改革使得民政事业的职能定位更加侧重于民生保障，社会治理，社会服务以及专项行政管理职能。

首先，党的十九大报告明确提出："必须多谋民生之利、多解民生之忧，在发展中补齐民生短板、促进社会公平正义"①。这指明了当今民政工作的发展重点：基于社会快速发展的现实情况，在保障社会稳定的基本准则下，进一步重组民政工作发展模式，遵循以人为本的原则，全面满足人民群众的多种需求，覆盖人民群众的生老病养、吃穿住用、婚娶殡葬等各个方面，关注全体社会的发展与公平正义，这就需要民政工作要由传统的救火式工作方式转变为预防保障式工作方式，将民政工作更加精细化、专门化、系统化，由政府全包转变为政府主导，多元主体参与的新型民政模式。

其次，民政事业是"菩萨"事业，是爱人民的事业，是坚持以人民为中心的事业。民政事业是基于全体人员日常生活的，是基于社会整体向前发展的，目的是保障人的生存、促进人的发展，保障的不是少数人的生存，而是全体公民都应得到公平的保障；促进的不是少数人的发展，而是社会整体人员的发展。所以，伴随着社会结构的转变和生活水平的不断提升，在发挥兜底性保障少数弱势群体利益的同时，民政事业要进一步向所有人民群众推动普惠性的服务。

第二，以民政事业存在的问题及社会需求出发。

在新时代的背景下，以民政事业存在的问题和社会需求为导向，对高质量发展民政事业进行维度的划分。

首先，一是现阶段的民政事业仍存在工作精细化、专业化不够的问题。传统的民

---

① 习近平. 决胜全面建成小康社会夺取新时代中国特色社会主义伟大胜利［N］. 人民日报，2017－10－28（001）.

政工作权责不清，只局限于粗放的民众保障、困难救济等方面，"眉毛胡子一把抓"，没有针对性、个性化的服务模式，无法满足新时代背景下全民共享改革成果的要求；传统的民政工作只局限于简单的服务和保障性工作，相关工作人员综合素质不高，信息化事务服务工作水平滞后，没能构建高质量的民政服务体系，无法满足新时代背景下提升服务效能的要求。二是现阶段的民政事业还存在着开放性、平衡性不够的问题。传统民政工作只局限于自上而下的管理，没能更好体现服务于民的准则，民政工作宣传不足、民众参与程度不高，无法真正解决关于人民群众切身利益的问题，无法体现新时代背景下"民政为民，民政爱民"的民政工作理念；传统的民政工作全国各省份各地区发展情况不尽相同，发展不平衡不充分的问题仍阻碍着民政事业的进一步发展，无法满足新时代背景下民政工作服务范围不断扩大、服务群体不断扩展、服务方式不断创新的社会需求。三是现阶段的民政事业还存在着整体地位边缘化的问题。传统的民政部门经常处于补漏状态，工作内容只限于为其他部门拾遗补阙，有些政策制定也出现失衡状态，无法体现新时代背景下全面发展的要求。

其次，目前我国社会面临着脱贫攻坚战进入决胜期、弱势群体扩大、人口老龄化进一步加深和老年需求增多、婚姻登记需求复杂和殡葬观念落后、社会治理主体多样化和民主化进程加快等多种社会变化和问题。虽然世界上许多发达国家都曾面临过类似的社会问题，但是我国的特殊国情决定了我们必须要走出一条适合自己的民政事业高质量发展道路，在摸着石头过河的过程中，要坚持唯物主义的观点，反对经验主义和教条主义，基于新时代背景下的社会现实对民政事业高质量发展的构成维度进行科学划分，进而推动中国民政事业的高质量发展。

第三，根据习近平总书记对民政工作的重要批示和第十四届全国民政会议的相关精神。

面临着新时代背景下的多种新型问题的产生，我们需要紧随以习近平总书记为领导核心的党的脚步，更好地贯彻习近平总书记的民政情怀，体现出为人民服务的党的宗旨。

首先，要深刻了解习近平总书记对于民政事业的重要批示："民政工作关系民生、连着民心，是社会建设的兜底性、基础性工作。各级党委和政府要坚持以人民为中心，加强对民政工作的领导，增强基层民政服务能力，推动民政事业持续健康发展。各级民政部门要加强党的建设，坚持改革创新，聚焦脱贫攻坚、聚焦特殊群体、聚焦群众关切，更好地履行基本民生保障、基层社会治理、基本社会服务等职责，为全面建成小康社会、全面建设社会主义现代化国家作出新的贡献。"① 该批示为民政事业工作内容的划分提供了清晰可靠的依据。

---

① 习近平对民政工作作出重要指示强调 聚焦脱贫攻坚聚焦特殊群体聚焦群众关切 更好履行基本民生保障基层社会治理基本社会服务等职责 李克强会见全国民政会议代表［J］.中国社会组织，2019（7）：1.

其次，要坚决贯彻全国民政会议中党中央、国务院对民政工作决策部署，李克强总理在全国民政会议中强调："民政工作直接面对人民群众，是社会治理和社会服务的重要组成部分，是扶危济困的德政善举。当前，我国正处在全面建成小康社会的决胜阶段，人民追求美好生活的愿望十分强烈，民政工作的任务艰巨繁重。要坚持以习近平新时代中国特色社会主义思想为指导，贯彻落实党中央、国务院决策部署，着力保基本兜底线，织密扎牢民生保障安全网。服务打赢脱贫攻坚战，做好低保和特困人员包括生活困难的老年人、重度残障人、重病患者、困境儿童等的基本生活保障工作。着力发展基本社会服务，解决好群众关切的为难事。深化放管服改革，让群众办事更便捷，更大发挥社会力量的作用，积极发展贴近需求的社区养老托幼等服务，丰富生活服务供给，带动扩大就业和有效内需。要大力发展社会工作和慈善事业，弘扬志愿服务精神，人人参与、人人尽力，使社会大家庭更加温馨和谐。各级政府要贯彻以人民为中心的发展思想，关心民政、支持民政，多做雪中送炭、增进民生福祉的事，促进经济持续健康发展和社会和谐稳定。"[1] 该讲话不仅对民政事业高质量发展的构成维度进行了剖析，还对下一阶段民政事业的发展路径作出了指示。

二、民政事业高质量发展构成维度的划分

第一，要聚焦社会救助。民政工作聚焦于社会救助，充分发挥自身兜底性保障的职能，是打赢脱贫攻坚战的重要推力，是实现全面建成小康社会的关键举措。高质量的社会救助主要体现在救助主体由绝对贫困人口向相对贫困人口过渡，由贫困人口向整个弱势人群过渡，着眼于发挥兜底职能，保障更多维度的弱势群体，提供相对更高层次的救助服务；救助工作由救助贫困对象向防止贫困产生过渡，着眼于预防贫困的发生，提高贫困标准，建立监管机制，增强弱势群体自我发展能力；救助方式由按统一标准发放向有针对性的救助过渡，着眼于不同类别弱势群体的不同需求，完善救助帮扶措施，建立多种有针对性的救助体系。所以，要进一步强化职责、创新机制，建立起新型的社会救助体系，保障弱势人群基本权益。

第二，要聚焦社会事务。民政工作聚焦于社会事务，充分发挥自身服务人民的职能，是让全民共享改革发展成果的重要体现，是提升人民群众生活满意度的关键路径。高质量的社会事务主要体现在服务工作由提供基本职能向精细化服务过渡，着眼于民众更高层次的生活需求，转变服务思想，深化体制改革，建立绩效考核机制；殡葬服务由传统殡葬管理向推动绿色殡葬建设过渡，着眼于绿色生态殡葬建设，加强思想宣传、强化文化引导，建立公益性骨灰堂；服务方式由传统人工办公向电子事务过

---

① 习近平对民政工作作出重要指示强调 聚焦脱贫攻坚聚焦特殊群体聚焦群众关切 更好履行基本民生保障基层社会治理基本社会服务等职责 李克强会见全国民政会议代表 [J]. 中国社会组织, 2019 (7): 1.

渡，着眼于提升办事效率，加快建设"智能民政"平台，积极整合资源，实现信息资源的共通共享。所以，要进一步增强队伍建设，提升服务人员素质，建立起新型的社会事务服务体系，保障全体人民的基本生活。

第三，要聚焦基层社会治理。民政工作聚焦于基层社会治理，充分发挥自身引导管理的职能，是保障人民基本权益的重要举措，是全民参与社会发展的重要方式。高质量的基层社会治理主要体现在治理重心由政府逐渐向社会组织及个体过渡，着眼于健全基层服务管理平台，打通"最后一厘米"，确保居民、政府、社会的良性互动；治理主体不断拓展，着眼于基层民主政治自治组织、社会企业和社会组织的积极参与，承担相对应的社会责任，推动相关立法，保障基层社会治理的规范性；治理方式逐渐多样化，着眼于治理创新，推动"四社联动"机制发展，由政府引导，基层民主自治组织与社会组织为主体，协调主体间的关系，激发社会自治潜能。所以，要进一步加强引导，带动社会主体积极参与，建立起新型的基层社会治理体系，确保全员参与社会发展。

第四，要聚焦养老福利。民政工作聚焦于养老福利，充分发挥自身整合资源的职能，是体现政府注重人文关怀的重要体现，是实现"老有所养、老有所依"目标的现实反馈。高质量的养老福利主要体现在服务工作由保障基本生活条件向全方位服务老年人身心健康过渡，着眼于深入了解老年人身心状态，满足老年人多样化的生活需求；服务方式由统一居住养老院向社区养老服务和发放福利补贴过渡，着眼于多元化养老服务体系建设，针对不同情况进行相对应的服务，丰富服务产品；服务载体由以政府为主体向政府引导、市场牵头进行智能养老过渡，着眼于激发市场活力，加快养老体制改革，组建专业化、产业化的养老团队，提升养老服务效率。所以，要进一步加大资金投入力度，提升养老福利服务水平，创新养老机制，建立起新型的养老福利服务体系，确保老有所养、老有所依，让养老不再成为"家庭之难"。

同时，进行现代化的民政体系建设需要对其施政主体、服务管理能力、服务效率及水平、资金支撑情况等方面进行升级优化，从而实现民政事业的高质量发展。第一，民政事业的施政主体。现代化民政事业的施政主体应当形成"政府—社会—市场"三位一体的结构体系，进行协同合作发展。其中政府需要在民政事业中发挥主导作用，通过对民政事业党政部门的结构、职能的细化，完善民政事业的覆盖范围和服务深度。同时通过广泛积极地与企业、社会组织、集体单位的合作，实现民政事业的多元化、多样化发展，丰富公共服务与社会福利的供给主体。第二，服务管理能力。现代化的民政事业需要不断提升服务管理水平，通过不断提升具体服务管理人员的文化水平、专业素质水平，实现对民政事业工作内容的专业化、细分化，从而推动民政事业的全面发展。第三，服务效率及水平。现代化的民政事业需要实现服务效率及水平的提升，建立科学合理的民政体系框架和运行机制，实现民政事业发展工作的效率提升，以效率带动水平，推动民政事业的高质量发展，避免盲目的职能扩张与懒政怠政。第四，资金支撑状况。现代化的民政事业需要丰富和细化资金支撑的使用情况，将资金投入与民政事业的发展核心紧密联系，实现资金使用效率的不断优化，扩大资金来源及规范用途，尝试通过"政府—社会—市场"三位一体的结构体系实现普惠型民政事业及财政资金投入模式。

在社会救助兜底水平方面，由于社会救助对象不断增多，社会救助压力不断扩大，需要以社会福利院和儿童收养机构来进行儿童收养福利救助，以福利性精神病院和医院来进行医疗救助，以救助低保服务机构和生活无着人员救助管理站来对流浪乞讨人员和无收入、低收入人员进行生活救助。社会救助机构数量和社会救助机构工作人员的数量增多有利于扩大被救助群体，扩展救助范围，反映了"覆盖面广，精细度高"的理念，是中国民政事业高质量发展的重要途径；管理干部的学历和工作人员的专业化程度进一步提升是增强干部管理能力，提高工作人员救助水平，转变救助观念的重要手段；床位数、救助人数、最低生活保障人数和救助场所建筑面积直观地体现了社会救助的整体服务水平，对服务管理水平和社会救助服务水平的要求反映了"管理兜底，服务为先"的理念，是中国民政事业高质量发展的必然要求；财政的收入和支出可以反映出接受社会帮助的能力和政府救助资金调配的合理程度，反映了"政府主导，多元参与"的理念，是中国民政事业高质量发展的必由之路。单位基本结构、服务管理水平、社会救助服务水平和财政投入状况有机结合反映出了社会救助兜底水平。

在社会事务覆盖水平方面，由于社会不断进步，人民群众的需求不断增多，需要以福利彩票发行机构管理福利彩票的发行和管理，以婚姻登记服务机构管理国内的结婚、离婚以及涉外婚姻的登记情况，以殡仪馆和公墓来服务于人民多种殡葬需求，以社会捐赠接受工作站来满足人民的爱心捐赠。社会事务机构数量和其工作人员的数量增多有助于满足新时代下人民多种需求，覆盖城乡全体人民，反映了"覆盖面广，精细度高"的理念，是中国民政事业高质量发展的重要途径；管理干部的学历和工作人员的专业化程度的进一步提升是提高工作人员服务水平，推动政务信息化改革，转变服务观念的重要手段；国内外结婚、离婚登记件数、火化炉数、穴位数、火化遗体数、安葬数直观地体现了社会事务的整体服务水平，对服务管理水平和社会事务服务水平的要求反映了"管理兜底，服务为先"的理念，是中国民政事业高质量发展的必然要求；财政的收入和支出可以反映出对现代化政务体系及相关服务内容购买以及为民服务等多方面的投资，反映了"政府主导，多元参与"的理念，是中国民政事业高质量发展的必由之路。单位基本结构、服务管理水平、社会事务服务水平和财政投入状况有机结合反映出了社会事务覆盖水平。

在基层社会治理水平方面，由于民主化进程不断加深，人民素质不断提升，需要以基金会来满足组织或个人的公益性活动需求，以社会团体及民办非企业和政府进行相互合作，共同促进社会发展，以村民委员会和居民委员会来满足人民的民主自治以及参政需求。社会组织及基层民主自治组织的数量及相关工作人员数量的增多有助于满足人民多渠道参与社会治理的意愿，细致化保障人民基本权益，反映了"覆盖面广，精细度高"的理念，是中国民政事业高质量发展的重要途径；社会组织管理人员的学历、工作人员的专业化程度以及年检单位数和村委会、居委会小组数直观地体现了基层社会治理的服务管理水平，深刻地践行了"政府主导，多方参与"的理念，是中国民政事业高质量发展的必然要求；财政的投入与支出可以反映出政府对基层自治组织和社会组织的支持、引导情况及其发展情况，反映了"管理兜底，服务为先"的理念，是中国民政事业高质量发展的必由之路。单位基本结构、服务管理水平、和财政投入状况有机结合反映出了基层社会治理水平。

在养老福利普惠水平方面，由于人口老龄化不断加深，养老方式不断增多，需要以城市、农村养老服务机构对生活较为困难的老人或空巢老人进行服务，需要以社区服务中心对生活可以自理，心理需要关怀的老年人提供服务。养老福利机构的数量及其工作人员数量增多有助于推动城乡养老体系协调发展，满足老年人多种养老需求，反映了"覆盖面广，精细度高"的理念，是中国民政事业高质量发展的重要途径；管理人员的学历和工作人员的专业化程度的进一步提升是提高养老服务人员综合水平，推动医养结合以及探索新型养老模式的重要手段；床位数、康复和医疗门诊人数、补助人数及建筑面积直观地体现了养老福利的整体服务水平，对服务管理水平和社会事务服务水平的要求反映了"管理兜底，服务为先"的理念，是中国民政事业高质量发展的必然要求；财政的收入和支出可以反映出其吸纳社会资源的能力、对新型养老模式的探索和扶持优质养老品牌等多方面水平，反映了"政府主导，多元参与"的理念，是中国民政事业高质量发展的必由之路。单位基本结构、服务管理水平、养老福利服务水平和财政投入状况有机结合反映出了养老福利普惠水平。

在分析影响中国民政事业高质量发展关键因子的过程中，除了要分析民政事业的内在影响因素，也要考虑到经济对民政事业的支撑这一外部因素对民政事业发展的重要影响。在经济建设支撑水平方面，以人均生产总值、平均工资、失业率、总抚养比、居民消费水平和最终消费支出反映地方经济活力，以社会投资和城镇化率反映地方经济发展前景，二者综合反映经济发展水平以反映出民政事业的发展潜力；以一般公共预算支出、社会保障和就业支出比重、一般公共预算收入、一般公共服务支出、城乡社区支出比重、医疗卫生支出比重、住房保障支出比重、文化体育与传媒支出比重、教育支出比重、科学技术支出比重、公共安全支出比重反映财政能力以反映出财政分配能力；以养老床位数、儿童床位数、农村特困人员集中供养人数、农村特困人员分散供养人数、自主参加医疗保险人数、直接医疗救助人数、直接医疗救助支出、孤儿数和家庭收养儿童数反映公共服务基本情况以反映出民政事业发展现状水平。经济发展、财政能力和公共服务基本情况有机结合，反映出了影响民政事业高质量发展的经济建设支撑水平。

经济建设支撑水平、社会救助兜底水平、社会事务覆盖水平、基层社会治理水平和养老福利普惠水平五个子系统的内容既是中国民政事业高质量发展的外在表现，也是中国民政事业高质量发展的内在要求，可以直观科学地反映出中国民政事业高质量发展水平，进而以此构建出一套科学客观的中国民政事业高质量发展指数评估体系。

第四节　中国民政事业高质量发展的框架

一、中国民政事业高质量发展框架的构建

第一，明确民政部门新时代下的功能定位。我国的民政事业发展大致可以分为三个阶段，第一个阶段是新中国成立时期，第二个阶段是改革开放时期，第三个阶段是中国特色社会主义新时代时期，在不同的时期我国的民政事业有着不同的定位和职责。在新中国成立的时期由于社会亟须稳定，所以当时的民政部门不仅要管理社会福利、社会事务等传统的民政事务，还要承担诸如人民政权建设等特殊职能，管理的内容较为宽泛，管理方式也较为粗犷。改革开放以来，传统的计划经济下的政治管理方式向市场经济下的政治管理方式过渡，政府职能进一步优化，针对新的社会现实，民政事业的内容也有增有减，基本职能转变为调解社会矛盾、维护社会稳定、保障人民权益、促进经济社会发展。进入中国特色社会主义新时代以来，社会主要矛盾发生变化和经济发展进入新常态的社会现实要求民政事业也要有所转变，即需要转变政府的服务理念、创新服务方式、挖掘内在动能以解决民政事业发展不充分的问题，也需要整合资源、推动协调发展以解决民政事业发展不平衡的问题，同时还需使其职能进一步精细化、科学化以适应新时代下的经济社会要求。所以，要基于新时代背景下的社会现实，对过去民政事业的经验进行批判继承的学习，以推动民政事业的高质量发展。

第二，以解决新时代下的社会问题为导向。我国自改革开放到进入中国特色社会主义新时代以来，出现了许多新型问题有待解决，比如脱贫攻坚战进入决胜期和弱势群体扩大、人口老龄化进一步加深、婚姻和殡葬观念转变、社会结构变化和民主化进程加快等。这些新型问题有的和国外的社会问题有相似之处，但是解决的方式和逻辑却大不相同。我国是以人民为中心的社会主义国家，一切以维护人民利益为主，同时由于我国民政体系建立时间较晚，发展不够充分，没有充足的经验去解决新时代背景下所面临的问题，所以相对于其他国家来说，解决新时代背景下的民政问题更需要我们坚持人民立场，立足中国国情，探索出一条中国自己的民政事业

高质量发展路径。

第三，秉承民政事业高质量发展工作理念，面对新时代背景下的社会问题，民政事业需要秉承"覆盖面广，精细度高""政府主导，多元参与""管理兜底，服务为先"三种理念以推动民政事业的高质量发展。"覆盖面广，精细度高"要求民政事业的进一步发展从地理角度上来看要继续扩大覆盖面积，从服务受众上来看要扩大服务人群，在部门职责上则要进一步精细化专业化；"政府主导，多元参与"要求民政事业由政府责任制向社会多元责任制转变，利用好社会和市场的活力，以带动民政事业的高质量发展；"管理兜底，服务为先"要求民政事业的服务方式要有所转变，即由管理型民政向服务型民政转变，以人民需求为导向，自觉接受人民监督，倾听人民意见。

因此，中国民政事业需要秉承这三种工作理念进行转型发展，才能更精准、专业地服务于人民群众，才能更高质量发展。图2-1为中国民政事业高质量发展框架。

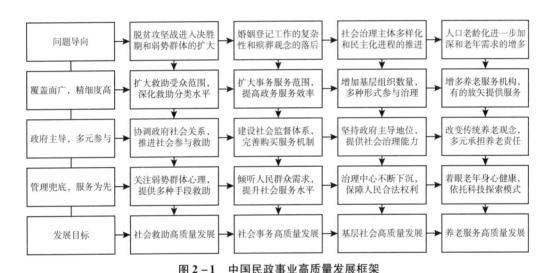

图 2 - 1　中国民政事业高质量发展框架

二、中国民政事业高质量发展框架的解释

中国民政事业高质量发展框架以人民需求为导向，以中国特色社会主义新时代为背景，以推动社会和谐稳定发展为目标，秉承"覆盖面广，精细度高""政府主导，多元参与""管理兜底，服务为先"三种理念，着重解决脱贫攻坚战进入决胜期和弱势群体扩大、人口老龄化进一步加深和老年需求增多、婚姻登记工作复杂和殡葬观念落后、社会治理主体多样化和民主化进程推进等问题。

第一，从脱贫攻坚战进入决胜期和弱势群体扩大的角度来看，民政部门要做好社会救助工作。首先，要秉承"覆盖面广，精细度高"的理念，一方面将救助范围继续扩大，着力进行对农村及偏远山区等贫困地区的救助，努力消除绝对贫困；另一方面将救助工作精细化，建立不同类型的救助机构，培养专业型的救助人才，努力提升救助水平，协调发展城乡救助体系。其次，要秉承"政府主导，多元参与"的理念，在维护政府主导地位的同时，推动社会多元主体共同参与社会救助工作，助力扶贫脱贫事业，引导社会爱心组织和爱心企业，通过政策倾斜带动贫困地区的开发，加快落后地区的产业发展。再次，要秉承"管理兜底，服务为先"的理念，凸显对贫困人口和弱势群体的人文关怀，关注贫困人口的心理需求，通过给受助人群工作机会让他们重新获得生活的尊严，实现自我脱贫。

第二，从婚姻和殡葬观念转变的角度来看，民政部门要做好社会事务工作。首先，要秉承"覆盖面广，精细度高"的理念，拓展社会事务的覆盖范围，扩大服务对象范围，推动城乡公共资源合理配置，吸纳多种人才进入社会事务工作队伍当中，协调部门关系进行多部门协作，共享信息资源进行针对性服务。其次，要秉承"政府主导，多元参与"的理念，对现有的殡葬机构和婚姻中介机构进行引导，建设社会事务监督体系，完善服务购买机制，合理利用社会优质资源。再次，要秉承"管理兜底，服务为先"的理念，对城镇化中存在的不合理不环保的生活习俗予以引导性管理，提供多种先进环保的服务模式进行替代，转变工作观念，从满足人民需求入手而非从强制要求入手，协调好人民与政府之间的关系。

第三，从社会结构变化和民主化进程加快来看，民政部门要做好基层社会治理工作。首先，要秉承"覆盖面广，精细度高"的理念，加强对基层社会治理的理论体系建设，扩充基层自治组织的数量，确保人民群众的民主权利得以实施，引导多行业社会组织发展并与政府进行多方面合作，以推动社会多方面多层次的进步。其次，要秉承"政府主导，多元参与"的理念，转变政府独自治理社会的理念，激发人民参与社会治理的意识和意愿，加强宣传投资和引导投资，制定相关的法律法规以解除社会组织参与社会治理的后顾之忧。再次，要秉承"管理兜底，服务为先"的理念，加强监督机制的确立，以防基层自治组织的权力误用伤害人民参政的积极性，减少政府干预，理清政府与社会其他主体的关系。

第四，从人口老龄化进一步加深来看，民政部门要做好养老福利工作。首先，要秉承"覆盖面广，精细度高"的理念，解决现在养老机构尤其是农村养老机构数量不足、服务人员数量不足、专业化程度不够等问题，优化养老设施、创新养老方式、多种养老模式相结合以满足社会的养老需求。其次，要秉承"政府主导，多元参与"的理念，解决现在养老工作重心在政府的现状，积极推动多元责任制养老体系的构建，降低养老行业准入门槛，积极扶持优质养老品牌，政府资金向重点引导社会力量的参与倾斜。再次，要秉承"管理兜底，服务为先"的理念，加强对现代养老观念的引导，借鉴西方优秀养老经验，利用科技探索新型养老模式的发展，同时加强社会老年活动中心等公共设施的建设，丰富老年生活。

第五节　本章发现与讨论

通过对民政事业发展历程的梳理和民政事业发展规律的整体把握，可以看出自我国自构建民政体系以来，民政事业经历了初步构建、职能探索、协调优化、转型发展的四个阶段，在此过程中，其经历了职能从繁至简，服务范围自小到大，工作重点也由管理向辅助的过渡，工作模式逐渐多样化、工作水平逐渐专业化、工作分类逐渐精细化。

这是因为在民政体系的建设过程中，不可避免地会出现路径依赖，从理论的角度来看，民政事业发展过程中原有的发展模式会逐渐地导致事业发展的僵化。在新时代背景下，需以民政部部门调整为契机，不断地对民政事业的工作进行调整优化，合理配置权力，释放民政事业发展的创新动力，才能更好地在之后的民政事业发展过程中推动其高质量发展。其次是因为我国政府的执政理念是执政为民，要致力于社会发展、民主法制建设和社会稳定，民政事业是最贴近人民群众生活的事业，是促进社会发展的基本保障，是推动民主法制建设的助推器，是维护社会稳定的重要手段，所以，我国民政事业逐渐向服务型民政转变，是以人为本的重要体现，是建设社会主义制度的必然选择。

同时，通过对民政事业在新时期背景下面临的新型问题和社会需求的分析，可以发现民政事业的发展是与社会发展不断相协调的。虽然在不同的社会背景下民政事业所担任的职责不同，但是剖析其内在发展逻辑可以发现，民政事业是以维护社会稳定，保障人民基本权益，促进社会公平正义为出发点的。这是因为经济发展对社会的影响是直观的，经济基础决定了上层建筑，民政事业作为一个满足需求的角色，是一定要遵循需求本身进行转型发展的。所以，在经济发展进入新常态、社会要求高质量发展的今天，民政事业也必然要遵循经济社会发展的规律进行协调发展，明晰自身发展定位，扮演好社会救助的兜底网、社会事务的覆盖网、基层社会治理的推进器、养老福利的稳定器的角色，不断提升自身服务质量，探索新型发展路径，以推动民政事业的高质量发展。

第三章

中国民政事业高质量发展评估方法和指标体系

第一节　中国民政事业高质量发展研究原则及地区划分

一、中国民政事业高质量发展的研究原则

中国民政事业高质量发展研究是一个综合性的复杂研究,单一结构的描述和定性是无法客观反映出我国整体和各地区的民政事业发展水平的。因此,全面客观地对全国及各地区的民政事业发展水平进行评估是构建本书的中国民政事业高质量发展指数评估体系的基础。构建中国民政事业高质量发展指数评估体系的时候应当秉承以下原则:

第一,综合性原则。中国民政事业高质量发展研究是一项综合复杂的研究,中国民政事业的发展也是多方面要素的综合反映,包括了经济建设支撑、社会救助、社会事务、基层社会治理和养老福利等多项内容,仅仅针对其中某一项工作对民政工作进行评判的话,结果肯定是不客观的。因此,中国民政事业高质量发展研究应该综合考量各个要素的关系,构建起多参数多维度的评估体系,求得最佳的综合性方案。

第二,科学性原则。中国民政事业高质量发展研究必须遵循社会发展规律,数据的采集与计算必须是通过观察或测算所得,指标的选择、权重和得分的计算必须秉承科学的原则进行操作,能够如实地反映全国及各地区的民政事业高质量发展水平,进而进行科学的分析,提出科学的发展战略。

第三,层次性原则。中国民政事业高质量发展研究涉及内容广泛,所以指数评估体系的多层次体现其全面性和准确度,指标设置的过程中有层次的排序能准确地说明指标间的逻辑关系。本书采用了四级指标对中国民政事业高质量发展水平进行评估,

指标间关系明晰客观。

第四，动态性原则。中国民政事业发展是一个动态过程，由于政策的倾斜、服务水平的变化、财政的支持、社会的参与等多方面因素共同影响，全国及各地区的民政事业高质量发展水平都随条件变化而随时变动。所以，指数评估体系的构建应当充分反映出这种动态变化性。

第五，可量化原则。中国民政事业高质量发展研究的统计数据由于数量较多，涉及方面较广，在采集数据时应采取科学客观反映民政事业发展现实的、口径较为统一的数据为研究的原始数据，以保证指数评估体系的可操作性。

二、中国民政事业高质量发展研究的地区划分

在我国行政区划的基础上，根据国家统计局的划分标准及不同区域的社会发展情况，根据"中部崛起"和"西部大开发"等战略及党的十六大报告的精神，将我国经济角度划为东部地区、西部地区、中部地区、东北地区四大地区。其中东部地区包括北京、天津、河北、上海、江苏、浙江、福建、山东、广东9个省份；西部地区包括内蒙古、广西、重庆、四川、贵州、云南、陕西、甘肃、青海、宁夏和新疆11个省份；中部地区包括山西、安徽、江西、河南、湖北和湖南6个省份；东北地区包括辽宁、吉林和黑龙江3个省份。由于统计数据的缺失，我们未将海南、西藏及港澳台地区列入研究范围。因此，本书当中我国东部地区、西部地区、中部地区、东北地区的具体划分如表3－1所示。

表3－1　　　　我国东部地区、中部地区、西部地区、东北地区的划分

地区	省份	省份数（个）
东部地区	北京、天津、河北、上海、江苏、浙江、福建、山东、广东	9
西部地区	四川、重庆、贵州、云南、陕西、甘肃、青海、宁夏、新疆、广西、内蒙古	11
中部地区	山西、安徽、江西、河南、湖北、湖南	6
东北地区	辽宁、吉林、黑龙江	3

第二节　中国民政事业高质量发展指数评估体系的建立

为科学客观地对我国民政事业高质量发展情况进行全方位的评估，掌握各省份民政事业发展的内在规律与差异，本书构建了一套可以体现全国及各省份民政事业高质量发展水平的指标评估体系，并可以运用相关数学评价计量模型进行分析。中国民政

事业高质量发展指标评估体系由 1 个一级指标，5 个二级指标，18 个三级指标，145 个四级指标组成，一级、二级、三级指标分别由下一级指标综合得出，四级指标由数据采集整理得到，指标之间相互关联，基本能够将民政事业覆盖，包含了经济建设支撑水平、社会救助兜底水平、社会事务覆盖水平、基层社会治理水平、养老福利普惠水平 5 个方面，可以对我国民政事业高质量发展情况进行全方位的科学评估。

本书数据来源均来自《中国民政统计年鉴（2011－2018）》《中国统计年鉴（2011－2018）》，由于统计数据的缺失，我们未将海南、西藏及港澳台地区纳入研究范围。表 3－2 和表 3－3 分别为 2010～2013 年和 2014～2017 年中国民政事业高质量发展指数评估体系及指标权重。

表 3－2　　　　2010～2013 年中国民政事业高质量发展指数评估体系及权重

一级指标	民政事业高质量发展综合水平		权重			
二级指标（5 个）	三级指标（18 个）	四级指标（145 个）	2010 年	2011 年	2012 年	2013 年
子系统 I 经济建设支撑水平	经济发展	人均生产总值（元）	0.033	0.034	0.034	0.035
		平均工资（元）	0.03	0.031	0.031	0.032
		全社会投资（亿元）	0.032	0.032	0.033	0.033
		城镇化率（%）	0.039	0.039	0.039	0.039
		失业率（%）	0.036	0.036	0.037	0.037
		居民消费水平（元）	0.031	0.032	0.032	0.032
		最终消费支出（亿元）	0.032	0.032	0.032	0.032
		总抚养比（%）	0.045	0.046	0.044	0.042
	财政能力	一般公共管预算支出（亿元）	0.032	0.032	0.032	0.033
		社会保障和就业支出比重（亿元）	0.033	0.033	0.033	0.034
		一般公共管预算收入比重（亿元）	0.031	0.031	0.032	0.032
		一般公共服务支出比重（亿元）	0.033	0.033	0.034	0.034
		城乡社区支出比重（亿元）	0.030	0.030	0.030	0.031
		医疗卫生支出比重（亿元）	0.031	0.031	0.031	0.031
		住房保障支出比重（亿元）	0.030	0.031	0.031	0.031
		文化体育与传媒支出比重（亿元）	0.032	0.032	0.032	0.033
		教育支出比重（亿元）	0.031	0.032	0.033	0.033
		科学技术支出比重（亿元）	0.030	0.030	0.029	0.029
		公共安全支出比重（亿元）	0.031	0.031	0.031	0.031

续表

一级指标		民政事业高质量发展综合水平	权重			
二级指标（5个）	三级指标（18个）	四级指标（145个）	2010年	2011年	2012年	2013年
子系统Ⅰ 经济建设 支撑水平	公共服务 基本情况	养老床位数（万张）	0.034	0.034	0.036	0.038
		儿童床位数（万张）	0.031	0.031	0.033	0.033
		农村特困人员集中供养人数（人）	0.064	0.063	0.062	0.061
		农村特困人员分散供养人数（人）	0.061	0.058	0.057	0.056
		资助参加医疗保险人数（人）	0.030	0.030	0.029	0.029
		直接医疗救助人数（人）	0.031	0.032	0.031	0.030
		直接医疗救助支出（万元）	0.033	0.034	0.035	0.033
		孤儿数（人）	0.060	0.057	0.054	0.053
		家庭收养儿童数（人）	0.035	0.035	0.032	0.031
子系统Ⅱ 社会救助 兜底水平	单位基本结构	社会福利院单位数（个）	0.031	0.031	0.031	0.031
		福利类精神病院和医院单位数（个）	0.028	0.028	0.028	0.026
		儿童收养机构单位数（个）	0.028	0.029	0.029	0.030
		生活无着人员救助管理站单位数（个）	0.030	0.032	0.030	0.030
		救助低保服务机构单位数（个）	0.028	0.028	0.028	0.029
		社会福利院年末职工人数（人）	0.027	0.027	0.026	0.026
		福利类精神病院和医院年末职工人数（人）	0.026	0.026	0.025	0.025
		儿童收养机构年末职工人数（人）	0.027	0.027	0.027	0.027
		生活无着人员救助管理站年末职工人数（人）	0.030	0.030	0.029	0.029
		救助低保服务机构年末职工人数（人）	0.026	0.026	0.026	0.027
	服务管理水平	社会福利院大学本科及以上职工人数（人）	0.025	0.025	0.026	0.026
		儿童收养机构大学本科及以上职工人数（人）	0.026	0.026	0.027	0.027
		生活无着人员救助管理站大学本科及以上职工人数（人）	0.027	0.027	0.027	0.027
		救助低保服务机构大学本科及以上职工人数（人）	0.026	0.026	0.026	0.027
		社会福利院社会工作师人数（人）	0.025	0.024	0.024	0.025
		儿童收养机构社会工作师人数（人）	0.025	0.025	0.025	0.026
		生活无着人员救助管理站社会工作师人数（人）	0.025	0.025	0.025	0.025

续表

一级指标	民政事业高质量发展综合水平		权重			
二级指标（5个）	三级指标（18个）	四级指标（145个）	2010年	2011年	2012年	2013年
子系统Ⅱ社会救助兜底水平	社会救助服务水平	社会福利院床位数（个）	0.027	0.027	0.027	0.028
		福利类精神病院和医院床位数（个）	0.026	0.026	0.026	0.025
		儿童收养机构床位数（个）	0.027	0.026	0.027	0.027
		生活无着人员救助管理站床位数（个）	0.030	0.031	0.032	0.033
		社会福利院年末在院人数（人）	0.029	0.029	0.028	0.028
		生活无着人员救助管理站本年在站救助人次数（人）	0.027	0.027	0.027	0.027
		城市最低生活保障人数（人）	0.043	0.042	0.043	0.043
		农村最低生活保障人数（人）	0.046	0.045	0.044	0.043
		社会福利院机构建筑面积（平方米）	0.027	0.027	0.027	0.027
		福利类精神病院和医院机构建筑面积（平方米）	0.026	0.026	0.026	0.026
		儿童收养机构建筑面积（平方米）	0.028	0.028	0.029	0.029
	财政投入状况	社会福利院本年收入合计（万元）	0.026	0.026	0.027	0.026
		福利类精神病院和医院本年收入合计（万元）	0.025	0.025	0.024	0.024
		儿童收养机构本年收入合计（万元）	0.027	0.027	0.027	0.027
		生活无着人员救助管理站本年收入合计（万元）	0.025	0.025	0.024	0.024
		社会福利院本年支出合计（万元）	0.026	0.025	0.026	0.025
		福利类精神病院和医院本年支出合计（万元）	0.025	0.025	0.024	0.024
		儿童收养机构本年支出合计（万元）	0.027	0.028	0.026	0.027
		生活无着人员救助管理站本年支出合计（万元）	0.025	0.025	0.024	0.024

续表

一级指标	民政事业高质量发展综合水平		权重			
二级指标 （5 个）	三级指标 （18 个）	四级指标（145 个）	2010 年	2011 年	2012 年	2013 年
子系统Ⅲ 社会事务 覆盖水平	单位基本机构	福利彩票发行机构单位数（个）	0.035	0.035	0.034	0.034
		婚姻登记服务机构单位数（个）	0.031	0.032	0.031	0.032
		殡仪馆数（个）	0.038	0.037	0.037	0.037
		公墓数（个）	0.030	0.030	0.030	0.029
		社会捐赠接收工作站单位数（个）	0.034	0.035	0.033	0.033
		福利彩票发行机构年末职工人数（人）	0.034	0.034	0.035	0.037
		婚姻登记服务机构年末职工人数（人）	0.033	0.032	0.031	0.031
		殡仪馆年末职工人数（人）	0.038	0.037	0.036	0.036
		公墓年末职工人数（人）	0.036	0.035	0.036	0.035
	服务管理能力	福利彩票发行机构大学本科及以上职工人数（人）	0.031	0.031	0.032	0.033
		婚姻登记服务机构大学本科及以上职工人数（人）	0.031	0.032	0.032	0.033
		殡仪馆大学本科及以上职工人数（人）	0.032	0.032	0.032	0.032
		公墓大学本科及以上职工人数（人）	0.030	0.030	0.031	0.030
	社会事务 服务能力	内地居民登记结婚件数（件）	0.036	0.036	0.036	0.036
		涉外及华侨、港澳台居民登记结婚件数（件）	0.031	0.031	0.031	0.030
		内地居民登记离婚（件）	0.033	0.033	0.033	0.035
		涉外及华侨、港澳台居民登记离婚（件）	0.031	0.030	0.030	0.030
		殡仪馆火化炉数（个）	0.036	0.036	0.036	0.036
		殡仪馆全年火化遗体数（个）	0.035	0.034	0.034	0.033
		殡仪馆穴位数（个）	0.031	0.031	0.031	0.031
		殡仪馆安葬数（个）	0.031	0.031	0.032	0.032
		公墓穴位数（个）	0.031	0.031	0.030	0.031
		公墓安葬数（个）	0.031	0.030	0.030	0.031

续表

一级指标	民政事业高质量发展综合水平		权重			
二级指标 （5个）	三级指标 （18个）	四级指标（145个）	2010年	2011年	2012年	2013年
子系统Ⅲ 社会事务 覆盖水平	财政投入状况	福利彩票发行机构本年收入合计（万元）	0.031	0.032	0.032	0.030
		婚姻登记服务机构本年收入合计（万元）	0.030	0.031	0.031	0.031
		殡仪馆本年收入合计（万元）	0.030	0.030	0.030	0.030
		公墓本年收入合计（万元）	0.030	0.030	0.030	0.030
		福利彩票发行机构本年支出合计（万元）	0.031	0.032	0.032	0.031
		婚姻登记服务机构本年支出合计（万元）	0.030	0.031	0.031	0.031
		殡仪馆本年支出合计（万元）	0.030	0.030	0.030	0.030
		公墓本年支出合计（万元）	0.029	0.029	0.029	0.029
子系统Ⅳ 基层社会 治理水平	单位基本结构	社会团体单位数（个）	0.037	0.037	0.037	0.038
		基金会单位数（个）	0.033	0.034	0.034	0.034
		民办非企业单位数（个）	0.035	0.035	0.035	0.035
		村民委员会单位数（个）	0.040	0.040	0.040	0.039
		社区居委会单位数（个）	0.044	0.045	0.045	0.046
		其他社会服务机构单位数（个）	0.040	0.039	0.037	0.037
		社会团体年末职工人数（人）	0.036	0.036	0.036	0.036
		基金会年末职工人数（人）	0.033	0.034	0.034	0.034
		民办非企业年末职工人数（人）	0.036	0.036	0.036	0.036
		村民委员会成员数（人）	0.040	0.040	0.039	0.039
		社区居委会成员数（人）	0.043	0.044	0.044	0.044
		其他社会服务机构成员数（人）	0.043	0.042	0.043	0.043
	服务管理水平	社会团体成员大学本科及以上职工人数（人）	0.034	0.034	0.034	0.033
		民办非企业成员大本学历职工人数（人）	0.034	0.034	0.035	0.035
		社区居委会成员大本学历职工人数（人）	0.037	0.038	0.038	0.038
		其他社会服务机构成员大本学历职工人数（人）	0.038	0.039	0.040	0.040
		其他社会服务机构成员社会工作师人数（人）	0.034	0.034	0.034	0.035
		社会团体社会组织负责人数（人）	0.040	0.040	0.040	0.040
		基金会社会组织负责人数（人）	0.033	0.033	0.033	0.033
		民办非企业社会组织负责人数（人）	0.037	0.036	0.036	0.035
		民办非企业当年年检单位数（个）	0.036	0.035	0.035	0.034
		村委会小组数（个）	0.044	0.044	0.043	0.043
		居委会小组数（个）	0.036	0.036	0.036	0.035

续表

一级指标	民政事业高质量发展综合水平		权重			
二级指标 （5个）	三级指标 （18个）	四级指标（145个）	2010年	2011年	2012年	2013年
子系统Ⅳ 基层社会 治理水平	财政投入状况	民办非企业收入合计（万元）	0.032	0.032	0.032	0.032
		社区居委会收入合计（万元）	0.036	0.036	0.037	0.037
		民办非企业支出合计（万元）	0.032	0.032	0.032	0.032
		社区居委会支出合计（万元）	0.036	0.036	0.037	0.037
子系统Ⅴ 养老福利 普惠水平	单位基本结构	城市养老服务机构数（个）	0.044	0.044	0.044	0.045
		农村养老服务机构数（个）	0.054	0.054	0.053	0.051
		社区服务中心机构数（个）	0.043	0.043	0.042	0.044
		城市养老机构年末职工数（人）	0.043	0.043	0.044	0.045
		农村养老服务机构年末职工数（人）	0.052	0.052	0.052	0.052
		社区服务中心机构年末职工数（人）	0.041	0.041	0.041	0.041
	服务管理能力	城市养老服务机构大学本科及以上职工人数（人）	0.039	0.039	0.038	0.038
		农村养老服务机构大学本科及以上职工人数（人）	0.043	0.042	0.042	0.043
		社区服务中心机构大学本科及以上职工人数（人）	0.041	0.04	0.04	0.039
		城市养老服务机构社会工作师人数（人）	0.040	0.039	0.039	0.039
		农村养老服务机构社会工作师人数（人）	0.041	0.040	0.040	0.040
	养老福利 服务水平	城市养老服务机构床位数（个）	0.042	0.042	0.043	0.044
		农村养老服务机构床位数（个）	0.049	0.049	0.050	0.050
		社区服务站床位数（个）	0.041	0.040	0.040	0.040
		城市养老服务机构康复和医疗门诊人次数（人次）	0.040	0.040	0.039	0.039
		农村养老服务机构康复和医疗门诊人次数（人次）	0.042	0.042	0.041	0.041
		抚恤、补助优抚对象总人数（人）	0.045	0.049	0.050	0.049
		城市养老机构建筑面积（平方米）	0.041	0.041	0.041	0.042
		农村养老服务机构建筑面积（平方米）	0.046	0.048	0.049	0.049

续表

一级指标	民政事业高质量发展综合水平		权重			
二级指标（5个）	三级指标（18个）	四级指标（145个）	2010年	2011年	2012年	2013年
子系统Ⅴ 养老福利普惠水平	财政投入状况	城市养老机构本年收入合计（万元）	0.041	0.041	0.040	0.041
		农村养老服务机构本年收入合计（万元）	0.043	0.043	0.044	0.043
		城市养老机构本年支出合计（万元）	0.041	0.041	0.041	0.041
		农村养老服务机构本年支出合计（万元）	0.045	0.044	0.045	0.046

表3-3 **2014～2017年中国民政事业高质量发展指数评估体系指标权重**

一级指标	民政事业高质量发展综合水平		权重			
二级指标（5个）	三级指标（18个）	四级指标（145个）	2014年	2015年	2016年	2017年
子系统Ⅰ 经济建设支撑水平	经济发展	人均生产总值（元）	0.036	0.036	0.036	0.037
		平均工资（元）	0.033	0.034	0.035	0.036
		全社会投资（亿元）	0.035	0.035	0.036	0.036
		城镇化率（%）	0.039	0.039	0.038	0.038
		失业率（%）	0.036	0.036	0.035	0.034
		居民消费水平（元）	0.033	0.034	0.034	0.035
		最终消费支出（亿元）	0.033	0.033	0.033	0.034
		总抚养比（%）	0.041	0.039	0.037	0.034
	财政能力	一般公共管预算支出（亿元）	0.033	0.034	0.034	0.034
		社会保障和就业支出比重（亿元）	0.035	0.037	0.038	0.040
		一般公共管预算收入比重（亿元）	0.032	0.032	0.032	0.032
		一般公共服务支出比重（亿元）	0.034	0.033	0.033	0.034
		城乡社区支出比重（亿元）	0.031	0.032	0.032	0.033
		医疗卫生支出比重（亿元）	0.032	0.033	0.033	0.034
		住房保障支出比重（亿元）	0.031	0.031	0.032	0.031
		文化体育与传媒支出比重（亿元）	0.033	0.034	0.033	0.033
		教育支出比重（亿元）	0.033	0.034	0.034	0.034
		科学技术支出比重（亿元）	0.029	0.029	0.029	0.029
		公共安全支出比重（亿元）	0.030	0.031	0.031	0.031

续表

一级指标	民政事业高质量发展综合水平		权重			
二级指标（5个）	三级指标（18个）	四级指标（145个）	2014年	2015年	2016年	2017年
子系统 I 经济建设支撑水平	公共服务基本情况	养老床位数（万张）	0.034	0.032	0.032	0.031
		儿童床位数（万张）	0.034	0.032	0.031	0.031
		农村特困人员集中供养人数（人）	0.061	0.061	0.060	0.061
		农村特困人员分散供养人数（人）	0.056	0.054	0.053	0.051
		资助参加医疗保险人数（人）	0.029	0.028	0.034	0.032
		直接医疗救助人数（人）	0.031	0.030	0.030	0.031
		直接医疗救助支出（万元）	0.033	0.033	0.033	0.034
		孤儿数（人）	0.054	0.053	0.053	0.053
		家庭收养儿童数（人）	0.031	0.030	0.028	0.027
子系统 II 社会救助兜底水平	单位基本结构	社会福利院单位数（个）	0.030	0.029	0.029	0.028
		福利类精神病院和医院单位数（个）	0.026	0.026	0.025	0.024
		儿童收养机构单位数（个）	0.030	0.028	0.027	0.027
		生活无着人员救助管理站单位数（个）	0.030	0.029	0.029	0.027
		救助低保服务机构单位数（个）	0.029	0.029	0.028	0.027
		社会福利院年末职工人数（人）	0.026	0.025	0.025	0.024
		福利类精神病院和医院年末职工人数（人）	0.025	0.024	0.024	0.025
		儿童收养机构年末职工人数（人）	0.027	0.026	0.026	0.026
		生活无着人员救助管理站年末职工人数（人）	0.028	0.028	0.027	0.027
		救助低保服务机构年末职工人数（人）	0.027	0.027	0.027	0.026
	服务管理水平	社会福利院大学本科及以上职工人数（人）	0.026	0.026	0.027	0.027
		儿童收养机构大学本科及以上职工人数（人）	0.028	0.028	0.029	0.029
		生活无着人员救助管理站大学本科及以上职工人数（人）	0.027	0.027	0.027	0.028
		救助低保服务机构大学本科及以上职工人数（人）	0.027	0.028	0.028	0.027
		社会福利院社会工作师人数（人）	0.025	0.026	0.026	0.027
		儿童收养机构社会工作师人数（人）	0.027	0.028	0.029	0.030
		生活无着人员救助管理站社会工作师人数（人）	0.025	0.026	0.026	0.026

一级指标	民政事业高质量发展综合水平		权重			
二级指标 （5个）	三级指标 （18个）	四级指标（145个）	2014年	2015年	2016年	2017年
子系统Ⅱ 社会救助 兜底水平	社会救助 服务水平	社会福利院床位数（个）	0.028	0.028	0.028	0.027
		福利类精神病院和医院床位数（个）	0.025	0.025	0.025	0.025
		儿童收养机构床位数（个）	0.027	0.027	0.026	0.027
		生活无着人员救助管理站床位数（个）	0.033	0.031	0.031	0.030
		社会福利院年末在院人数（人）	0.027	0.027	0.026	0.026
		生活无着人员救助管理站本年在站救助人次数（人）	0.027	0.027	0.026	0.025
		城市最低生活保障人数（人）	0.043	0.045	0.046	0.047
		农村最低生活保障人数（人）	0.043	0.044	0.043	0.044
		社会福利院机构建筑面积（平方米）	0.027	0.028	0.027	0.027
		福利类精神病院和医院机构建筑面积（平方米）	0.027	0.027	0.027	0.026
		儿童收养机构建筑面积（平方米）	0.029	0.029	0.029	0.029
	财政投入状况	社会福利院本年收入合计（万元）	0.026	0.027	0.027	0.027
		福利类精神病院和医院本年收入合计（万元）	0.024	0.024	0.025	0.025
		儿童收养机构本年收入合计（万元）	0.027	0.028	0.028	0.029
		生活无着人员救助管理站本年收入合计（万元）	0.024	0.024	0.024	0.025
		社会福利院本年支出合计（万元）	0.026	0.026	0.026	0.026
		福利类精神病院和医院本年支出合计（万元）	0.024	0.024	0.025	0.025
		儿童收养机构本年支出合计（万元）	0.027	0.026	0.027	0.029
		生活无着人员救助管理站本年支出合计（万元）	0.024	0.024	0.024	0.024

续表

一级指标		民政事业高质量发展综合水平	权重			
二级指标 （5个）	三级指标 （18个）	四级指标（145个）	2014年	2015年	2016年	2017年
子系统Ⅲ 社会事务 覆盖水平	单位基本机构	福利彩票发行机构单位数（个）	0.032	0.032	0.031	0.030
		婚姻登记服务机构单位数（个）	0.033	0.033	0.031	0.030
		殡仪馆数（个）	0.037	0.036	0.036	0.035
		公墓数（个）	0.029	0.029	0.028	0.029
		社会捐赠接收工作站单位数（个）	0.033	0.032	0.032	0.032
		福利彩票发行机构年末职工人数（人）	0.037	0.038	0.038	0.039
		婚姻登记服务机构年末职工人数（人）	0.032	0.031	0.030	0.029
		殡仪馆年末职工人数（人）	0.036	0.036	0.036	0.035
		公墓年末职工人数（人）	0.036	0.036	0.035	0.035
	服务管理能力	福利彩票发行机构大学本科及以上职工人数（人）	0.033	0.034	0.034	0.035
		婚姻登记服务机构大学本科及以上职工人数（人）	0.033	0.033	0.032	0.032
		殡仪馆大学本科及以上职工人数（人）	0.033	0.034	0.035	0.037
		公墓大学本科及以上职工人数（人）	0.031	0.031	0.032	0.031
	社会事务 服务能力	内地居民登记结婚件数（件）	0.035	0.034	0.033	0.031
		涉外及华侨、港澳台居民登记结婚件数（件）	0.029	0.028	0.028	0.028
		内地居民登记离婚（件）	0.035	0.036	0.038	0.039
		涉外及华侨、港澳台居民登记离婚（件）	0.030	0.029	0.029	0.029
		殡仪馆火化炉数（个）	0.036	0.037	0.037	0.037
		殡仪馆全年火化遗体数（个）	0.033	0.032	0.033	0.032
		殡仪馆穴位数（个）	0.031	0.032	0.031	0.032
		殡仪馆安葬数（个）	0.031	0.033	0.035	0.037
		公墓穴位数（个）	0.031	0.031	0.031	0.031
		公墓安葬数（个）	0.031	0.031	0.032	0.032

续表

一级指标	民政事业高质量发展综合水平		权重			
二级指标（5个）	三级指标（18个）	四级指标（145个）	2014年	2015年	2016年	2017年
子系统Ⅲ 社会事务 覆盖水平	财政投入状况	福利彩票发行机构本年收入合计（万元）	0.030	0.030	0.030	0.029
		婚姻登记服务机构本年收入合计（万元）	0.032	0.032	0.032	0.033
		殡仪馆本年收入合计（万元）	0.030	0.030	0.031	0.031
		公墓本年收入合计（万元）	0.030	0.03	0.030	0.029
		福利彩票发行机构本年支出合计（万元）	0.032	0.030	0.030	0.029
		婚姻登记服务机构本年支出合计（万元）	0.032	0.032	0.032	0.033
		殡仪馆本年支出合计（万元）	0.030	0.030	0.030	0.031
		公墓本年支出合计（万元）	0.029	0.029	0.029	0.028
子系统Ⅳ 基层社会 治理水平	单位基本结构	社会团体单位数（个）	0.038	0.039	0.039	0.039
		基金会单位数（个）	0.034	0.034	0.035	0.036
		民办非企业单位数（个）	0.036	0.036	0.037	0.037
		村民委员会单位数（个）	0.039	0.038	0.038	0.037
		社区居委会单位数（个）	0.045	0.045	0.046	0.046
		其他社会服务机构单位数（个）	0.037	0.036	0.035	0.034
		社会团体年末职工人数（人）	0.036	0.036	0.036	0.037
		基金会年末职工人数（人）	0.034	0.034	0.037	0.035
		民办非企业年末职工人数（人）	0.037	0.037	0.037	0.039
		村民委员会成员数（人）	0.038	0.038	0.037	0.035
		社区居委会成员数（人）	0.044	0.044	0.045	0.045
		其他社会服务机构成员数（人）	0.043	0.042	0.04	0.041
	服务管理水平	社会团体成员大学本科及以上职工人数（人）	0.033	0.032	0.033	0.034
		民办非企业成员大本学历职工人数（人）	0.035	0.035	0.035	0.038
		社区居委会成员大本学历职工人数（人）	0.040	0.040	0.036	0.035
		其他社会服务机构成员大本学历职工人数（人）	0.041	0.041	0.042	0.041
		其他社会服务机构成员社会工作师人数（人）	0.035	0.036	0.037	0.039
		社会团体社会组织负责人数（人）	0.040	0.040	0.040	0.041
		基金会社会组织负责人数（人）	0.033	0.034	0.034	0.034
		民办非企业社会组织负责人数（人）	0.035	0.036	0.037	0.036
		民办非企业当年年检单位数（个）	0.033	0.035	0.034	0.036
		村委小组数（个）	0.043	0.042	0.041	0.039
		居委会小组数（个）	0.035	0.034	0.035	0.034

一级指标		民政事业高质量发展综合水平	权重			
二级指标 （5个）	三级指标 （18个）	四级指标（145个）	2014年	2015年	2016年	2017年
子系统Ⅳ 基层社会 治理水平	财政投入状况	民办非企业收入合计（万元）	0.031	0.031	0.031	0.032
		社区居委会收入合计（万元）	0.037	0.037	0.034	0.035
		民办非企业支出合计（万元）	0.031	0.031	0.031	0.032
		社区居委会支出合计（万元）	0.037	0.037	0.036	0.036
子系统Ⅴ 养老福利 普惠水平	单位基本结构	城市养老服务机构数（个）	0.046	0.046	0.048	0.048
		农村养老服务机构数（个）	0.046	0.043	0.042	0.041
		社区服务中心机构数（个）	0.047	0.048	0.047	0.047
		城市养老机构年末职工数（人）	0.046	0.047	0.048	0.049
		农村养老服务机构年末职工数（人）	0.048	0.045	0.045	0.045
		社区服务中心机构年末职工数（人）	0.042	0.043	0.043	0.043
	服务管理能力	城市养老服务机构大学本科及以上职工人数（人）	0.039	0.040	0.040	0.045
		农村养老服务机构大学本科及以上职工人数（人）	0.041	0.040	0.041	0.040
		社区服务中心机构大学本科及以上职工人数（人）	0.040	0.041	0.041	0.041
		城市养老服务机构社会工作师人数（人）	0.040	0.042	0.042	0.042
		农村养老服务机构社会工作师人数（人）	0.040	0.044	0.041	0.041
	养老福利 服务水平	城市养老服务机构床位数（个）	0.045	0.046	0.047	0.047
		农村养老服务机构床位数（个）	0.048	0.046	0.046	0.045
		社区服务站床位数（个）	0.043	0.044	0.044	0.043
		城市养老服务机构康复和医疗门诊人次数（人次）	0.040	0.041	0.039	0.038
		农村养老服务机构康复和医疗门诊人次数（人次）	0.041	0.041	0.040	0.042
		抚恤、补助优抚对象总人数（人）	0.049	0.048	0.048	0.046
		城市养老机构建筑面积（平方米）	0.043	0.044	0.046	0.046
		农村养老服务机构建筑面积（平方米）	0.046	0.043	0.043	0.043

续表

一级指标	民政事业高质量发展综合水平		权重			
二级指标 （5个）	三级指标 （18个）	四级指标（145个）	2014年	2015年	2016年	2017年
子系统V 养老福利 普惠水平	财政投入状况	城市养老机构本年收入合计（万元）	0.041	0.042	0.042	0.042
		农村养老服务机构本年收入合计（万元）	0.042	0.042	0.041	0.041
		城市养老机构本年支出合计（万元）	0.042	0.042	0.042	0.042
		农村养老服务机构本年支出合计（万元）	0.045	0.044	0.043	0.042

第三节　中国民政事业高质量发展评估方法的选择

一、中国民政事业高质量发展评估方法的选择

在指数体系建立之后，需要选择一个合适的评估方法来把各种指标统一进行综合评价，进而对中国民政事业高质量发展水平进行科学的测评，常见的指标评估方法有层次分析法、模糊分析法、主成分分析法、逼近理想解排序法和灰色综合评价法。本书通过归纳总结他们各自的优缺点进行评估方法的选择。

（1）层次分析法。层次分析法的优点在于可以充分将定量分析和定性分析的优势相结合；可以将主观逻辑和客观计算有机结合使评估整体有条理并且科学。但是层次分析法的缺点在于指标体系需要权威的、专业的系统支持，否则评估出来的结果不够准确，并且层次分析法是将平均值作为矩阵的特征值，这样对某种矩阵来说结果会有偏差。

（2）模糊综合评判法。模糊综合评价法的优点在于利用数字将不易定量的因素定量化且得出的结果是向量，这就使计算结果信息较为准确和丰富。但是模糊综合评价法的缺点在于在指标集较大时相对隶属度权系数较小，这就使得无法分辨出更高的隶属度，容易造成评价的错误。

（3）主成分分析法。主成分分析法的优点在于可以用少数指标来代替多数指标，并集中反映了原始数据的大部分信息；可以通过计算主成分的得分来客观地评价数据。但是主成分分析法的缺点在于当主成分的因子负荷包含正负的时候，评价函数的意义不够明晰，对主成分因子的选定不够清楚。

（4）逼近理想解排序法。逼近理想解排序法是通过对最优方案和最差方案进行定义，在备选方案中找到距离最优方案最近而距离最差方案最远的方案。逼近理想解

排序法的优点在于对数据规范处理并且无量纲化之后能充分地反映各个方案的优劣程度，并且对数据的要求较低，适用范围较广。但是逼近理想解排序法也存在例如权重复制不够客观等缺点。

（5）灰色综合评价法。灰色综合评价法主要是利用已知信息来确定系统的未知信息，相对于前面叙述的其他评价方法来说，其最大特点是对样本量没有严格的要求，不需要过多的数据样本，同时对分布规律要求也较小，根据数据之间的发展态势来对数据之间的关系进行分析，可以在信息不完备的情况下将评价分析的可信度提升；同时灰色综合评价法的计算相对简单，操作较为容易。

根据以上方法的介绍和比较，本书选择灰色综合评价法作为中国民政事业高质量发展的评估方法。通过对 145 项四级指标进行灰色综合评价和灰色聚类分析，评估指标体系与相关参考因子之间的关系程度从而判断各项指标与理想最优指标之间的距离。通过设立中国民政事业高质量发展指数评估体系中理想最优指标作为参考数列 X_0，各省份指标数列为 $X_0(k)$，以中国民政事业高质量发展指数评估体系各项指标作为比较数列 X_i，各省份指标为数列 $X_i(k)$，求出各指标与其理想值的灰色关联度，灰色关联度越大证明指标值与理想值越接近，该项指标的水平越高，而灰色关联度越小则说明该项指标的水平越低。因此，通过对中国民政事业高质量发展指数评估体系的灰色关联度测算，可以得到各省份民政事业各子系统发展水平及全国整体水平的得分及排序。

二、中国民政事业高质量发展评估体系的数据处理

在整理数据过程中，首先要对数据进行无量纲化处理。对于正向性指标，可以通过公式（3-1）计算：

$$X_{ik} = \frac{Y_{ik} - \min_i Y_{ik}}{\max_i Y_{ik} - \min_i Y_{ik}} \times 100 \qquad (3-1)$$

对于负向性指标，可以通过公式（3-2）计算：

$$X_{ik} = \frac{\max_i Y_{ik} - Y_{ik}}{\max_i Y_{ik} - \min_i Y_{ik}} \times 100 \qquad (3-2)$$

由于无量纲化后的数据均处在 0～100 的区间，所以理想值取 100 即可。研究通过公式（3-3）对灰色关联系数 $\zeta_i(k)$ 进行求解。

$$\zeta_i(k) = \frac{\min_i\min_k |X_0(k) - X_i(k)| + \delta \max_i\max_k |X_0(k) - X_i(k)|}{|X_0(k) - X_i(k)| + \delta \max_i\max_k |X_0(k) - X_i(k)|} \qquad (3-3)$$

其中，δ 为分辨系数，$\delta \in [0, 1]$，通常取 0.5。

通过公式（3-4）计算各项指标的灰色关联系数。

$$\bar{r}_i = \frac{1}{n} \sum_{i=1}^{n} \zeta_i(k) , \quad k = 1, 2, \cdots, m \tag{3-4}$$

通过公式（3-5）计算各项指标在综合评价中的权重 r_i。

$$r_i = \frac{\bar{r}_i}{\sum_{k=1}^{m} \bar{r}_i} , \quad k = 1, 2, \cdots, m \tag{3-5}$$

$$D_i = \sum_{k=1}^{m} r_i x_i(k) , \quad i = 1, 2, \cdots, n \tag{3-6}$$

其中，D_i 数值越大说明全国各省份该项指标与理想最优状态更为接近，通过对 D_i 数值的分析就可得到各省份的综合水平排序情况。

第四章

中国民政事业高质量发展指数
评估体系——综合水平

第一节 中国民政事业高质量发展综合水平变化趋势分析

根据中国民政事业高质量发展综合水平指标体系和数学评价模型，对 2010～2017 年我国 29 个省份的民政事业高质量发展综合水平进行评价，表 4－1、表 4－2、表 4－3、表 4－4、表 4－5、表 4－6、表 4－7 是本次评估期间 29 个省份的民政事业高质量发展综合水平排名和变化情况。

本书关于指标排名区段的判定标准为：综合发展水平排名 1～8 的为上游区，排名 9～21 的为中游区，排名 22～29 的为下游区。

一、中国民政事业高质量发展综合水平排名对比

根据表 4－1 所列内容，2010 年中国民政事业高质量发展综合水平排名上游区的是广东、江苏、山东、浙江、四川、湖北、辽宁和湖南 8 个省份；在中游区的是河南、上海、北京、安徽、河北、黑龙江、福建、重庆、江西、陕西、吉林、广西和新疆 13 个省份；在下游区的是内蒙古、贵州、云南、山西、天津、甘肃、宁夏和青海 8 个省份。2010 年，中部地区、东部地区的民政事业高质量发展综合水平更高，西部地区发展水平较为落后。

表4-1　　　　　　　　2010年中国民政事业高质量发展综合水平排名

地区	排名	区段	地区	排名	区段	地区	排名	区段
广东	1	上游区	河南	9	中游区	内蒙古	22	下游区
江苏	2		上海	10		天津	23	
山东	3		北京	11		山西	24	
浙江	4		安徽	12		贵州	25	
四川	5		河北	13		云南	26	
湖北	6		黑龙江	14		甘肃	27	
辽宁	7		福建	15		宁夏	28	
湖南	8		重庆	16		青海	29	
			江西	17				
			吉林	18				
			陕西	19				
			新疆	20				
			广西	21				

　　根据表4-2所列内容，2011年中国民政事业高质量发展综合水平排名在上游区的是广东、江苏、山东、浙江、四川、湖北、湖南和辽宁8个省份；在中游区的是河南、上海、北京、安徽、河北、黑龙江、重庆、福建、江西、陕西、广西、新疆和吉林13个省份；在下游区的是内蒙古、贵州、云南、山西、天津、甘肃、宁夏和青海8个省份，相较于2010年，辽宁下降1名至第8名，湖南上升1名至第7名，重庆上升1名至第15名，福建下降1名至第16名，陕西上升1名至第18名，吉林下降1名至第19名，贵州上升2名至第23名，天津下降2名至第25名。

表4-2　　　　　　　　2011年中国民政事业高质量发展综合水平排名

地区	排名	区段	地区	排名	区段	地区	排名	区段
广东	1	上游区	河南	9	中游区	内蒙古	22	下游区
江苏	2		上海	10		贵州	23	
山东	3		北京	11		山西	24	
浙江	4		安徽	12		天津	25	
四川	5		河北	13		云南	26	
湖北	6		黑龙江	14		甘肃	27	
湖南	7		重庆	15		宁夏	28	

续表

地区	排名	区段	地区	排名	区段	地区	排名	区段
辽宁	8		福建	16		青海	29	
			江西	17				
			陕西	18				
		上游区	吉林	19	中游区			下游区
			新疆	20				
			广西	21				

根据表4-3所列内容，2012年中国民政事业高质量发展综合水平排名在上游区的是江苏、广东、山东、浙江、四川、湖北、辽宁和湖南8个省份；在中游区的是河南、上海、北京、安徽、河北、重庆、黑龙江、福建、江西、陕西、吉林、新疆和内蒙古13个省份；在下游区的是广西、贵州、云南、山西、天津、甘肃、宁夏和青海8个省份，相较于2011年，江苏上升1名至第1名，广东下降1名至第2名，辽宁上升1名至第7名，湖南下降1名至第8名，陕西上升1名至第17名，江西下降1名至第18名，内蒙古上升2名至第20名，由下游区升至中游区，新疆下降1名至第21名，广西下降1名至第22名，由中游区跌落至下游区，云南上升2名至第24名，山西下降1名至第25名，天津下降1名至第26名。

表4-3   2012年中国民政事业高质量发展综合水平排名

地区	排名	区段	地区	排名	区段	地区	排名	区段
江苏	1		河南	9		广西	22	
广东	2		上海	10		贵州	23	
山东	3		北京	11		云南	24	
浙江	4		安徽	12		山西	25	
四川	5		河北	13		天津	26	
湖北	6		黑龙江	14		甘肃	27	
辽宁	7	上游区	重庆	15	中游区	宁夏	28	下游区
湖南	8		福建	16		青海	29	
			陕西	17				
			江西	18				
			吉林	19				
			内蒙古	20				
			新疆	21				

根据表 4-4 所列内容，2013 年中国民政事业高质量发展综合水平排名在上游区的是江苏、广东、山东、浙江、四川、湖北、辽宁和河南 8 个省份；在中游区的是湖南、上海、安徽、北京、河北、重庆、黑龙江、福建、吉林、陕西、江西、贵州和广西 13 个省份；在下游区的是内蒙古、新疆、云南、山西、天津、甘肃、宁夏和青海 8 个省份，相较于 2012 年，河南上升 1 名至第 8 名，由中游区升至上游区，湖南下降 1 名至第 9 名，由上游区跌落至中游区，吉林上升 2 名至第 17 名，陕西下降 1 名至第 18 名，江西下降 1 名至第 19 名，贵州上升 3 名至第 20 名，由下游区升至中游区，广西上升 1 名至第 21 名，由下游区升至中游区，内蒙古下降 2 名至第 22 名，由中游区跌落至下游区，新疆下降 2 名至第 23 名，由中游区跌落至下游区。

表 4-4　　　　　　　　　2013 年中国民政事业高质量发展综合水平排名

地区	排名	区段	地区	排名	区段	地区	排名	区段
江苏	1		湖南	9		内蒙古	22	
广东	2		上海	10		新疆	23	
山东	3		北京	11		云南	24	
浙江	4		安徽	12		山西	25	
四川	5		河北	13		天津	26	
湖北	6	上游区	黑龙江	14	中游区	甘肃	27	下游区
辽宁	7		重庆	15		宁夏	28	
河南	8		福建	16		青海	29	
			吉林	17				
			陕西	18				
			江西	19				
			贵州	20				
			广西	21				

根据表 4-5 所列内容，2014 年中国民政事业高质量发展综合水平排名在上游区的是江苏、广东、山东、浙江、四川、辽宁、湖北和河南 8 个省份；在中游区的是湖南、上海、北京、安徽、河北、重庆、黑龙江、福建、吉林、贵州、广西、陕西和内蒙古 13 个省份；在下游区的是江西、云南、新疆、山西、天津、甘肃、宁夏和青海 8 个省份，相较于 2013 年，辽宁上升 1 名至第 6 名，湖北下降 1 名至第 7 名，重庆上升 1 名至第 14 名，黑龙江下降 1 名至第 15 名，贵州上升 1 名至第 19 名，广西上升 1 名至第 20 名，内蒙古上升 1 名至第 21 名，由下游区升至中游区，江西下降 3 名至第 22 名，由中游区跌落至下游区，云南上升 1 名至第 23 名，新疆下降 1 名至第 24 名。

表 4 - 5　　　　　　　　2014 年中国民政事业高质量发展综合水平排名

地区	排名	区段	地区	排名	区段	地区	排名	区段
江苏	1		湖南	9		江西	22	
广东	2		上海	10		云南	23	
山东	3		北京	11		新疆	24	
浙江	4		安徽	12		山西	25	
四川	5		河北	13		天津	26	
辽宁	6		重庆	14		甘肃	27	
湖北	7	上游区	黑龙江	15	中游区	宁夏	28	下游区
河南	8		福建	16		青海	29	
			吉林	17				
			陕西	18				
			贵州	19				
			广西	20				
			内蒙古	21				

　　根据表 4 - 6 所列内容，2015 年中国民政事业高质量发展综合水平排名在上游区的是江苏、广东、山东、四川、浙江、湖北、辽宁和湖南 8 个省份；在中游区的是河南、上海、北京、安徽、河北、重庆、黑龙江、广西、福建、贵州、吉林、陕西和内蒙古 13 个省份；在下游区的是江西、新疆、云南、山西、天津、甘肃、宁夏和青海 8 个省份，相较于 2014 年，湖北上升 1 名至第 6 名，辽宁下降 1 名至第 7 名，湖南上升 1 名至第 8 名，由中游区升至上游区，上海上升 1 名至第 9 名，北京上升 1 名至第 10 名，河南下降 3 名至第 11 名，由上游区跌落至中游区，黑龙江上升 1 名至第 14 名，重庆下降 1 名至第 15 名，吉林上升 1 名至第 16 名，福建下降 1 名至第 17 名，广西上升 2 名至第 18 名，陕西下降 1 名至第 19 名，贵州下降 1 名至第 20 名，天津上升 1 名至第 25 名，山西下降 1 名至第 26 名。

表 4 - 6　　　　　　　　2015 年中国民政事业高质量发展综合水平排名

地区	排名	区段	地区	排名	区段	地区	排名	区段
江苏	1		上海	9		江西	22	
广东	2		北京	10		云南	23	
山东	3	上游区	河南	11	中游区	新疆	24	下游区
浙江	4		安徽	12		天津	25	

地区	排名	区段	地区	排名	区段	地区	排名	区段
四川	5		河北	13		山西	26	
湖北	6		黑龙江	14		甘肃	27	
辽宁	7		重庆	15		宁夏	28	
湖南	8		吉林	16		青海	29	
		上游区	福建	17	中游区			下游区
			广西	18				
			陕西	19				
			贵州	20				
			内蒙古	21				

　　根据表4-7所列内容，2016年中国民政事业高质量发展综合水平排名在上游区的是江苏、广东、山东、四川、浙江、湖北、辽宁和上海8个省份；在中游区的是河南、湖南、北京、安徽、河北、重庆、黑龙江、广西、贵州、福建、吉林、陕西和内蒙古13个省份；在下游区的是江西、云南、新疆、山西、天津、甘肃、宁夏和青海8个省份，相较于2015年，四川上升1名至第4名，浙江下降1名至第5名，上海上升1名至第8名，由中游区升至上游区，河南上升2名至第9名，湖南下降2名至第10名，由上游区跌落至中游区，北京下降1名至第11名，重庆上升1名至第14名，黑龙江下降1名至第15名，广西上升2名至第16名，贵州上升3名至第17名，吉林下降2名至第18名，福建下降2名至第19名，陕西下降1名至第20名，山西上升1名至第25名，天津下降1名至第26名。

表4-7　　　　　　　　2016年中国民政事业高质量发展综合水平排名

地区	排名	区段	地区	排名	区段	地区	排名	区段
江苏	1		河南	9		江西	22	
广东	2		湖南	10		云南	23	
山东	3		北京	11		新疆	24	
四川	4		安徽	12		山西	25	
浙江	5	上游区	河北	13	中游区	天津	26	下游区
湖北	6		重庆	14		甘肃	27	
辽宁	7		黑龙江	15		宁夏	28	
上海	8		广西	16		青海	29	

续表

地区	排名	区段	地区	排名	区段	地区	排名	区段
			贵州	17				
			吉林	18				
		上游区	福建	19	中游区			下游区
			陕西	20				
			内蒙古	21				

根据表 4-8 所列内容，2017 年中国民政事业高质量发展综合水平排名在上游区的是广东、江苏、山东、四川、浙江、湖北、辽宁和北京 8 个省份；在中游区的是湖南、河南、上海、安徽、河北、重庆、陕西、广西、黑龙江、福建、吉林、贵州和内蒙古 13 个省份；在下游区的是云南、江西、新疆、天津、山西、甘肃、宁夏和青海 8 个省份，相较于 2016 年，广东上升 1 名至第 1 名，江苏下降 1 名至第 2 名，浙江上升 1 名至第 4 名，四川下降 1 名至第 5 名，北京上升 3 名至第 8 名，由中游区升至上游区，上海下降 3 名至第 11 名，由上游区跌落至中游区，陕西上升 5 名至第 15 名，黑龙江下降 1 名至第 16 名，广西下降 1 名至第 17 名，贵州下降 3 名至第 20 名，云南上升 1 名至第 22 名，江西下降 1 名至第 23 名，天津上升 1 名至第 25 名，山西下降 1 名至第 26 名。

表 4-8　　　　　2017 年中国民政事业高质量发展综合水平排名

地区	排名	区段	地区	排名	区段	地区	排名	区段
广东	1		河南	9		云南	22	
江苏	2		湖南	10		江西	23	
山东	3		上海	11		新疆	24	
浙江	4		安徽	12		天津	25	
四川	5		河北	13		山西	26	
湖北	6		重庆	14		甘肃	27	
辽宁	7	上游区	陕西	15	中游区	宁夏	28	下游区
北京	8		黑龙江	16		青海	29	
			广西	17				
			吉林	18				
			福建	19				
			贵州	20				
			内蒙古	21				

　　根据表4-9所列内容，2010～2017年中国民政事业高质量发展综合水平排名变化趋势进行分析，可以看到在中国民政事业高质量发展综合水平在上升区的是内蒙古、重庆、北京、广西、云南、陕西和贵州7个省份；在保持区的是河北、辽宁、吉林、江苏、浙江、安徽、山东、河南、湖北、广东、四川、甘肃、宁夏和青海14个省份；在下降区的是江西、福建、新疆、天津、山西、黑龙江、湖南和上海8个省份。综合来看，大部分省份的民政事业高质量发展综合水平排名变化幅度较小，上升区西部省份较多，下降区中部、东部地区省份较多，说明就排名而言，2010～2017年西部一些省份抓住了中国民政事业高质量发展的契机，但是整体而言还是与东部地区有所差距。

表4-9　　　　　　　　2010～2017年全国民政事业综合发展排名变化

地区	排名变化	区段	地区	排名变化	区段	地区	排名变化	区段
贵州	5	上升区	河北	0	保持区	上海	-1	下降区
广西	4		辽宁	0		天津	-2	
云南	4		吉林	0		山西	-2	
陕西	4		江苏	0		黑龙江	-2	
北京	3		浙江	0		湖南	-2	
重庆	2		安徽	0		福建	-4	
内蒙古	1		山东	0		新疆	-4	
			河南	0		江西	-6	
			湖北	0				
			广东	0				
			四川	0				
			甘肃	0				
			青海	0				
			宁夏	0				

　　由图4-1可以看出，2010～2011年中国民政事业高质量发展综合水平呈上升趋势的有湖南、重庆、陕西和贵州4个省份，增长幅度最大的省为贵州，由第25名升至第23名，上升了2名；其他省份均上升1名。广东、江苏、山东、浙江、四川、湖北、河南、上海、北京、安徽、河北、黑龙江、江西、新疆、广西、内蒙古、山西、云南、甘肃、宁夏和青海共21个省份排名均保持不变。中国民政事业高质量发展综合水平呈下降趋势的有辽宁、福建、吉林和天津4个省份，下降幅度最大的为天津，由第23名降至第25名，下降了2名；其他省均下降1名。

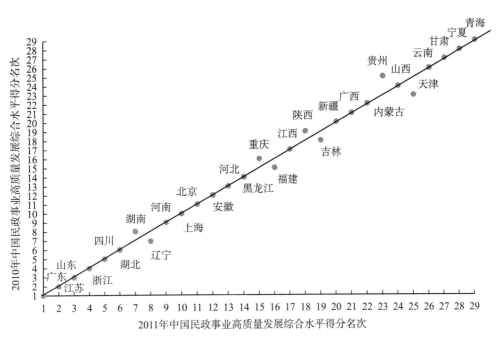

图 4-1　2010~2011 年中国民政事业高质量发展综合水平排序变化

由图 4-2 可以看出，2011~2012 年中国民政事业高质量发展综合水平呈上升趋势的有江苏、辽宁、陕西、内蒙古和云南 5 个省份，增长幅度最大的省份为内蒙古和

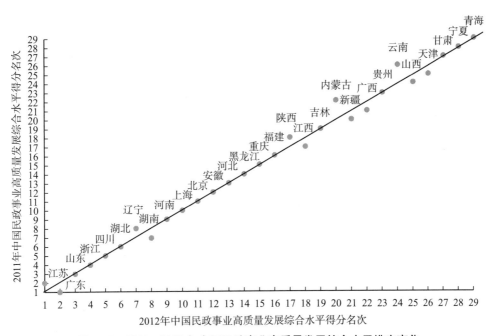

图 4-2　2011~2012 年中国民政事业高质量发展综合水平排序变化

云南，内蒙古由第 22 名升至第 20 名，云南由第 26 名升至第 24 名，均上升 2 名；其余省份均上升 1 名。山东、浙江、四川、湖北、河南、上海、北京、安徽、河北、黑龙江、重庆、福建、吉林、贵州、甘肃、宁夏和青海共 17 个省份排名均保持不变。中国民政事业高质量发展综合水平呈下降趋势的有广东、湖南、江西、新疆、广西、山西和天津 7 个省份，均下降 1 名。

由图 4-3 可以看出，2012～2013 年中国民政事业高质量发展综合水平呈上升趋势的有河南、吉林、贵州和广西 4 个省份，增长幅度最大的省份为贵州，由第 23 名升至第 20 名，上升了 3 名；吉林由第 19 名升至第 17 名，上升了 2 名；其他省份均上升 1 名。江苏、广东、山东、浙江、四川、湖北、辽宁、上海、北京、安徽、河北、重庆、黑龙江、福建、云南、山西、天津、甘肃、宁夏和青海共 20 个省份排名均保持不变。中国民政事业高质量发展综合水平呈下降趋势的有湖南、陕西、江西、内蒙古和新疆 5 个省份，下降幅度最大的为新疆和内蒙古，新疆由第 21 名降至第 23 名，内蒙区由第 20 名降至第 22 名，均下降 2 名；其他省份均下降 1 名。

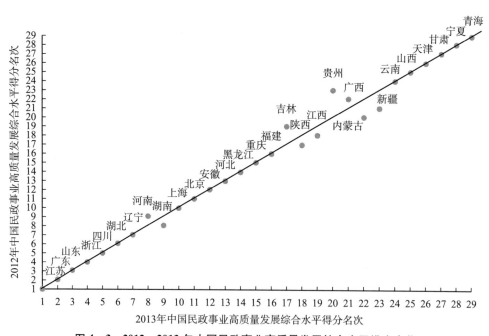

图 4-3　2012～2013 年中国民政事业高质量发展综合水平排序变化

由图 4-4 可以看出，2013～2014 年中国民政事业高质量发展综合水平呈上升趋势的有辽宁、重庆、贵州、广西、内蒙古和云南 6 个省份，均上升 1 名。江苏、广东、山东、浙江、四川、河南、湖南、上海、北京、安徽、河北、福建、吉林、陕西、山西、天津、甘肃、宁夏和青海共 19 个省份排名均保持不变。中国民政事业高质量发展综合水平呈下降趋势的有湖北、黑龙江、江西和新疆 4 个省份，下降幅度最大的为江西，由第 19 名降至第 22 名，下降了 3 名；其他省份均下降 1 名。

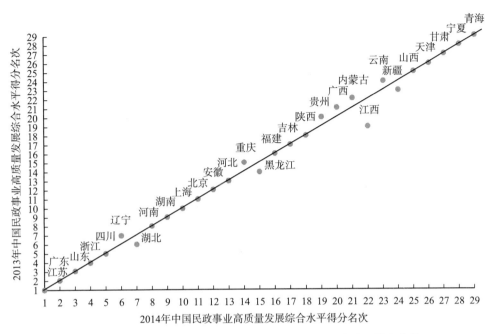

图 4 - 4 2013～2014 年中国民政事业高质量发展综合水平排序变化

由图 4 - 5 可以看出，2014～2015 年中国民政事业高质量发展综合水平呈上升趋势的有湖北、湖南、上海、北京、黑龙江、吉林、广西和天津 8 个省份，增长幅度最大的省份为广西，由第 20 名升至第 18 名，上升了 2 名；其他省份均上升 1 名。江苏、广东、山东、浙江、四川、安徽、河北、内蒙古、江西、云南、新疆、甘肃、宁夏和青海 14 个省份排名均保持不变。中国民政事业高质量发展综合水平呈下降趋势的有辽宁、河南、重庆、福建、陕西、贵州和山西 7 个省份，下降幅度最大的为河南，由第 8 名降至第 11 名，下降了 3 名；其他省份均下降 1 名。

由图 4 - 6 可以看出，2015～2016 年中国民政事业高质量发展综合水平呈上升趋势的有四川、上海、河南、重庆、广西、贵州和山西 7 个省份，增长幅度最大的省份为贵州，由第 20 名升至第 17 名，上升了 3 名；河南由第 11 名升至第 9 名，广西由第 18 名升至第 16 名，均上升 2 名；其他省均上升 1 名。江苏、广东、山东、湖北、辽宁、安徽、河北、内蒙古、江西、云南、新疆、甘肃、宁夏和青海 14 个省份排名均保持不变。中国民政事业高质量发展综合水平呈下降趋势的有浙江、湖南、北京、黑龙江、吉林、福建、陕西和天津 8 个省份，下降幅度最大的为湖南、吉林和福建，湖南由第 8 名降至第 10 名，吉林由第 16 名降至第 18 名，福建由第 17 名降至第 19

名，均下降 2 名，其他省份均下降 1 名。

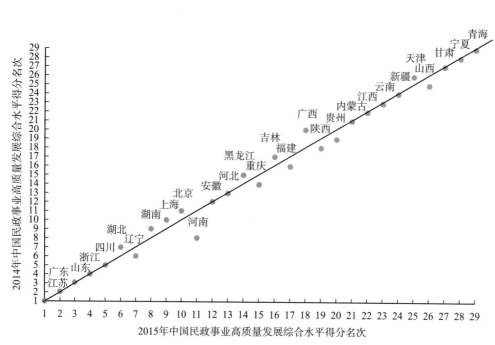

图 4-5　2014~2015 年中国民政事业高质量发展综合水平排序变化

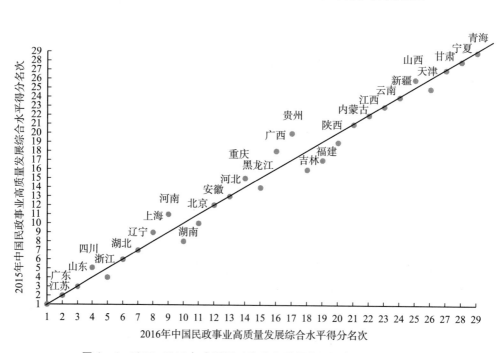

图 4-6　2015~2016 年中国民政事业高质量发展综合水平排序变化

　　由图4-7可以看出，2016～2017年中国民政事业高质量发展综合水平呈上升趋势的有广东、浙江、北京、陕西、云南和天津6个省份，增长幅度最大的省份为陕西，由第20名升至第15名，上升了5名；北京由第11名升至第8名，上升了3名；其他省份均上升1名。山东、湖北、辽宁、河南、湖南、安徽、河北、重庆、吉林、福建、内蒙古、新疆、甘肃、宁夏和青海15个省份排名均保持不变。中国民政事业高质量发展综合水平呈下降趋势的有江苏、四川、上海、黑龙江、广西、贵州、江西和山西8个省份，下降幅度最大的为上海和贵州，上海由第8名降至第11名，贵州由第17名降至第20名，均下降3名；其他省份均下降1名。

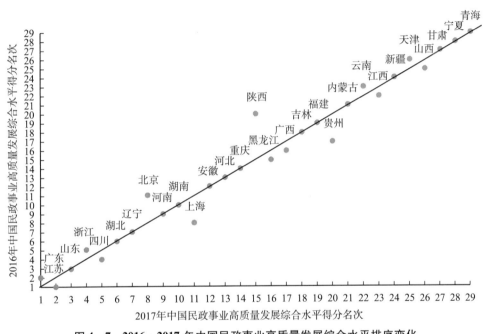

图4-7　2016～2017年中国民政事业高质量发展综合水平排序变化

　　由图4-8可以看出，2010～2017年中国民政事业高质量发展呈上升趋势的有北京、重庆、陕西、广西、内蒙古、贵州和云南7个省份，增长幅度最大的省份为贵州，由第25名升至第20名，上升了5名；广西由第21名升至第17名，云南由第26名升至第22名，陕西由第19名升至第15名，均上升4名；北京由第11名升至第8名，上升了3名；重庆由第16名升至第14名，上升了2名；内蒙古由第22名升至第21名，上升了1名。河北、辽宁、吉林、江苏、浙江、安徽、山东、河南、湖北、广东、四川、甘肃、青海和宁夏14个省份排名均保持不变。中国民政事业高质量发展呈下降趋势的有上海、天津、陕西、黑龙江、湖南、福建、新疆和江西8个省份，下降幅度最大的为江西，由第17名降至第23名，下降了6名；新疆由第20名降至第 24 名，福建由第 15 名降至第 19 名，均下降 4 名；湖南由第 8 名降至第 10 名，黑龙江由第 14 名降至第 16 名，天津由第 23 名降至第 25 名，山西由第 24 名降至第 26 名，均下降 2 名；上海由第 10 名降至第 11 名，下降了 1 名。

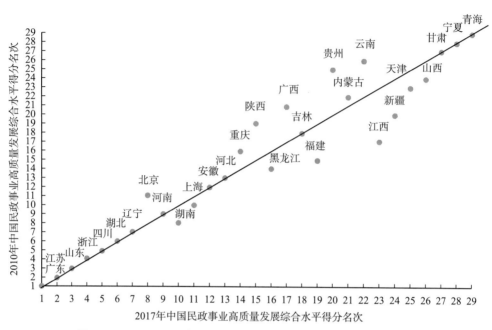

图 4 - 8　2010～2017 年中国民政事业高质量发展综合水平排序变化

二、中国民政事业高质量发展综合水平评分分析

本书分省份、分地区逐年地对 2010～2017 年中国民政事业高质量发展综合水平变化情况进行了评价和比较，如表 4 - 10 所示。

表 4 - 10　　　　　2010～2017 年中国民政事业高质量发展综合水平评价比较

地区	2010 年	2011 年	2012 年	2013 年	2014 年	2015 年	2016 年	2017 年	综合变化
北京	115. 359	125. 415	133. 600	137. 885	142. 419	152. 706	157. 515	174. 150	58. 791
	11	11	11	11	11	10	11	8	3
天津	68. 867	72. 296	74. 447	80. 078	83. 722	88. 607	88. 505	91. 868	23. 001
	23	25	26	26	26	25	26	25	- 2
河北	100. 281	108. 342	115. 301	121. 806	122. 670	121. 758	130. 428	143. 041	42. 760
	13	13	13	13	13	13	13	13	0

续表

地区	2010 年	2011 年	2012 年	2013 年	2014 年	2015 年	2016 年	2017 年	综合变化
山西	68.513	73.124	78.208	82.251	85.150	88.302	89.131	88.597	20.084
	24	24	25	25	25	26	25	26	-2
内蒙古	73.814	80.876	89.696	94.040	98.919	101.578	105.268	109.601	35.786
	22	22	20	22	21	21	21	21	1
辽宁	124.732	133.635	151.052	159.251	166.986	161.812	168.484	178.826	54.093
	7	8	7	7	6	7	7	7	0
吉林	82.275	84.686	91.654	104.374	107.868	112.402	115.747	120.298	38.023
	18	19	19	17	17	16	18	18	0
黑龙江	96.920	100.300	104.097	108.933	110.672	117.539	122.155	127.510	30.590
	14	14	14	14	15	14	15	16	-2
上海	121.106	129.789	136.257	139.952	145.695	155.854	165.482	169.430	48.323
	10	10	10	10	10	9	8	11	-1
江苏	187.952	209.516	233.045	250.183	268.925	282.615	292.027	314.177	126.224
	2	2	1	1	1	1	1	2	0
浙江	160.076	169.049	178.629	195.356	199.631	204.204	210.437	228.755	68.679
	4	4	4	4	4	4	5	4	0
安徽	100.370	110.657	124.813	135.127	136.489	132.553	139.046	150.854	50.484
	12	12	12	12	12	12	12	12	0
福建	87.350	93.930	100.363	104.466	108.229	111.402	114.250	119.362	32.012
	15	16	16	16	16	17	19	19	-4
江西	84.288	90.002	93.192	96.673	97.544	97.286	98.109	100.252	15.965
	17	17	18	19	22	22	22	23	-6
山东	187.757	199.244	212.009	218.141	220.728	222.231	233.182	255.536	67.779
	3	3	3	3	3	3	3	3	0
河南	121.622	132.753	141.295	154.000	154.512	152.585	161.112	173.358	51.736
	9	9	9	8	8	11	9	9	0
湖北	132.031	149.376	153.555	161.423	164.652	169.730	179.012	181.479	49.448
	6	6	6	6	7	6	6	6	0
湖南	123.033	134.172	142.878	149.184	151.800	156.847	160.521	172.437	49.404
	8	7	8	9	9	8	10	10	-2

续表

地区	2010 年	2011 年	2012 年	2013 年	2014 年	2015 年	2016 年	2017 年	综合变化
广东	197.132	212.346	226.416	233.761	250.383	272.913	290.236	320.100	122.968
	1	1	2	2	2	2	2	1	0
广西	75.618	81.268	84.833	94.155	101.029	109.785	117.125	125.491	49.873
	21	21	22	21	20	18	16	17	4
重庆	85.017	95.265	102.276	108.846	111.909	117.355	122.774	134.769	49.751
	16	15	15	15	14	15	14	14	2
四川	136.075	152.151	170.430	183.102	194.943	201.928	211.947	228.300	92.225
	5	5	5	5	5	5	4	5	0
贵州	66.382	73.257	82.554	94.207	101.186	108.009	115.927	116.908	50.526
	25	23	23	20	19	20	17	20	5
云南	66.278	71.792	81.462	87.503	92.278	92.205	97.850	105.585	39.306
	26	26	24	24	23	23	23	22	4
陕西	80.630	88.463	94.713	100.896	104.005	109.608	112.420	129.127	48.498
	19	18	17	18	18	19	20	15	4
甘肃	60.970	65.273	67.102	69.390	71.043	74.937	75.978	78.979	18.009
	27	27	27	27	27	27	27	27	0
青海	34.789	35.762	37.040	38.686	39.914	40.537	40.667	42.281	7.492
	29	29	29	29	29	29	29	29	0
宁夏	36.812	39.412	39.532	41.930	43.871	46.412	49.419	50.762	13.949
	28	28	28	28	28	28	28	28	0
新疆	76.461	82.661	87.701	89.169	90.670	92.068	91.677	98.707	22.247
	20	20	21	23	24	24	24	24	-4
最高分	197.132	212.346	233.045	250.183	268.925	282.615	292.027	320.100	122.968
最低分	34.789	35.762	37.040	38.686	39.914	40.537	40.667	42.281	7.492
平均分	101.811	110.166	118.212	125.337	129.926	134.337	139.877	149.329	47.518
标准差	42.328	46.302	50.425	52.953	55.867	58.534	61.808	68.210	25.882

2010 年中国民政事业高质量发展综合水平得分在 34～198 分，其中得分在 100 分以上的有广东、山东、江苏、浙江、四川、湖北、湖南、河南、辽宁、上海、北京、安徽和河北 13 个省份；在 100 分以下的有黑龙江、福建、重庆、江西、陕西、吉林、广西、新疆、内蒙古、贵州、云南、山西、天津、甘肃、宁夏和青海 16 个省份；得分最高的是广东 197.132 分，最低的是青海 34.789 分。各省份综合水平得分平均值

为 101.811 分，得分标准差为 42.328，说明各省份间综合水平差距非常大。

2011 年中国民政事业高质量发展综合水平得分为 35～213 分，其中得分在 100 分以上的有广东、江苏、山东、浙江、四川、湖北、湖南、河南、辽宁、上海、北京、安徽、黑龙江和河北 14 个省份；在 100 分以下的有重庆、福建、江西、陕西、广西、新疆、吉林、内蒙古、贵州、云南、山西、天津、甘肃、宁夏和青海 15 个省份；得分最高的是广东 212.346 分，最低的是青海 35.762 分。各省份综合水平得分平均值为 110.166 分，较上年增长 8.355 分，说明综合水平整体上均有了进步；得分标准差为 46.302，较上年增长 3.975，说明各省份间综合水平差距在扩大。

2012 年中国民政事业高质量发展综合水平得分为 37～234 分，其中得分在 100 分以上的有江苏、广东、山东、浙江、四川、湖北、辽宁、湖南、河南、上海、北京、安徽、河北、重庆、黑龙江和福建 16 个省份；在 100 分以下的有江西、陕西、吉林、新疆、广西、内蒙古、贵州、云南、山西、天津、甘肃、宁夏和青海 13 个省份；得分最高的是江苏 233.045 分，最低的是青海 37.040 分。各省份综合水平得分平均值为 118.212 分，较上年增长 8.046 分，增幅稍降，但整体水平仍呈现快速提升状态；得分标准差为 50.425，较上年增长 4.123，综合水平差距增幅稍有上升，即各省份间综合水平的差距在持续扩大。

2013 年中国民政事业高质量发展综合水平得分为 38～251 分，其中得分在 100 分以上的有江苏、广东、山东、浙江、四川、湖北、辽宁、河南、湖南、上海、安徽、北京、河北、重庆、黑龙江、福建、吉林和陕西 18 个省份；在 100 分以下的有江西、贵州、广西、内蒙古、新疆、云南、山西、天津、甘肃、宁夏和青海 11 个省份；得分最高的是江苏 250.183 分，最低的是青海 38.686 分。各省份综合水平得分平均值为 125.337 分，较上年增长 7.125 分，增幅稍降，但整体水平提升仍较快；得分标准差为 52.953，较上年增长 2.528，综合水平差距增幅稍有回落，但各省份间综合水平的差距仍然较大。

2014 年中国民政事业高质量发展综合水平得分为 39～269 分，其中得分在 100 分以上的有江苏、广东、山东、浙江、四川、辽宁、湖北、河南、湖南、上海、北京、安徽、河北、重庆、黑龙江、福建、吉林、贵州、广西和陕西 20 个省份；在 100 分以下的有江西、内蒙古、云南、新疆、山西、天津、甘肃、宁夏和青海 9 个省份；得分最高的是江苏 268.925 分，最低的是青海 39.914 分。各省份综合水平得分平均值为 129.926 分，较上年增长 4.589 分，增幅下降，但整体水平仍有提升；得分标准差为 55.867，较上年增长 2.915，综合水平差距增幅稍有上升，各省份间综合水平总体差距在扩大。

2015 年中国民政事业高质量发展综合水平得分为 40～283 分，其中得分在 100 分以上的有江苏、广东、山东、四川、浙江、湖北、辽宁、湖南、河南、上海、北京、安徽、河北、重庆、黑龙江、广西、福建、贵州、吉林、陕西和内蒙古 21 个省份；

在100分以下的有江西、新疆、云南、山西、天津、甘肃、宁夏和青海8个省份；得分最高的是江苏282.615分，最低的是青海40.537分。各省份综合水平得分平均值为134.337分，较上年增长4.411分，增幅下降，但整体水平仍在进步；得分标准差为58.534，较上年增长2.667，综合水平差距增幅稍有回落，但各省份间综合水平的差距仍然很大。

2016年中国民政事业高质量发展综合水平得分为40～293分，其中得分在100分以上的有江苏、广东、山东、四川、浙江、湖北、辽宁、上海、河南、湖南、北京、安徽、河北、重庆、黑龙江、广西、贵州、福建、吉林、陕西和内蒙古21个省份；在100分以下的有江西、云南、新疆、山西、天津、甘肃、宁夏和青海8个省份；得分最高的是江苏292.027分，最低的是青海40.667分。各省份综合水平得分平均值为139.877分，较上年增长5.540分，该增幅加大，说明全国民政事业整体水平有了进步；得分标准差为61.808，较上年增长3.273，综合水平差距增幅亦加大，说明总体差距在持续扩大。

2017年中国民政事业高质量发展综合水平得分为42～321分，其中得分在100分以上的有广东、江苏、山东、四川、浙江、湖北、辽宁、河南、湖南、北京、上海、安徽、河北、重庆、陕西、广西、黑龙江、福建、贵州、内蒙古、云南和江西23个省份；在100分以下的有新疆、天津、山西、甘肃、宁夏和青海6个省份；得分最高的是广东320.100分，最低的是青海42.281分。各省份综合水平得分平均值为149.329分，较上年增长9.452分增幅持续加大，即民政事业整体水平呈现快速发展的趋势；得分标准差为68.210，较上年增长6.402，该数据较上年几乎翻倍，说明各省份间综合水平差距越来越大。

总体来看，通过对2010～2017年数据分析对比发现综合水平平均分是持续上升的，这说明中国民政事业高质量发展综合水平发展势头较好，但由于标准差也在持续增长，说明了各省份间民政事业高质量发展综合水平的差距在不断扩大。一方面，针对各省份综合水平变化进行分析可发现广东、江苏、山东三省包揽了2010～2017年的前三名，上游区内部排名虽有波动，但其位置大多都由东部地区的省份占据，这说明东部地区在中国民政事业高质量发展综合水平较高。此外，东北地区发展较为稳定，中部地区各省份间发展差异性较大，西部地区整体发展水平不足，例如甘肃、宁夏、青海等省，长期排名倒数且评分增长缓慢，说明在中国民政事业高质量发展综合水平总体向前发展的大背景下，西部地区的民政事业高质量发展活力不足。另一方面，针对东部、中部、西部及东北地区民政事业高质量发展综合水平的评价结果，可得知各地区都有得分在100分以上和以下的省份，即其民政事业高质量发展情况良好，发展潜力较强，但差异性较为明显，如西部地区省份得分普遍偏低，且和其他地区相比差距较大，说明西部地区民政事业高质量发展情况不佳，亟须提高工作水平，全国的民政事业需要进一步协调发展。

如表 4－11 所示，中国民政事业高质量发展综合水平进行分析可以看出，2010～2011 年中国民政事业高质量发展综合水平上、中、下游区均呈现上升趋势，各分区分别变化 13.837 分、7.403 分、4.421 分，说明全国民政事业整体向好发展，具有较强的发展潜力。二级指标中，全国经济建设支撑水平上、中、下游均呈现上升趋势，各分区分别变化 2.971 分、2.407 分、1.699 分，说明全国经济建设支撑水平发展势头向好，区域经济稳步上升。全国社会救助兜底水平上、中、下游区的平均得分均呈现上升趋势，各分区分别变化 3.184 分、1.628 分、1.049 分，说明社会救助工作质量转优，服务水平提高。全国社会事务覆盖水平上、中、下游区的平均得分均呈现上升趋势，各分区分别变化 2.418 分、1.391 分、0.701 分，说明社会事务覆盖范围扩大，服务于人民的生活更加便捷。全国基层社会治理水平上、中、下游区的平均得分均呈现上升趋势，各分区分别变化 1.396 分，0.821 分、0.200 分，说明基层社会治理建设小有成果，城乡社区治理能力增强，社会工作人才队伍建设在不断发展。全国养老福利普惠水平上、中、下游区的平均得分均呈现上升趋势，各分区分别变化 3.535 分、1.371 分、0.757 分，说明养老福利普惠水平日益提高，老年人正常生活得到保障。

表 4－11　　　2010～2011 年中国民政事业高质量发展综合水平平均得分情况

指标	2010 年			2011 年			得分变化		
	上游区	中游区	下游区	上游区	中游区	下游区	上游区	中游区	下游区
综合水平	156.099	94.407	59.553	169.936	101.810	63.974	13.837	7.403	4.421
经济建设支撑水平	37.983	26.593	21.556	40.954	29.000	23.254	2.971	2.407	1.699
社会救助兜底水平	29.130	20.058	13.056	32.314	21.686	14.105	3.184	1.628	1.049
社会事务覆盖水平	35.376	19.152	8.997	37.793	20.543	9.698	2.418	1.391	0.701
基层社会治理水平	32.391	15.217	7.256	33.787	16.038	7.456	1.396	0.821	0.200
养老福利普惠水平	26.547	12.554	4.714	30.083	13.925	5.471	3.535	1.371	0.757

如表 4－12 所示，2011～2012 年，中国民政事业高质量发展综合水平上、中、下游区均呈现上升趋势，各分区分别变化 13.566 分、7.033 分、4.173 分，说明全国民政事业整体向好发展，具有较强的发展潜力。二级指标中，在全国经济建设支撑水平上、中、下游均呈现上升趋势，各分区分别变化 2.120 分、1.477 分、1.651 分，说明全国经济建设支撑水平发展势头向好，区域经济稳步上升。全国社会救助兜底水平上、中、下游区的平均得分均呈现上升趋势，各分区分别变化 2.025 分、2.765 分、1.204 分，说明社会救助工作质量转优，服务水平提高。全国社会事务覆盖水平上、中、下游区的平均得分均呈现上升趋势，各分区分别变化 2.019 分、1.131 分、

0.328 分，说明社会事务覆盖范围扩大，服务于人民的生活更加便捷。全国基层社会治理水平上、中、下游区的平均得分均呈现上升趋势，各分区分别变化 2.340 分、1.232 分、0.120 分，说明基层社会治理建设小有成果，城乡社区治理能力增强，社会工作人才队伍建设不断发展。全国养老福利普惠水平上、中、下游区的平均得分均呈现上升趋势，各分区分别变化 3.914 分、1.317 分、0.571 分，说明养老福利普惠水平日益提高，老年人正常生活得以保障。

表 4-12　　　　2011～2012 年中国民政事业高质量发展综合水平平均得分情况

指标	2011 年			2012 年			得分变化		
	上游区	中游区	下游区	上游区	中游区	下游区	上游区	中游区	下游区
综合水平	169.936	101.810	63.974	183.502	108.843	68.147	13.566	7.033	4.173
经济建设支撑水平	40.954	29.000	23.254	43.074	30.478	24.905	2.120	1.477	1.651
社会救助兜底水平	32.314	21.686	14.105	34.339	24.451	15.309	2.025	2.765	1.204
社会事务覆盖水平	37.793	20.543	9.698	39.813	21.675	10.026	2.019	1.131	0.328
基层社会治理水平	33.787	16.038	7.456	36.127	17.269	7.576	2.340	1.232	0.120
养老福利普惠水平	30.083	13.925	5.471	33.997	15.242	6.042	3.914	1.317	0.571

如表 4-13 所示，2012～2013 年，中国民政事业高质量发展综合水平上、中、下游区均呈现上升趋势，各分区分别变化 10.900 分、6.273 分、4.733 分，说明全国民政事业整体向好发展，具有较强的发展潜力。二级指标中，全国经济建设支撑水平上、中、下游均呈现上升趋势，各分区分别变化 2.390 分、1.614 分、1.513 分，说明全国经济建设支撑水平发展势头向好，区域经济稳步上升。全国社会救助兜底水平上、中、下游区的平均得分均呈现上升趋势，各分区分别变化 3.725 分、1.581 分、1.042 分，说明社会救助工作质量转优，服务水平提高。全国社会事务覆盖水平上、中、下游区的平均得分均呈现上升趋势，各分区分别变化 1.696 分、1.456 分、0.270 分，说明社会事务覆盖范围扩大，服务于人民的生活更加便捷。全国基层社会治理水平上、中、下游区的平均得分均呈现上升趋势，各分区分别变化 1.722 分、0.759 分、0.475 分，说明基层社会治理建设小有成果，城乡社区治理能力增强，社会工作人才队伍建设不断发展。全国养老福利普惠水平上、中、下游区的平均得分均呈现上升趋势，各分区分别变化 2.450 分、0.740 分、0.550 分，说明养老福利普惠水平日益提高，老年人正常生活得到保障。

表 4 – 13　　　　2012～2013 年中国民政事业高质量发展综合水平平均得分情况

指标	2012 年			2013 年			得分变化		
	上游区	中游区	下游区	上游区	中游区	下游区	上游区	中游区	下游区
综合水平	183.502	108.843	68.147	194.402	115.116	72.881	10.900	6.273	4.733
经济建设支撑水平	43.074	30.478	24.905	45.464	32.091	26.418	2.390	1.614	1.513
社会救助兜底水平	34.339	24.451	15.309	38.064	26.033	16.351	3.725	1.581	1.042
社会事务覆盖水平	39.813	21.675	10.026	41.509	23.131	10.295	1.696	1.456	0.270
基层社会治理水平	36.127	17.269	7.576	37.849	18.028	8.051	1.722	0.759	0.475
养老福利普惠水平	33.997	15.242	6.042	36.447	15.982	6.593	2.450	0.740	0.550

如表 4 – 14 所示，2013～2014 年，中国民政事业高质量发展综合水平上、中、下游区均呈现上升趋势，各分区分别变化 8.193 分、3.568 分、2.643 分，说明全国民政事业整体向好发展，具有较强的发展潜力。二级指标中，全国经济建设支撑水平上、中、下游均呈现上升趋势，各分区分别变化 1.785 分、1.180 分、1.052 分，说明全国经济建设支撑水平发展势头向好，区域经济稳步上升。全国社会救助兜底水平上、中、下游区的平均得分均呈现上升趋势，各分区分别变化 2.588 分、1.904 分、0.668 分，说明社会救助工作质量转优，服务水平提高。全国社会事务覆盖水平上、中、下游区的平均得分均呈现上升趋势，各分区分别变化 1.301 分、0.545 分、0.443 分，说明社会事务覆盖范围扩大，服务于人民的生活更加便捷。全国基层社会治理水平上、中、下游区的平均得分均呈现上升趋势，各分区分别变化 2.810 分、0.818 分、0.418 分，说明基层社会治理建设小有成果，城乡社区治理能力增强，社会工作人才队伍建设不断发展。全国养老福利普惠水平上、中、下游区的平均得分均呈现下降趋势，各分区分别变化 - 0.574 分、- 0.450 分、- 0.320 分，说明养老福利普惠水平的发展出现疲软趋势，养老福利服务工作活力相对不足，老年人正常生活保障水平有所下降。

表 4 – 14　　　　2013～2014 年中国民政事业高质量发展综合水平平均得分情况

指标	2013 年			2014 年			得分变化		
	上游区	中游区	下游区	上游区	中游区	下游区	上游区	中游区	下游区
综合水平	194.402	115.116	72.881	202.595	118.684	75.524	8.193	3.568	2.643
经济建设支撑水平	45.464	32.091	26.418	47.250	33.271	27.471	1.785	1.180	1.052
社会救助兜底水平	38.064	26.033	16.351	40.622	27.936	17.019	2.558	1.904	0.668
社会事务覆盖水平	41.509	23.131	10.295	42.810	23.675	10.738	1.301	0.545	0.443

指标	2013 年			2014 年			得分变化		
	上游区	中游区	下游区	上游区	中游区	下游区	上游区	中游区	下游区
基层社会治理水平	37.849	18.028	8.051	40.659	18.846	8.469	2.810	0.818	0.418
养老福利普惠水平	36.447	15.982	6.593	35.872	15.532	6.273	-0.574	-0.450	-0.320

如表 4-15 所示，2014～2015 年，中国民政事业高质量发展综合水平上、中、下游区均呈现上升趋势，各分区分别变化 6.440 分、4.634 分、2.020 分，说明全国民政事业整体向好发展，具有较强的发展潜力。二级指标中，全国经济建设支撑水平上、中、下游均呈现上升趋势，各分区分别变化 3.088 分、1.602 分、1.468 分，说明全国经济建设支撑水平发展势头向好，区域经济稳步上升。全国社会救助兜底水平上、中、下游区的平均得分均呈现上升趋势，各分区分别变化 1.972 分、0.466 分、0.183 分，说明社会救助工作质量转优，服务水平提高。全国社会事务覆盖水平上、中、下游区的平均得分均呈现上升趋势，各分区分别变化 1.230 分、0.373 分、0.116 分，说明社会事务覆盖范围扩大，服务于人民的生活更加便捷。全国基层社会治理水平上、中、下游区的平均得分均呈现上升趋势，各分区分别变化 2.124 分，1.659 分、0.817 分，说明基层社会治理建设小有成果，城乡社区治理能力增强，社会工作人才队伍建设不断发展。全国养老福利普惠水平上、中、下游区的平均得分均呈现下降趋势，各分区分别变化 -1.129 分、-0.265 分、-0.110 分，说明养老福利普惠水平的发展出现疲软趋势，养老福利服务工作活力相对不足，老年人正常生活保障水平有所下降。

表 4-15　　　　2014～2015 年中国民政事业高质量发展综合水平平均得分情况

指标	2014 年			2015 年			得分变化		
	上游区	中游区	下游区	上游区	中游区	下游区	上游区	中游区	下游区
综合水平	202.595	118.684	75.524	209.035	123.318	77.544	6.440	4.634	2.020
经济建设支撑水平	47.250	33.271	27.471	50.338	34.873	28.939	3.088	1.602	1.468
社会救助兜底水平	40.622	27.936	17.019	42.593	28.402	17.202	1.972	0.466	0.183
社会事务覆盖水平	42.810	23.675	10.738	44.040	24.048	10.854	1.230	0.373	0.116
基层社会治理水平	40.659	18.846	8.469	42.783	20.505	9.286	2.124	1.659	0.817
养老福利普惠水平	35.872	15.532	6.273	34.743	15.266	6.162	-1.129	-0.265	-0.110

如表 4-16 所示，2015～2016 年，中国民政事业高质量发展综合水平上、中、下游区均呈现上升趋势，各分区分别变化 9.816 分、5.473 分、1.373 分，说明全国

民政事业整体向好发展，具有较强的发展潜力。二级指标中，在全国经济建设支撑水平上、中、下游均呈现上升趋势，各分区分别变化 4.137 分、2.518 分、1.943 分，说明全国经济建设支撑水平发展势头向好，区域经济稳步上升。全国社会救助兜底水平上、中、下游区的平均得分均呈现上升趋势，各分区分别变化 3.385 分、1.703 分、0.167 分，说明社会救助工作质量转优，服务水平提高。全国社会事务覆盖水平上、中游区的平均得分呈现上升趋势，下游区平均得分呈下降趋势，各分区分别变化 0.948 分、0.372 分、-0.798 分，说明社会事务整体发展水平呈上升趋势，社会事务覆盖范围扩大，服务于人民的生活更加便捷。全国基层社会治理水平中游区呈现上升趋势，上、下游区的平均得分呈现下降趋势，各分区分别变化 -0.517 分、0.159 分、-0.309 分，说明基层社会治理整体建设呈下降趋势，基层社会治理发展情况出现小幅度衰退，从而面临新考验。全国养老福利普惠水平上、中、下游区的平均得分均呈现上升趋势，各分区分别变化 1.566 分、0.910 分、0.359 分，说明养老福利普惠水平日益提高，老年人正常生活得到保障。

表 4-16　　　　2015～2016 年中国民政事业高质量发展综合水平平均得分情况

指标	2015 年			2016 年			得分变化		
	上游区	中游区	下游区	上游区	中游区	下游区	上游区	中游区	下游区
综合水平	209.035	123.318	77.544	218.851	128.791	78.917	9.816	5.473	1.373
经济建设支撑水平	50.338	34.873	28.939	54.475	37.392	30.882	4.137	2.518	1.943
社会救助兜底水平	42.593	28.402	17.202	45.978	30.105	17.369	3.385	1.703	0.167
社会事务覆盖水平	44.040	24.048	10.854	44.988	24.421	10.057	0.948	0.372	-0.798
基层社会治理水平	42.783	20.505	9.286	42.266	20.664	8.978	-0.517	0.159	-0.309
养老福利普惠水平	34.743	15.266	6.162	36.309	16.177	6.521	1.566	0.910	0.359

如表 4-17 所示，2016～2017 年，中国民政事业高质量发展综合水平上、中、下游区均呈现上升趋势，各分区分别变化 16.314 分、9.069 分、3.212 分，说明全国民政事业整体向好发展，具有较强的发展潜力。二级指标中，在全国经济建设支撑水平上、中、下游均呈现上升趋势，各分区分别变化 4.500 分、2.486 分、1.110 分，说明全国经济建设支撑水平发展势头向好，区域经济稳步上升。全国社会救助兜底水平上、中、下游的平均得分均呈现上升趋势，各分区分别变化 3.175 分、1.355 分、0.538 分，说明社会救助工作质量转优，服务水平提高。全国社会事务覆盖水平上、中、下游区的平均得分均呈现上升趋势，各分区分别变化 1.557 分、1.071 分、0.194 分，说明社会事务覆盖范围扩大，服务于人民的生活更加便捷。全国基层社会治理水平上、中、下游区的平均得分均呈现上升趋势，各分区分别变化 4.636 分、

0.957 分、0.156 分，说明基层社会治理建设小有成果，城乡社区治理能力增强，社会工作人才队伍建设不断发展。全国养老福利普惠水平上、中、下游区的平均得分均呈现上升趋势，各分区分别变化 4.339 分、2.432 分、0.568 分，说明养老福利普惠水平日益提高，老年人正常生活得到保障。

表 4-17　　　2016~2017 年中国民政事业高质量发展综合水平平均得分情况

指标	2016 年			2017 年			得分变化		
	上游区	中游区	下游区	上游区	中游区	下游区	上游区	中游区	下游区
综合水平	218.851	128.791	78.917	235.165	137.860	82.129	16.314	9.069	3.212
经济建设支撑水平	54.475	37.392	30.882	58.975	39.878	31.992	4.500	2.486	1.110
社会救助兜底水平	45.978	30.105	17.369	49.153	31.460	17.908	3.175	1.355	0.538
社会事务覆盖水平	44.988	24.421	10.057	46.545	25.492	10.251	1.557	1.071	0.194
基层社会治理水平	42.266	20.664	8.978	46.902	21.621	9.133	4.636	0.957	0.156
养老福利普惠水平	36.309	16.177	6.521	40.648	18.609	7.090	4.339	2.432	0.568

如表 4-18 所示，2010~2017 年，中国民政事业高质量发展综合水平进行分析可以看出，中国民政事业高质量发展综合水平上、中、下游区均呈现上升趋势，各分区分别变化 79.067 分、43.453 分、22.576 分，说明全国民政事业整体向好发展，具有较强的发展潜力。二级指标中，在全国经济建设支撑水平上、中、下游均呈现上升趋势，各分区分别变化 20.991 分、13.284 分、8.303 分，说明全国经济建设支撑水平发展势头向好，区域经济稳步上升。全国社会救助兜底水平上、中、下游区的平均得分均呈现上升趋势，各分区分别变化 20.023 分、11.402 分、4.852 分，说明社会救助工作质量逐年转优，服务水平逐渐提高。全国社会事务覆盖水平上、中、下游区的平均得分均呈现上升趋势，各分区分别变化 11.170 分、6.340 分、1.254 分，说明社会事务覆盖范围扩大，服务于人民的生活更加便捷。全国基层社会治理水平上、中、下游区的平均得分均呈现上升趋势，各分区分别变化 14.511 分，6.404 分、1.878 分，说明基层社会治理建设有所成就，城乡社区治理能力增强，社会工作人才队伍建设不断发展。全国养老福利普惠水平上、中、下游区的平均得分均呈现上升趋势，各分区分别变化 14.100 分、6.055 分、2.376 分，说明养老福利普惠水平日益提高，老年人的正常生活得到保障。

表 4 - 18　　　　2010～2017 年中国民政事业高质量发展综合水平平均得分情况

指标	2010 年			2017 年			得分变化		
	上游区	中游区	下游区	上游区	中游区	下游区	上游区	中游区	下游区
综合水平	156.099	94.407	59.553	235.165	137.860	82.129	79.067	43.453	22.576
经济建设支撑水平	37.983	26.593	23.688	58.975	39.878	31.992	20.991	13.284	8.303
社会救助兜底水平	29.130	20.058	13.056	49.153	31.460	17.908	20.023	11.402	4.852
社会事务覆盖水平	35.376	19.152	8.997	46.545	25.492	10.251	11.170	6.340	1.254
基层社会治理水平	32.391	15.217	7.256	46.902	21.621	9.133	14.511	6.404	1.878
养老福利普惠水平	26.547	12.554	4.714	40.648	18.609	7.090	14.100	6.055	2.376

第二节　中国民政事业高质量发展综合水平差异性分析

一、中国民政事业高质量发展综合水平地区差异分析

　　根据灰色综合评价法对无量纲化后的三级指标进行权重得分计算，得到中国民政事业高质量发展综合水平得分及排名，可反映各省份综合水平情况。为了更准确地反映中国民政事业高质量发展综合水平差异及整体情况，本书将进一步对各省份综合水平分布情况进行分析，对各省份间实际差距和均衡性展开研究。如图 4 - 9、图 4 - 10、图 4 - 11、图 4 - 12、图 4 - 13、图 4 - 14、图 4 - 15、图 4 - 16 所示内容，即为 2010～2017 年中国民政事业高质量发展综合水平评价分值分布统计情况。

　　由图 4 - 9 可以看出 2010 年中国民政事业高质量发展综合水平得分较均衡，1 个省份得分分布在 35 分以下，6 个省份得分分布在 35～70 分，11 个省份得分分布在 70～105 分，7 个省份得分分布在 105～140 分，1 个省份得分分布在 140～175 分，3 个省份得分分布在 175～210 分。这说明中国民政事业高质量发展综合水平分布均衡，各省份间综合水平得分整体差距较小，但大部分省份综合水平较低。

　　由图 4 - 10 可以看出 2011 年中国民政事业高质量发展综合水平得分与上年相比有所进步，3 个省份得分分布在 35～70 分，13 个省份得分分布在 70～105，分，7 个省份得分分布在 105～140 分，3 个省份得分分布在 140～175 分，2 个省份得分分布在 175～210 分，1 个省份得分分布在 210～245 分。这说明中国民政事业高质量发展综合水平分布均衡，各省份间综合水平得分整体差距较小，但大部分省民政事业高质量发展综合水平较低。

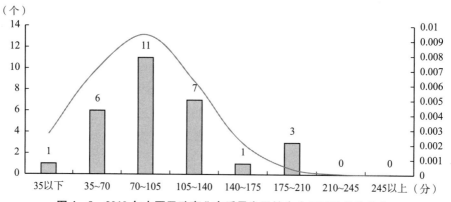

图 4 - 9　2010 年中国民政事业高质量发展综合水平评价分值分布

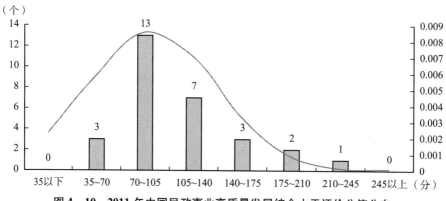

图 4 - 10　2011 年中国民政事业高质量发展综合水平评价分值分布

由图 4 - 11 可以看出 2012 年中国民政事业高质量发展较为均衡，3 个省份得分分布在 35～70 分，13 个省份得分分布在 70～105 分，4 个省份得分分布在 105～140 分，5 个省份得分分布在 140～175 分，1 个省份得分分布在 175～210 分，3 个省份得分分布在 210～245 分，各省份之间得分较为接近，但是高分省份较少，说明大部分省份民政事业高质量发展综合水平较低。

由图 4 - 12 可以看出 2013 年中国民政事业高质量发展较不均衡，3 个省份得分分布在 35～70 分，11 个省份得分分布在 70～105 分，6 个省份得分分布在 105～140 分，4 个省份得分分布在 140～175 分，2 个省份得分分布在 175～210 分，2 个省份得分分布在 210～245 分，1 个省份得分分布在 245 分以上，各省份间综合水平得分差异较为明显，出现高得分省份，说明各省份之间民政事业高质量发展综合水平差异性凸显。

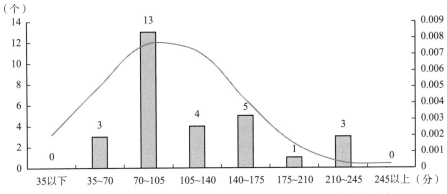

图4-11 2012年中国民政事业高质量发展综合水平评价分值分布

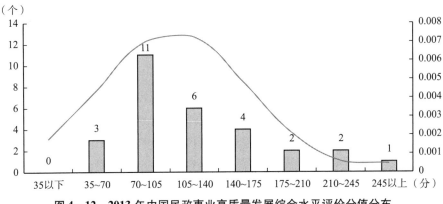

图4-12 2013年中国民政事业高质量发展综合水平评价分值分布

由图4-13可以看出2014年中国民政事业高质量发展较不均衡,2个省份得分分布在35~70分,10个省份得分分布在70~105分,6个省份得分分布在105~140分,6个省份得分分布在140~175分,2个省份得分分布在175~210分,1个省份得分分布在210~245分,2个省份得分分布在245分以上,各省份间综合水平整体呈现上升趋势,但得分差异较为明显,说明各省份之间民政事业高质量发展综合水平差距拉大。

由图4-14可以看出2015年中国民政事业高质量发展较不均衡,2个省份得分分布在35~70分,7个省份得分分布在70~105分,9个省份得分分布在105~140分,6个省份得分分布在140~175分,2个省份得分分布在175~210分,1个省份得分分布在210~245分,2个省份得分分布在245分以上,各省份间综合水平整体呈现上升趋势,但得分差异较为明显,说明各省份之间民政事业高质量发展综合水平差距逐渐拉大。

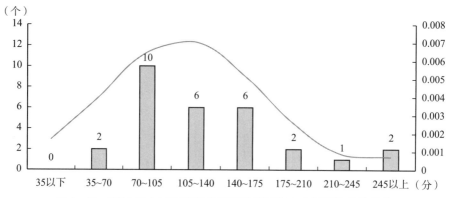

图 4 – 13　2014 年中国民政事业高质量发展综合水平评价分值分布

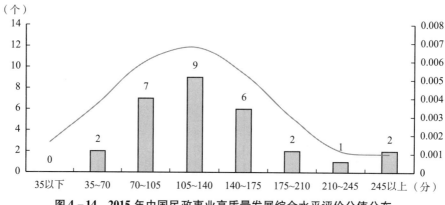

图 4 – 14　2015 年中国民政事业高质量发展综合水平评价分值分布

　　由图 4 – 15 可以看出 2016 年中国民政事业高质量发展较不均衡，2 个省份得分分布在 35～70 分，6 个省份得分分布在 70～105 分，10 个省份得分分布在 105～140 分，5 个省份得分分布在 140～175 分，1 个省份得分分布在 175～210 分，3 个省份得分分布在 210～245 分，2 个省份得分分布在 245 分以上，各省份间综合水平整体呈现上升趋势，但得分差异较为明显，说明各省份之间民政事业高质量发展综合水平差距持续拉大。

　　由图 4 – 16 可以看出 2017 年中国民政事业高质量发展较不均衡，2 个省份得分分布在 35～70 分，5 个省份得分分布在 70～105 分，9 个省份得分分布在 105～140 分，6 个省份得分分布在 140～175 分，2 个省份得分分布在 175～210 分，2 个省份得分分布在 210～245 分，3 个省份得分分布在 245 分以上，各省份间综合水平整体呈现上升趋势，但得分差异较为明显，说明各省份之间民政事业高质量发展综合水平差距持续拉大。

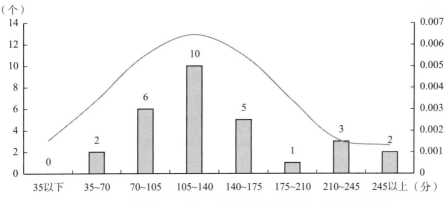

图 4 – 15　2016 年中国民政事业高质量发展综合水平评价分值分布

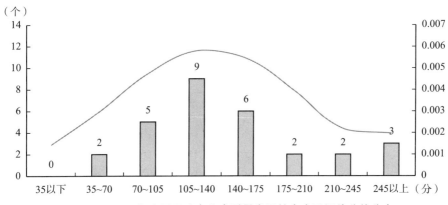

图 4 – 16　2017 年中国民政事业高质量发展综合水平评价分值分布

对 2010～2017 年中国民政事业高质量发展东部、西部、中部、东北部地区的综合水平平均得分及变化情况进行分析，如表 4 – 19 所示。

2010 年东部地区的综合水平平均得分为 136.209 分，西部地区的综合水平平均得分为 72.077 分，中部地区的综合水平平均得分为 104.976 分，东北地区的综合水平平均得分为 101.309 分，地区间的比例为 1∶0.529∶0.771∶0.744，地区间的标准差为 22.71，说明中国四大地区的民政事业高质量发展综合水平有较大差距。

2011 年东部地区的综合水平平均得分为 146.659 分，西部地区的综合水平平均得分为 78.744 分，中部地区的综合水平平均得分为 115.014 分，东北地区的综合水平平均得分为 106.20 分，地区间的比例为 1∶0.537∶0.784∶0.724，地区间的标准差为 24.235，说明中国四大地区的民政事业高质量发展综合水平整体来说有所提升，但是地区间发展差距开始逐渐扩大。

2012 年东部地区的综合水平平均得分为 156.674 分，西部地区的综合水平平均得分为 85.213 分，中部地区的综合水平平均得分为 122.323 分，东北地区的综合水平平均得分为 115.601 分，地区间的比例为 1∶0.544∶0.781∶0.738，地区间的标准差为 25.396，说明中国四大地区的民政事业高质量发展综合水平有进一步提升，但同时各地区的差距仍在扩大。

2013 年东部地区的综合水平平均得分为 164.625 分，西部地区的综合水平平均得分为 91.084 分，中部地区的综合水平平均得分为 129.776 分，东北地区的综合水平平均得分为 124.186 分，地区间的比例为 1∶0.553∶0.78∶0.754，地区间的标准差为 26.079，说明中国四大地区的民政事业高质量发展综合水平仍保持增长，但地区间发展差距扩大的情况没有得到扭转。

2014 年东部地区的综合水平平均得分为 171.378 分，西部地区的综合水平平均得分为 95.433 分，中部地区的综合水平平均得分为 131.691 分，东北地区的综合水平平均得分为 128.509 分，地区间的比例为 1∶0.557∶0.768∶0.75，地区间的标准差为 26.925，说明中国四大地区的民政事业高质量发展综合水平整体势头向好，不过各地区之间的差距越来越大。

2015 年东部地区的综合水平平均得分为 179.143 分，西部地区的综合水平平均得分为 99.493 分，中部地区的综合水平平均得分为 132.884 分，东北地区的综合水平平均得分为 130.58 分，地区间的比例为 1∶0.555∶0.742∶0.72，地区间的标准差为 28.427，说明中国四大地区的民政事业高质量发展综合水平整体势头向好，不过各地区得分的增幅不同，东北、西部地区发展增幅较小，与东部、中部地区的差距较大。

2016 年东部地区的综合水平平均得分为 186.896 分，西部地区的综合水平平均得分为 103.732 分，中部地区的综合水平平均得分为 137.822 分，东北地区的综合水平平均得分为 135.462 分，地区间的比例为 1∶0.555∶0.737∶0.725，地区间的标准差为 29.733，说明中国四大地区的民政事业高质量发展综合水平整体提升迅速，但东部地区相较其他地区提升更快，越来越保持在领先位置。

2017 年东部地区的综合水平平均得分为 201.824 分，西部地区的综合水平平均得分为 110.955 分，中部地区的综合水平平均得分为 144.496 分，东北地区的综合水平平均得分为 142.211 分，地区间的比例为 1∶0.550∶0.716∶0.705，地区间的标准差为 32.792，说明中国四大地区的民政事业高质量发展综合水平整体呈现上升趋势，不过各地区的增幅差异较大，造成各地区的发展差距越来越大。

表 4-19　2010～2017 年全国各地区民政事业高质量发展综合水平平均得分及其变化

年份	东部地区	西部地区	中部地区	东北地区	标准差
2010	136.209	72.077	104.976	101.309	22.717
2011	146.659	78.744	115.014	106.207	24.235
2012	156.674	85.213	122.323	115.601	25.396

续表

年份	东部地区	西部地区	中部地区	东北地区	标准差
2013	164.625	91.084	129.776	124.186	26.079
2014	171.378	95.433	131.691	128.509	26.925
2015	179.143	99.493	132.884	130.585	28.427
2016	186.896	103.732	137.822	135.462	29.733
2017	201.824	110.955	144.496	142.211	32.792
分值变化	65.615	38.879	39.520	40.902	10.075

从中国民政事业高质量发展综合水平的分值变化情况中可以看出，2010~2017年东部、西部、中部、东北地区的综合水平得分均呈现上升趋势，但是中国各地区间的得分差距也呈逐年上升趋势。中部、西部、东北地区的分值变化相似，说明这三大地区的增长幅度相似，但是东部地区的分值增幅较大，其在全国越来越保持在领先地位，但和其他三大地区的差距亦越来越大。

通过对中国各地区民政事业高质量发展综合水平的对比分析，发现东部地区发展情况最好，中部地区次之，东北地区排在第三，而西部地区的发展情况垫底，而且各地区的综合水平得分差距不断扩大。为进一步对中国各地区民政事业高质量发展综合水平排名情况进行分析，本书将通过对各地区各省份及全国整体两个维度对各省份排名情况进行分析，同时对其变化趋势进行对比。

表4-20是2010~2017年中国民政事业高质量发展综合水平中的东部地区排名比较，可以看到北京的综合水平排名在东部地区有所上升，说明北京的民政事业高质量发展综合水平有所提高。天津自2010年后一直稳定保持在东部地区第9名的位置，说明天津的民政事业高质量发展综合水平非常稳定。河北自2010年后一直稳定保持在东部地区第7名的位置，说明河北的民政事业高质量发展综合水平非常稳定。上海的综合水平排名在东部地区有所下降，说明上海的民政事业高质量发展活力相对不足。江苏的综合水平排名在东部地区较为稳定，说明江苏的民政事业高质量发展综合水平变化较小。浙江自2010年后一直稳定保持在东部地区第4名的位置，说明浙江的民政事业高质量发展综合水平非常稳定。福建自2010年后一直稳定保持在东部地区第8名的位置，说明福建的民政事业高质量发展综合水平非常稳定。山东的综合水平排名在东部地区较为稳定，自2010年后一直稳定保持在东部地区第3名的位置，说明山东的民政事业高质量发展综合水平稳定。广东的综合水平排名在东部地区较为稳定，且长期保持在前3名的位置，说明广东的民政事业高质量发展综合水平稳定。

表 4－20 　　　　　　2010～2017 年东部地区各省份综合水平内部排名比较

地区	2010 年	2011 年	2012 年	2013 年	2014 年	2015 年	2016 年	2017 年	排名变化
北京	6	6	6	6	6	6	6	5	1
天津	9	9	9	9	9	9	9	9	0
河北	7	7	7	7	7	7	7	7	0
上海	5	5	5	5	5	5	5	6	-1
江苏	2	2	1	1	1	1	1	2	0
浙江	4	4	4	4	4	4	4	4	0
福建	8	8	8	8	8	8	8	8	0
山东	3	3	3	3	3	3	3	3	0
广东	1	1	2	2	2	2	2	1	0

　　表 4－21 是 2010～2017 年东部地区各省份在中国民政事业高质量发展综合水平排名比较，可以看到北京在全国范围内排名呈现上升趋势，由中游区升至上游区，说明北京的综合水平有所提高。天津在全国范围内排名呈现下降趋势，且长期保持在下游区位置，说明天津的综合水平相对滞后。河北在全国范围内排名稳定，长期保持在中游区位置。上海在全国范围内排名呈现下降趋势，说明上海的发展活力相对不足。江苏在全国范围内排名稳定，且长期保持在上游区位置，说明江苏的综合水平保持稳定且良好。浙江在全国范围内排名稳定，但长期保持在上游区位置，说明浙江仍有很强的发展潜力。福建在全国范围内排名长期保持在中游区位置，但呈现下降趋势，说明福建的发展活力相对不足。山东在全国范围内排名稳定，且长期保持在上游区位置，说明山东仍有很强的发展潜力。广东在全国范围内排名稳定，且长期保持在上游区位置，说明广东的发展较好。

表 4－21　2010～2017 年东部地区各省份民政事业高质量发展综合水平在全国范围内排名比较

地区	2010 年	2011 年	2012 年	2013 年	2014 年	2015 年	2016 年	2017 年	排名变化
北京	11	11	11	11	11	10	11	8	3
天津	23	25	26	26	26	25	26	25	-2
河北	13	13	13	13	13	13	13	13	0
上海	10	10	10	10	10	9	8	11	-1
江苏	2	2	1	1	1	1	1	2	0
浙江	4	4	4	4	4	4	5	4	0

续表

地区	2010 年	2011 年	2012 年	2013 年	2014 年	2015 年	2016 年	2017 年	排名变化
福建	15	16	16	16	16	17	19	19	-4
山东	3	3	3	3	3	3	3	3	0
广东	1	1	2	2	2	2	2	1	0

　　表 4-22 是 2010~2017 年中国民政事业高质量发展综合水平中的西部地区排名比较，可以看到内蒙古除了 2012 年，一直稳定保持在西部地区第 6 名的位置，说明内蒙古的民政事业高质量发展综合水平非常稳定。广西的综合水平排名在西部地区有所上升，说明广西的民政事业高质量发展综合水平有所提高。重庆自 2010 年后一直稳定保持在西部地区第 2 名的位置，说明重庆的民政事业高质量发展综合水平非常稳定。四川自 2010 年后一直稳定保持在西部地区第 1 名的位置，说明四川的民政事业高质量发展综合水平变化非常稳定。贵州的综合水平排名在西部地区有所上升，说明贵州的民政事业高质量发展综合水平有所提高。云南的综合水平排名在西部地区有所上升，说明云南的民政事业高质量发展综合水平有所提高。陕西的综合水平排名在西部地区较为稳定，说明陕西的民政事业高质量发展综合水平变化较小。甘肃自 2010 年后一直稳定保持在西部地区第 9 名的位置，说明甘肃的民政事业高质量发展综合水平非常稳定。青海自 2010 年后一直稳定保持在西部地区第 11 名的位置，说明青海的民政事业高质量发展综合水平非常稳定。宁夏自 2010 年后一直稳定保持在西部地区第 10 名的位置，说明宁夏的民政事业高质量发展综合水平非常稳定。新疆的综合水平排名在西部地区大幅下降，说明新疆的民政事业高质量发展活力不足。

表 4-22　　　　2010~2017 年西部地区各省份综合水平内部排名比较

地区	2010 年	2011 年	2012 年	2013 年	2014 年	2015 年	2016 年	2017 年	排名变化
内蒙古	6	6	4	6	6	6	6	6	0
广西	5	5	6	5	5	3	3	4	1
重庆	2	2	2	2	2	2	2	2	0
四川	1	1	1	1	1	1	1	1	0
贵州	7	7	7	4	4	5	4	5	2
云南	8	8	8	8	7	7	7	7	1
陕西	3	3	3	3	3	4	5	3	0
甘肃	9	9	9	9	9	9	9	9	0

续表

地区	2010 年	2011 年	2012 年	2013 年	2014 年	2015 年	2016 年	2017 年	排名变化
青海	11	11	11	11	11	11	11	11	0
宁夏	10	10	10	10	10	10	10	10	0
新疆	4	4	5	7	8	8	8	8	-4

表 4-23 是 2010~2017 年西部地区各省份在中国民政事业高质量发展综合水平排名比较，可以看到内蒙古在全国范围内排名呈现上升趋势，但长期保持在下游区位置，说明内蒙古的综合水平有所提高但发展较为落后。广西在全国范围内排名呈现上升趋势，长期保持在中游区位置，说明广西的综合水平有所提高。重庆在全国范围内排名呈现上升趋势，长期保持在中游区位置，说明重庆的综合水平有所提高。四川在全国范围内排名稳定，且长期保持在上游区位置，说明四川的发展较好。贵州在全国范围内排名呈现波动上升趋势，但长期在中游、下游徘徊，说明贵州的综合水平发展能力有所提高但发展欠佳。云南在全国范围内排名呈现上升趋势，但长期保持在下游区位置，说明云南的综合水平发展能力有所提高但发展相对落后。陕西在全国范围内排名呈现波动上升趋势，长期保持在中游区位置，说明陕西的综合水平发展能力有所提高。甘肃在全国范围内排名呈现稳定趋势，长期保持在下游区位置；青海在全国范围内排名呈现稳定趋势，长期保持在下游区位置；宁夏在全国范围内排名呈现稳定趋势，长期保持在下游区位置；这说明甘肃、青海、宁夏三地的综合水平较低发展能力较弱。新疆在全国范围内排名呈现下降趋势，且长期保持在下游区位置，说明新疆的发展活力相对不足。

表 4-23　2010~2017 年西部地区各省份民政事业高质量发展综合水平在全国范围内排名比较

地区	2010 年	2011 年	2012 年	2013 年	2014 年	2015 年	2016 年	2017 年	排名变化
内蒙古	22	22	20	22	21	21	21	21	1
广西	21	21	22	21	20	18	16	17	4
重庆	16	15	15	15	14	15	14	14	2
四川	5	5	5	5	5	5	4	5	0
贵州	25	23	23	20	19	20	17	20	5
云南	26	26	24	24	23	23	23	22	4
陕西	19	18	17	18	18	19	20	15	4
甘肃	27	27	27	27	27	27	27	27	0

地区	2010 年	2011 年	2012 年	2013 年	2014 年	2015 年	2016 年	2017 年	排名变化
青海	29	29	29	29	29	29	29	29	0
宁夏	28	28	28	28	28	28	28	28	0
新疆	20	20	21	23	24	24	24	24	-4

表 4 - 24 是 2010～2017 年中国民政事业高质量发展综合水平中的中部地区排名比较，可以看到山西自 2010 年后一直稳定保持在中部地区第 6 名的位置，说明山西的民政事业高质量发展综合水平非常稳定。安徽自 2010 年后一直稳定保持在中部地区第 4 名的位置，说明安徽的民政事业高质量发展综合水平非常稳定。江西自 2010 年后一直稳定保持在中部地区第 5 名的位置，说明江西的民政事业高质量发展综合水平非常稳定。河南的综合水平排名在中部地区有所上升，说明河南的民政事业高质量发展综合水平有所提高。湖北自 2010 年后一直稳定保持在中部地区第 1 名的位置，说明湖北的民政事业高质量发展综合水平非常稳定。湖南的综合水平排名在中部地区有所下降，但依旧保持在前 3 名的位置，说明湖南的民政事业高质量发展综合水平依旧拥有竞争力。

表 4 - 24　　　　　　2010～2017 年中部地区各省份综合水平内部排名比较

地区	2010 年	2011 年	2012 年	2013 年	2014 年	2015 年	2016 年	2017 年	排名变化
山西	6	6	6	6	6	6	6	6	0
安徽	4	4	4	4	4	4	4	4	0
江西	5	5	5	5	5	5	5	5	0
河南	3	3	3	2	2	3	2	2	1
湖北	1	1	1	1	1	1	1	1	0
湖南	2	2	2	3	3	2	3	3	-1

表 4 - 25 是 2010～2017 年中部地区各省份在中国民政事业高质量发展综合水平排名比较，可以看到山西在全国范围内排名呈现下降趋势，且长期保持在下游区位置，说明山西的发展活力相对不足。安徽在全国范围内排名稳定，长期保持在中游区位置，说明安徽的发展稳定。江西在全国范围内排名呈现下降趋势，排名大幅下降且从中游区跌落至下游区，说明江西的发展活力相对不足。河南在全国范围内排名稳定，长期在上游、中游徘徊。湖北在全国范围内排名稳定，长期保持在上游区位置，说明湖北的综合水平发展较好。湖南在全国范围内排名呈现下降趋势，由上游区跌落至中游区，说明湖南的发展活力稍显不足。

表4－25 　　2010～2017年中部地区各省份在中国民政事业高质量发展综合水平排名比较

地区	2010年	2011年	2012年	2013年	2014年	2015年	2016年	2017年	排名变化
山西	24	24	25	25	25	26	25	26	－2
安徽	12	12	12	12	12	12	12	12	0
江西	17	17	18	19	22	22	22	23	－6
河南	9	9	9	8	8	11	9	9	0
湖北	6	6	6	6	7	6	6	6	0
湖南	8	7	8	9	9	8	10	10	－2

表4－26是2010～2017年中国民政事业高质量发展综合水平中的东北部地区排名比较，可以看到辽宁自2010年后一直稳定保持在东北地区第1名的位置，说明辽宁的民政事业高质量发展综合水平非常稳定。吉林自2010年后一直稳定保持在东北地区第3名的位置，说明吉林的民政事业高质量发展综合水平非常稳定。黑龙江自2010年后一直稳定保持在东北地区第2名的位置，说明黑龙江的民政事业高质量发展综合水平非常稳定。

表4－26 　　　　　　2010～2017年东北地区各省份综合水平排名比较

地区	2010年	2011年	2012年	2013年	2014年	2015年	2016年	2017年	排名变化
辽宁	1	1	1	1	1	1	1	1	0
吉林	3	3	3	3	3	3	3	3	0
黑龙江	2	2	2	2	2	2	2	2	0

表4－27是2010～2017年东北地区各省份在中国民政事业高质量发展综合水平排名比较，可以看到辽宁在全国范围内排名稳定，长期保持在上游区位置，说明辽宁的发展较好。吉林在全国范围内排名稳定，长期保持在中游区位置，说明吉林的发展稳定。黑龙江在全国范围内排名呈现下降趋势，长期保持在中游区位置，说明黑龙江的发展活力相对不足。

表4－27 　　2010～2017年东北地区各省份在中国民政事业高质量发展综合水平排名比较

地区	2010年	2011年	2012年	2013年	2014年	2015年	2016年	2017年	排名变化
辽宁	7	8	7	7	6	7	7	7	0
吉林	18	19	19	17	17	16	18	18	0
黑龙江	14	14	14	14	15	14	15	16	－2

二、中国民政事业高质量发展综合水平区段变动分析

综合图 4-17 和图 4-18 的内容，可以看到中国民政事业高质量发展综合水平上游区各项二级指标的平均得分变化趋势；2010～2017 年综合水平上游区的得分呈现逐年增长趋势；2010～2017 年经济建设支撑水平上游区的得分呈现逐年增长趋势。

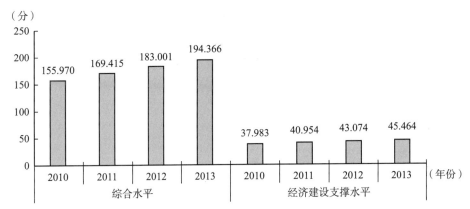

图 4-17　2010～2013 年中国民政事业高质量发展综合水平上游区各二级指标的得分比较情况 I

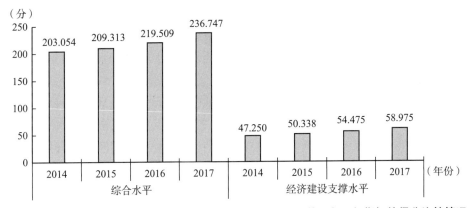

图 4-18　2014～2017 年中国民政事业高质量发展综合水平上游区各二级指标的得分比较情况 I

综合图 4-19 和图 4-20 的内容，可以看到中国民政事业高质量发展综合水平上游区各项二级指标的平均得分变化趋势；2010～2017 年社会救助兜底水平上游区的得分呈现逐年增长趋势；2010～2017 年社会事务覆盖水平上游区的得分呈现逐年增长趋势。

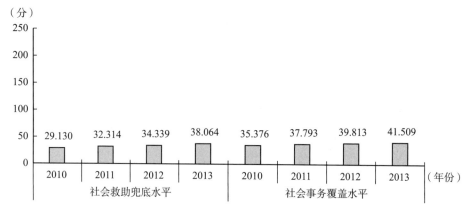

图 4－19　2010～2013 年中国民政事业高质量发展综合水平上游区各二级指标的得分比较情况 Ⅱ

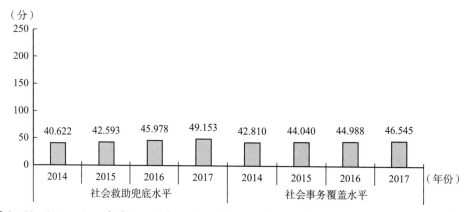

图 4－20　2014～2017 年中国民政事业高质量发展综合水平上游区各二级指标的得分比较情况 Ⅱ

综合图 4－21 和图 4－22 的内容，可以看到中国民政事业高质量发展综合水平上游区各项二级指标的平均得分变化趋势：2010～2017 年基层社会治理水平上游区的得分呈现波动增长趋势；2010～2017 年养老福利普惠水平上游区的得分呈现波动增长趋势。

综合图 4－23 和图 4－24 的内容，可以看到中国民政事业高质量发展综合水平中游区各项二级指标的平均得分变化趋势：2010～2017 年综合水平中游区的得分呈现逐年增长趋势；2010～2017 年经济建设支撑水平中游区的得分呈现逐年增长趋势。

综合图 4－25 和图 4－26 的内容，可以看到中国民政事业高质量发展综合水平中游区各项二级指标的平均得分变化趋势：2010～2017 年社会救助兜底水平中游区的得分呈现逐年增长趋势；2010～2017 年社会事务覆盖水平中游区的得分呈现逐年增长趋势。

图 4 – 21 2010~2013 年中国民政事业高质量发展综合水平上游区各二级指标的得分比较情况Ⅲ

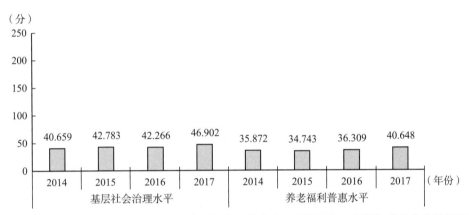

图 4 – 22 2014~2017 年中国民政事业高质量发展综合水平上游区各二级指标的得分比较情况Ⅲ

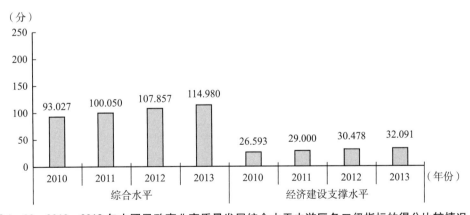

图 4 – 23 2010~2013 年中国民政事业高质量发展综合水平中游区各二级指标的得分比较情况Ⅰ

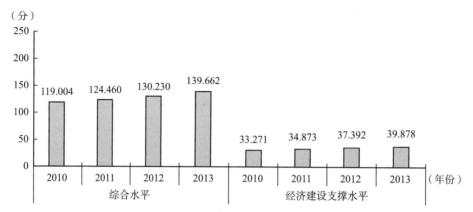

图 4 - 24　2014～2017 年中国民政事业高质量发展综合水平中游区各二级指标的得分比较情况 I

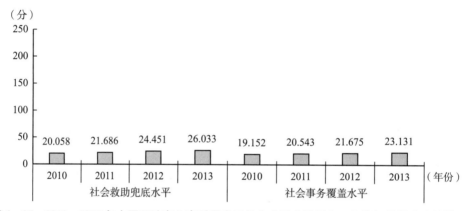

图 4 - 25　2010～2013 年中国民政事业高质量发展综合水平中游区各二级指标的得分比较情况 II

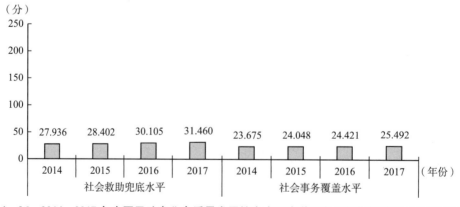

图 4 - 26　2014～2017 年中国民政事业高质量发展综合水平中游区各二级指标的得分比较情况 II

综合图 4 - 27 和图 4 - 28 的内容，可以看到中国民政事业高质量发展综合水平中游区各项二级指标的平均得分变化趋势：2010～2017 年基层社会治理水平中游区的得分呈现逐年增长趋势；2010～2017 年养老福利普惠水平中游区的得分呈现波动上升趋势。

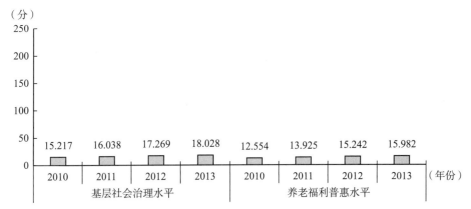

图 4 - 27　2010～2013 年中国民政事业高质量发展综合水平中游区各二级指标的得分比较情况Ⅲ

图 4 - 28　2014～2017 年中国民政事业高质量发展综合水平中游区各二级指标的得分比较情况Ⅲ

综合图 4 - 29 和图 4 - 30 的内容，可以看到中国民政事业高质量发展综合水平下游区各项二级指标的平均得分变化趋势：2010～2017 年综合水平下游区的得分呈现逐年增长趋势；2010～2017 年经济建设支撑水平下游区的得分呈现逐年增长趋势。

综合图 4 - 31 和图 4 - 32 的内容，可以看到中国民政事业高质量发展综合水平下游区各项二级指标的平均得分变化趋势：2010～2017 年社会救助兜底水平下游区的得分呈现逐年增长趋势；2010～2017 年社会事务覆盖水平呈现波动上升趋势。

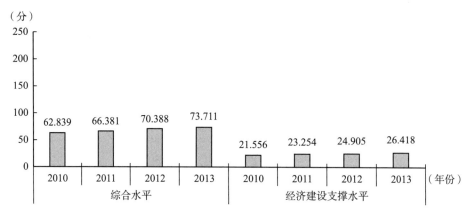

图 4 – 29　2010～2013 年中国民政事业高质量发展综合水平下游区各二级指标的得分比较情况 I

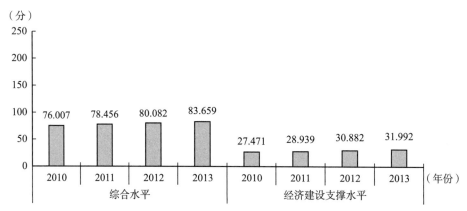

图 4 – 30　2014～2017 年中国民政事业高质量发展综合水平下游区各二级指标的得分比较情况 I

图 4 – 31　2010～2013 年中国民政事业高质量发展综合水平下游区各二级指标的得分比较情况 II

图 4 – 32 2014 ~ 2017 年中国民政事业高质量发展综合水平下游区各二级指标的得分比较情况 Ⅱ

综合图 4 – 33 和图 4 – 34 的内容，可以看到中国民政事业高质量发展综合水平下游区各项二级指标的平均得分变化趋势：2010 ~ 2017 年基层社会治理水平下游区的得分呈现波动上升趋势；2010 ~ 2017 年养老福利普惠水平综合水平下游区的得分呈现波动上升趋势。

从图 4 – 35 对 2010 ~ 2011 年中国民政事业高质量发展综合水平的跨区段变化进行分析，可以看到 2010 ~ 2011 年中国民政事业高质量发展综合水平排名中未有任何省份的名次发生跨区变动，说明中国民政事业高质量发展综合水平变化较小。

从图 4 – 36 对 2011 ~ 2012 年中国民政事业高质量发展综合水平的跨区段变化进行分析，可以看到 2011 ~ 2012 年有 2 个省份的名次有了跨区变动：内蒙古由下游区升至中游区，广西由中游区跌至下游区。

图 4 – 33 2010 ~ 2013 年中国民政事业高质量发展综合水平下游区各二级指标的得分比较情况 Ⅲ

图4-34　2014~2017年中国民政事业高质量发展综合水平下游区各二级指标的得分比较情况Ⅲ

	2010年	2011年
上游区	广东、江苏、山东、浙江、四川、湖北、辽宁、湖南	广东、江苏、山东、浙江、四川、湖北、湖南、辽宁
中游区	河南、上海、北京、安徽、河北、黑龙江、福建、重庆、江西、吉林、陕西、新疆、广西	河南、上海、北京、安徽、河北、黑龙江、重庆、福建、江西、陕西、吉林、新疆、广西
下游区	内蒙古、天津、山西、贵州、云南、甘肃、宁夏、青海	内蒙古、贵州、山西、天津、云南、甘肃、宁夏、青海

图4-35　2010~2011年中国民政事业高质量发展综合水平变动情况

	2011年	2012年
上游区	广东、江苏、山东、浙江、四川、湖北、湖南、辽宁	江苏、广东、山东、浙江、四川、湖北、辽宁、湖南
中游区	河南、上海、北京、安徽、河北、黑龙江、重庆、福建、江西、陕西、吉林、新疆、广西	河南、上海、北京、安徽、河北、黑龙江、重庆、福建、陕西、江西、吉林、内蒙古、新疆
下游区	内蒙古、贵州、山西、天津、云南、甘肃、宁夏、青海	广西、贵州、云南、山西、天津、甘肃、宁夏、青海

图4-36　2011~2012年中国民政事业高质量发展综合水平变动情况

　　从图4-37对2012~2013年中国民政事业高质量发展综合水平的跨区段变化进行分析，可以看到2012-2013年有6个省份的名次有了跨区变动：河南由中游区升至上游区，贵州由下游区升至中游区，湖南由上游区跌至中游区，广西由下游区升至中游区，内蒙古由中游区跌至下游区，新疆由中游区跌至下游区。

	2012年	2013年
上游区	江苏、广东、山东、浙江、四川、湖北、辽宁、湖南	江苏、广东、山东、浙江、四川、湖北、辽宁、河南
中游区	河南、上海、北京、安徽、河北、黑龙江、重庆、福建、陕西、江西、吉林、内蒙古、新疆	湖南、上海、北京、安徽、河北、黑龙江、重庆、福建、吉林、陕西、江西、贵州、广西
下游区	广西、贵州、云南、山西、天津、甘肃、宁夏、青海	内蒙古、新疆、云南、山西、天津、甘肃、宁夏、青海

图 4 - 37　2012～2013 年中国民政事业高质量发展综合水平变动情况

从图 4 - 38 对 2013～2014 年中国民政事业高质量发展综合水平的跨区段变化进行分析，可以看到 2013～2014 年 2 个省份的名次有了跨区变动：内蒙古由下游区升至中游区，江西由中游区跌至下游区。

	2013年	2014年
上游区	江苏、广东、山东、浙江、四川、湖北、辽宁、河南	江苏、广东、山东、浙江、四川、辽宁、湖北、河南
中游区	湖南、上海、北京、安徽、河北、黑龙江、重庆、福建、吉林、陕西、江西、贵州、广西	湖南、上海、北京、安徽、河北、重庆、黑龙江、福建、吉林、陕西、贵州、广西、内蒙古
下游区	内蒙古、新疆、云南、山西、天津、甘肃、宁夏、青海	江西、云南、新疆、山西、天津、甘肃、宁夏、青海

图 4 - 38　2013～2014 年中国民政事业高质量发展综合水平变动情况

从图 4 - 39 对 2014～2015 年中国民政事业高质量发展综合水平的跨区段变化进行分析，可以看到 2014～2015 年有 2 个省份的名次有了跨区变动：湖南由中游区升至上游区，河南由上游区跌至中游区。

	2014年	2015年
上游区	江苏、广东、山东、浙江、四川、辽宁、湖北、河南	江苏、广东、山东、浙江、四川、湖北、辽宁、湖南
中游区	湖南、上海、北京、安徽、河北、重庆、黑龙江、福建、吉林、陕西、贵州、广西、内蒙古	上海、北京、河南、安徽、河北、黑龙江、重庆、吉林、福建、广西、陕西、贵州、内蒙古
下游区	江西、云南、新疆、山西、天津、甘肃、宁夏、青海	江西、云南、新疆、天津、山西、甘肃、宁夏、青海

图 4 - 39　2014～2015 年中国民政事业高质量发展综合水平变动情况

从图 4 - 40 对 2015～2016 年中国民政事业高质量发展综合水平的跨区段变化进行分析，可以看到 2015～2016 年有 2 个省份的名次有了跨区变动：上海由中游区升至上游区，湖南由上游区跌至中游区。

	2015年	2016年
上游区	江苏、广东、山东、浙江、四川、湖北、辽宁、湖南	江苏、广东、山东、四川、浙江、湖北、辽宁、上海
中游区	上海、北京、河南、安徽、河北、黑龙江、重庆、吉林、福建、广西、陕西、贵州、内蒙古	河南、湖南、北京、安徽、河北、重庆、黑龙江、广西、贵州、吉林、福建、陕西、内蒙古
下游区	江西、云南、新疆、天津、山西、甘肃、宁夏、青海	江西、云南、新疆、山西、天津、甘肃、宁夏、青海

图 4-40 2015～2016 年中国民政事业高质量发展综合水平变动情况

从图 4-41 对 2016～2017 年中国民政事业高质量发展综合水平的跨区段变化进行分析，可以看到 2016～2017 年有 2 个市的名次有了跨区变动：北京由中游区升至上游区，上海由上游区跌至中游区。

	2016年	2017年
上游区	江苏、广东、山东、四川、浙江、湖北、辽宁、上海	广东、江苏、山东、浙江、四川、湖北、辽宁、北京
中游区	河南、湖南、北京、安徽、河北、重庆、黑龙江、广西、贵州、吉林、福建、陕西、内蒙古	河南、湖南、上海、安徽、河北、重庆、陕西、黑龙江、广西、吉林、福建、贵州、内蒙古
下游区	江西、云南、新疆、山西、天津、甘肃、宁夏、青海	云南、江西、新疆、天津、山西、甘肃、宁夏、青海

图 4-41 2016～2017 年中国民政事业高质量发展综合水平变动情况

从图 4-42 对 2010～2017 年中国民政事业高质量发展综合水平的跨区段变化进行分析，可以看到 2010～2017 年有 6 个省份的名次有了跨区变动：湖南由上游区跌至中游区，北京由中游区升至上游区，江西由中游区跌至下游区，内蒙古由下游区升至中游区，贵州由下游区升至中游区，新疆由中游区跌至下游区。

	2010年	2017年
上游区	广东、江苏、山东、浙江、四川、湖北、辽宁、湖南	广东、江苏、山东、浙江、四川、湖北、辽宁、北京
中游区	河南、上海、北京、安徽、河北、黑龙江、福建、重庆、江西、吉林、陕西、新疆、广西	河南、湖南、上海、安徽、河北、重庆、陕西、黑龙江、广西、吉林、福建、贵州、内蒙古
下游区	内蒙古、天津、山西、贵州、云南、甘肃、宁夏、青海	云南、江西、新疆、天津、山西、甘肃、宁夏、青海

图 4-42 2010～2017 年中国民政事业高质量发展综合水平变动情况

第三节 本章发现与讨论

本系统对各省份民政事业高质量发展综合水平的得分排名、发展情况进行分析对比，对中国四大地区的民政事业高质量发展综合水平的整体情况进行评估，并且细致地测算和归纳了地方经济、全国社会救助、社会事务、基层社会治理和养老福利工作的发展情况，通过对民政事业高质量发展综合水平的测算及评估可以看到，中国民政事业高质量发展势头向好且发展迅速，其社会救助、社会事务、基层社会治理、养老福利四个方面均有长足的进步，进而推动了中国民政事业整体性的高质量发展，但是，我国民政事业的发展存在各地区不平衡的现象，并且发展水平差距十分巨大。目前中国的民政事业高质量发展呈现出东部地区领先、中部地区次之、东北地区再次之、西部地区垫底的态势。中国民政事业高质量发展各地区的发展增速也有明显的差异性，目前我国四大地区之间发展增速的差距在逐年扩大，东部地区发展越来越快，中部地区和东北地区发展速度相似，而西部地区的发展速度十分缓慢。分析东部地区时可以发现，虽然从整体角度来看东部地区在各方面一直领先，但是东部地区内部也存在着发展不平衡的现象，从综合水平的角度来看东部地区大多数省份都处在上游区或中游区的前半段，但是也有个别省份处在中游区的下半段甚至处在下游区，例如天津；同时，虽然大部分省份能够保持上升或者稳定态势，但是也会出现某些省份出现排名下降的情况，这种情况在社会救助、社会事务、基层社会治理和养老福利等各方面均有体现。分析西部地区时可以发现，虽然从整体角度来看西部地区在各方面一直处于垫底的状态，但是与大多数省份处在中游区下半段和下游区不同，四川一直能够跻身于上游区中，不管是社会救助、社会事务、基层社会治理还是养老福利，各个方面都能处在全国领先的梯队当中。由于东北地区和中部地区这两个地区相较于东部地区和西部地区来说省份较少，并且发展情况相近，所以将这两个地区进行合并讨论。分析东北和中部地区的情况时可以发现，中部和东北部地区是内部发展差距最大的两个区域，这两个区域均有既有处在上游区的具发展优势的省份，也有处在下游区的发展处于劣势的省份，并且各省份之间发展的差距十分巨大。同时，通过对中国民政事业高质量发展指数评估体系的整体分析发现，西部地区的宁夏、青海以及甘肃常年处在下游区的末端。

各地的民政事业发展受到历史、人文、经济等多种因素的影响，造成了我国民政事业非均衡发展的特征，不仅体现在全国四大地区之间，各地区内部省份之间的差距也十分巨大。东部地区发展不均衡的原因是多方面的，例如天津由于城市自身规模相较于其他东部省份小，经济发展水平也相对较弱，所以在进行基础设施、人员配置等因素比较的时候自然而然地就存在数量上的劣势，与其他两个直辖市——北京和上海不同，北京作为华北地区乃至整个北方地区的经济中心和我国的政治中心，在资源调配和政策倾斜上有着得天独厚的优势；而上海在华东地区的政治地位也十分重要，同时作为我国的经济中心，其经济发展水平处于全国顶尖，相对应的基础性设施以及人员素质较好。西部地区的发展不均衡是由于经济发展水平以及发展的集聚效应所导致的，民政事业高质量发展水平较好的四川在西部地区的经济政治地位优势较为明显，产生了一定的集聚效应，不管是从人口流动还是资源配置都相对于其他西部省份来说有较大优势，而且西部地区的省份多为民族地区和边疆地区，这些地区的民政事业发展本身就在经济、文化等多方面面临着极大的困境，所以西部地区发展不平衡的原因也显而易见。中部地区和东北地区发展不均衡的原因之一是区位因素所导致的，中部地区民政事业发展较好的省份有河南、湖北和湖南，这3个省份地处我国的中心地带，并且三省紧邻，有着交通、资源等多方面的天然优势，所以在产业转移、集聚发展等方面有其特色；同样的东北地区发展较好的辽宁也正是因为距离东部地区省份较近，容易和东部地区省份形成产业合作，并借鉴东部地区的民政事业优秀发展经验。

我们可以看到，中国民政事业高质量发展不管是各个子系统的发展还是整体的发展，其差异性均与经济发展水平的差异性大体相同，这是因为经济基础决定上层建筑，经济发展对民政事业的发展有着重大的影响作用，民政事业的发展是需要不断与经济发展情况相协调的，虽然有着中央政府的宏观资源配置，但是在地区内部的民政事业发展过程中，经济发展的好坏直接决定了对民政事业资金投入的多少，不管是设施的优化、人才的培养还是服务模式的创新都需要财政的支持，当该地区的经济发展未达到一定水平时，即使有着中央政府的调控，也无法从根本上解决发展不充分的问题。所以解决民政事业发展不平衡的关键点是要秉承"打铁还需自身硬"的理念，依靠优化发展路径，摒弃"等、靠、要"的错误思想，在拉动经济增长的同时协调民政事业的发展。同时，通过对指标体系各个子系统当中权重的分析发现，提升各个子系统的关键因素基本都包含在各个子系统的服务水平中，这就说明了我国的民政事业已经逐渐由依靠扩张规模向提升服务质量过渡来推进高质量发展进程，所以，推动民政事业高质量发展的正确路径要从创新服务模式，提升服务质量入手。

综上所述，我们要在坚持人民立场的基础上，以推动经济发展为保障，以人民需求为导向，以创新服务模式、提高服务质量为路径，尽快解决当前民政事业发展不平衡的问题，激发落后地区民政事业的发展潜力，协调资源配置，促进经验交流，以推动中国民政事业平衡、充分、高质量的发展。

第五章

中国民政事业高质量发展评估体系
子系统 I ——经济建设支撑水平

第一节　经济建设支撑水平变化趋势分析

根据经济建设支撑水平指标体系和数学评价模型，对 2010～2017 年中国民政事业 29 个省份的经济建设支撑水平进行评价，表 5 - 1、表 5 - 2、表 5 - 3、表 5 - 4、表 5 - 5、表 5 - 6、表 5 - 7 所示内容是本次评估期间民政事业 29 个省份的经济建设支撑水平排名和排名变化情况。

一、经济建设支撑水平排名对比

根据表 5 - 1 中内容对 2010 年经济建设支撑水平排名进行分析，处于经济建设支撑水平上游区的是北京、上海、广东、浙江、江苏、辽宁、山东和天津 8 个省份；处于中游区的是内蒙古、黑龙江、吉林、福建、陕西、河北、新疆、重庆、山西、湖北、四川、江西和甘肃 13 个省份；处于下游区的是青海、宁夏、河南、安徽、广西、云南、贵州和湖南 8 个省份。根据排名情况，说明东部地区更占发展优势，中西部地区发展水平较为落后。

表 5-1   2010 年经济建设支撑水平排名

地区	排名	区段	地区	排名	区段	地区	排名	区段
北京	1		内蒙古	9		青海	22	
上海	2		黑龙江	10		宁夏	23	
广东	3		吉林	11		河南	24	
浙江	4		福建	12		安徽	25	
江苏	5		陕西	13		广西	26	
辽宁	6		河北	14		云南	27	
山东	7	上游区	新疆	15	中游区	贵州	28	下游区
天津	8		重庆	16		湖南	29	
			山西	17				
			湖北	18				
			四川	19				
			江西	20				
			甘肃	21				

　　根据表 5-2 中内容对 2011 年经济建设支撑水平排名进行分析，处于经济建设支撑水平上游区的是江苏、上海、广东、北京、浙江、山东、辽宁和天津 8 个省份；中游区的是内蒙古、黑龙江、陕西、福建、重庆、吉林、四川、湖北、河北、新疆、山西、江西和安徽 13 个省份；下游区的是甘肃、河南、云南、宁夏、青海、广西、湖南和贵州 8 个省份。相较于 2010 年，江苏上升 4 名至第 1 名，山东上升 1 名至第 6 名，陕西上升 2 名至第 11 名，重庆上升 3 名至第 13 名，四川上升 4 名至第 15 名，湖北上升 2 名至第 16 名，河南上升 1 名至第 23 名，安徽上升 4 名至第 21 名由下游区升至中游区，说明安徽的经济建设支撑水平潜力有所挖掘，云南上升 3 名至第 24 名，湖南上升 1 名至第 28 名；而北京下降 3 名至第 4 名，浙江下降 1 名至第 5 名，辽宁下降 1 名至第 7 名，吉林下降 3 名至第 14 名，河北下降 3 名至第 17 名，新疆下降 3 名至第 18 名，山西下降 2 名至第 19 名，甘肃下降 1 名至第 22 名由中游区掉落至下游区，宁夏下降 2 名至第 25 名，青海下降 4 名至第 26 名，下降幅度较明显说明青海的经济建设支撑水平有待提升，广西下降 1 名至 27 名，贵州下降 1 名至第 29 名；其他省份名次保持不变。

表 5-2　　　　　　　　　　　　　　**2011 年经济建设支撑水平排名**

地区	排名	区段	地区	排名	区段	地区	排名	区段
江苏	1	上游区	内蒙古	9	中游区	甘肃	22	下游区
上海	2		黑龙江	10		河南	23	
广东	3		陕西	11		云南	24	
北京	4		福建	12		宁夏	25	
浙江	5		重庆	13		青海	26	
山东	6		吉林	14		广西	27	
辽宁	7		四川	15		湖南	28	
天津	8		湖北	16		贵州	29	
			河北	17				
			新疆	18				
			山西	19				
			江西	20				
			安徽	21				

　　根据表 5-3 中内容对 2012 年经济建设支撑水平排名进行分析，处于经济建设支撑水平上游区的是江苏、北京、广东、上海、浙江、山东、辽宁和天津 8 个省份；中游区的是内蒙古、四川、陕西、黑龙江、湖北、福建、吉林、河北、重庆、新疆、山西、安徽和江西 13 个省份；下游区的是河南、云南、甘肃、贵州、湖南、广西、青海和宁夏 8 个省份。相较于 2011 年，北京上升 2 名至第 2 名，四川上升 5 名至第 10 名，说明四川的经济建设支撑水平潜力有所挖掘，湖北上升 3 名至第 13 名，河北上升 1 名至第 16 名，安徽上升 1 名至第 20 名，河南上升 1 名至第 22 名，云南上升 1 名至第 23 名，湖南上升 2 名至第 28 名，贵州上升 4 名至第 25 名，而上海下降 2 名至第 4 名，黑龙江下降 2 名至第 12 名，福建下降 2 名至第 14 名，重庆下降 4 名至第 17 名，吉林下降 1 名至第 15 名，重庆下降 4 名至第 17 名，江西下降 1 名至第 21 名，甘肃下降 2 名至第 24 名，青海下降 2 名至 28 名，宁夏下降 4 名至第 29 名，下降幅度较明显说明宁夏的经济建设支撑水平有待提升。

表 5 – 3　　　　　　　　　　　　2012 年经济建设支撑水平排名

地区	排名	区段	地区	排名	区段	地区	排名	区段
江苏	1	上游区	内蒙古	9	中游区	河南	22	下游区
北京	2		四川	10		云南	23	
广东	3		陕西	11		甘肃	24	
上海	4		黑龙江	12		贵州	25	
浙江	5		湖北	13		湖南	26	
山东	6		福建	14		广西	27	
辽宁	7		吉林	15		青海	28	
天津	8		河北	16		宁夏	29	
			重庆	17				
			新疆	18				
			山西	19				
			安徽	20				
			江西	21				

　　根据表 5 – 4 中内容对 2013 年经济建设支撑水平排名进行分析，处于经济建设支撑水平上游区的是江苏、广东、浙江、北京、山东、上海、辽宁和天津 8 个省份；中游区的是内蒙古、湖北、四川、陕西、河北、福建、黑龙江、吉林、重庆、新疆、安徽、河南和山西 13 个省份；下游区的是江西、云南、甘肃、贵州、广西、湖南、青海和宁夏 8 个省份。相较于 2012 年，广东上升 1 名至第 2 名，浙江上升 2 名至第 3 名，山东上升 1 名至第 5 名，河北上升 3 名至第 13 名，安徽上升 1 名至第 20 名，河南上升 2 名至第 20 名由下游区升至中游区，广西上升 1 名至第 26 名，而北京下降 2 名至第 4 名，上海下降 2 名至第 6 名，四川下降 1 名至第 11 名，陕西下降 1 名至第 12 名，黑龙江下降 3 名至第 15 名，吉林下降 1 名至第 16 名，山西下降 2 名至第 21 名，江西下降 1 名至第 22 名由中游区掉落至下游区，湖南下降 1 名至第 27 名。

表 5 – 4 　　　　　　　　　　　　2013 年经济建设支撑水平排名

地区	排名	区段	地区	排名	区段	地区	排名	区段
江苏	1		内蒙古	9		江西	22	
广东	2		湖北	10		云南	23	
浙江	3		四川	11		甘肃	24	
北京	4		陕西	12		贵州	25	
山东	5		河北	13		广西	26	
上海	6		福建	14		湖南	27	
辽宁	7	上游区	黑龙江	15	中游区	青海	28	下游区
天津	8		吉林	16		宁夏	29	
			重庆	17				
			新疆	18				
			安徽	19				
			河南	20				
			山西	21				

　　根据表 5 – 5 中内容对 2014 年经济建设支撑水平排名进行分析，处于经济建设支撑水平上游区的是江苏、广东、浙江、北京、山东、上海、辽宁和湖北 8 个省份；中游区的是天津、内蒙古、四川、福建、陕西、黑龙江、吉林、重庆、河北、新疆、河南、安徽和江西 13 个省份；下游区的是山西、云南、甘肃、湖南、广西、贵州、青海和宁夏 8 个省份。相较于 2013 年，湖北上升 2 名至第 8 名由中游区升至上游区，福建上升 2 名至第 12 名，黑龙江上升 1 名至第 14 名，吉林上升 1 名至第 15 名，重庆上升 1 名至第 16 名，河南上升 1 名至第 19 名，江西上升 1 名至第 21 名由下游区升至中游区，湖南上升 2 名至第 25 名，而天津下降 1 名至第 9 名由上游区掉落至中游区，内蒙古下降 1 名至第 10 名，陕西下降 1 名至第 13 名，河北下降 4 名至第 17 名，安徽下降 1 名至第 20 名，山西下降 1 名至第 22 名由中游区掉落至下游区，贵州下降 2 名至第 27 名。

表 5－5　　　　　　　　　　　2014 年经济建设支撑水平排名

地区	排名	区段	地区	排名	区段	地区	排名	区段
江苏	1		天津	9		山西	22	
广东	2		内蒙古	10		云南	23	
浙江	3		四川	11		甘肃	24	
北京	4		福建	12		湖南	25	
山东	5		陕西	13		广西	26	
上海	6		黑龙江	14		贵州	27	
辽宁	7	上游区	吉林	15	中游区	青海	28	下游区
湖北	8		重庆	16		宁夏	29	
			河北	17				
			新疆	18				
			河南	19				
			安徽	20				
			江西	21				

　　根据表 5－6 中内容对 2015 年经济建设支撑水平排名进行分析，处于经济建设支撑水平上游区的是广东、江苏、浙江、北京、山东、上海、湖北和天津 8 个省份；中游区的是辽宁、四川、内蒙古、福建、陕西、河北、黑龙江、重庆、河南、吉林、安徽、新疆和江西 13 个省份；下游区的是湖南、云南、山西、广西、甘肃、贵州、青海和宁夏 8 个省份。相较于 2014 年，江苏上升 1 名至第 1 名，湖北上升 1 名至第 7 名，天津上升 1 名至第 8 名由中游区升至上游区，四川上升 1 名至第 10 名，河北上升 3 名至第 14 名，河南上升 2 名至第 17 名，安徽上升 1 名至第 19 名，湖南上升 3 名至第 22 名，广西上升 1 名至第 25 名，广东下降 1 名至第 2 名，辽宁下降 2 名至第 9 名由上游区下降至中游区，内蒙古下降 1 名至第 11 名，黑龙江下降 1 名至第 15 名，吉林下降 3 名至第 18 名，新疆下降 2 名至第 20 名，山西下降 2 名至第 24 名，甘肃下降 2 名至第 26 名。

表 5-6　　　　　　　　　　2015 年经济建设支撑水平排名

地区	排名	区段	地区	排名	区段	地区	排名	区段
广东	1	上游区	辽宁	9	中游区	湖南	22	下游区
江苏	2		四川	10		云南	23	
浙江	3		内蒙古	11		山西	24	
北京	4		福建	12		广西	25	
山东	5		陕西	13		甘肃	26	
上海	6		河北	14		贵州	27	
湖北	7		黑龙江	15		青海	28	
天津	8		重庆	16		宁夏	29	
			河南	17				
			吉林	18				
			安徽	19				
			新疆	20				
			江西	21				

　　根据表 5-7 中内容对 2016 年经济建设支撑水平排名进行分析，处于经济建设支撑水平上游区的是广东、江苏、北京、浙江、上海、山东、湖北和四川 8 个省份；中游区的是天津、河南、辽宁、内蒙古、福建、陕西、河北、湖南、重庆、黑龙江、云南、安徽和江西 13 个省份；下游区的是新疆、吉林、贵州、广西、山西、甘肃、青海和宁夏 8 个省份。相较于 2015 年，北京上升 1 名至第 3 名，上海上升 1 名至第 5 名，四川上升 2 名至第 8 名，河南上升 7 名至第 10 名，说明河南的经济建设支撑水平潜力被充分挖掘，发展势头迅猛，湖南上升 6 名至第 16 名由下游区升至中游区，说明湖南的经济建设支撑水平潜力被充分挖掘，发展势头迅猛，云南上升 4 名至第 19 名由下游区升至中游区，贵州上升 3 名至第 24 名，浙江下降 1 名至第 4 名，山东下降 1 名至第 6 名，天津下降 1 名至第 9 名，辽宁下降 2 名至第 11 名，内蒙古下降 1 名至第 12 名，福建下降 1 名至第 13 名，陕西下降 1 名至第 14 名，河北下降 1 名至第 15 名，黑龙江下降 3 名至第 18 名，重庆下降 1 名至第 17 名，吉林下降 5 名至第 23 名由中游区掉落至下游区，下降幅度较明显，说明吉林的经济建设支撑水平有待提升，安徽下降 1 名至第 20 名，新疆下降 2 名至第 22 名由中游区掉落至下游区，山西下降 2 名至第 26 名，甘肃下降 1 名至第 27 名。

表 5 -7   2016 年经济建设支撑水平排名

地区	排名	区段	地区	排名	区段	地区	排名	区段
广东	1	上游区	天津	9	中游区	新疆	22	下游区
江苏	2		河南	10		吉林	23	
北京	3		辽宁	11		贵州	24	
浙江	4		内蒙古	12		广西	25	
上海	5		福建	13		山西	26	
山东	6		陕西	14		甘肃	27	
湖北	7		河北	15		青海	28	
四川	8		湖南	16		宁夏	29	
			重庆	17				
			黑龙江	18				
			云南	19				
			安徽	20				
			江西	21				

根据表 5 -8 中内容对 2017 年经济建设支撑水平排名进行分析，处于经济建设支撑水平上游区的是广东、江苏、浙江、北京、上海、山东、四川和湖北 8 个省份；中游区的是河南、重庆、天津、湖南、辽宁、河北、福建、云南、陕西、安徽、内蒙古、新疆和黑龙江 13 个省份；下游区的是江西、广西、贵州、吉林、山西、甘肃、宁夏和青海 8 个省份。相较于 2016 年，浙江上升 1 名至第 3 名，四川上升 1 名至第 7 名，河南上升 1 名至第 9 名，河北上升 1 名至第 14 名，湖南上升 4 名至第 12 名，重庆上升 7 名至第 10 名，说明重庆的经济建设支撑水平潜力被充分挖掘，发展势头迅猛，云南上升 3 名至第 16 名，安徽上升 2 名至第 18 名，新疆上升 2 名至第 20 名由下游区升至中游区，广西上升 2 名至第 23 名，宁夏上升 1 名至第 28 名，而北京下降 1 名至第 4 名，湖北下降 1 名至第 8 名，天津下降 2 名至第 11 名，辽宁下降 2 名至第 13 名，内蒙古下降 7 名至第 19 名，下降幅度较明显，说明内蒙古的经济建设支撑水平下滑严重，福建下降 2 名至第 15 名，陕西下降 3 名至第 17 名，黑龙江下降 3 名至第 21 名，江西下降 1 名至第 22 名由中游区掉落至下游区，吉林下降 2 名至第 25 名，青海下降 1 名至第 29 名。

表5-8　　　　　　　　　　2017年经济建设支撑水平排名

地区	排名	区段	地区	排名	区段	地区	排名	区段
广东	1	上游区	河南	9	中游区	江西	22	下游区
江苏	2		重庆	10		广西	23	
浙江	3		天津	11		贵州	24	
北京	4		湖南	12		吉林	25	
上海	5		辽宁	13		山西	26	
山东	6		河北	14		甘肃	27	
四川	7		福建	15		宁夏	28	
湖北	8		云南	16		青海	29	
			陕西	17				
			安徽	18				
			内蒙古	19				
			新疆	20				
			黑龙江	21				

　　根据表5-9中内容对2010～2017年经济建设支撑水平排名变化趋势进行分析，可以看到在经济建设支撑水平处于上升区的是湖南、河南、四川、云南、湖北、安徽、重庆、贵州、江苏、广西、广东、浙江和山东13个省份；处于保持区的是河北1个省份；处于下降区的是江西、北京、天津、上海、福建、陕西、宁夏、新疆、甘肃、辽宁、青海、山西、内蒙古、黑龙江和吉林15个省份。综合来看，29个省份的经济建设支撑水平在2010～2017年变化较大，其中上升幅度较大的湖南、河南、湖北、安徽属于中部地区，四川、云南以及重庆属于西部地区，而下降幅度较大的吉林、黑龙江、辽宁三省属于东北地区。在这8年中，各地发展速度十分不均衡。

表5-9　　　　　　　　　　2010～2017年经济建设支撑水平排名变化

地区	排名变化	区段	地区	排名变化	区段	地区	排名变化	区段
湖南	17	上升区	河北	0	保持区	江西	-2	下降区
河南	15					北京	-3	
四川	12					天津	-3	
云南	11					上海	-3	
湖北	10					福建	-3	
安徽	7					陕西	-4	

续表

地区	排名变化	区段	地区	排名变化	区段	地区	排名变化	区段
重庆	6					宁夏	−5	
贵州	4					新疆	−5	
江苏	3					甘肃	−6	
广西	3					辽宁	−7	
广东	2	上升区			保持区	青海	−7	下降区
浙江	1					山西	−9	
山东	1					内蒙古	−10	
						黑龙江	−11	
						吉林	−14	

由图 5-1 可以看出，2010～2011 年经济建设支撑水平呈上升趋势的有江苏、山东、陕西、重庆、四川、湖北、安徽、河南、云南和湖南 10 个省份，增长幅度最大的是江苏、四川和安徽，其中江苏由第 5 名升至第 1 名，四川由第 19 名升至第 15 名，安徽由第 25 名升至第 21 名，均上升 4 名；重庆由 16 名升至第 13 名，云南由 27 名升至第 24 名，均上升 3 名；陕西由第 13 名升至第 11 名，上升了 2 名；其他省份均上升 1 名。上海、广东、天津、内蒙古、福建和江西 6 个省份排名均保持不变。经

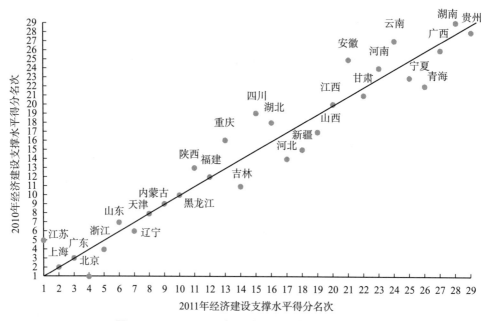

图 5-1　2010～2011 年经济建设支撑水平排序变化

济建设支撑水平呈下降趋势的有北京、浙江、辽宁、吉林、河北、新疆、山西、甘肃、宁夏、青海、广西和贵州 12 个省份，下降幅度最大的为青海，由第 22 名降至第 26 名，下降了 4 名；北京由第 1 名下降至第 4 名，吉林由第 14 名下降至第 11 名，河北由第 17 名下降至 14，新疆由第 18 名下降至第 15 名，均下降 3 名；山西由第 19 名下降至第 17 名，宁夏由第 25 名下降至第 23 名，均下降 2 名；其他省份均下降 1 名。

由图 5 - 2 可以看出，2011～2012 年经济建设支撑水平呈上升趋势的有北京、四川、湖北、河北、安徽、河南、云南、贵州和湖南 9 个省份，增长幅度最大的省份为四川和贵州，其中四川由第 15 名升至第 10 名，贵州由第 29 名上升至第 24 名，均上升 5 名；湖北由第 16 名升至第 13 名，上升了 3 名；北京由第 4 名上升至第 2 名，湖南由第 28 名升至第 26 名，均上升 2 名；其他省份均下降 1 名。江苏、广东、浙江、山东、辽宁、天津、内蒙古、陕西、新疆、山西和广西 11 个省份排名均保持不变。经济建设支撑水平呈下降趋势的有上海、黑龙江、福建、吉林、重庆、江西、甘肃、青海和宁夏 9 个省份，下降幅度最大的为重庆和宁夏，重庆由第 17 名下降至第 13 名，宁夏由第 25 名下降至第 29 名，均下降 4 名；上海由第 2 名下降至第 4 名，黑龙江由第 10 名下降至第 12 名，福建由第 12 名下降至第 14 名，甘肃由第 22 名下降至第 24 名，青海由第 26 名下降至第 28 名，均下降 2 名；其他省份均下降 1 名。

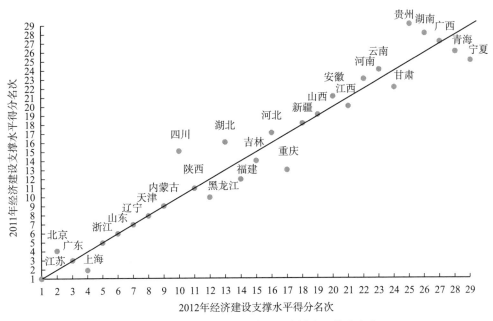

图 5 - 2　2011～2012 年经济建设支撑水平排序变化

由图 5-3 可以看出，2012～2013 年经济建设支撑水平呈上升趋势的有广东、浙江、山东、湖北、河北、安徽、河南和广西 8 个省份，增长幅度最大的省份为湖北和河北，其中湖北由第 13 名升至第 10 名，河北由第 16 名升至第 13 名，均上升 3 名；浙江由第 5 名升至第 3 名，河南由第 22 名升至第 20 名，均上升 2 名；其他省份均上升 1 名。江苏、辽宁、天津、内蒙古、福建、重庆、新疆、甘肃、云南、青海和宁夏共 12 个省份排名均保持不变。经济建设支撑水平呈下降趋势的有北京、上海、四川、陕西、黑龙江、吉林、山西、江西和湖南 9 个省份，下降幅度最大的为黑龙江，由第 15 名下降至第 12 名，下降了 3 名；北京由第 2 名降至第 4 名，上海由第 4 名降至第 6 名，山西由第 19 名下降至第 21 名，均下降 2 名；其他省份均下降 1 名。

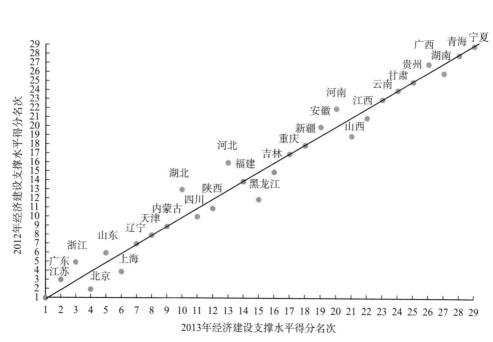

图 5-3　2012～2013 年经济建设支撑水平排序变化

由图 5-4 可以看出，2013～2014 年经济建设支撑水平呈上升趋势的有湖北、福建、黑龙江、吉林、重庆、河南、江西和湖南 8 个省份，增长幅度最大的省份为湖北、福建和湖南，其中湖北由第 10 名升至第 8 名，福建由第 14 名升至第 12 名，湖南由 27 名升至第 25 名，均上升了 2 名；其他省份均上升 1 名。江苏、广东、浙江、北京、山东、上海、辽宁、四川、新疆、云南、甘肃、广西、青海和宁夏 14 个省份排名均保持不变。经济建设支撑水平呈下降趋势的有天津、内蒙古、陕西、河北、安徽、山西和贵州 7 个省份，下降幅度最大的为河北，由第 13 名降至第 17 名，下降了 4 名；贵州由 25 名降至第 27 名，下降了 2 名；其他省份均下降 1 名。

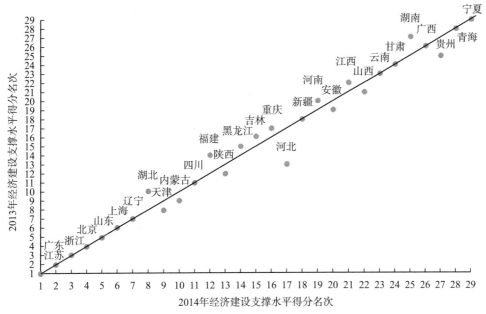

图 5 - 4　2013～2014 年经济建设支撑水平排序变化

由图 5 - 5 可以看出，2014～2015 年经济建设支撑水平呈上升趋势的有广东、湖北、天津、四川、河北、河南、安徽、湖南和广西 9 个省份，增长幅度最大的省份为

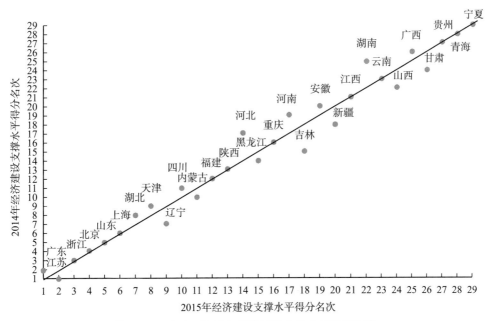

图 5 - 5　2014～2015 年经济建设支撑水平排序变化

河北和湖南，其中河北由第 17 名升至第 14 名，湖南由第 25 名升至第 22 名，均上升 3 名；河南由第 19 名升至第 17 名，上升了 2 名；其他省份均上升 1 名。浙江、北京、山东、上海、福建、陕西、重庆、江西、云南、贵州、青海和宁夏 12 个省份排名均保持不变。经济建设支撑水平呈下降趋势的有江苏、辽宁、内蒙古、黑龙江、吉林、新疆、山西和甘肃 8 个省份，下降幅度最大的为吉林，由第 15 名降至第 18 名，下降了 3 名；辽宁由第 7 名下降至第 9 名，新疆由第 18 名下降至第 20 名，山西由第 22 名下降至第 24 名，甘肃由第 24 名下降至第 26 名，均下降了 2 名；其他省份均下降 1 名。

由图 5-6 可以看出，2015～2016 年经济建设支撑水平呈上升趋势的有北京、上海、四川、河南、湖南、云南和贵州 7 个省份，增长幅度最大的省份为河南，由第 17 名升至第 10 名，上升了 7 名；湖南由第 22 名升至第 16 名，上升了 6 名；云南由第 23 名升至第 19 名，上升了 4 名；贵州由第 27 名升至第 24 名，上升了 3 名；四川由第 10 名升至第 8 名上升了 2 名；其他省份均上升 1 名。广东、江苏、湖北、江西、广西、青海和宁夏 7 省份排名均保持不变。经济建设支撑水平呈下降趋势的有浙江、山东、天津、辽宁、内蒙古、福建、陕西、河北、重庆、黑龙江、安徽、新疆、吉林、山西和甘肃 15 个省份，下降幅度最大的为吉林，由第 18 名降至第 23 名，下降了 5 名；黑龙江由第 15 名降至第 18 名，下降了 3 名；辽宁由第 9 名降至第 11 名，新疆由第 20 名降至第 22 名，山西由第 24 名降至第 26 名，均下降 2 名；其他省份均下降 1 名。

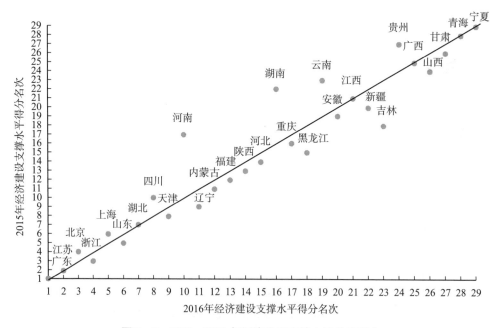

图 5-6　2015～2016 年经济建设支撑水平排序变化

由图 5-7 可以看出，2016~2017 年经济建设支撑水平呈上升趋势的有浙江、四川、河南、重庆、湖南、河北、云南、安徽、新疆、广西和宁夏 11 个省份，增长幅度最大的省份为重庆，由第 17 名升至第 10 名，上升了 7 名；湖南由第 16 名升至第 12 名，上升了 4 名；云南由第 19 名升至第 16 名，上升了 3 名；安徽由第 20 名升至第 18 名，新疆由第 22 名升至第 20 名，广西由第 25 名升至第 23 名，均上升 2 名；其他省份均上升 1 名。广东、江苏、上海、山东、贵州、山西和甘肃 7 个省份排名均保持不变。经济建设支撑水平呈下降趋势的有北京、湖北、天津、辽宁、福建、陕西、内蒙古、黑龙江、江西、吉林和青海 11 个省份，下降幅度最大的为内蒙古，由第 12 名降至第 19 名，下降了 7 名；陕西由第 14 名降至第 17 名，黑龙江由第 18 名降至第 21 名，均下降 3 名；天津由第 9 名降至第 11 名，辽宁由第 11 名降至第 13 名，福建由第 13 名降至第 15 名，吉林由第 23 名降至第 25 名，均下降 2 名；其他省份均下降 1 名。

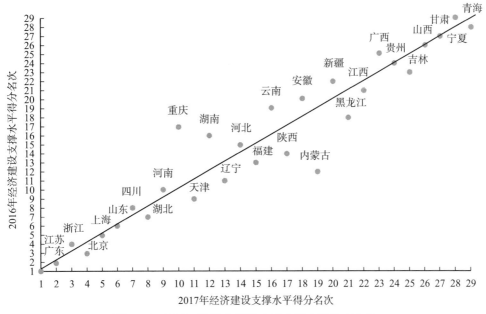

图 5-7　2016~2017 年经济建设支撑水平排序变化

由图 5-8 可以看出，2010~2017 年经济建设支撑水平呈上升趋势的有广东、江苏、浙江、山东、四川、湖北、重庆、河南、湖南、云南、安徽、广西和贵州 13 个省份，增长幅度最大的省份为湖南，由第 29 名升至第 12 名，上升了 17 名；河南由第 24 名升至第 9 名，上升了 15 名；四川由第 19 名升至第 7 名，上升了 12 名；云南由第 27 名升至第 16 名，上升了 11 名，湖北由第 18 名升至第 8 名，上升了 10 名；安徽由第 25 名升至第 18 名，上升了 7 名；重庆由第 16 名升至第 10 名，上升了 6 名；贵州由第 28 名升至第 24 名，上升了 4 名；江苏由第 5 名升至第 2 名，广西由第 26

名升至第 23 名，均上升 3 名；广东由第 3 名升至第 1 名，上升了 2 名；其他省份均上升 1 名。河北排名保持不变。经济建设支撑水平呈下降趋势的有北京、上海、天津、辽宁、福建、陕西、内蒙古、黑龙江、新疆、江西、吉林、山西、甘肃、宁夏和青海 15 个省份，下降幅度最大的为吉林，由第 11 名降至第 25 名，下降了 14 名；黑龙江由第 10 名降至第 21 名，下降了 11 名；内蒙古由第 9 名降至第 19 名，下降了 10 名；山西由第 17 名降至第 26 名，下降了 9 名；青海由第 22 名降至第 29 名，辽宁由第 6 名降至第 13 名，均下降 7 名；甘肃由第 21 名降至第 27 名，下降了 6 名；新疆由第 15 名降至第 20 名，宁夏由第 23 名降至第 28 名，均下降 5 名；陕西由第 13 名降至第 17 名，下降了 4 名；福建由第 12 名降至第 15 名，上海由第 2 名降至第 5 名，天津由第 8 名降至第 11 名，北京由第 1 名降至第 4 名，均下降 3 名；江西由第 20 名降至第 22 名，下降了 2 名。

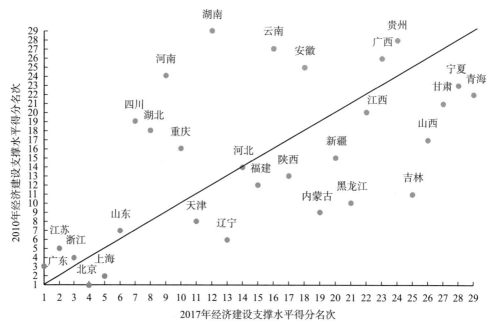

图 5-8 2010～2017 年经济建设支撑水平排序变化

二、经济建设支撑水平评分分析

通过表 5-10 对 2010～2017 年的全国经济建设支撑水平及其变化进行分析。

由对 2010 年的经济建设支撑水平评价来看，2010 年经济建设支撑水平得分处于 19～42 分，在 30 分以上的有北京、上海、广东、浙江、江苏、辽宁、山东和天津 8 个省份；小于 30 分的有内蒙古、黑龙江、吉林、福建、陕西、河北、新疆、重庆、山西、湖北、四川、江西、甘肃、青海、宁夏、河南、安徽、广西、云南、贵州和湖南 21 个省份。经济建设支撑水平最高得分是北京 41.952 分，最低得分是湖南 19.279 分。经济建设支撑水平的得分平均值为 28.346 分，得分标准差为 6.749，说明各省份间经济发展水平差距较大。经济建设支撑水平得分中，东部地区省份的得分普遍较高，其中北京、上海、广东、浙江、江苏、山东和天津 7 个省份的得分都在 30 分以上，说明这些省份的经济建设支撑水平较好，发展潜力较强；中部、西部地区省份的得分普遍偏低且大多数都在 30 分以下，说明中、西部地区经济建设支撑水平较低，经济建设支撑水平亟须提升，发展活力不足。

表 5-10　　　　　　　　　　2010～2017 年经济建设支撑水平评价比较

地区	2010 年	2011 年	2012 年	2013 年	2014 年	2015 年	2016 年	2017 年	综合变化
北京	41.952	43.798	45.766	47.649	49.172	52.102	54.993	57.206	15.255
	1	4	2	4	4	4	3	4	-3
天津	32.792	34.232	34.956	36.642	38.155	40.246	41.603	41.309	8.517
	8	8	8	8	9	8	9	11	-3
河北	27.109	28.838	29.860	32.999	32.064	34.462	37.123	39.946	12.837
	14	17	16	13	17	14	15	14	0
山西	25.743	27.182	28.531	29.260	29.396	30.515	31.553	32.490	6.746
	17	19	19	21	22	24	26	26	-9
内蒙古	29.871	32.254	34.159	34.978	36.054	36.795	38.412	38.337	8.466
	9	9	9	9	10	11	12	19	-10
辽宁	33.757	35.715	38.143	40.576	41.465	39.117	38.598	40.258	6.501
	6	7	7	7	7	9	11	13	-7
吉林	28.892	29.778	30.376	31.683	32.235	33.053	33.547	34.111	5.218
	11	14	15	16	15	18	23	25	-14
黑龙江	29.131	31.497	31.873	32.531	32.756	34.084	36.410	37.442	8.311
	10	10	12	15	14	15	18	21	-11
上海	41.081	44.381	44.954	44.592	45.756	47.997	52.804	56.211	15.130
	2	2	4	6	6	6	5	5	-3
江苏	39.708	45.241	48.801	52.933	56.005	59.655	62.658	68.512	28.803
	5	1	1	1	1	1	2	2	3
浙江	40.198	43.015	44.703	47.711	49.301	52.216	54.705	59.351	19.153
	4	5	5	3	3	3	4	3	1

续表

地区	2010 年	2011 年	2012 年	2013 年	2014 年	2015 年	2016 年	2017 年	综合变化
安徽	22.376	24.755	28.091	30.062	30.848	32.856	34.735	38.477	16.101
	25	21	20	19	20	19	20	18	7
福建	28.065	30.011	30.799	32.874	34.752	36.709	38.115	39.784	11.718
	12	12	14	14	12	12	13	15	-3
江西	24.490	25.516	27.432	28.784	30.554	32.678	34.629	36.079	11.589
	20	20	21	22	21	21	21	22	-2
山东	33.414	37.175	41.583	44.862	46.110	49.080	52.589	55.661	22.247
	7	6	6	5	5	5	6	6	1
河南	22.391	24.263	27.411	29.413	31.240	33.205	39.168	43.438	21.047
	24	23	22	20	19	17	10	9	15
湖北	25.134	29.268	31.776	34.829	38.266	41.254	45.440	47.873	22.739
	18	16	13	10	8	7	7	8	10
湖南	19.279	22.140	24.275	25.992	28.062	31.658	37.081	40.863	21.584
	29	28	26	27	25	22	16	12	17
广东	40.965	44.076	45.686	48.749	51.924	60.154	69.130	78.941	37.975
	3	3	3	2	2	1	1	1	2
广西	21.954	23.132	23.926	26.114	27.431	29.657	32.568	35.653	13.699
	26	27	27	26	26	25	25	23	3
重庆	26.010	29.856	29.783	31.366	32.088	33.583	36.801	41.487	15.478
	16	13	17	17	16	16	17	10	6
四川	24.804	29.778	32.281	33.796	35.925	38.276	43.484	48.045	23.241
	19	15	10	11	11	10	8	7	12
贵州	20.349	22.094	24.406	26.376	27.386	29.049	32.923	34.815	14.466
	28	29	25	25	27	27	24	24	4
云南	20.912	23.444	26.644	27.995	29.228	31.041	36.187	39.515	18.604
	27	24	23	23	23	23	19	16	11
陕西	27.508	30.265	32.094	33.300	34.247	35.810	37.234	39.421	11.913
	13	11	11	12	13	13	14	17	-4
甘肃	22.894	24.337	25.884	27.934	28.326	29.342	30.101	29.768	6.874
	21	22	24	24	24	26	27	27	-6

续表

地区	2010 年	2011 年	2012 年	2013 年	2014 年	2015 年	2016 年	2017 年	综合变化
青海	22.778	23.252	23.824	24.224	25.322	25.197	26.057	26.413	3.635
	22	26	28	28	28	28	28	29	-7
宁夏	22.406	23.370	22.870	23.928	24.615	25.051	25.898	26.605	4.199
	23	25	29	29	29	29	29	28	-5
新疆	26.064	28.006	29.153	30.095	31.608	32.728	34.407	38.131	12.067
	15	18	18	18	18	20	22	20	-5
最高分	41.952	45.241	48.801	52.933	56.005	60.154	69.130	78.941	36.989
最低分	19.279	22.094	22.870	23.928	24.615	25.051	25.898	26.413	7.134
平均分	28.346	30.713	32.415	34.215	35.527	37.502	40.309	42.970	14.625
标准差	6.749	7.245	7.465	7.887	8.296	9.247	10.230	11.791	5.042

由对 2011 年的经济建设支撑水平评价来看，2011 年经济建设支撑水平得分处于 22 ~ 46 分，在 30 分以上的有江苏、上海、广东、北京、浙江、山东、辽宁、天津、内蒙古、黑龙江、陕西和福建 12 个省份；小于 30 分的有重庆、吉林、四川、湖北、河北、新疆、山西、江西、安徽、甘肃、河南、云南、宁夏、青海、广西、湖南和贵州 17 个省份。经济建设支撑水平最高得分是江苏 45.241 分，最低得分是贵州 22.094 分。经济建设支撑水平的得分平均值为 30.713 分，较上年增长 2.367 分，说明经济建设支撑水平整体有进步；得分标准差为 7.245，较上年增长 0.496，说明各省份间经济建设支撑水平差距有所扩大。经济建设支撑水平得分中，东部地区省份的得分普遍较高，其中江苏、上海、广东、北京、浙江、山东、天津、福建 8 个省份的得分都在 30 分以上，说明这些省份的经济建设支撑水平较好，发展潜力较强；中部、西部地区省份的得分普遍偏低且大多数都在 30 分以下，说明中、西部地区经济建设支撑水平较低，经济发展水平亟须提升，发展活力不足。

由对 2012 年的经济建设支撑水平评价来看，2012 年经济建设支撑水平得分处于 22 ~ 49 分，在 30 分以上的有江苏、北京、广东、上海、浙江、山东、辽宁、天津、内蒙古、四川、陕西、黑龙江、湖北、福建和吉林 15 个省份；小于 30 分的有河北、重庆、新疆、山西、安徽、江西、河南、云南、甘肃、贵州、湖南、广西、青海和宁夏 14 个省份。经济建设支撑水平最高得分是江苏 48.801 分，最低得分是宁夏 22.870 分。经济建设支撑水平的得分平均值为 32.415 分，较上年增长 1.702 分，说明经济建设支撑水平较上年相比增长速度放缓；得分标准差为 7.465，较上年增长 0.220，说明各省份间经济建设支撑水平差距增幅与上年相比稍有缩小，但总体差距仍在扩大。经济建设支撑水平得分中，东部地区省份的得分普遍较高，其中江苏、北京、广东、上海、浙江、山东、天津和福建 8 个省份的得分都在 30 分以上，说明这些省份的经济建设支撑水平较好，发展潜力较强；中部、西部地区省份的得分普遍相对偏低且大多数在 30 分以下，说明中部、西部地区经济建设支撑水平较低，经济支撑水平亟须提升，发展活力不足。

由对 2013 年的经济建设支撑水平评价来看，2013 年经济建设支撑水平得分处于 23～53 分，在 30 分以上的有江苏、广东、浙江、北京、山东、上海、辽宁、天津、内蒙古、湖北、四川、陕西、河北、福建、黑龙江、吉林、重庆、新疆和安徽 19 个省份；小于 30 分的有河南、山西、江西、云南、甘肃、贵州、广西、湖南、青海和宁夏 10 个省份。经济建设支撑水平最高得分是江苏 52.933 分，最低得分是宁夏 23.928 分。经济建设支撑水平的得分平均值为 34.215 分，较上年增长 1.8 分，说明经济建设支撑水平较上年相比增幅稍有增长，经济建设支撑水平整体有进步；得分标准差为 7.887，较上年增长 0.422，说明各省份间综合水平差距增幅与上年相比有所增加，总体差距持续拉大。经济建设支撑水平中，东部地区省份的得分普遍较高，其中江苏、广东、浙江、北京、山东、上海、天津、河北、福建 9 个省份的得分都在 30 分以上，说明这些省份的民政事业发展综合水平较好，发展潜力较强；西部地区省份的得分普遍相对偏低且大多数在 30 分以下，说明西部地区经济建设支撑水平较低，经济支撑水平亟须提升，发展活力不足。

由对 2014 年的经济建设支撑水平评价来看，2014 年经济建设支撑水平得分处于 24～57 分，在 30 分以上的有江苏、广东、浙江、北京、山东、上海、辽宁、湖北、天津、内蒙古、四川、福建、陕西、黑龙江、吉林、重庆、河北、新疆和河南 19 个省份；小于 30 分的有安徽、江西、山西、云南、甘肃、湖南、广西、贵州、青海和宁夏 10 个省份。经济建设支撑水平最高得分是江苏 56.005 分，最低得分是宁夏 24.615 分。经济建设支撑水平的得分平均值为 35.527 分，较上年增长 1.312 分，说明经济建设支撑水平较上年相比虽然增幅有所降低，但整体仍在进步；得分标准差为 8.296，较上年增长 0.408，说明虽然各省份间经济建设支撑水平差距增幅与上年相比稍有降低，但总体差距仍然很大。经济建设支撑水平中，东部地区省份的得分普遍较高，其中江苏、广东、浙江、北京、山东、上海、天津、福建和河北 9 个省份的得分都在 30 分以上，说明这些省份的经济建设支撑水平较好，发展潜力较强；西部地区省份的得分普遍相对偏低且大多数在 30 分以下，说明西部地区经济建设支撑水平较低，经济支撑水平亟须提升，发展活力不足。

由对 2015 年的经济建设支撑水平评价来看，2015 年经济建设支撑水平得分处于 25～61 分，在 30 分以上的有广东、江苏、浙江、北京、山东、上海、湖北、天津、辽宁、四川、内蒙古、福建、陕西、河北、黑龙江、重庆、河南、吉林、安徽、新疆、江西、湖南、云南和山西 24 个省份；小于 30 分的有广西、甘肃、贵州、青海和宁夏 5 个省份。经济建设支撑水平最高得分是广东 60.154 分，最低得分是宁夏

25.051 分。经济建设支撑水平的得分平均值为 37.502 分，较上年增长 1.975 分，经济建设支撑水平较上年相比增幅明显，说明经济建设支撑水平整体快速进步；得分标准差为 9.247，较上年增长 0.951，说明各省份间经济建设支撑水平差距增幅与上年相比增大，总体差距持续扩大。经济建设支撑水平中，东部地区省份的得分普遍较高，其中广东、江苏、浙江、北京、山东、上海、天津、福建和河北 9 个省份的得分都在 30 分以上，说明这些省份的经济建设支撑水平较好，发展潜力较强；较去年相比中部地区省份全部升至 30 分以上，说明中部地区民政事业高质量发展地方经济有所发展；但西部地区的得分普遍相对偏低，其中广西、甘肃、贵州、青海和宁夏 5 个省份的得分在 30 分以下，说明西部地区经济发展水平仍然欠缺，各方面建设仍需完善，发展活力不足。

　　由对 2016 年的经济建设支撑水平评价来看，2016 年经济建设支撑水平得分处于 25~70 分，在 30 分以上的有广东、江苏、北京、浙江、上海、山东、湖北、四川、天津、河南、辽宁、内蒙古、福建、陕西、河北、湖南、重庆、黑龙江、云南、安徽、江西、新疆、吉林、贵州、广西、山西和甘肃 27 个省份；小于 30 分的有青海、宁夏 2 个省份。经济建设支撑水平最高得分是广东 69.130 分，最低得分是宁夏 25.898 分。经济建设支撑水平的得分平均值为 40.309 分，较上年增长 2.806 分，说明经济建设支撑水平较上年相比增幅明显，经济建设支撑水平整体快速进步；得分标准差为 10.230，较上年增长 0.984，说明各省份间经济建设支撑水平差距增幅与上年相比稍有加大，总体差距持续扩大。经济建设支撑水平中，东部地区省份的得分普遍较高，其中广东、江苏、北京、浙江、上海、山东、天津、福建和河北 9 个省份的得分都在 30 分以上，说明这些省份的经济建设支撑水平较好，发展潜力较强；西部地区省份的得分普遍相对偏低，其中青海、宁夏 2 个省份的得分在 30 分以下，说明西部地区整体水平仍然较低，欠缺发展，基础设施建设等方面仍需完善，发展活力不足。

　　由对 2017 年的经济建设支撑水平评价来看，2017 年发展综合水平得分处于 26~79 分，在 30 分以上的有广东、江苏、浙江、北京、上海、山东、四川、湖北、河南、重庆、天津、湖南、辽宁、河北、福建、云南、陕西、安徽、内蒙古、新疆、黑龙江、江西、广西、贵州、吉林和山西 26 个省份；小于 30 分的有甘肃、宁夏和青海 3 个省份。经济建设支撑水平最高得分是广东 78.941 分，最低得分是青海 26.413 分。经济建设支撑水平的得分平均值为 42.970 分，较上年增长 2.662 分，说明经济建设支撑水平较上年相比虽然增幅有所降低，但整体仍在高速增长；得分标准差为 11.791，较上年增长 1.561，说明各省份间经济建设支撑水平差距增幅与上年相比有所加大，总体差距持续扩大。经济建设支撑水平中，东部地区省份的得分普遍较高，其中广东、江苏、浙江、北京、上海、山东、天津、河北和福建 9 个省份的得分都在 30 分以上，说明这些省份的经济建设支撑水平较好，发展潜力较强；西部地区的得分普遍偏低，其中甘肃、青海和宁夏3个省份的得分在30分以下，较去年相比甘肃降回30分以下，说明西部地区整体水平仍然较低欠缺发展，基础设施、财政调配能力等多方面仍需完善，发展活力不足。

对比经济建设支撑水平变化，通过对2010～2017年的数据进行分析对比，发现其平均分是持续上升的，这说明经济建设支撑水平势头向好，但由于标准差也在持续增长，说明了各地经济建设支撑水平的差距在不断扩大。进一步对各省份经济建设支撑水平得分变化分析，发现广东、江苏、山东三省包揽了2010～2017年的前三名，虽然内部排名稍有波动，但上游区的位置大多都由东部地区的省份占据，这说明东部地区的经济建设支撑水平较高。中部地区发展差异性较大，例如四川、湖北排名长期靠前，而其他省份排名则在中下游徘徊，不过伴随着全国整体发展的势头，中部地区呈现了"中部崛起"的趋势。东北地区发展逐渐衰落，三省排名逐渐下滑；西部地区整体发展水平不足，例如甘肃、宁夏、青海等省份，长期排名倒数且评分增长缓慢，说明在经济建设支撑水平总体向前发展的大背景下，东北、西部地区的经济建设支撑水平较大发展。

表5-11对2010～2011年经济建设支撑水平进行分析可以看出，上、中、下游区经济建设支撑水平均呈现上升趋势，各分区分别变化2.971分、2.407分、1.699分，说明全国经济建设支撑水平整体向好，具有较强的发展潜力。二级指标中，上、中、下游区经济发展均呈现上升趋势，各分区分别变化1.445分、1.089分、0.885分，说明全国经济发展势头向好，区域经济稳步上升，上、中、下游区财政能力均呈现上升趋势，各分区分别变化2.052分、1.420分、0.867分，说明财政能力逐年转优。上游区和中游区公共服务基本情况出现下降趋势，下游区仍保持上升趋势，各分区分别变化-0.198分、-0.387分、0.080分，说明公共服务基本情况整体发展活力不足。

表5-11　　　　　　　2010～2011年经济建设支撑水平平均得分情况

指标	2010年			2011年			得分变化		
	上游区	中游区	下游区	上游区	中游区	下游区	上游区	中游区	下游区
经济建设支撑水平	37.983	26.593	21.556	40.954	29.000	23.254	2.971	2.407	1.699
经济发展	11.812	5.956	3.519	13.257	7.045	4.405	1.445	1.089	0.885
财政能力	7.663	3.953	1.932	9.715	5.372	2.799	2.052	1.420	0.867
公共服务基本情况	19.647	17.490	13.656	19.450	17.103	13.736	-0.198	-0.387	0.080

表5-12对2011～2012年经济建设支撑水平进行分析可以看出，上、中、下游区经济建设支撑水平均呈现上升趋势，各分区分别变化2.120分、1.477分、1.651

分，说明全国经济建设支撑水平整体向好发展，具有较强的发展潜力。二级指标中，上、中、下游区经济发展均呈现上升趋势，各分区分别变化 0.814 分、0.654 分、0.675 分，说明全国经济发展势头向好，区域经济稳步上升。财政能力上、中、下游区的平均得分均呈现上升趋势，各分区分别变化 1.658 分、1.287 分、0.749 分，说明财政能力逐年转优。上、中、下游区公共服务基本情况的平均得分均呈现下降趋势，各分区分别变化 -0.246 分、-0.363 分、-0.043 分，说明公共服务基本情况整体发展活力不足。

表 5 - 12　　　　　　　　　　2011～2012 年经济建设支撑水平平均得分情况

指标	2011 年			2012 年			得分变化		
	上游区	中游区	下游区	上游区	中游区	下游区	上游区	中游区	下游区
经济建设支撑水平	40.954	29.000	23.254	43.074	30.478	24.905	2.120	1.477	1.651
经济发展	13.257	7.045	4.405	14.071	7.700	5.079	0.814	0.654	0.675
财政能力	9.715	5.372	2.799	11.373	6.659	3.548	1.658	1.287	0.749
公共服务基本情况	19.450	17.103	13.736	19.204	16.740	13.693	-0.246	-0.363	-0.043

表 5 - 13 对 2012～2013 年经济建设支撑水平进行分析可以看出，上、中、下游区经济建设支撑水平均呈现上升趋势，各分区分别变化 2.390 分、1.614 分、1.513 分，说明全国经济建设支撑水平整体向好发展，具有较强的发展潜力。二级指标中，上、中、下游区经济发展均呈现上升趋势，各分区分别变化 0.751 分、0.588 分、0.741 分，说明全国经济发展势头向好，区域经济稳步上升。上、中、下游区财政能力的平均得分均呈现上升趋势，各分区分别变化 1.591 分、0.799 分、0.560 分，说明财政能力逐年转优。平均得分上游区和中游区公共服务基本情况呈现上升趋势，下游区则呈现下降趋势，各分区分别变化 0.238 分、0.257 分、-0.028 分，说明公共服务基本情况整体发展情况有所好转。

表 5 - 13　　　　　　　　　　2012～2013 年经济建设支撑水平平均得分情况

指标	2012 年			2013 年			得分变化		
	上游区	中游区	下游区	上游区	中游区	下游区	上游区	中游区	下游区
经济建设支撑水平	43.074	30.478	24.905	45.464	32.091	26.418	2.390	1.614	1.513
经济发展	14.071	7.700	5.079	14.822	8.288	5.820	0.751	0.588	0.741
财政能力	11.373	6.659	3.548	12.964	7.458	4.108	1.591	0.799	0.560
公共服务基本情况	19.204	16.740	13.693	19.443	16.998	13.666	0.238	0.257	-0.028

表5－14 对2013～2014年经济建设支撑水平进行分析可以看出，上、中、下游区经济建设支撑水平均呈现上升趋势，各分区分别变化1.785分、1.180分、1.052分，说明全国经济建设支撑水平整体向好发展，具有较强的发展潜力。二级指标中，上、中、下游区经济发展均呈现上升趋势，各分区分别变化0.836分、0.661分、0.651分，说明全国经济发展势头向好，区域经济稳步上升。上、中、下游区财政能力的平均得分均呈现上升趋势，各分区分别变化1.232分、0.701分、0.414分，说明财政能力逐年转优。上、中、下游区公共服务基本情况的平均得分均呈现下降趋势，各分区分别变化－0.287分、－0.065分、－0.198分，说明公共服务基本情况整体发展活力不足。

表5－14　　　　　　　　　2013～2014年经济建设支撑水平平均得分情况

指标	2013 年			2014 年			得分变化		
	上游区	中游区	下游区	上游区	中游区	下游区	上游区	中游区	下游区
经济建设支撑水平	45.464	32.091	26.418	47.250	33.271	27.471	1.785	1.180	1.052
经济发展	14.822	8.288	5.820	15.658	8.949	6.472	0.836	0.661	0.651
财政能力	12.964	7.458	4.108	14.196	8.159	4.522	1.232	0.701	0.414
公共服务基本情况	19.443	16.998	13.666	19.155	16.932	13.468	－0.287	－0.065	－0.198

表5－15 对2014～2015年经济建设支撑水平进行分析可以看出，上、中、下游区经济建设支撑水平均呈现上升趋势，各分区分别变化3.088分、1.602分、1.468分，说明全国经济建设支撑水平整体向好发展，具有较强的发展潜力。二级指标中，上、中、下游区经济发展均呈现上升趋势，各分区分别变化0.586分、0.406分、0.546分，说明全国经济发展势头向好，区域经济稳步上升。上、中、下游区财政能力的平均得分均呈现上升趋势，各分区分别变化2.892分、1.314分、0.859分，说明财政能力逐年转优。上、中、下游区公共服务基本情况的平均得分均呈现下降趋势，各分区分别变化－0.242分、－0.128分、－0.069分，说明公共服务基本情况整体发展活力不足。

表5－15　　　　　　　　　2014～2015年经济建设支撑水平平均得分情况

指标	2014 年			2015 年			得分变化		
	上游区	中游区	下游区	上游区	中游区	下游区	上游区	中游区	下游区
经济建设支撑水平	47.250	33.271	27.471	50.338	34.873	28.939	3.088	1.602	1.468
经济发展	15.658	8.949	6.472	16.244	9.354	7.017	0.586	0.406	0.546

指标	2014 年			2015 年			得分变化		
	上游区	中游区	下游区	上游区	中游区	下游区	上游区	中游区	下游区
财政能力	14.196	8.159	4.522	17.089	9.474	5.381	2.892	1.314	0.859
公共服务基本情况	19.155	16.932	13.468	18.913	16.804	13.399	−0.242	−0.128	−0.069

表 5 – 16 对 2015～2016 年经济建设支撑水平进行分析可以看出，上、中、下游区经济建设支撑水平均呈现上升趋势，各分区分别变化 4.137 分、2.518 分、1.943分，说明全国经济建设支撑水平整体向好发展，具有较强的发展潜力。二级指标中，上、中、下游区经济发展均呈现上升趋势，各分区分别变化 0.877 分、0.350 分、0.708 分，说明全国经济发展势头向好，区域经济稳步上升。上、中、下游区财政能力的平均得分均呈现上升趋势，各分区分别变化 2.384 分、0.944 分、0.547 分，说明财政能力逐年转优。平均得分上、中、下游区公共服务基本情况均呈现上升趋势，各分区分别变化 0.686 分、0.861 分、1.470 分，说明公共服务基本情况整体发展情况有所好转。

表 5 – 16   **2015～2016 年经济建设支撑水平平均得分情况**

指标	2015 年			2016 年			得分变化		
	上游区	中游区	下游区	上游区	中游区	下游区	上游区	中游区	下游区
经济建设支撑水平	50.338	34.873	28.939	54.475	37.392	30.882	4.137	2.518	1.943
经济发展	16.244	9.354	7.017	17.121	9.704	7.726	0.877	0.350	0.708
财政能力	17.089	9.474	5.381	19.473	10.418	5.928	2.384	0.944	0.547
公共服务基本情况	18.913	16.804	13.399	19.599	17.665	14.869	0.686	0.861	1.470

表 5 – 17 对 2016～2017 年经济建设支撑水平进行分析可以看出，上、中、下游区经济建设支撑水平均呈现上升趋势，各分区分别变化 4.500 分、2.486 分、1.110分，说明全国经济建设支撑水平整体向好发展，具有较强的发展潜力。二级指标中，上、中、下游区经济发展均呈现上升趋势，各分区分别变化 1.004 分、0.608 分、0.625 分，说明全国经济发展势头向好，区域经济稳步上升。上、中、下游区财政能力的平均得分均呈现上升趋势，各分区分别变化 2.533 分、1.255 分、0.444 分，说明财政能力逐年转优。平均得分上、中、下游区公共服务基本情况均呈现上升趋势，各分区分别变化 1.248 分、0.116 分、0.580 分，说明公共服务基本情况整体发展情况有所好转。

表5-17　　　　2016~2017年经济建设支撑水平平均得分情况

指标	2016 年			2017 年			得分变化		
	上游区	中游区	下游区	上游区	中游区	下游区	上游区	中游区	下游区
经济建设支撑水平	54.475	37.392	30.882	58.975	39.878	31.992	4.500	2.486	1.110
经济发展	17.121	9.704	7.726	18.125	10.312	8.350	1.004	0.608	0.625
财政能力	19.473	10.418	5.928	22.006	11.673	6.371	2.533	1.255	0.444
公共服务基本情况	19.599	17.665	14.869	20.848	17.781	15.449	1.248	0.116	0.580

表5-18对2010~2017年经济建设支撑水平进行分析可以看出，上、中、下游区经济建设支撑水平均呈现上升趋势，各分区分别变化20.991分、13.284分、8.303分，说明全国经济建设支撑水平整体向好发展，具有较强的发展潜力。二级指标中，上、中、下游区经济发展均呈现上升趋势，各分区分别变化6.313分、4.356分、4.831分，说明全国经济发展势头向好，区域经济稳步上升。上、中、下游区财政能力的平均得分均呈现上升趋势，各分区分别变化14.343分、7.720分、4.439分，说明财政能力逐年转优。平均得分上、中、下游区公共服务基本情况均呈现上升趋势，各分区分别变化1.200分、0.291分、1.793分，说明公共服务基本情况整体发展情况有所发展。

表5-18　　　　2010~2017年经济建设支撑水平平均得分情况

指标	2010 年			2017 年			得分变化		
	上游区	中游区	下游区	上游区	中游区	下游区	上游区	中游区	下游区
经济建设支撑水平	37.983	26.593	21.556	58.975	39.878	31.992	20.991	13.284	8.303
经济发展	11.812	5.956	3.519	18.125	10.312	8.350	6.313	4.356	4.831
财政能力	7.663	3.953	1.932	22.006	11.673	6.371	14.343	7.720	4.439
公共服务基本情况	19.647	17.490	13.656	20.848	17.781	15.449	1.200	0.291	1.793

第二节　经济建设支撑水平差异性分析

一、经济建设支撑水平地区差异分析

根据灰色综合评价法对无量纲化后的三级指标进行权重得分计算，得到经济建设支撑水平得分及排名，以此反映各省份经济发展水平情况。为了更准确地反映经济建设支撑水平差异及整体情况,本书进一步对各省份经济发展水平分布情况进行分析,对各省份间实际差距和均衡性展开研究。因此,对 2010~2017 年经济建设支撑水平评价分值分布进行统计,结果如图 5 – 9、图 5 – 10、图 5 – 11、图 5 – 12、图 5 – 13、图 5 – 14、图 5 – 15、图 5 – 16 所示。

由图 5 – 9 可以看出 2010 年经济建设支撑水平得分较均衡,1 个省份得分分布在 15~20 分,10 个省份得分分布在 20~25 分,10 个省份得分分布在 25~30 分,3 个省份得分分布在 30~35 分,1 个省份得分分布在 35~40 分,4 个省份得分分布在 40~45 分。这说明经济建设支撑水平发展均衡,但总体来说大部分省份得分偏低,说明整体水平亟须提升。

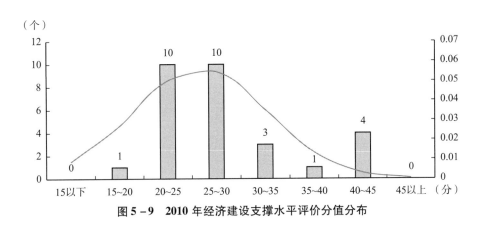

图 5 – 9　2010 年经济建设支撑水平评价分值分布

由图 5 – 10 可以看出 2011 年经济建设支撑水平得分整体有所提升,9 个省份得分分布在 20~25 分,8 个省份得分分布在 25~30 分,5 个省份得分分布在 30~35 分,2 个省份得分分布在 35~40 分,4 个省份得分分布在 40~45 分,1 个省份得分分布在 45 分以上。这说明较去年相比经济建设支撑水平发展有所进步,但总体来说大部分省份得分较低,说明整体水平亟须提升。

由图 5 – 11 可以看出 2012 年经济建设支撑水平得分和去年相比有较大进步,5 个省份得分分布在 20~25 分,9 个省份得分分布在 25~30 分,8 个省份得分分布在 30~35 分,1 个省份得分分布在 35~40 分,3 个省份得分分布在 40~45 分,3 个省份得分分布在 45 分以上。高分区段省份逐渐增多,大部分省份得分相对集聚。

由图 5 – 12 可以看出 2013 年经济建设支撑水平得分和去年相比有较大进步,2 个省份得分分布在 20~25 分,8 个省份得分分布在 25~30 分,11 个省份得分分布在 30~35 分,1 个省份得分分布在 35~40 分,3 个省份得分分布在 40~45 分,4 个省份得分分布在 45 分以上。高分区段省份逐渐增多,大部分省份得分相对集聚,分布趋于稳定。

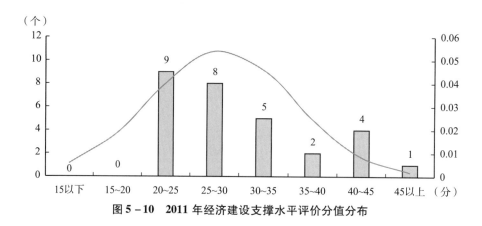

图 5－10　2011 年经济建设支撑水平评价分值分布

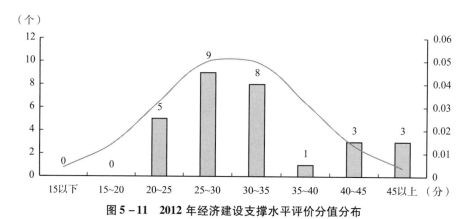

图 5－11　2012 年经济建设支撑水平评价分值分布

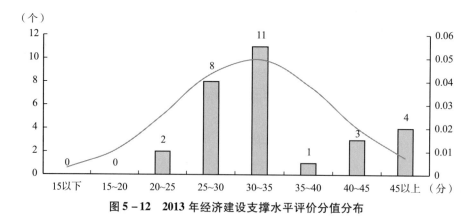

图 5－12　2013 年经济建设支撑水平评价分值分布

由图 5 – 13 可以看出 2014 年经济建设支撑水平得分和去年相比有较大进步，1 个省份得分分布在 20 ~ 25 分，7 个省份得分分布在 25 ~ 30 分，10 个省份得分分布在 30 ~ 35 分，4 个省份得分分布在 35 ~ 40 分，1 个省份得分分布在 40 ~ 45 分，6 个省份得分分布在 45 分以上。较去年相比分布较不均衡，分值差距逐渐开始拉大。

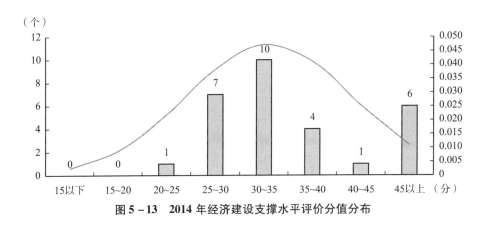

图 5 – 13　2014 年经济建设支撑水平评价分值分布

由图 5 – 14 可以看出 2015 年经济建设支撑水平得分和去年相比稳步向前发展，5 个省份得分分布在 25 ~ 30 分，11 个省份得分分布在 30 ~ 35 分，5 个省份得分分布在 35 ~ 40 分，2 个省份得分分布在 40 ~ 45 分，6 个省份得分分布在 45 分以上。高分区段省份逐渐增多，较去年相比分布略有集聚，分值差距逐渐拉大。

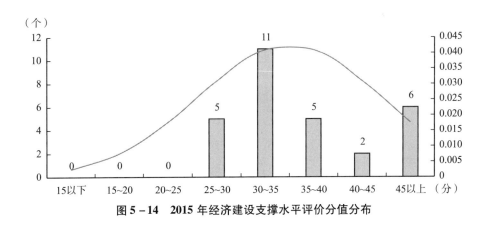

图 5 – 14　2015 年经济建设支撑水平评价分值分布

由图 5 – 15 可以看出 2016 年经济建设支撑水平得分和去年相比大体相似，2 个省份得分分布在 25 ~ 30 分，8 个省份得分分布在 30 ~ 35 分，10 个省份得分分布在 35 ~ 40 分，2 个省份得分分布在 40 ~ 45 分，7 个省份得分分布在 45 分以上。高分区段省份逐渐增多，较去年相比分布相对集聚，趋于稳定。

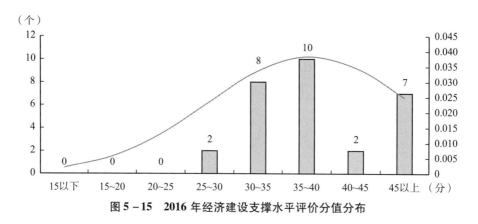

图 5-15   2016 年经济建设支撑水平评价分值分布

由图 5-16 可以看出 2017 年经济建设支撑水平得分和去年相比有较大进步，3 个省份得分分布在 25~30 分，3 个省份得分分布在 30~35 分，10 个省份得分分布在 35~40 分，5 个省份得分分布在 40~45 分，8 个省份得分分布在 45 分以上。大部分省份得分集聚在高分段，整体发展趋势较好。

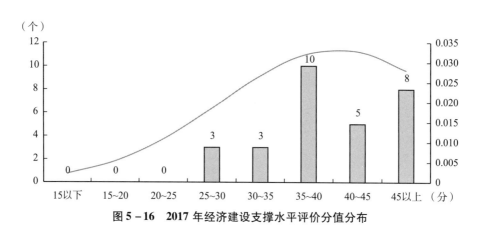

图 5-16   2017 年经济建设支撑水平评价分值分布

对 2010~2017 年全国东部、西部、中部、东北地区的经济建设支撑水平平均得分和分值变化情况分析得分情况如表 5-19 所示。

2010 年东部地区的经济建设支撑水平平均得分为 36.143 分，西部地区的平均得分为 24.141 分，中部地区的平均得分为 23.236 分，东北地区的平均得分为 30.594 分，地区间的比例为 1∶0.668∶0.643∶0.846，地区间的标准差为 5.232，说明全国四大地区的经济建设支撑水平有一定差距。

2011 年东部地区的经济建设支撑水平平均得分为 38.974 分，西部地区的平均得分为 26.344 分，中部地区的平均得分为 25.521 分，东北地区的平均得分为 32.330 分，地区间的比例为 1∶0.676∶0.655∶0.830，地区间的标准差为 5.406，说明全国四大地区的经济建设支撑水平整体来说有所发展，但是差距开始逐渐扩大。

2012 年东部地区的经济建设支撑水平平均得分为 40.790 分，西部地区的平均得分为 27.729 分，中部地区的平均得分为 27.920 分，东北地区的平均得分为 33.464 分，地区间的比例为 1∶0.680∶0.684∶0.820，地区间的标准差为 5.324，说明全国四大地区的经济建设支撑水平进一步发展，同时各地区的差距稍有缩小。

2013 年东部地区的经济建设支撑水平平均得分为 43.223 分，西部地区的平均得分为 29.101 分，中部地区的平均得分为 29.723 分，东北地区的平均得分为 34.930 分，地区间的比例为 1∶0.673∶0.688∶0.808，地区间的标准差为 5.657，说明全国四大地区的经济建设支撑水平仍保持增长，但差距又逐渐拉大。

2014 年东部地区的经济建设支撑水平平均得分为 44.804 分，西部地区的平均得分为 30.203 分，中部地区的平均得分为 31.394 分，东北地区的平均得分为 35.486 分，地区间的比例为 1∶0.674∶0.701∶0.792，地区间的标准差为 5.733，说明全国四大地区的经济建设支撑水平整体势头向好，不过各地区之间的差距越来越大。

2015 年东部地区的经济建设支撑水平平均得分为 48.069 分，西部地区的平均得分为 31.503 分，中部地区的平均得分为 33.694 分，东北地区的平均得分为 35.418 分，地区间的比例为 1∶0.655∶0.701∶0.737，地区间的标准差为 6.443，说明全国四大地区的经济建设支撑水平整体势头向好，但东北地区出现了衰退迹象。

2016 年东部地区的经济建设支撑水平平均得分为 51.524 分，西部地区的平均得分为 34.007 分，中部地区的平均得分为 37.101 分，东北地区的平均得分为 36.185 分，地区间的比例为 1∶0.660∶0.720∶0.702，地区间的标准差为 6.916，说明全国四大地区的经济建设支撑水平整体发展迅速，中部地区发展最为迅速，但整体差距仍然很大。

2017 年东部地区的经济建设支撑水平平均得分为 55.213 分，西部地区的平均得分为 36.199 分，中部地区的平均得分为 39.870 分，东北地区的平均得分为 37.270 分，地区间的比例为 1∶0.656∶0.722∶0.675，地区间的标准差为 7.666，说明全国四大地区的经济建设支撑水平整体呈现上升趋势，不过各地区的增幅差异较大，造成各地区的发展差距越来越大。

表 5-19　　　　2010~2017 年各地区经济建设支撑水平平均得分及其变化

年份	东部地区	西部地区	中部地区	东北地区	标准差
2010	36.143	24.141	23.236	30.594	5.232
2011	38.974	26.344	25.521	32.330	5.406
2012	40.790	27.729	27.920	33.464	5.324
2013	43.223	29.101	29.723	34.930	5.657

年份	东部地区	西部地区	中部地区	东北地区	标准差
2014	44.804	30.203	31.394	35.486	5.733
2015	48.069	31.503	33.694	35.418	6.443
2016	51.524	34.007	37.101	36.185	6.916
2017	55.213	36.199	39.870	37.270	7.666
分值变化	19.071	12.058	16.634	6.677	2.434

从全国经济建设支撑水平的分值变化情况中可以看出，2010～2017 年东部、西部、中部、东北地区的经济建设支撑水平整体呈现上升趋势，但是全国各地区间的得分差距也呈加大趋势，东部、中部地区发展迅速，而西部、东北地区增长幅度较小，发展活力不足，造成两地和东部、中部地区差距越来越大的局面。

通过对各地区经济建设支撑水平的对比分析，发现东部地区的经济建设支撑水平情况最好，中部地区次之，东北地区排在第三，西部地区的经济建设支撑水平情况垫底，各地区的经济建设支撑水平得分差距不断扩大。为进一步对各地区经济建设支撑水平排名情况进行分析，并从各地区内部省份及全国整体两个维度对各省份排名进行分析，同时对各地区变化趋势进行对比，情况如表 5-20、表 5-21、表 5-22、表 5-23、表 5-24、表 5-25、表 5-26 和表 5-27 所示。

表 5-20 对 2010～2017 年全国经济建设支撑水平中的东部地区各省份排名比较进行分析，可以看到北京的经济建设支撑水平排名在东部地区有所下降，说明北京的经济建设支撑水平下降，发展活力相对不足。天津自 2010 年后一直稳定保持在东部地区板块第 7 名的位置，说明天津的经济建设支撑水平非常稳定。河北在东部地区排名有所上升，说明河北的经济建设支撑水平有所提高。上海的经济建设支撑水平排名在东部地区有所下降，说明上海的经济建设支撑水平下降，发展遭遇瓶颈。江苏的经济建设支撑水平排名在东部地区呈现波动上升趋势，说明江苏的经济建设支撑水平有所提高。浙江的经济建设支撑水平排名在东部地区呈现波动上升趋势，说明浙江的经济建设支撑水平有所提高。福建的经济建设支撑水平排名在东部地区有所下降，说明福建的经济建设支撑水平下降，发展活力相对不足。山东的经济建设支撑水平排名在东部地区较为稳定，说明山东的经济建设支撑水平趋势稳定且良好。广东的经济建设支撑水平排名在东部地区呈现波动上升趋势，说明广东的经济建设支撑水平有所提高。

表 5 - 20　　　　2010~2017 年东部地区各省份经济建设支撑水平内部排名比较

地区	2010 年	2011 年	2012 年	2013 年	2014 年	2015 年	2016 年	2017 年	排名变化
北京	1	4	2	4	4	4	3	4	-3
天津	7	7	7	7	7	7	7	7	0
河北	9	9	9	8	9	9	9	8	1
上海	2	2	4	6	6	6	5	5	-3
江苏	5	1	1	1	1	2	2	2	3
浙江	4	5	5	3	3	3	4	3	1
福建	8	8	8	9	8	8	8	9	-1
山东	6	6	6	5	5	5	6	6	0
广东	3	3	3	2	2	1	1	1	2

　　表 5 - 21 对 2010~2017 年东部地区各省份在全国范围内经济建设支撑水平排名情况进行比较，可以看到北京在全国范围内排名处于下降趋势，说明北京的经济建设支撑水平下降，发展活力相对不足，但长期处于上游区位置。天津在全国范围内排名处于下降趋势，说明天津的经济建设支撑水平下降，发展活力相对不足，由上游区掉落至中游区。河北在全国范围内排名呈现整体稳定趋势，长期保持在中游区位置。上海在全国范围内排名呈现下降趋势，长期处于上游区位置，说明上海的经济建设支撑水平下降，遭遇发展瓶颈。江苏在全国范围内排名处于上升趋势，且长期处于上游区位置，说明江苏有很强的发展潜力。浙江在全国范围内排名处于上升趋势，且长期处于上游区位置，说明浙江的经济建设支撑水平提高，发展较好。福建在全国范围内排名呈现下降趋势，排名大幅下降且长期处于中游区位置，说明福建的经济建设支撑水平发展下降，发展活力不足。山东在全国范围内排名处于上升趋势，且长期处于上游区位置，说明山东的经济建设支撑水平提高，发展较好。广东在全国范围内排名处于上升趋势，且长期处于上游区位置，说明广东的经济建设支撑水平提高，发展较好。

表 5 - 21　　　　2010~2017 年东部地区各省份经济建设支撑水平在全国范围内排名比较

地区	2010 年	2011 年	2012 年	2013 年	2014 年	2015 年	2016 年	2017 年	排名变化
北京	1	4	2	4	4	4	3	4	-3
天津	8	8	8	8	9	8	9	11	-3
河北	14	17	16	13	17	14	15	14	0
上海	2	2	4	6	6	6	5	5	-3
江苏	5	1	1	1	1	2	2	2	3

续表

地区	2010 年	2011 年	2012 年	2013 年	2014 年	2015 年	2016 年	2017 年	排名变化
浙江	4	5	5	3	3	3	4	3	1
福建	12	12	14	14	12	12	13	15	-3
山东	7	6	6	5	5	5	6	6	1
广东	3	3	3	2	2	1	1	1	2

表 5-22 对 2010～2017 年全国经济建设支撑水平中的西部地区排名比较进行分析，可以看到内蒙古的经济建设支撑水平排名在西部地区有所下降，说明内蒙古的经济建设支撑水平下降，发展活力相对不足，广西的经济建设支撑水平排名在西部地区有所上升，说明广西的经济建设支撑水平有所提高。重庆的经济建设支撑水平排名在西部地区呈现波动上升趋势，说明重庆的经济建设支撑水平有所提高。四川的经济建设支撑水平排名在西部地区有所上升，说明四川的经济建设支撑水平有所提高。贵州的经济建设支撑水平排名在西部地区有所上升，说明贵州的经济建设支撑水平有所提高。云南的经济建设支撑水平排名在西部地区大幅上升，说明云南的经济建设支撑水平提高，其发展活力被充分挖掘。陕西的经济建设支撑水平排名在西部地区有所下降，说明陕西的经济建设支撑水平下降，发展活力相对不足。甘肃的经济建设支撑水平排名在西部地区有所下降，说明甘肃的经济建设支撑水平下降，发展活力相对不足。青海的经济建设支撑水平排名在西部地区有所下降，说明青海的经济建设支撑水平下降，发展活力相对不足。宁夏的经济建设支撑水平排名在西部地区有所下降，说明宁夏的经济建设支撑水平下降，发展活力相对不足。新疆的经济建设支撑水平排名在西部地区有所下降，说明新疆的经济建设支撑水平下降，发展活力相对不足。

表 5-22　　　2010～2017 年西部地区各省份经济建设支撑水平内部排名比较

地区	2010 年	2011 年	2012 年	2013 年	2014 年	2015 年	2016 年	2017 年	排名变化
内蒙古	1	1	1	1	1	2	2	5	-4
广西	9	10	9	9	8	7	8	7	2
重庆	4	3	4	4	4	4	2	2	2
四川	5	4	2	2	2	1	1	1	4
贵州	11	11	8	8	9	9	7	8	3
云南	10	7	6	6	6	6	5	3	7
陕西	2	2	3	3	3	3	3	4	-2
甘肃	6	6	7	7	7	8	9	9	-3

地区	2010 年	2011 年	2012 年	2013 年	2014 年	2015 年	2016 年	2017 年	排名变化
青海	7	9	10	10	10	10	10	11	-4
宁夏	8	8	11	11	11	11	11	10	-2
新疆	3	5	5	5	5	5	6	6	-3

表 5 - 23 对 2010～2017 年西部地区各省份在全国范围内经济建设支撑水平排名情况进行比较，可以看到内蒙古在全国范围内排名呈现大幅下降趋势，说明内蒙古的地方经济发展活力相对不足，出现疲软趋势。广西在全国范围内排名处于上升趋势，说明广西的经济建设支撑水平有所提高，但长期处于下游区位置。重庆在全国范围内排名处于上升趋势，说明重庆的经济建设支撑水平有所提升，但长期保持在中游区位置。四川在全国范围内排名呈现大幅上升趋势，由中游区升至上游区，说明四川的经济建设支撑水平提高，发展潜力被充分挖掘。贵州在全国范围内排名处于波动上升趋势，说明贵州的经济建设支撑水平提高，发展能力有所提升，但长期处于下游区位置。云南在全国范围内排名呈现大幅上升趋势，说明云南的地方经济发展潜力被充分挖掘，由下游区升至中游区。陕西在全国范围内排名处于下降趋势，说明陕西的经济建设支撑水平下降，发展活力相对不足，但长期保持在中游区位置。甘肃在全国范围内排名处于下降趋势，说明甘肃的经济建设支撑水平下降，发展活力相对不足，由中游区掉落至下游区；青海在全国范围内排名呈现下降趋势，说明青海的经济建设支撑水平下降，发展活力相对不足，长期保持在下游区位置；宁夏在全国范围内排名呈现下降趋势，说明宁夏的经济建设支撑水平下降，发展活力相对不足，长期保持在下游区位置；说明甘肃、青海、宁夏三地的经济建设支撑水平下降，发展能力较弱。新疆在全国范围内排名呈现下降趋势，说明新疆的经济建设支撑水平下降，发展活力相对不足。

表 5 - 23　　2010～2017 年西部地区各省份经济建设支撑水平在全国范围内排名比较

地区	2010 年	2011 年	2012 年	2013 年	2014 年	2015 年	2016 年	2017 年	排名变化
内蒙古	9	9	9	9	10	11	12	19	-10
广西	26	27	27	26	26	25	25	23	3
重庆	16	13	17	17	16	16	17	10	6
四川	19	15	10	11	11	10	8	7	12
贵州	28	29	25	25	27	27	24	24	4
云南	27	24	23	23	23	23	19	16	11

地区	2010 年	2011 年	2012 年	2013 年	2014 年	2015 年	2016 年	2017 年	排名变化
陕西	13	11	11	12	13	13	14	17	-4
甘肃	21	22	24	24	24	26	27	27	-6
青海	22	26	28	28	28	28	28	29	-7
宁夏	23	25	29	29	29	29	29	28	-5
新疆	15	18	18	18	18	20	22	20	-5

表 5 - 24 对 2010～2017 年全国经济建设支撑水平中的中部地区排名比较进行分析，可以看到山西的经济建设支撑水平排名在中部地区有所下降，说明山西的经济建设支撑水平下降，发展活力相对不足。安徽的经济建设支撑水平排名在中部地区有所上升，说明安徽的经济建设支撑水平有所提高。江西的经济建设支撑水平排名在中部地区呈现波动下降趋势，说明江西的经济建设支撑水平下降，发展活力相对不足。河南的经济建设支撑水平排名在中部地区有所上升，说明河南的经济建设支撑水平有所提高。湖北的经济建设支撑水平排名在中部地区有所上升，说明湖北的经济建设支撑水平有所提高。湖南的经济建设支撑水平排名在中部地区有所上升，说明湖南的经济建设支撑水平有所提高。

表 5 - 24   2010～2017 年中部地区各省份经济建设支撑水平内部排名比较

地区	2010 年	2011 年	2012 年	2013 年	2014 年	2015 年	2016 年	2017 年	排名变化
山西	1	2	2	4	5	6	6	6	-5
安徽	5	4	3	2	3	3	4	4	1
江西	3	3	4	5	4	4	5	5	-2
河南	4	5	5	3	2	2	2	2	2
湖北	2	1	1	1	1	1	1	1	1
湖南	6	6	6	6	6	5	3	3	3

表 5 - 25 对 2010～2017 年中部地区各省份在全国范围内经济建设支撑水平排名情况进行比较，可以看到山西在全国范围内排名呈现大幅下降趋势，由中游区掉落至下游区，说明山西的经济建设支撑水平下降，发展活力相对不足，发展趋势疲软。安徽在全国范围内排名呈现大幅上升趋势，由下游区升至中游区，说明安徽的经济建设支撑水平提高，发展潜力被充分挖掘。江西在全国范围内排名呈现下降趋势，排名大幅下降且从中游区跌落至下游区，说明江西的经济建设支撑水平下降，发展活力相对不足。河南在全国范围内排名呈现大幅上升趋势，由下游区升至中游区，说明河南的

经济建设支撑水平提高，发展潜力被充分挖掘。湖北在全国范围内排名呈现大幅上升趋势，由中游区升至上游区，说明湖北的经济建设支撑水平提高，发展潜力被充分挖掘。湖南在全国范围内排名呈现大幅上升趋势，由下游区升至中游区，说明湖南的经济建设支撑水平提高，发展潜力被充分挖掘。

表 5 - 25　　　2010~2017 年中部地区各省份经济建设支撑水平在全国范围内排名比较

地区	2010 年	2011 年	2012 年	2013 年	2014 年	2015 年	2016 年	2017 年	排名变化
山西	17	19	19	21	22	24	26	26	-9
安徽	25	21	20	19	20	19	20	18	7
江西	20	20	21	22	21	21	21	22	-2
河南	24	23	22	20	19	17	10	9	15
湖北	18	16	13	10	8	7	7	8	10
湖南	29	28	26	27	25	22	16	12	17

表 5 - 26 对 2010~2017 年全国经济建设支撑水平中的东北地区排名比较进行分析，可以看到辽宁自 2010 年后一直稳定保持在东北地区第 1 名的位置，说明辽宁的经济建设支撑水平非常稳定。吉林自 2010 年后一直稳定保持在东北地区第 3 名的位置，说明吉林的经济建设支撑水平非常稳定。黑龙江自 2010 年后一直稳定保持在东北地区第 2 名的位置，说明黑龙江的经济建设支撑水平非常稳定。

表 5 - 26　　　2010~2017 年东北地区各省份经济建设支撑水平内部排名比较

地区	2010 年	2011 年	2012 年	2013 年	2014 年	2015 年	2016 年	2017 年	排名变化
辽宁	1	1	1	1	1	1	1	1	0
吉林	3	3	3	3	3	3	3	3	0
黑龙江	2	2	2	2	2	2	2	2	0
黑龙江	10	10	12	13	14	15	18	21	-11

表 5 - 27 对 2010~2017 年东北地区各省份在全国范围内经济建设支撑水平排名情况进行比较，可以看到辽宁在全国范围内排名呈现大幅下降趋势，由上游区掉落至中游区，说明辽宁的经济建设支撑水平下降，发展活力相对不足，发展趋势疲软。吉林在全国范围内排名呈现大幅下降趋势，由中游区掉落至下游区，说明吉林的经济建设支撑水平下降，发展活力相对不足，发展趋势疲软。黑龙江在全国范围内排名呈现大幅下降趋势，说明黑龙江的经济建设支撑水平下降，发展活力相对不足，发展趋势疲软。

表 5 - 27 2010~2017 年东北地区各省份经济建设支撑水平在全国范围内排名比较

地区	2010 年	2011 年	2012 年	2013 年	2014 年	2015 年	2016 年	2017 年	排名变化
辽宁	6	7	7	7	7	9	11	13	-7
吉林	11	14	15	16	15	18	23	25	-14

二、经济建设支撑水平区段变动分析

由图 5 - 17 和图 5 - 18 可以看到经济建设支撑水平上游区各项三级指标的平均得分变化趋势：2010~2017 年经济建设支撑水平上游区的得分呈现逐年增长趋势；2010~2017 年经济发展上游区的得分呈现逐年增长趋势。

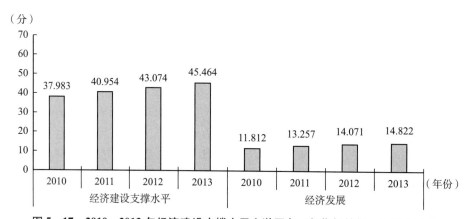

图 5 - 17 2010~2013 年经济建设支撑水平上游区各三级指标的得分比较情况 I

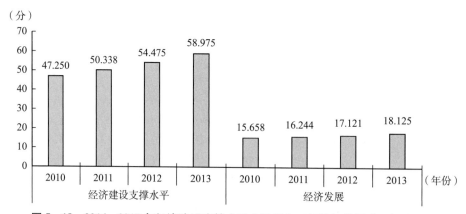

图 5 - 18 2014~2017 年经济建设支撑水平上游区各三级指标的得分比较情况 I

　　由图 5-19 和图 5-20 可以看到经济建设支撑水平上游区各项三级指标的平均得分变化趋势：2010~2017 年财政能力上游区的得分呈现逐年增长趋势；2010~2017 年公共服务基本情况上游区的得分呈现波动增长趋势。

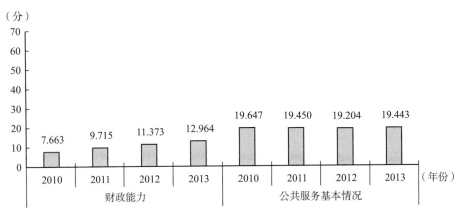

图 5-19　2010~2013 年经济建设支撑水平上游区各三级指标的得分比较情况 II

图 5-20　2014~2017 年经济建设支撑水平上游区各三级指标的得分比较情况 II

　　由图 5-21 和图 5-22 可以看到经济建设支撑水平中游区各项三级指标的平均得分变化趋势：2010~2017 年经济建设支撑水平中游区的得分呈现逐年增长趋势；2010~2017 年经济发展中游区的得分呈现逐年增长趋势。

　　由图 5-23 和图 5-24 可以看到经济建设支撑水平中游区各项三级指标的平均得分变化趋势：2010~2017 年财政能力中游区的得分呈现逐年增长趋势；2010~2017 年公共服务基本情况中游区的得分呈现波动增长趋势。

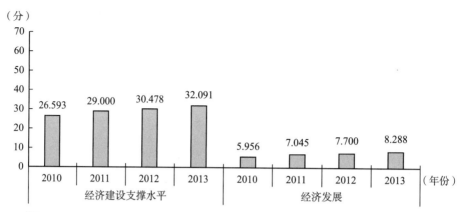

图 5－21 2010～2013 年经济建设支撑水平中游区各三级指标的得分比较情况 I

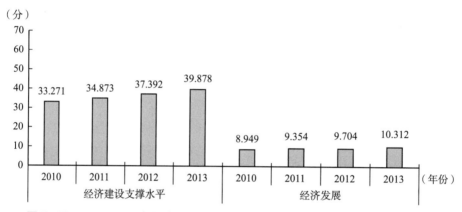

图 5－22 2014～2017 年经济建设支撑水平中游区各三级指标的得分比较情况 I

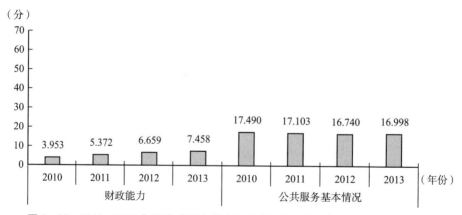

图 5－23 2010～2013 年经济建设支撑水平中游区各三级指标的得分比较情况 II

图 5 - 24 2014～2017 年经济建设支撑水平中游区各三级指标的得分比较情况 Ⅱ

由图 5 - 25 和图 5 - 26 可以看到经济建设支撑水平下游区各项三级指标的平均得分变化趋势：2010～2017 年经济建设支撑水平中游区的得分呈现逐年增长趋势；2010～2017 年经济发展下游区的得分呈现逐年增长趋势。

由图 5 - 27 和图 5 - 28 可以看到经济建设支撑水平下游区各项三级指标的平均得分变化趋势：2010～2017 年财政能力下游区的得分呈现逐年增长趋势；2010～2017 年公共服务基本情况下游区的得分呈现逐年增长趋势。

从图 5 - 29 对 2010～2011 年经济建设支撑水平的跨区段变化进行分析，可以看到 2010～2011 年有 2 个省份的名次有了跨区变动，即安徽由下游区升至中游区，甘肃由中游区降至下游区。

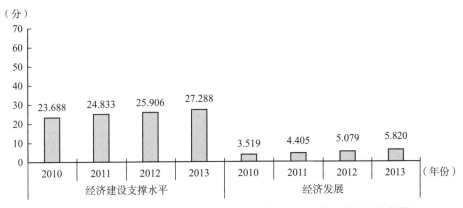

图 5 - 25 2010～2013 年经济建设支撑水平下游区各三级指标的得分比较情况 Ⅰ

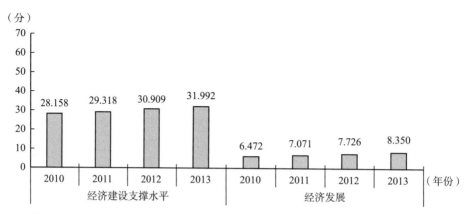

图 5 – 26　2014～2017 年经济建设支撑水平下游区各三级指标的得分比较情况 I

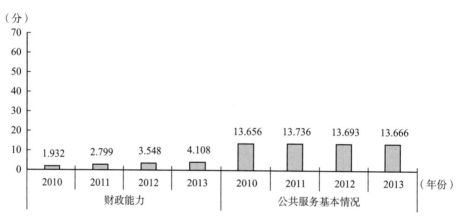

图 5 – 27　2010～2013 年经济建设支撑水平下游区各三级指标的得分比较情况 II

图 5 – 28　2014～2017 年经济建设支撑水平下游区各三级指标的得分比较情况 II

	2010年	2011年
上游区	北京、上海、广东、浙江、江苏、辽宁、山东、天津	江苏、上海、广东、北京、浙江、山东、辽宁、天津
中游区	内蒙古、黑龙江、吉林、福建、陕西、河北、新疆、重庆、山西、湖北、四川、江西、甘肃	内蒙古、黑龙江、陕西、福建、重庆、吉林、四川、湖北、河北、新疆、山西、江西、安徽
下游区	青海、宁夏、河南、安徽、广西、云南、贵州、湖南	甘肃、河南、云南、宁夏、青海、广西、湖南、贵州

图 5 - 29　2010～2011 年经济建设支撑水平变动情况

从图 5 - 30 对 2011～2012 年经济建设支撑水平的跨区段变化进行分析，可以看到 2011～2012 年未有任何省份的经济建设支撑水平在全国排名中发生跨区变动，说明经济建设支撑水平整体稳定发展。

	2011年	2012年
上游区	江苏、上海、广东、北京、浙江、山东、辽宁、天津	江苏、北京、广东、上海、浙江、山东、辽宁、天津
中游区	内蒙古、黑龙江、陕西、福建、重庆、吉林、四川、湖北、河北、新疆、山西、江西、安徽	内蒙古、四川、陕西、黑龙江、湖北、福建、吉林、河北、重庆、新疆、山西、安徽、江西
下游区	甘肃、河南、云南、宁夏、青海、广西、湖南、贵州	河南、云南、甘肃、贵州、湖南、广西、青海、宁夏

图 5 - 30　2011～2012 年经济建设支撑水平变动情况

从图 5 - 31 对 2012～2013 年经济建设支撑水平的跨区段变化进行分析，可以看到 2012～2013 年有 2 个省份的名次有了跨区变动，即河南由下游区升至中游区，江西由中游区降至下游区。

	2012年	2013年
上游区	江苏、北京、广东、上海、浙江、山东、辽宁、天津	江苏、广东、浙江、北京、山东、上海、辽宁、天津
中游区	内蒙古、四川、陕西、黑龙江、湖北、福建、吉林、河北、重庆、新疆、山西、安徽、江西	内蒙古、湖北、四川、陕西、河北、福建、黑龙江、吉林、重庆、新疆、安徽、河南、山西
下游区	河南、云南、甘肃、贵州、湖南、广西、青海、宁夏	江西、云南、甘肃、贵州、广西、湖南、青海、宁夏

图 5 - 31　2012～2013 年经济建设支撑水平变动情况

从图 5 - 32 对 2013～2014 年经济建设支撑水平的跨区段变化进行分析，可以看到 2013～2014 年有 4 个省份的名次有了跨区变动，即湖北由中游区升至上游区，江西由下游区升至中游区，天津由上游区降至中游区，山西由中游区降至下游区。

	2013年	2014年
上游区	江苏、广东、浙江、北京、山东、上海、辽宁、天津	江苏、广东、浙江、北京、山东、上海、辽宁、湖北
中游区	内蒙古、湖北、四川、陕西、河北、福建、黑龙江、吉林、重庆、新疆、安徽、河南、山西	天津、内蒙古、四川、福建、陕西、黑龙江、吉林、重庆、河北、新疆、河南、安徽、江西
下游区	江西、云南、甘肃、贵州、广西、湖南、青海、宁夏	山西、云南、甘肃、湖南、广西、贵州、青海、宁夏

图 5-32 2013～2014 年经济建设支撑水平变动情况

从图 5-33 对 2014～2015 年经济建设支撑水平的跨区段变化进行分析，可以看到 2014～2015 年有 2 个省份的名次有了跨区变动，即天津由中游区升至上游区，辽宁由上游区降至中游区。

	2014年	2015年
上游区	江苏、广东、浙江、北京、山东、上海、辽宁、湖北	广东、江苏、浙江、北京、山东、上海、湖北、天津
中游区	天津、内蒙古、四川、福建、陕西、黑龙江、吉林、重庆、河北、新疆、河南、安徽、江西	辽宁、四川、内蒙古、福建、陕西、河北、黑龙江、重庆、河南、吉林、安徽、新疆、江西
下游区	山西、云南、甘肃、湖南、广西、贵州、青海、宁夏	湖南、云南、山西、广西、甘肃、贵州、青海、宁夏

图 5-33 2014～2015 年经济建设支撑水平变动情况

从图 5-34 对 2015～2016 年经济建设支撑水平的跨区段变化进行分析，可以看到 2015～2016 年有 4 个省份的名次有了跨区变动，即湖南由下游区升至中游区，云南由下游区升至中游区，吉林由中游区降至下游区，新疆由中游区降至下游区。

	2015年	2016年
上游区	广东、江苏、浙江、北京、山东、上海、湖北、天津	广东、江苏、北京、浙江、上海、山东、湖北、四川
中游区	辽宁、四川、内蒙古、福建、陕西、河北、黑龙江、重庆、河南、吉林、安徽、新疆、江西	天津、河南、辽宁、内蒙古、福建、陕西、河北、湖南、重庆、黑龙江、云南、安徽、江西
下游区	湖南、云南、山西、广西、甘肃、贵州、青海、宁夏	新疆、吉林、贵州、广西、山西、甘肃、青海、宁夏

图 5-34 2015～2016 年经济建设支撑水平变动情况

从图 5-35 对 2016～2017 年经济建设支撑水平的跨区段变化进行分析，可以看到 2016～2017 年有 2 个省份的名次有了跨区变动，即新疆由下游区升至中游区，江西由中游区降至下游区。

2016年	2017年
上游区 广东、江苏、北京、浙江、上海、山东、湖北、四川	广东、江苏、浙江、北京、上海、山东、四川、湖北
中游区 天津、河南、辽宁、内蒙古、福建、陕西、河北、湖南、重庆、黑龙江、云南、安徽、江西	河南、重庆、天津、湖南、辽宁、河北、福建、云南、陕西、安徽、内蒙古、新疆、黑龙江
下游区 新疆、吉林、贵州、广西、山西、甘肃、青海、宁夏	江西、广西、贵州、吉林、山西、甘肃、宁夏、青海

图 5-35　2016~2017 年经济建设支撑水平变动情况

　　从图 5-36 对 2010~2017 年经济建设支撑水平的跨区段变化进行分析，可以看到 2010~2017 年有 6 个省份的名次有了跨区变动，即四川由中游区升至上游区，湖北由中游区升至上游区，河南由下游区升至中游区，安徽由下游区升至中游区，云南由下游区升至中游区，湖南由下游区升至中游区，天津由上游区降至中游区，辽宁由上游区降至中游区，吉林由中游区降至下游区，山西由中游区降至下游区，甘肃由中游区降至下游区，江西由中游区降至下游区。

2010年	2017年
上游区 北京、上海、广东、浙江、江苏、辽宁、山东、天津	广东、江苏、浙江、北京、上海、山东、四川、湖北
中游区 内蒙古、黑龙江、吉林、福建、陕西、河北、新疆、重庆、山西、湖北、四川、江西、甘肃	河南、重庆、天津、湖南、辽宁、河北、福建、云南、陕西、安徽、内蒙古、新疆、黑龙江
下游区 青海、宁夏、河南、安徽、广西、云南、贵州、湖南	江西、广西、贵州、吉林、山西、甘肃、宁夏、青海

图 5-36　2010~2017 年经济建设支撑水平变动情况

第三节　本章发现与讨论

　　本章对各省份经济建设支撑水平的得分排名、发展速度进行分析对比，对中国四大地区的经济建设支撑水平的整体情况进行评估，并且细致地测算和归纳了全国经济建设支撑的经济发展、财政能力和公共服务基本情况的发展情况，通过对地方经济发展方面的测算和评估可以看到，经济建设支撑水平迅速提高，2010~2017 年经济发展、财政支配调用、公共服务建设等方面的面貌都焕然一新。但是，正如目前面临的社会基本矛盾所表述的那样，我国各地方的经济发展是不平衡的，目前中国各地方的经济发展出现东部地区一枝独秀，中部地区奋力赶进，西部地区和东北地区水平较低的情况；地方经济水平的发展增速也是有明显差异性的，各地区之间的差距也呈现波动增长的趋势，2010~2017 年东部地区牢牢占据了第一名的位置，中部地区目前排在了第 2 名的位置，西部地区也抓住了诸如西部大开发、对口支援建设等政策的发展机遇，经济建设支撑水平逐渐好转，但总体来说和东部地区相比仍有较大差距，而东北地区则显露出了发展的疲态，相对于其他地区来说增速垫底；在各个地区内部来看，西部地区和中部地区的内部差异性逐渐显现，西部的四川和中部的河南、湖北、湖南抓住了快速发展的机遇，发展迅速，排名亦迅速提升。

结合得分排名来看，全国的经济建设支撑水平都有较大的变动，可以直观地看到东北地区的下降和中西部地区的上升，而东部地区一直在稳中有进，总体来看中国四大地区的经济建设支撑水平差距比较大。这是因为在地方经济发展当中，由于东部地区的经济发展基础较高，经济发展环境较好，形成了区域内部的集聚效应，在一定范围内因资本的聚集而促进了发展，进而提高了劳动生产率和城镇化进程；中部地区受益于国家"中部崛起"的政策提出，一定程度上承接了的东部地区的产业转移并且在交通等方面的优势逐渐显现，使其发展势头迅猛并成功实现了赶超；东北地区由于我国产业结构的调整使"共和国长子"的光辉不再，取而代之的是人口老龄化和大量青年劳动力流出，造成其发展动力不足的情况，但是由于其基础建设等方面已形成一定规模，所以在经济建设支撑方面仍没有落后太多；西部地区的经济建设现在看来小有成效，但是因为历史发展原因，西部地区的经济起点较低，目前来看仍有较大的发展潜力可以继续挖掘。从权重上来看，孤儿数、农村特困人员集中供养人数、农村特困人员分散供养人数这三个指标的权重较高，说明它们对于地方经济发展影响较大。

第六章

中国民政事业高质量发展评估体系子系统 Ⅱ
——社会救助兜底水平

第一节　全国社会救助兜底水平变化趋势分析

根据全国社会救助兜底水平指标体系和数学评价模型，本书对 2010～2017 年全国民政事业 29 个省份的社会救助兜底水平进行评价，表 6－1、表 6－2、表 6－3、表 6－4、表 6－5、表 6－6、表 6－7、表 6－8、表 6－9 所示内容是本次评估期间我国 29 个省份的民政事业社会救助兜底水平排名和排名变化情况。

一、全国社会救助兜底水平排名对比

根据表 6－1 所示内容对 2010 年全国社会救助兜底水平排名进行分析，处于全国社会救助兜底水平上游区的是广东、江苏、湖南、四川、湖北、浙江、北京和上海 8 个省份；处于中游区的是新疆、黑龙江、重庆、辽宁、福建、山东、河南、江西、广西、吉林、安徽、陕西和内蒙古 13 个省份；处于下游区的是贵州、云南、山西、天津、河北、甘肃、宁夏和青海 8 个省份。根据全国社会救助兜底水平排名情况，说明中东部地区更占发展优势，西部地区发展水平较为落后。

表 6 – 1   2010 年全国社会救助兜底水平排名

地区	排名	区段	地区	排名	区段	地区	排名	区段
广东	1		新疆	9		贵州	22	
江苏	2		黑龙江	10		云南	23	
湖南	3		重庆	11		山西	24	
四川	4		辽宁	12		天津	25	
湖北	5		福建	13		河北	26	
浙江	6		山东	14		甘肃	27	
北京	7	上游区	河南	15	中游区	宁夏	28	下游区
上海	8		江西	16		青海	29	
			广西	17				
			吉林	18				
			安徽	19				
			陕西	20				
			内蒙古	21				

根据表 6 – 2 所示内容对 2011 年全国社会救助兜底水平排名进行分析，处于全国社会救助兜底水平上游区的是广东、湖北、江苏、四川、湖南、浙江、北京和新疆 8 个省份；处于中游区的是上海、重庆、山东、辽宁、河南、福建、黑龙江、江西、广西、安徽、陕西、贵州和内蒙古 13 个省份；处于下游区的是吉林、山西、云南、天津、甘肃、河北、宁夏和青海 8 个省份。相较于 2010 年，湖北上升 3 名至第 2 名，江苏下降 1 名至第 3 名，湖南下降 2 名至第 5 名，新疆上升 1 名至第 8 名由中游区升至上游区，上海下降 1 名至第 9 名由上游区跌至中游区，重庆下降 1 名至第 10 名，山东上升 3 名至第 11 名，河南上升 2 名至第 13 名，福建下降 1 名至第 14 名，黑龙江下降 5 名至第 15 名，安徽上升 1 名至第 18 名，陕西上升 1 名至第 19 名，贵州上升 2 名至第 20 名由下游区升至中游区，吉林下降 4 名至第 22 名由中游区跌至下游区，甘肃上升 1 名至第 26 名，河北下降 1 名至第 27 名。

表 6 – 2   2011 年全国社会救助兜底水平排名

地区	排名	区段	地区	排名	区段	地区	排名	区段
广东	1		上海	9		吉林	22	
湖北	2	上游区	重庆	10	中游区	山西	23	下游区
江苏	3		山东	11		云南	24	

续表

地区	排名	区段	地区	排名	区段	地区	排名	区段
四川	4	上游区	辽宁	12	中游区	天津	25	下游区
湖南	5		河南	13		甘肃	26	
浙江	6		福建	14		河北	27	
北京	7		黑龙江	15		宁夏	28	
新疆	8		江西	16		青海	29	
			广西	17				
			安徽	18				
			陕西	19				
			贵州	20				
			内蒙古	21				

根据表6-3所示内容对2012年全国社会救助兜底水平排名进行分析,处于全国社会救助兜底水平上游区的是广东、湖北、江苏、四川、湖北、湖南、浙江、北京和新疆8个省份;处于全国社会救助兜底水平中游区的是上海、山东、重庆、辽宁、安徽、河南、福建、黑龙江、广西、吉林、贵州、江西和陕西13个省份;处于全国社会救助兜底水平下游区的是内蒙古、山西、云南、甘肃、河北、天津、宁夏和青海8个省份,相较于2011年,江苏上升1名至第2名,四川上升1名至第3名,湖北下降2名至第4名,山东上升1名至第10名,重庆下降1名至第11名,安徽上升5名至第13名,河南下降1名至第14名,福建下降1名至第15名,黑龙江下降1名至第16名,吉林上升4名至第18名由下游区升至中游区,贵州上升1名至第19名,江西下降4名至第20名,陕西下降2名至第21名,内蒙古下降1名至第22名由中游区跌至下游区,甘肃上升1名至第25名,河北上升1名至第26名,天津下降1名至第27名。

表6-3 2012年全国社会救助兜底水平排名

地区	排名	区段	地区	排名	区段	地区	排名	区段
广东	1	上游区	上海	9	中游区	内蒙古	22	下游区
江苏	2		山东	10		山西	23	
四川	3		重庆	11		云南	24	
湖北	4		辽宁	12		甘肃	25	
湖南	5		安徽	13		河北	26	

续表

地区	排名	区段	地区	排名	区段	地区	排名	区段
浙江	6		河南	14		天津	27	
北京	7		福建	15		宁夏	28	
新疆	8		黑龙江	16		青海	29	
		上游区	广西	17	中游区			下游区
			吉林	18				
			贵州	19				
			江西	20				
			陕西	21				

　　根据表6-4所示内容对2013年全国社会救助兜底水平排名进行分析，处于全国社会救助兜底水平上游区的是广东、江苏、四川、湖北、湖南、浙江、北京和广西8个省份；处于中游区的是新疆、河南、安徽、山东、辽宁、上海、重庆、吉林、黑龙江、贵州、福建、江西和陕西13个省份；处于下游区的是内蒙古、山西、云南、甘肃、河北、天津、宁夏和青海8个省份。相较于2012年，广西上升9名至第8名由中游区升至上游区，上升幅度较为明显，说明广西的社会救助工作潜力被充分挖掘，新疆下降1名至第9名由上游区跌至中游区，河南上升4名至第10名，安徽上升2名至第11名，山东下降2名至第12名，辽宁下降1名至第13名，上海下降5名至第14名，下降幅度较为明显，说明上海的社会救助工作发展活力相对不足，重庆下降4名至第15名，吉林上升2名至第16名，黑龙江下降1名至第17名，贵州上升1名至第18名，福建下降4名至第19名。

表6-4　　　　　　　　　　2013年全国社会救助兜底水平排名

地区	排名	区段	地区	排名	区段	地区	排名	区段
广东	1		新疆	9		内蒙古	22	
江苏	2		河南	10		山西	23	
四川	3		安徽	11		云南	24	
湖北	4		山东	12		甘肃	25	
湖南	5	上游区	辽宁	13	中游区	河北	26	下游区
浙江	6		上海	14		天津	27	
北京	7		重庆	15		宁夏	28	
广西	8		吉林	16		青海	29	

地区	排名	区段	地区	排名	区段	地区	排名	区段
			黑龙江	17				
			贵州	18				
		上游区	福建	19	中游区			下游区
			江西	20				
			陕西	21				

根据表 6 - 5 所示内容对 2014 年全国社会救助兜底水平排名进行分析，处于全国社会救助兜底水平上游区的是广东、四川、江苏、湖北、湖南、浙江、广西和河南 8 个省份；处于中游区的是北京、安徽、辽宁、新疆、山东、重庆、上海、吉林、贵州、福建、黑龙江、陕西和江西 13 个省份；处于下游区的是内蒙古、山西、云南、河北、甘肃、天津、宁夏和青海 8 个省份。相较于 2013 年，四川上升 1 名至第 2 名，江苏下降 1 名至第 3 名，广西上升 1 名至第 7 名，河南上升 2 名至第 8 名由中游区升至上游区，北京下降 2 名至第 9 名由上游区跌至中游区，安徽上升 1 名至第 10 名，辽宁上升 2 名至第 11 名，新疆下降 3 名至第 12 名，山东下降 1 名至第 13 名，重庆上升 1 名至第 14 名，上海下降 1 名至第 15 名，贵州上升 1 名至第 17 名，福建上升 1 名至第 18 名，黑龙江下降 2 名至第 19 名，陕西上升 1 名至第 20 名，江西下降 1 名至第 21 名，河北上升 1 名至第 25 名，甘肃下降 1 名至第 26 名。

表 6 - 5　　　　　　　　2014 年全国社会救助兜底水平排名

地区	排名	区段	地区	排名	区段	地区	排名	区段
广东	1		北京	9		内蒙古	22	
四川	2		安徽	10		山西	23	
江苏	3		辽宁	11		云南	24	
湖北	4		新疆	12		河北	25	
湖南	5		山东	13		甘肃	26	
浙江	6	上游区	重庆	14	中游区	天津	27	下游区
广西	7		上海	15		宁夏	28	
河南	8		吉林	16		青海	29	
			贵州	17				
			福建	18				

地区	排名	区段	地区	排名	区段	地区	排名	区段
			黑龙江	19				
		上游区	陕西	20	中游区			下游区
			江西	21				

　　根据表6-6所示内容对2015年全国社会救助兜底水平排名进行分析，处于全国社会救助兜底水平上游区的是广东、四川、江苏、湖北、湖南、浙江、广西和河南8个省份；处于中游区的是北京、重庆、辽宁、山东、新疆、上海、黑龙江、吉林、贵州、安徽、福建、陕西、内蒙古13个省份；处于下游区的是江西、山西、云南、甘肃、天津、河北、宁夏和青海8个省份。相较于2014年，重庆上升4名至第10名，山东上升1名至第12名，新疆下降1名至第13名，上海上升1名至第14名，黑龙江上升4名至第15名，安徽下降8名至第18名，下降幅度较为明显，说明安徽的社会救助工作发展活力相对不足，福建下降1名至第19名，内蒙古上升1名至第21名由下游区升至中游区，江西下降1名至第22名由中游区跌至下游区，甘肃省上升1名至第25名，天津上升1名至第26名，河北下降2名至第27名。

表6-6　　　　　　　　　　2015年全国社会救助兜底水平排名

地区	排名	区段	地区	排名	区段	地区	排名	区段
广东	1		北京	9		江西	22	
四川	2		重庆	10		山西	23	
江苏	3		辽宁	11		云南	24	
湖北	4		山东	12		甘肃	25	
湖南	5		新疆	13		天津	26	
浙江	6		上海	14		河北	27	
广西	7	上游区	黑龙江	15	中游区	宁夏	28	下游区
河南	8		吉林	16		青海	29	
			贵州	17				
			安徽	18				
			福建	19				
			陕西	20				
			内蒙古	21				

根据表 6-7 所示内容对 2016 年全国社会救助兜底水平排名进行分析，处于全国社会救助兜底水平上游区的是广东、四川、江苏、湖北、湖南、广西、浙江和河南 8 个省份；处于中游区的是辽宁、北京、重庆、山东、贵州、吉林、上海、黑龙江、安徽、新疆、福建、陕西和内蒙古 13 个省份；处于下游区的是山西、江西、云南、甘肃、天津、河北、宁夏、青海 8 个省份。相较于 2015 年，广西上升 1 名至第 6 名，浙江下降 1 名至第 7 名，辽宁上升 2 名至第 9 名，北京下降 1 名至第 10 名，重庆下降 1 名至第 11 名，贵州上升 4 名至第 13 名，吉林上升 2 名至第 14 名，上海下降 1 名至第 15 名，黑龙江下降 1 名至第 16 名，安徽上升 1 名至第 17 名，新疆下降 5 名至第 18 名，下降幅度较为明显，说明新疆的社会救助工作发展活力相对不足，山西上升 1 名至第 22 名，江西下降 1 名至第 23 名。

表 6-7　　　　　　　　　2016 年全国社会救助兜底水平排名

地区	排名	区段	地区	排名	区段	地区	排名	区段
广东	1	上游区	辽宁	9	中游区	山西	22	下游区
四川	2		北京	10		江西	23	
江苏	3		重庆	11		云南	24	
湖北	4		山东	12		甘肃	25	
湖南	5		贵州	13		天津	26	
广西	6		吉林	14		河北	27	
浙江	7		上海	15		宁夏	28	
河南	8		黑龙江	16		青海	29	
			安徽	17				
			新疆	18				
			福建	19				
			陕西	20				
			内蒙古	21				

根据表 6-8 所示内容对 2017 年全国社会救助兜底水平排名进行分析，处于全国社会救助兜底水平上游区的是广东、四川、江苏、湖北、浙江、湖南、广西和河南 8 个省份；处于中游区的是辽宁、重庆、北京、山东、吉林、安徽、黑龙江、新疆、上海、陕西、福建、贵州和内蒙古 13 个省份；处于下游区的是云南、山西、江西、甘肃、天津、河北、宁夏和青海 8 个省份。相较于 2016 年，浙江上升 2 名至第 5 名，湖南下降 1 名至第 6 名，广西下降 1 名至第 7 名，重庆上升 1 名至第 10 名，北京下降 1 名至第 11 名，吉林上升 1 名至第 13 名，安徽上升 3 名至第 14 名，黑龙江上升 1

名至第15名，新疆上升2名至第16名，上海下降2名至第17名，陕西上升2名至第18名，贵州下降7名至第20名，下降幅度较为明显，说明贵州的社会救助工作发展活力相对不足，云南上升2名至第22名，山西下降1名至第24名，江西下降1名至第23名。

表6-8   2017年全国社会救助兜底水平排名

地区	排名	区段	地区	排名	区段	地区	排名	区段
广东	1		辽宁	9		云南	22	
四川	2		重庆	10		山西	23	
江苏	3		北京	11		江西	24	
湖北	4		山东	12		甘肃	25	
浙江	5		吉林	13		天津	26	
湖南	6		安徽	14		河北	27	
广西	7	上游区	黑龙江	15	中游区	宁夏	28	下游区
河南	8		新疆	16		青海	29	
			上海	17				
			陕西	18				
			福建	19				
			贵州	20				
			内蒙古	21				

根据表6-9所示内容对2010～2017年全国社会救助兜底水平排名变化趋势进行分析，可以看到在全国社会救助兜底水平处于上升区的是广西、河南、吉林、安徽、辽宁、山东、四川、贵州、陕西、甘肃、山西、浙江、湖北、重庆和云南15个省份；处于保持区的是内蒙古、广东、青海和宁夏4个省份；处于下降区的是天津、河北、江苏、湖南、北京、黑龙江、福建、新疆、江西和上海15个省份。综合来看，29个省份的社会救助兜底水平在2010～2017年变化较大，其中上升幅度较大的广西属于西部地区，河南和安徽中部地区，吉林属于东北地区；而下降幅度较大的上海、福建属于东部地区，江西属于中部地区，新疆属于西部地区，黑龙江属于东北地区。在这8年中，中、西部地区和东部及东北地区的差距逐渐缩小，全国社会救助兜底水平逐渐均衡化。

表6-9　　　　2010～2017年中国民政事业高质量发展综合发展排名变化

地区	排名	区段	地区	排名	区段	地区	排名	区段
广西	10	上升区	内蒙古	0	保持区	天津	-1	下降区
河南	7		广东	0		河北	-1	
吉林	5		青海	0		江苏	-1	
安徽	5		宁夏	0		湖南	-3	
辽宁	3					北京	-4	
山东	2					黑龙江	-5	
四川	2					福建	-6	
贵州	2					新疆	-7	
陕西	2					江西	-8	
甘肃	2					上海	-9	
山西	1							
浙江	1							
湖北	1							
重庆	1							
云南	1							

　　由图6-1可以看出，2010～2011年全国社会救助兜底水平呈上升趋势的有湖北、新疆、重庆、山东、河南、安徽、陕西、贵州、山西和甘肃10个省份，增长幅度最大的是湖北和山东，湖北由第5名升至第2名，山东由第14名升至第11名，均上升3名；河南由第15名升至第13名，贵州由第22名升至第20名，均上升2名；其余省份均上升1名。广东、四川、浙江、北京、辽宁、江西、广西、内蒙古、天津、宁夏和青海11个省份排名均保持不变。全国社会救助兜底水平呈下降趋势的有江苏、湖南、上海、福建、黑龙江、吉林、云南和河北8个省份，下降幅度最大的为黑龙江，由第10名下降至第15名，下降了5名；吉林由第18名下降至第22名，下降了4名，湖南由第3名下降至第5名，下降了2名；其他省份均下降1名。

　　由图6-2可以看出，2011～2012年全国社会救助兜底水平呈上升趋势的有江苏、四川、山东、安徽、贵州、吉林、甘肃和河北8个省份，增长幅度最大的省份为安徽，由第18名升至第13名，上升了5名；吉林由第22名升至第18名，上升了4名；其他省份均上升1名。广东、湖南、浙江、北京、新疆、上海、辽宁、广西、山西、云南、宁夏和青海12个省份排名均保持不变。全国社会救助兜底水平呈下降趋势的有湖北、重庆、河南、福建、黑龙江、江西、陕西、内蒙古和天津9个省份，下降幅度最大的为江西，由第16名下降至第20名，下降了4名；陕西由第 19 名下降至第 21 名，天津由第 25 名下降至第 27 名，均下降 2 名；其他省份均下降 1 名。

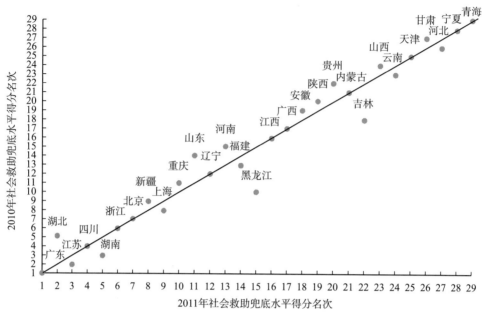

图 6 - 1　2010～2011 年全国社会救助兜底水平排序变化

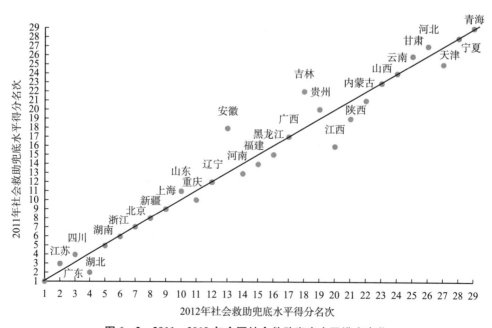

图 6 - 2　2011～2012 年全国社会救助兜底水平排序变化

　　由图6-3可以看出，2012~2013年全国社会救助兜底水平呈上升趋势的有广西、河南、安徽、吉林和贵州5个省份，增长幅度最大的省份为广西，由第17名升至第8名，上升了9名；河南由第14名升至第10名，上升了4名；吉林由第18名升至第16名，安徽由第13名升至第11名，均上升2名；其他省份均上升1名。广东、江苏、四川、湖北、湖南、浙江、北京、江西、陕西、内蒙古、山西、云南、甘肃、河北、天津、宁夏和青海17个省份排名均保持不变。全国社会救助兜底水平呈下降趋势的有山东、辽宁、上海、重庆、黑龙江、新疆和福建7个省份，下降幅度最大的为上海，由第9名下降至第14名，下降了5名；重庆由第11名降至第15名，福建由第15名降至第19名，均下降4名；山东由第10名降至第12名，下降了2名；其他省份均下降1名。

　　由图6-4可以看出，2013~2014年全国社会救助兜底水平呈上升趋势的有四川、广西、河南、安徽、辽宁、重庆、贵州、福建、陕西和河北10个省份，增长幅度最大的省份为河南和辽宁，河南由第10名升至第8名，辽宁由第13名升至第11名，均上升2名；其余省份均上升1名。广东、湖北、湖南、浙江、吉林、内蒙古、山西、云南、天津、宁夏和青海11个省份排名均保持不变。全国社会救助兜底水平呈下降趋势的有江苏、北京、新疆、山东、上海、黑龙江、江西和甘肃8个省份，下降幅度最大的为新疆，由第9名降至第12名，下降了3名；黑龙江由17名降至第19名，北京由第7名降至第9名，均下降2名；其他省份均下降1名。

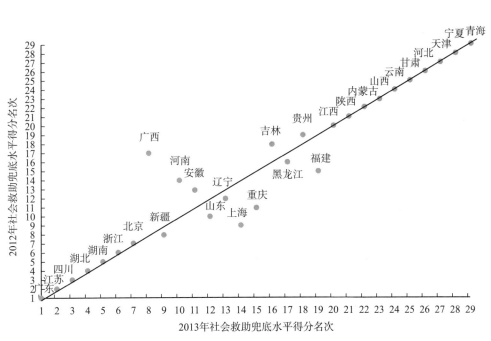

图6-3　2012~2013年全国社会救助兜底水平排序变化

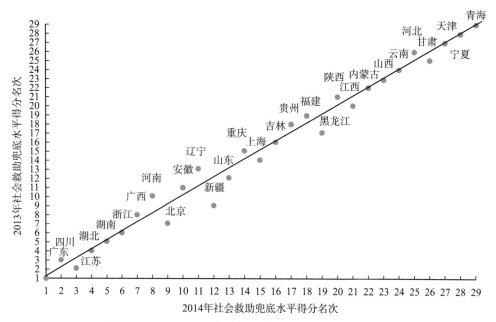

图 6-4　2013~2014 年全国社会救助兜底水平排序变化

由图 6-5 可以看出，2014~2015 年全国社会救助兜底水平呈上升趋势的有重庆、山东、上海、黑龙江、内蒙古、甘肃和天津 7 个省份，增长幅度最大的省份为重庆和黑龙江，重庆由第 14 名升至第 10 名，黑龙江由第 19 名升至第 15 名，均上升 4 名；其他省份均上升 1 名。广东、四川、江苏、湖北、湖南、浙江、广西、河南、北京、辽宁、吉林、贵州、陕西、山西、云南、宁夏和青海 17 个省份排名均保持不变。全国社会救助兜底水平呈下降趋势的有新疆、安徽、福建、江西和河北 5 个省份，下降幅度最大的为安徽，由第 10 名降至第 18 名，下降了 8 名；其他省份均下降 1 名。

由图 6-6 可以看出，2015~2016 年全国社会救助兜底水平呈上升趋势的有广西、辽宁、贵州、吉林、安徽和山西 6 个省份，增长幅度最大的省份为贵州，由第 17 名升至第 13 名，上升了 4 名；辽宁由第 11 名升至第 9 名，吉林由 16 名升至第 14 名，均上升 2 名；其他省份均上升 1 名。广东、四川、江苏、湖北、湖南、河南、山东、福建、陕西、内蒙古、云南、甘肃、天津、河北、宁夏和青海 16 个省份排名均保持不变。全国社会救助兜底水平呈下降趋势的有浙江、北京、重庆、上海、黑龙江、新疆和江西 7 个省份，下降幅度最大的为新疆，由第 18 名降至第 23 名，下降了 5 名；其他省份均下降 1 名。

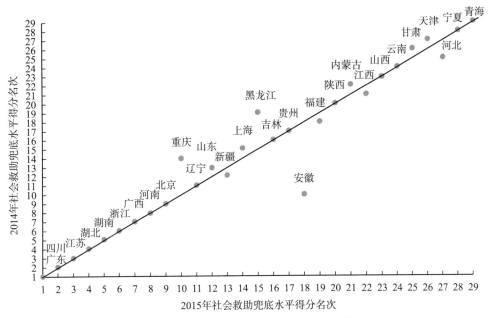

图 6 - 5 2014～2015 年全国社会救助兜底水平排序变化

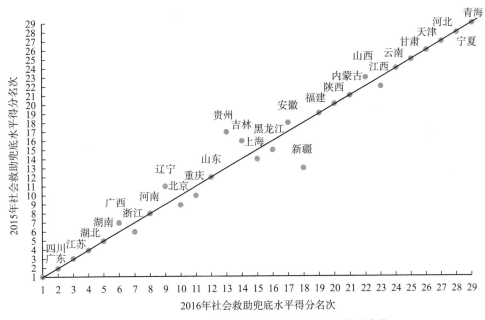

图 6 - 6 2015～2016 年全国社会救助兜底水平排序变化

由图 6 - 7 可以看出，2016～2017 年全国社会救助兜底水平呈上升趋势的有浙江、重庆、吉林、安徽、黑龙江、新疆、陕西和云南 8 个省份，增长幅度最大的省份为安徽，由第 17 名升至第 14 名，上升了 3 名；浙江由第 7 名升至第 5 名，新疆由第

18 名升至第 16 名，陕西由第 20 名升至第 18 名，云南由第 24 名升至第 22 名，均上升 2 名；其他省份均上升 1 名。广东、四川、江苏、湖北、河南、辽宁、山东、福建、内蒙古、甘肃、天津、河北、宁夏和青海 14 个省份排名均保持不变。全国社会救助兜底水平呈下降趋势的有湖南、广西、北京、上海、贵州、山西和江西 7 个省份，下降幅度最大的为贵州，由第 13 名降至第 20 名，下降了 7 名；上海由第 15 名降至第 17 名，下降了 2 名；其他省份均下降 1 名。

由图 6-8 可以看出，2010～2017 年全国社会救助兜底水平呈上升趋势的有四川、湖北、浙江、广西、河南、辽宁、重庆、山东、吉林、安徽、陕西、贵州、云南、山西和甘肃 15 个省份，增长幅度最大的省份为广西，由第 17 名升至第 7 名，上升了 10 名；河南由第 15 名升至第 8 名，上升了 7 名；吉林由第 18 名升至第 13 名，安徽由第 19 名升至第 14 名，均上升 5 名；辽宁由第 12 名升至第 9 名，上升了 3 名；山东由 14 名升至第 12 名，四川由第 4 名升至第 2 名，贵州由 22 名升至第 20 名，陕西由第 20 名升至第 18 名，甘肃由第 27 名升至第 25 名，均上升 2 名；其他省份均上升 1 名。内蒙古、广东、宁夏和青海 4 个省份排名均保持不变。全国社会救助兜底水平呈下降趋势的有上海、江西、新疆、福建、黑龙江、北京、湖南、江苏、河北和天津 10 个省份，下降幅度最大的为上海，由第 8 名降至 17 名，下降了 9 名；江西由第 16 名降至第 24 名，下降了 8 名；新疆由第 9 名降至第 16 名，下降了 7 名；福建由第 13 名降至第 19 名，下降了 6 名；黑龙江由第 10 名降至第 15 名，下降了 5 名；北京由第 7 名降至第 11 名，均下降 4 名；湖南由第 3 名降至第 6 名，下降了 3 名；其他省份均下降 1 名。

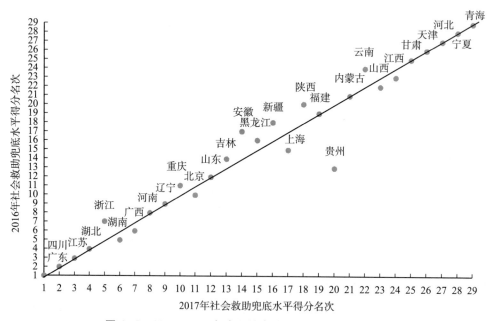

图 6-7　2016～2017 年全国社会救助兜底水平排序变化

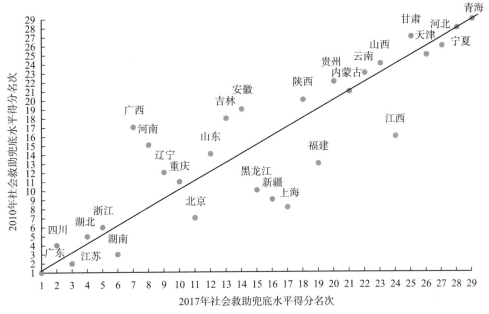

图 6 - 8　2010 ~ 2017 年全国社会救助兜底水平排序变化

二、全国社会救助兜底水平评分分析

通过表 6 - 10 对 2010 ~ 2017 年的全国社会救助兜底水平及其变化进行分析。

由 2010 年的全国社会救助兜底水平评价来看，2010 年全国社会救助兜底水平得分处于 9 ~ 45 分，社会救助兜底水平得分在 30 分以上的有广东、江苏和湖南 3 个省份；小于 30 分的有四川、湖北、浙江、北京、上海、新疆、黑龙江、重庆、辽宁、福建、山东、河南、江西、广西、吉林、安徽、陕西、内蒙古、贵州、云南、山西、天津、河北、甘肃、宁夏和青海 26 个省份。全国社会救助兜底水平最高得分是广东为 44.320 分，最低得分是青海 9.284 分。全国社会救助兜底水平的得分平均值为 20.629 分，得分标准差为 7.729，说明各省份间社会救助兜底水平有所差异。全国社会救助兜底水平得分中，东部地区的得分普遍较高，说明这些省的社会救助兜底水平较好，发展潜力较强；中、西部地区的得分普遍偏低且大多数省份的得分在 30 分以下，说明中、西部地区社会救助兜底水平相对较低，社会救助工作发展活力相对不足，水平亟须提升。

表 6 - 10 　　　　　　　2010～2017 年全国社会救助兜底水平评价比较

地区	2010 年	2011 年	2012 年	2013 年	2014 年	2015 年	2016 年	2017 年	综合变化
北京	25.632	28.689	30.060	30.085	31.102	31.172	32.839	34.141	8.509
	7	7	7	7	9	9	10	11	-4
天津	13.579	13.972	14.042	14.178	14.616	15.727	15.743	16.913	3.333
	25	25	27	27	27	26	26	26	-1
河北	11.733	12.672	14.237	15.314	16.856	15.506	15.348	15.799	4.067
	26	27	26	26	25	27	27	27	-1
山西	14.920	16.209	18.549	20.076	21.420	22.294	22.528	21.881	6.961
	24	23	23	23	23	23	22	23	1
内蒙古	16.548	17.880	20.038	20.893	22.404	23.678	24.804	26.506	9.958
	21	21	22	22	22	21	21	21	0
辽宁	20.670	21.737	25.041	27.020	30.888	29.314	33.813	34.737	14.067
	12	12	12	13	11	11	9	9	3
吉林	18.297	17.631	21.762	25.791	27.853	28.492	30.876	32.651	14.355
	18	22	18	16	16	16	14	13	5
黑龙江	22.009	20.787	23.343	25.385	26.934	28.584	29.965	31.496	9.486
	10	15	16	17	19	15	16	15	-5
上海	23.977	25.655	27.838	26.734	27.871	28.891	30.496	31.136	7.159
	8	9	9	14	15	14	15	17	-9
江苏	32.611	36.627	40.319	43.384	46.731	50.467	52.361	55.535	22.924
	2	3	2	2	3	3	3	3	-1
浙江	29.126	30.701	30.467	34.211	35.606	35.167	36.790	42.333	13.207
	6	6	6	6	6	6	7	5	1
安徽	17.487	20.577	24.690	28.343	31.025	27.658	29.477	31.504	14.017
	19	18	13	11	10	18	17	14	5
福建	19.954	21.349	23.985	24.467	27.009	27.169	28.696	30.221	10.266
	13	14	15	19	18	19	19	19	-6
江西	18.599	20.716	20.913	22.831	22.730	22.346	22.191	21.564	2.964
	16	16	20	20	21	22	23	24	-8
山东	19.167	21.799	25.956	27.348	29.148	29.225	31.082	33.386	14.220
	14	11	10	12	13	12	12	12	2

续表

地区	2010 年	2011 年	2012 年	2013 年	2014 年	2015 年	2016 年	2017 年	综合变化
河南	19.070	21.396	24.441	28.543	31.203	31.866	34.648	36.955	17.885
	15	13	14	10	8	8	8	8	7
湖北	29.584	37.857	36.186	38.465	40.574	40.104	42.616	43.721	14.137
	5	2	4	4	4	4	4	4	1
湖南	30.203	31.137	31.756	34.319	35.691	38.115	39.329	41.495	11.292
	3	5	5	5	5	5	5	6	−3
广东	44.320	46.949	50.590	53.392	56.002	59.233	67.996	73.115	28.795
	1	1	1	1	1	1	1	1	0
广西	18.499	20.682	22.836	29.229	31.522	34.958	37.833	38.602	20.102
	17	17	17	8	7	7	6	7	10
重庆	21.027	23.258	25.140	26.464	28.354	30.758	31.687	34.361	13.334
	11	10	11	15	14	10	11	10	1
四川	29.626	33.161	38.113	42.968	47.643	50.834	56.249	61.468	31.842
	4	4	3	3	2	2	2	2	2
贵州	15.859	18.148	21.426	24.787	27.068	28.361	30.992	27.044	11.185
	22	20	19	18	17	17	13	20	2
云南	15.170	15.116	17.781	19.109	20.359	19.262	20.062	22.722	7.553
	23	24	24	24	24	24	24	22	1
陕西	17.441	18.654	20.520	22.457	24.366	26.941	27.416	30.642	13.201
	20	19	21	21	20	20	20	18	2
甘肃	10.637	13.067	14.611	15.322	15.738	17.791	17.751	18.370	7.733
	27	26	25	25	26	25	25	25	2
青海	9.284	9.508	10.079	10.728	10.918	10.691	10.718	10.893	1.609
	29	29	29	29	29	29	29	29	0
宁夏	10.524	11.579	12.259	13.251	13.516	14.000	14.612	15.121	4.597
	28	28	28	28	28	28	28	28	0
新疆	22.688	25.756	28.070	28.652	29.152	28.982	29.221	31.154	8.466
	9	8	8	9	12	13	18	16	−7
最高分	44.320	46.949	50.590	53.392	56.002	59.233	67.996	73.115	28.795
最低分	9.284	9.508	10.079	10.728	10.918	10.691	10.718	10.893	1.609
平均分	20.629	22.526	24.657	26.681	28.424	29.227	30.970	32.602	11.973
标准差	7.729	8.627	8.902	9.577	10.309	11.040	12.589	13.745	6.016

由 2011 年的全国社会救助兜底水平评价来看，2011 年全国社会救助兜底水平得分处于 9～47 分，社会救助兜底水平在 30 分以上的有广东、湖北、江苏、四川、湖南、浙江 6 个省份；小于 30 分的有北京、上海、新疆、黑龙江、重庆、辽宁、福建、山东、河南、江西、广西、吉林、安徽、陕西、内蒙古、贵州、云南、山西、天津、河北、甘肃、宁夏和青海 23 个省份。全国社会救助兜底水平最高得分是广东 46.949 分，最低得分是青海 9.508 分。全国社会救助兜底水平的得分平均值为 22.526 分，较上年增长 1.897 分，说明全国社会救助兜底水平整体进步；得分标准差为 8.627 分，较上年增长 0.898 分，说明各省份间社会救助兜底水平差距有所扩大。全国社会救助兜底水平中，中部、东部地区的得分普遍较高，其中广东、湖北、江苏、湖南、浙江 5 个省的得分都在 30 分以上，说明这些省份的社会救助兜底水平较高，发展潜力较强；西部地区的得分普遍偏低且大多数省份的得分在 30 分以下，说明西部地区社会救助兜底水平较低，社会救助工作水平亟须提升，发展活力相对不足。

由 2012 年的全国社会救助兜底水平评价来看，2012 年全国社会救助兜底水平得分处于 10～51 分，社会救助兜底水平在 30 分以上的有广东、江苏、四川、湖北、湖南、浙江和北京 7 个省份；小于 30 分的有上海、新疆、黑龙江、重庆、辽宁、福建、山东、河南、江西、广西、吉林、安徽、陕西、内蒙古、贵州、云南、山西、天津、河北、甘肃、宁夏和青海 22 个省份。全国社会救助兜底水平最高得分是广东 50.590 分，最低得分是青海 10.079 分。全国社会救助兜底水平的得分平均值为 24.657 分，较上年增长 2.130 分，说明全国社会救助兜底水平较上年相比增长速度有进一步提升；得分标准差为 8.902，较上年增长 0.274，说明各省份间社会救助兜底水平差距增幅与上年相比有所缩小，但总体差距仍在扩大。全国社会救助兜底水平中，中部、东部地区的得分普遍较高，有广东、江苏、湖北、湖南、浙江和北京 6 个省份的得分都在 30 分以上，说明这些省份的民政事业发展社会救助兜底水平较高，发展潜力较强，但是也有个别省份得分较低；西部地区的得分差异性逐渐展现，大多数省份的得分在 30 分以下，但是也有个别省份得分在 30 分以上，说明西部地区社会救助兜底水平不平衡，社会救助工作水平亟须提升，发展活力相对不足；整体来看，各地区内部发展差异性非常大。

由 2013 年的全国社会救助兜底水平评价来看，2013 年全国社会救助兜底水平得分处于 10～54 分，社会救助兜底水平在 30 分以上的有广东、江苏、四川、湖北、湖南、浙江和北京 7 个省份。小于 30 分的有上海、新疆、黑龙江、重庆、辽宁、福建、山东、河南、江西、广西、吉林、安徽、陕西、内蒙古、贵州、云南、山西、天津、河北、甘肃、宁夏和青海 22 个省份。全国社会救助兜底水平最高得分是广东 53.392 分，最低得分是青海 10.728 分。全国社会救助兜底水平的得分平均值为 26.681 分，较上年增长 2.024 分，说明全国社会救助兜底水平较上年相比增幅稍有缩小，但全国社会救助兜底水平整体提升迅猛；得分标准差为 9.577，较上年增长 0.675，说明各省份间综合水平差距增幅与上年相比有所加大，总体差距持续拉大。全国社会救助兜底水平中，中部、东部地区的得分普遍较高，有广东、江苏、湖北、湖南、浙江和北京6个省份的得分都在30分以上，说明这些省份的民政事业发展社会救助兜底水平较高，发展潜力较强，但是也有个别省份得分较低；西部地区的得分差异性逐渐展现，大多数省份的得分在30分以下，但是也有个别省份得分在30分以上，说明西部地区社会救助兜底水平不平衡，社会救助工作水平亟须提升，发展活力相对不足。整体来看，各地区内部发展差异性非常大。

由2014年的全国社会救助兜底水平评价来看，2014年全国社会救助兜底水平得分处于10～54分，社会救助兜底水平在30分以上的有广东、四川、江苏、湖北、湖南、浙江、广西、河南、北京、安徽和辽宁11个省份；小于30分的有新疆、山东、重庆、上海、吉林、贵州、福建、黑龙江、陕西、江西、内蒙古、山西、云南、河北、甘肃、天津、宁夏和青海18个省份。全国社会救助兜底水平最高得分是广东56.002分，最低得分是青海10.918分。全国社会救助兜底水平的得分平均值为28.424分，较上年增长1.743分，说明全国社会救助兜底水平较上年相比虽然增幅有所降低，但整体仍在进步；得分标准差为10.309，较上年增长0.732，说明各省份间社会救助兜底水平差距增幅与上年相比有所增长，差距持续扩大。全国社会救助兜底水平中，中部、东部地区的得分普遍较高，有广东、江苏、湖北、湖南、浙江、河南、北京、安徽8个省份的得分都在30分以上，说明这些省份的民政事业发展社会救助兜底水平较高，发展潜力较强，但是也有个别省份得分较低。而全国社会救助兜底水平中，西部地区的得分差异性逐渐展现，大多数省份的得分在30分以下，但是也有个别省份得分在30分以上，说明西部地区社会救助兜底水平不平衡，社会救助工作水平亟须提升，发展活力相对不足。整体来看，各地区内部发展差异性非常大。

由2015年的全国社会救助兜底水平评价来看，2015年全国社会救助兜底水平得分处于10～60分，社会救助兜底水平在30分以上的有广东、四川、江苏、湖北、湖南、浙江、广西、河南、北京和重庆10个省份；小于30分的有辽宁、新疆、山东、安徽、上海、吉林、贵州、福建、黑龙江、陕西、江西、内蒙古、山西、云南、河北、甘肃、天津、宁夏和青海19个省份。全国社会救助兜底水平最高得分是广东59.233分，最低得分是青海10.691分。全国社会救助兜底水平的得分平均值为29.227分，较上年增长0.803分，说明全国社会救助兜底水平较上年相比增幅有所减缓，但全国社会救助兜底水平整体仍快速进步；得分标准差为11.040，较上年增长0.732，说明各省份间社会救助兜底水平差距增幅与上年相同，但总体差距依旧很大。全国社会救助兜底水平中，中部、东部地区的得分普遍较高，有广东、江苏、湖北、湖南、浙江、河南和北京7个省份的得分都在30分以上，说明这些省份的民政事业发展社会救助兜底水平较高，发展潜力较强，但是也有个别省份得分较低；西部地区的得分差异性逐渐展现，大多数省份的得分在30分以下，但是也有个别省份得分在 30 分以上，说明西部地区社会救助兜底水平不平衡，社会救助工作水平亟须提升，发展活力相对不足。整体来看，各地区内部发展差异性非常大。

由 2016 年的全国社会救助兜底水平评价来看，2016 年全国社会救助兜底水平得分处于 10~68 分，社会救助兜底水平在 30 分以上的有广东、四川、江苏、湖北、湖南、广西、浙江、河南、辽宁、北京、重庆、山东、贵州、吉林和上海 15 个省份；小于 30 分的有黑龙江、安徽、新疆、福建、陕西、内蒙古、山西、江西、云南、甘肃、天津、河北、宁夏和青海 14 个省份。全国社会救助兜底水平最高得分是广东 67.996 分，最低分是青海 10.718 分。全国社会救助兜底水平的得分平均值 30.970 分，较上年增长 1.743 分，说明全国社会救助兜底水平较上年相比增幅迅速加大，全国社会救助兜底水平整体快速进步；得分标准差为 12.589，较上年增长 1.549，说明各省份间社会救助兜底水平差距增幅与上年相比提升迅速，总体差距持续扩大。全国社会救助兜底水平中，各个地区都有得分较高的省份，说明这些省份的民政事业发展社会救助兜底水平较高，发展潜力较大，但是也有个别省份得分较低；全国社会救助兜底水平的得分差异性逐渐展现，说明从全国范围来看全国社会救助兜底水平不平衡，社会救助工作整体需要进一步协调发展。

由 2017 年的全国社会救助兜底水平评价来看，2017 年全国社会救助兜底水平得分处于 10~74 分，社会救助兜底水平在 30 分以上的有广东、四川、江苏、湖北、浙江、湖南、广西、河南、辽宁、重庆、北京、山东、吉林、安徽、黑龙江、新疆、上海、陕西和福建 19 个省份；小于 30 分的有贵州、内蒙古、云南、山西、江西、甘肃、天津、河北、宁夏和青海 10 个省份。全国社会救助兜底水平最高得分是广东 73.115 分，最低得分是青海 10.893 分。全国社会救助兜底水平的得分平均值为 32.602 分，较上年增长 1.632 分，说明全国社会救助兜底水平较上年相比虽然增幅有所降低，但整体仍在高速增长；得分标准差为 13.745，较上年增长 1.156，说明各省份间社会救助兜底水平差距增幅与上年相比虽然有所下降，但总体差距依旧很大。全国社会救助兜底水平中，各个地区都有得分较高的省份，说明这些省份的社会救助兜底水平较高，发展潜力较强，但是也有个别省份得分较低；全国社会救助兜底水平的得分差异性逐渐展现，说明从全国范围来看全国社会救助兜底水平不平衡，社会救助工作整体需要进一步协调发展。

对比全国社会救助兜底水平变化，通过对 2010~2017 年的数据分析对比，发现其平均分是持续上升的，这说明全国社会救助兜底水平发展势头向好，但由于标准差也在持续增长，说明了全国社会救助兜底水平各省份之间的差距在不断扩大。进一步对各省份社会救助兜底水平变化分析，2010~2017 年的上、中、下游区虽然内部排名稍有波动，但总体来看较为稳定，跨区变动相对较少；全国四大地区内部的差异性都很大，但是由于上游区长期东部省份较多，下游区长期西部省份较多，而中游区内又是东部和东北地区的省份数量相对占优势，所以总体来看还是东部、东北地区的社会救助兜底水平优于中部、西部地区，说明在全国社会救助兜底水平总体向前发展的大背景下，中部、西部地区的社会救助兜底水平较低，发展活力稍显不足。

表 6-11 对 2010~2011 年全国社会救助兜底水平进行分析可以看出，全国社会救助兜底水平上、中、下游区均呈现上升趋势，各分区分别变化 3.184 分、1.628 分、1.049 分，说明全国社会救助兜底水平整体向好，具有较强的发展潜力。二级指标中，2010~2011 年全国社会救助单位基本结构上、中、下游区均呈现上升趋势，各分区分别变化 1.409 分、0.091 分、0.329 分，说明全国社会救助基础设施不断完善，人员配置增多；全国社会救助服务管理能力上、中、下游区均呈现上升趋势，各分区分别变化 0.330 分、0.287 分、0.147 分，说明全国社会救助服务管理人员综合素质逐渐提升；中国民政事业高质量发展社会救助服务水平上、中、下游区均呈现上升趋势，各分区分别变化 0.905 分、0.773 分、0.329 分，说明全国社会救助服务水平有所提升；全国社会救助财政投入状况上、中、下游区均呈现上升趋势，各分区分别变化 0.768 分、0.312 分、0.284 分，说明全国社会救助财政投入趋于合理。

表 6-11　　　　2010~2011 年全国社会救助兜底水平平均得分情况

指标	2010 年			2011 年			得分变化		
	上游区	中游区	下游区	上游区	中游区	下游区	上游区	中游区	下游区
社会救助兜底水平	29.130	20.058	13.056	32.314	21.686	14.105	3.184	1.628	1.049
单位基本结构	9.951	5.746	2.525	11.360	5.837	2.853	1.409	0.091	0.329
服务管理水平	3.805	2.047	0.863	4.135	2.334	1.011	0.330	0.287	0.147
社会救助服务水平	13.783	9.655	7.305	14.687	10.428	7.634	0.905	0.773	0.329
财政投入状况	4.564	1.876	0.584	5.332	2.188	0.868	0.768	0.312	0.284

表 6-12 对 2011~2012 年全国社会救助兜底水平进行分析可以看出，全国社会救助兜底水平上、中、下游区均呈现上升趋势，各分区分别变化 2.025 分、2.765 分、1.204 分，说明全国社会救助兜底水平整体向好，具有较强的发展潜力。二级指标中，2011~2012 年全国社会救助单位基本结构上、中、下游区均呈现上升趋势，各分区分别变化 0.008 分、0.770 分、0.178 分，说明全国社会救助基础设施不断完善，人员配置增多；全国社会救助服务管理能力上、中、下游区均呈现上升趋势，各分区分别变化 0.747 分、0.635 分、0.270 分，说明全国社会救助服务管理人员综合素质逐渐提升；中国民政事业高质量发展社会救助服务水平上、中、下游区均呈现上升趋势，各分区分别变化 0.975 分、0.824 分、0.497 分，说明全国社会救助服务水平有所提升；全国社会救助财政投入状况上、中、下游区均呈现上升趋势，各分区分别变化 0.552 分、0.451 分、0.139 分，说明全国社会救助财政投入趋于合理。

表 6 – 12 　　　　　2011~2012 年全国社会救助兜底水平平均得分情况

指标	2011 年			2012 年			得分变化		
	上游区	中游区	下游区	上游区	中游区	下游区	上游区	中游区	下游区
社会救助兜底水平	32.314	21.686	14.105	34.339	24.451	15.309	2.025	2.765	1.204
单位基本结构	11.360	5.837	2.853	11.368	6.606	3.032	0.008	0.770	0.178
服务管理水平	4.135	2.334	1.011	4.883	2.969	1.281	0.747	0.635	0.270
社会救助服务水平	14.687	10.428	7.634	15.662	11.252	8.131	0.975	0.824	0.497
财政投入状况	5.332	2.188	0.868	5.883	2.639	1.007	0.552	0.451	0.139

　　表 6 – 13 对 2012~2013 年全国社会救助兜底水平进行分析可以看出，全国社会救助兜底水平上、中、下游区均呈现上升趋势，各分区分别变化 3.725 分、1.581 分、1.042 分，说明全国社会救助兜底水平整体向好，具有较强的发展潜力。二级指标中，2012~2013 年全国社会救助单位基本结构上、中、下游区均呈现上升趋势，各分区分别变化 0.913 分、0.716 分、0.204 分，说明全国社会救助基础设施不断完善，人员配置增多；全国社会救助服务管理能力上、中、下游区均呈现上升趋势，各分区分别变化 0.971 分、0.707 分、0.238 分，说明全国社会救助服务管理人员综合素质逐渐提升；中国民政事业高质量发展社会救助服务水平上、中、下游区均呈现上升趋势，各分区分别变化 0.608 分、0.517 分、0.343 分，说明全国社会救助服务水平有所提升；全国社会救助财政投入状况上、中、下游区均呈现上升趋势，各分区分别变化 0.177 分、0.377 分、0.118 分，说明全国社会救助财政投入趋于合理。

表 6 – 13 　　　　　2012~2013 年全国社会救助兜底水平平均得分情况

指标	2012 年			2013 年			得分变化		
	上游区	中游区	下游区	上游区	中游区	下游区	上游区	中游区	下游区
社会救助兜底水平	34.339	24.451	15.309	38.064	26.033	16.351	3.725	1.581	1.042
单位基本结构	11.368	6.606	3.032	12.281	7.323	3.235	0.913	0.716	0.204
服务管理水平	4.883	2.969	1.281	5.853	3.677	1.519	0.971	0.707	0.238
社会救助服务水平	15.662	11.252	8.131	16.271	11.769	8.474	0.608	0.517	0.343
财政投入状况	5.883	2.639	1.007	6.061	3.016	1.125	0.177	0.377	0.118

　　表 6 – 14 对 2013~2014 年全国社会救助兜底水平进行分析可以看出，全国社会救助兜底水平上、中、下游区均呈现上升趋势，各分区分别变化 2.558 分、1.904 分、0.668 分，说明全国社会救助兜底水平整体向好，具有较强的发展潜力。

二级指标中，2013～2014年全国社会救助单位基本结构上、中、下游区均呈现上升趋势，各分区分别变化0.146分、0.087分、0.006分，说明全国社会救助基础设施不断完善，人员配置增多；全国社会救助服务管理能力上、中、下游区均呈现上升趋势，各分区分别变化1.095分、0.572分、0.297分，说明全国社会救助服务管理人员综合素质逐渐提升；中国民政事业高质量发展社会救助服务水平上、中、下游区均呈现上升趋势，各分区分别变化0.811分、0.662分、0.422分，说明全国社会救助服务水平有所提升；全国社会救助财政投入状况上、中、下游区均呈现上升趋势，各分区分别变化0.607分、0.392分、0.153分，说明全国社会救助财政投入趋于合理。

表6-14　　　　　　　　2013～2014年全国社会救助兜底水平平均得分情况

指标	2013年			2014年			得分变化		
	上游区	中游区	下游区	上游区	中游区	下游区	上游区	中游区	下游区
社会救助兜底水平	38.064	26.033	16.351	40.622	27.936	17.019	2.558	1.904	0.668
单位基本结构	12.281	7.323	3.235	12.427	7.410	3.242	0.146	0.087	0.006
服务管理水平	5.853	3.677	1.519	6.948	4.249	1.816	1.095	0.572	0.297
社会救助服务水平	16.271	11.769	8.474	17.081	12.431	8.896	0.811	0.662	0.422
财政投入状况	6.061	3.016	1.125	6.667	3.408	1.278	0.607	0.392	0.153

表6-15对2014～2015年全国社会救助兜底水平进行分析可以看出，全国社会救助兜底水平上、中、下游区均呈现上升趋势，各分区分别变化1.972分、0.466分、0.183分，说明全国社会救助兜底水平整体向好，具有较强的发展潜力。二级指标中，2014～2015年全国社会救助单位基本结构上、中、下游区均呈现下降趋势，各分区分别变化-0.423分、-0.623分、-0.372分，说明全国社会救助基础设施及服务人员配置水平有所衰退；全国社会救助服务管理能力上、中、下游区均呈现上升趋势，各分区分别变化0.946分、0.468分、0.250分，说明全国社会救助服务管理人员综合素质逐渐提升；中国民政事业高质量发展社会救助服务水平上、中、下游区均呈现上升趋势，各分区分别变化0.279分、0.233分、0.404分，说明全国社会救助服务水平有所提升；全国社会救助财政投入状况上、中、下游区均呈现上升趋势，各分区分别变化0.952分、0.444分、0.026分，说明全国社会救助财政投入趋于合理。

表 6 - 15   **2014~2015 年全国社会救助兜底水平平均得分情况**

指标	2014 年			2015 年			得分变化		
	上游区	中游区	下游区	上游区	中游区	下游区	上游区	中游区	下游区
社会救助兜底水平	40.622	27.936	17.019	42.593	28.402	17.202	1.972	0.466	0.183
单位基本结构	12.427	7.410	3.242	12.004	6.787	2.870	-0.423	-0.623	-0.372
服务管理水平	6.948	4.249	1.816	7.894	4.716	2.066	0.946	0.468	0.250
社会救助服务水平	17.081	12.431	8.896	17.361	12.664	9.300	0.279	0.233	0.404
财政投入状况	6.667	3.408	1.278	7.620	3.852	1.304	0.952	0.444	0.026

表 6 - 16 对 2015~2016 年全国社会救助兜底水平进行分析可以看出，全国社会救助兜底水平上、中、下游区均呈现上升趋势，各分区分别变化 3.385 分、1.703 分、0.167 分，说明全国社会救助兜底水平整体向好，具有较强的发展潜力。二级指标中，2015~2016 年全国社会救助单位基本结构上、中、下游区均呈现下降趋势，各分区分别变化 0.393 分、-0.199 分、-0.132 分，说明全国社会救助基础设施及服务人员配置水平上游区有所提升，中、下游区有所衰退；全国社会救助服务管理能力上、中、下游区均呈现上升趋势，各分区分别变化 1.436 分、0.655 分、0.322 分，说明全国社会救助服务管理人员综合素质逐渐提升；中国民政事业高质量发展社会救助服务水平上、中、下游区均呈现上升趋势，各分区分别变化 0.563 分、0.640 分、0.090 分，说明全国社会救助服务水平有所提升；全国社会救助财政投入状况上、中、下游区均呈现上升趋势，各分区分别变化 1.192 分、0.300 分、0.187 分，说明全国社会救助财政投入趋于合理。

表 6 - 16   **2015~2016 年全国社会救助兜底水平平均得分情况**

指标	2015 年			2016 年			得分变化		
	上游区	中游区	下游区	上游区	中游区	下游区	上游区	中游区	下游区
社会救助兜底水平	42.593	28.402	17.202	45.978	30.105	17.369	3.385	1.703	0.167
单位基本结构	12.004	6.787	2.870	12.397	6.588	2.738	0.393	-0.199	-0.132
服务管理水平	7.894	4.716	2.066	9.330	5.372	2.387	1.436	0.655	0.322
社会救助服务水平	17.361	12.664	9.300	17.923	13.304	9.390	0.563	0.640	0.090
财政投入状况	7.620	3.852	1.304	8.811	4.152	1.492	1.192	0.300	0.187

表 6 - 17 对 2016~2017 年全国社会救助兜底水平进行分析可以看出，全国社会救助兜底水平上、中、下游区均呈现上升趋势，各分区分别变化 3.175 分、1.353 分、0.538 分，说明全国社会救助兜底水平整体向好，具有较强的发展潜力。二级指

标中，2016～2017 年全国社会救助单位基本结构上、中、下游区均呈现下降趋势，各分区分别变化 -0.497 分、-0.144 分、-0.190 分，说明全国社会救助基础设施及服务人员配置水平有所衰退；全国社会救助服务管理能力上、中、下游区均呈现上升趋势，各分区分别变化 1.301 分、0.468 分、0.150 分，说明全国社会救助服务管理人员综合素质逐渐提升；中国民政事业高质量发展社会救助服务水平上、中、下游区均呈现上升趋势，各分区分别变化 1.009 分、0.351 分、0.600 分，说明全国社会救助服务水平有所提升；全国社会救助财政投入状况上、中、下游区均呈现上升趋势，各分区分别变化 1.426 分、0.470 分、0.255 分，说明全国社会救助财政投入趋于合理。

表 6－17　　　　　　　2016～2017 年全国社会救助兜底水平平均得分情况

指标	2016 年			2017 年			得分变化		
	上游区	中游区	下游区	上游区	中游区	下游区	上游区	中游区	下游区
社会救助兜底水平	45.978	30.105	17.369	49.153	31.460	17.908	3.175	1.355	0.538
单位基本结构	12.397	6.588	2.738	11.900	6.444	2.548	-0.497	-0.144	-0.190
服务管理水平	9.330	5.372	2.387	10.630	5.840	2.537	1.301	0.468	0.150
社会救助服务水平	17.923	13.304	9.390	18.933	13.655	9.990	1.009	0.351	0.600
财政投入状况	8.811	4.152	1.492	10.237	4.622	1.746	1.426	0.470	0.255

表 6－18 对 2010～2017 年全国社会救助兜底水平进行分析可以看出，全国社会救助兜底水平上、中、下游区均呈现上升趋势，各分区分别变化 20.023 分、11.402 分、4.852 分，说明全国社会救助兜底水平整体向好，具有较强的发展潜力。二级指标中，2010～2017 年全国社会救助单位基本结构上、中、下游区均呈现上升趋势，各分区分别变化 1.949 分、0.698 分、0.024 分，说明全国社会救助基础设施不断完善，人员配置增多；全国社会救助服务管理能力上、中、下游区均呈现上升趋势，各分区分别变化 6.825 分、3.793 分、1.674 分，说明全国社会救助服务管理人员综合素质逐渐提升；中国民政事业高质量发展社会救助服务水平上、中、下游区均呈现上升趋势，各分区分别变化 5.150 分、4.001 分、2.685 分，说明全国社会救助服务水平有所提升；全国社会救助财政投入状况上、中、下游区均呈现上升趋势，各分区分别变化 5.673 分、2.746 分、1.162 分，说明全国社会救助财政投入趋于合理。

表 6-18   2010~2017 年全国社会救助兜底水平平均得分情况

指标	2010 年			2017 年			得分变化		
	上游区	中游区	下游区	上游区	中游区	下游区	上游区	中游区	下游区
社会救助兜底水平	29.130	20.058	13.056	49.153	31.460	17.908	20.023	11.402	4.852
单位基本结构	9.951	5.746	2.525	11.900	6.444	2.548	1.949	0.698	0.024
服务管理水平	3.805	2.047	0.863	10.630	5.840	2.537	6.825	3.793	1.674
社会救助服务水平	13.783	9.655	7.305	18.933	13.655	9.990	5.150	4.001	2.685
财政投入状况	4.564	1.876	0.584	10.237	4.622	1.746	5.673	2.746	1.162

第二节 全国社会救助兜底水平差异性分析

一、全国社会救助兜底水平地区差异分析

根据灰色综合评价法对无量纲化后的三级指标进行权重得分计算，得到全国社会救助兜底水平得分及排名，可反映各省份社会救助兜底水平情况。为了更准确地反映全国社会救助兜底水平差异及整体情况，本书在此进一步对各省份社会救助兜底水平分布情况进行分析，对各省份间实际差距和整体水平展开研究。因此，对 2010~2017 年全国社会救助兜底水平评价分值分布进行统计，结果如图 6-9、图 6-10、图 6-11、图 6-12、图 6-13、图 6-14、图 6-15、图 6-16所示。

由图 6-9 可以看出 2010 年全国社会救助兜底水平得分较均衡，1 个省份得分分布在 10 分以下，5 个省份得分分布在 10~15 分，11 个省份得分分布在 15~20 分，5个省份得分分布在 20~25 分，4 个省份得分分布在 25~30 分，2 个省份得分分布在30~35 分，1 个省份得分分布在 40 分以上。这说明全国社会救助兜底水平均衡，但总体来说大部分省份的得分偏低，说明整体水平亟须提升。

由图 6-10 可以看出 2011 年全国社会救助兜底水平得分整体有所提升，1 个省份得分分布在 10 分以下，4 个省份得分分布在 10~15 分，6 个省份得分分布在15~20 分，9 个省份得分分布在 20~25 分，3 个省份得分分布在 25~30 分，3 个省份得分分布在 30~35 分，2 个省份得分分布在 35~40 分，1 个省份得分分布在40 分以上。这说明较去年相比全国社会救助兜底水平有所进步，但总体来说大多数省份的得分较低，说明整体水平亟须提升。

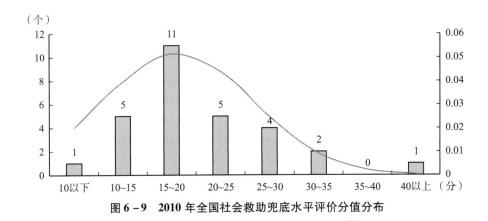

图 6 – 9　2010 年全国社会救助兜底水平评价分值分布

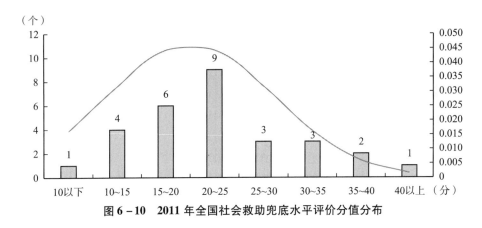

图 6 – 10　2011 年全国社会救助兜底水平评价分值分布

由图 6 – 11 可以看出 2012 年全国社会救助兜底水平得分和去年相比有较大进步，没有任何省份的得分在 10 分以下，5 个省份得分分布在 10 ~ 15 分，2 个省份得分分布在 15 ~ 20 分，10 个省份得分分布在 20 ~ 25 分，5 个省份得分分布在 25 ~ 30 分，3 个省份得分分布在 30 ~ 35 分，2 个省份得分分布在 35 ~ 40 分，2 个省份得分分布在 40 分以上。高分区段省份逐渐增多，大多数省份的得分相对集聚。

由图 6 – 12 可以看出 2013 年全国社会救助兜底水平得分和去年相比有较大进步，3 个省份得分分布在 10 ~ 15 分，3 个省份得分分布在 15 ~ 20 分，6 个省份得分分布在 20 ~ 25 分，10 个省份得分分布在 25 ~ 30 分，3 个省份得分分布在 30 ~ 35 分，1 个省份得分分布在 35 ~ 40 分，3 个省份得分分布在 45 分以上。高分区段省份逐渐增多，大多数省份的得分相对集聚，与上年相比变化较小，趋于稳定。

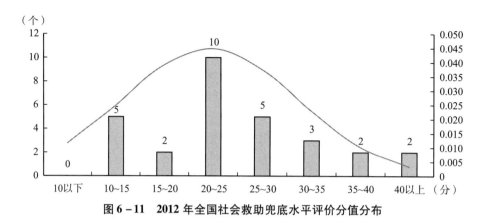

图 6 - 11　2012 年全国社会救助兜底水平评价分值分布

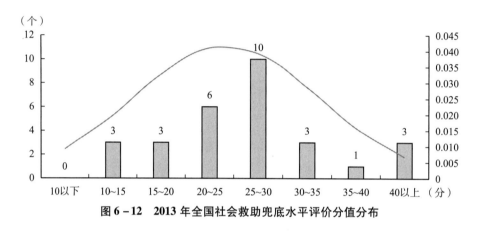

图 6 - 12　2013 年全国社会救助兜底水平评价分值分布

　　由图 6 - 13 可以看出 2014 年全国社会救助兜底水平得分和去年相比有较大进步，3 个省份得分分布在 10～15 分，2 个省份得分分布在 15～20 分，5 个省份得分分布在 20～25 分，8 个省份得分分布在 25～30 分，5 个省份得分分布在 30～35 分，2 个省份得分分布在 35～40 分，4 个省份得分分布在 40 分以上。较去年相比，发展稳定，得分分布变化亦趋于稳定。

　　由图 6 - 14 可以看出 2015 年全国社会救助兜底水平得分和去年相比有所稳步提升，2 个省份得分分布在 10～15 分，4 个省份得分分布在 15～20 分，3 个省份得分分布在 20～25 分，10 个省份得分分布在 25～30 分，4 个省份得分分布在 30～35 分，2 个省份得分分布在 35～40 分，4 个省份得分分布在 40 分以上。中等得分区段省份逐渐增多，同时各省之间得分出现不均衡的趋势。

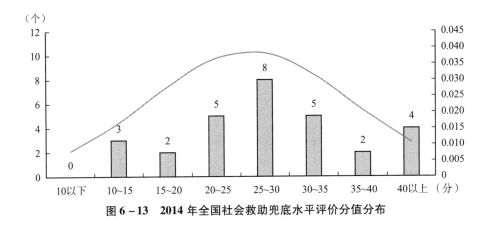

图 6-13　2014 年全国社会救助兜底水平评价分值分布

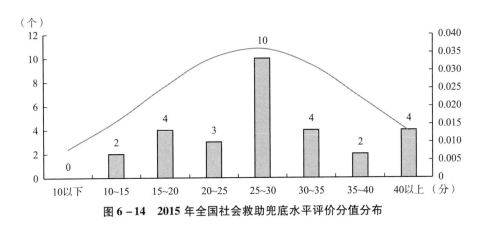

图 6-14　2015 年全国社会救助兜底水平评价分值分布

由图 6-15 可以看出 2016 年全国社会救助兜底水平得分和去年相比仍在稳步提升，2 个省份得分分布在 10~15 分，3 个省份得分分布在 15~20 分，4 个省份得分分布在 20~25 分，5 个省份得分分布在 25~30 分，8 个省份得分分布在 30~35 分，3 个省份得分分布在 35~40 分，4 个省份得分分布在 40 分以上。高分区段省份逐渐增多，较去年相比分布相对集聚，得分分布变化趋于稳定。

由图 6-16 可以看出 2017 年全国社会救助兜底水平得分和去年相比有较大进步，1 个省得分分布在 10~15 分，4 个省份得分分布在 15~20 分，3 个省份得分分布在 20~25 分，2 个省份得分分布在 25~30 分，11 个省份得分分布在 30~35 分，2 个省份得分分布在 35~40 分，6 个省份得分分布在 40 分以上。高分区段省份逐渐增多，较去年相比更多省份在高分集聚，分布稍有变化。

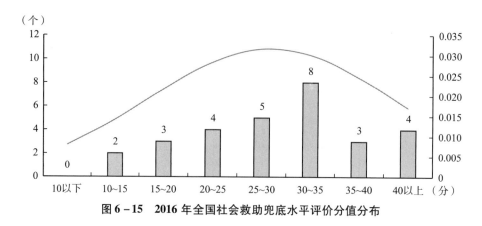

图 6 - 15　2016 年全国社会救助兜底水平评价分值分布

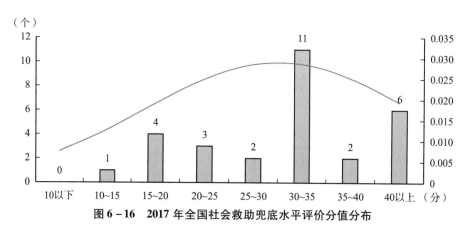

图 6 - 16　2017 年全国社会救助兜底水平评价分值分布

对 2010～2017 年中国东部、西部、中部、东北地区的社会救助兜底水平平均得分和分值变化情况分析，得分情况如表 6 - 19 所示。

2010 年东部地区的社会救助兜底水平平均得分为 24.455 分，西部地区平均得分为 17.028 分，中部地区平均得分为 21.644 分，东北地区平均得分为 20.325 分，地区间的比例为 1∶0.696∶0.885∶0.831，标准差为 3.083，说明全国四大地区有一定差距。

2011 年东部地区的社会救助兜底水平平均得分为 26.49 分，西部地区平均得分为 18.801 分，中部地区平均得分为 24.648 分，东北地区平均得分为 20.051 分，地区间的比例为 1∶0.710∶0.930∶0.757，标准差为 3.661，说明全国四大地区的民政事业发展社会救助兜底水平整体来说有所提升，但是差距开始逐渐扩大。

2012 年东部地区的社会救助兜底水平平均得分为 28.611 分，西部地区平均得分为 20.988 分，中部地区平均得分为 26.089 分，东北地区平均得分为 23.382 分，地区间的比例为 1∶0.734∶0.912∶0.817，标准差为 3.302，说明全国四大地区的社会救助兜底水平进一步提升，同时各地区的差距稍有缩小。

2013 年东部地区的社会救助兜底水平平均得分为 29.901 分，西部地区平均得分为 23.078 分，中部地区平均得分为 28.763 分，东北地区平均得分为 26.065 分，地区间的比例为 1∶0.772∶0.962∶0.872，标准差为 3.042，说明全国四大地区的社会救助兜底水平仍保持增长，同时各地区的差距进一步缩小。

2014 年东部地区的社会救助兜底水平平均得分为 31.660 分，西部地区平均得分为 24.640 分，中部地区平均得分为 30.440 分，东北地区平均得分为 28.558 分，地区间的比例为 1∶0.778∶0.961∶0.902，标准差为 3.068，说明全国四大地区的社会救助兜底水平整体势头向好，不过各地区之间的差距和去年相比稍有扩大。

2015 年东部地区的社会救助兜底水平平均得分为 32.506 分，西部地区平均得分为 26.023 分，中部地区平均得分为 30.397 分，东北地区平均得分为 28.797 分，地区间的比例为 1∶0.801∶0.935∶0.886，标准差为 2.733，说明全国四大地区的社会救助兜底水平整体势头向好，各地区之间的差距进一步缩小，但中部地区发展遭遇瓶颈。

2016 年东部地区的社会救助兜底水平平均得分为 34.595 分，西部地区平均得分为 27.395 分，中部地区平均得分为 31.798 分，东北地区平均得分为 31.552 分，地区间的比例为 1∶0.792∶0.919∶0.912，标准差为 2.967，说明全国四大地区的社会救助兜底水平整体提升迅速，但是各地区之间的差距和去年相比稍有扩大。

2017 年东部地区的社会救助兜底水平平均得分为 36.953 分，西部地区平均得分为 28.808 分，中部地区平均得分为 32.853 分，东北地区平均得分为 32.961 分，地区间的比例为 1∶0.780∶0.889∶0.892，标准差为 3.326，说明全国四大地区的社会救助兜底水平整体呈现上升趋势，不过各地区的发展差距越来越大。

表 6-19　2010~2017 年中国民政事业高质量发展各地区社会救助兜底水平平均得分及其变化

年份	东部地区	西部地区	中部地区	东北地区	标准差
2010	24.455	17.028	21.644	20.325	3.083
2011	26.490	18.801	24.648	20.051	3.661
2012	28.611	20.988	26.089	23.382	3.302
2013	29.901	23.078	28.763	26.065	3.042
2014	31.660	24.640	30.440	28.558	3.068
2015	32.506	26.023	30.397	28.797	2.733
2016	34.595	27.395	31.798	31.552	2.967
2017	36.953	28.808	32.853	32.961	3.326
分值变化	12.498	11.780	11.209	12.636	0.243

从全国社会救助兜底水平的分值变化情况中可以看出，2010~2017 年东部、西部、中部、东北地区的社会救助兜底水平得分整体呈现上升趋势，但是全国各地区间

的得分差距也呈波动上升趋势，东部、东北地区社会救助工作整体发展相对迅速，而西部、中部地区得分增长幅度较小，发展活力相对不足，和东部、东北地区有呈现差距越来越大的局面。

通过对全国社会救助兜底水平各地区的对比分析，发现东部地区的社会救助兜底水平最高，东北地区次之，中部地区排在第三，西部地区的社会救助兜底水平垫底，各地区的社会救助兜底水平得分差距不断扩大。为进一步对中国民政事业高质量发展各地区社会救助兜底水平排名情况进行分析，通过表 6－20、表 6－21、表 6－22、表 6－23、表 6－24、表 6－25、表 6－26 和表 6－27 从各地区内部省份及全国整体两个维度对各省份排名进行分析，同时对各地区变化趋势进行对比。

表 6－20 对 2010~2017 年全国社会救助兜底水平中的东部地区各省份排名进行分析，可以看到北京的社会救助兜底水平排名在东部地区较为稳定，自 2010 年一直保持在第 4 名的位置，说明北京的社会救助兜底水平稳定且良好；天津的社会救助兜底水平排名在东部地区较为稳定，变化较小；河北的社会救助兜底水平排名在东部地区较为稳定，整体水平变化较小；上海的社会救助兜底水平排名在东部地区有所下降，说明上海的社会救助工作遭遇发展瓶颈；江苏的社会救助兜底水平排名在东部地区较为稳定，自 2010 年一直保持在第 2 名的位置，说明江苏的社会救助兜底水平稳定且较高；浙江的社会救助兜底水平排名在东部地区较为稳定，自 2010 年一直保持在第 3 名的位置，说明浙江的社会救助兜底水平稳定且较高；福建的社会救助兜底水平排名在东部地区有所下降，说明福建的社会救助兜底水平降低以及社会救助工作发展活力相对不足；山东在东部地区排名有所上升，说明山东的社会救助兜底水平有所提高；广东的社会救助兜底水平排名在东部地区较为稳定，自 2010 年一直保持在第 1 名的位置，说明广东的社会救助兜底水平稳定且较高。

表 6－20　　2010~2017 年东部地区各省份社会救助兜底水平内部排名比较

地区	2010 年	2011 年	2012 年	2013 年	2014 年	2015 年	2016 年	2017 年	排名变化
北京	4	4	4	4	4	4	4	4	0
天津	8	8	9	9	9	8	8	8	0
河北	9	9	8	8	8	9	9	9	0
上海	5	5	5	6	6	6	6	6	−1
江苏	2	2	2	2	2	2	2	2	0
浙江	3	3	3	3	3	3	3	3	0
福建	6	7	7	7	7	7	7	7	−1
山东	7	6	6	5	5	5	5	5	2
广东	1	1	1	1	1	1	1	1	0

　　表 6 – 21 对 2010 ~ 2017 年东部地区各省份在全国范围内社会救助兜底水平排名情况进行比较，可以看到北京在全国范围内排名呈现较大幅度下降趋势，名次由上游区跌至中游区，说明北京的社会救助兜底水平有所下降，需要激发其发展潜能。天津在全国范围内排名呈现下降趋势，且一直处在下游区位置，说明天津的社会救助兜底水平有待提高。河北在全国范围内排名呈现下降趋势，且一直处在下游区位置，说明河北的社会救助兜底水平有待提高。上海在全国范围内排名呈现大幅度下降趋势，名次由上游区跌至中游区，说明上海的社会救助兜底水平较低，其发展活力不足，需要激发其发展潜能。江苏在全国范围内排名呈现下降趋势，但一直处在上游区位置，说明江苏的社会救助兜底水平较高但有所下降，需激发其发展活力。浙江在全国范围内排名呈现波动上升趋势，且保持在上游区位置，说明浙江的社会救助兜底水平有所提高，发展情况良好。福建在全国范围内排名呈现较大幅度下降趋势，名次一直处在中游区，说明福建的社会救助兜底水平有所下降，其发展遭遇瓶颈需激发其潜能。山东在全国范围内排名呈现波动上升趋势，一直处于中游区位置，说明山东的社会救助兜底水平有所提高，发展情况良好。广东在全国范围内排名呈现稳定趋势且一直稳居全国第 1 名位置，说明广东的社会救助兜底水平整体发展水平较高且稳定。

表 6 – 21　　　　2010 ~ 2017 年东部地区各省份社会救助兜底水平在全国范围内排名比较

地区	2010 年	2011 年	2012 年	2013 年	2014 年	2015 年	2016 年	2017 年	排名变化
北京	7	7	7	7	9	9	10	11	− 4
天津	25	25	27	27	27	26	26	26	− 1
河北	26	27	26	26	25	27	27	27	− 1
上海	8	9	9	14	15	14	15	17	− 9
江苏	2	3	2	2	3	3	3	3	− 1
浙江	6	6	6	6	6	6	7	5	1
福建	13	14	15	19	18	19	19	19	− 6
山东	14	11	10	12	13	12	12	12	2
广东	1	1	1	1	1	1	1	1	0

　　表 6 – 22 对 2010 ~ 2017 年全国社会救助兜底水平中的西部地区排名进行分析，可以看到内蒙古的社会救助兜底水平排名在西部地区有所下降，说明内蒙古的社会救助兜底水平降低，社会救助工作发展活力相对不足；广西的社会救助兜底水平排名在西部地区有所上升，说明广西的社会救助兜底水平有所提高；重庆的社会救助兜底水平排名在西部地区较为稳定，整体社会救助兜底水平变化较小；四川的社会救助兜底水平排名在西部地区较为稳定，自 2010 年一直保持在第 1 名的位置，说

明四川的社会救助兜底水平稳定且社会救助工作发展良好；贵州的社会救助兜底水平排名在西部地区有所上升，说明贵州的社会救助兜底水平有所提高；云南的社会救助兜底水平排名在西部地区较为稳定，社会救助兜底水平变化较小；陕西的社会救助兜底水平排名在西部地区较为稳定，社会救助兜底水平变化较小；甘肃的社会救助兜底水平排名在西部地区较为稳定，社会救助兜底水平变化较小；青海的社会救助兜底水平排名在西部地区较为稳定，社会救助兜底水平变化较小；宁夏的社会救助兜底水平排名在西部地区较为稳定，社会救助兜底水平变化较小；新疆的社会救助兜底水平排名在西部地区有所下降，说明新疆的社会救助兜底水平降低，社会救助工作发展活力相对不足。

表 6-22 　　　　2010～2017 年西部地区各省份社会救助兜底水平内部排名比较

地区	2010 年	2011 年	2012 年	2013 年	2014 年	2015 年	2016 年	2017 年	排名变化
内蒙古	6	7	7	7	7	7	7	7	-1
广西	4	4	4	2	2	2	2	2	2
重庆	3	3	3	4	4	3	3	3	0
四川	1	1	1	1	1	1	1	1	0
贵州	7	6	5	5	5	5	4	6	1
云南	8	8	8	8	8	8	8	8	0
陕西	5	5	6	6	6	6	6	5	0
甘肃	9	9	9	9	9	9	9	9	0
青海	11	11	11	11	11	11	11	11	0
宁夏	10	10	10	10	10	10	10	10	0
新疆	2	2	2	3	3	4	5	4	-2

表 6-23 对 2010～2017 年西部地区各省份在全国范围内社会救助兜底水平排名情况进行比较，可以看到内蒙古在全国范围内排名呈现稳定趋势，但长期在中、下游区徘徊，说明内蒙古的社会救助兜底水平整体发展水平不高，但相对稳定；广西在全国范围内排名呈现大幅上升趋势，排名大幅上升，由中游区升至上游区，说明广西的社会救助兜底水平提升迅速，发展潜力得到充分挖掘；重庆在全国范围内排名呈现波动上升趋势，说明重庆的社会救助兜底水平有所提高，但长期保持在中游区位置发展尚可；四川在全国范围内排名呈现上升趋势，且长期处于上游区位置，说明四川的社会救助兜底水平提高且发展较好；贵州在全国范围内排名呈现上升趋势，由下游区升至中游区，说明贵州的社会救助兜底水平有所提高；云南在全国范围内排名呈现上升趋势，说明云南的社会救助兜底水平有所提高，但长期处于下游区位置，发展潜力仍

需再激发;陕西在全国范围内排名呈现波动上升趋势,长期处于中游区位置,说明陕西的社会救助兜底水平有所提高;甘肃在全国范围内排名呈现上升趋势,说明甘肃的社会救助兜底水平有所提高,但长期处于下游区位置,发展活力不足;青海在全国范围内排名呈现稳定趋势,但长期处于下游区,说明青海的社会救助兜底工作的整体发展水平不高,但相对稳定;宁夏在全国范围内排名呈现稳定趋势,但长期处于下游区位置,说明宁夏的社会救助兜底工作整体发展水平不高,但相对稳定;新疆在全国范围内排名呈现波动下降趋势,说明新疆的社会救助兜底水平下降且社会救助工作发展活力相对不足,正遭遇发展瓶颈。

表6-23　　2010~2017年西部地区各省份社会救助兜底水平在全国范围内排名比较

地区	2010年	2011年	2012年	2013年	2014年	2015年	2016年	2017年	排名变化
内蒙古	21	21	22	22	22	21	21	21	0
广西	17	17	17	8	7	7	6	7	10
重庆	11	10	11	15	14	10	11	10	1
四川	4	4	3	3	2	2	2	2	2
贵州	22	20	19	18	17	17	13	20	2
云南	23	24	24	24	24	24	24	22	1
陕西	20	19	21	21	20	20	20	18	2
甘肃	27	26	25	25	26	25	25	25	2
青海	29	29	29	29	29	29	29	29	0
宁夏	28	28	28	28	28	28	28	28	0
新疆	9	8	8	9	12	13	18	16	-7

表6-24对2010~2017年全国社会救助兜底水平中的中部地区排名进行分析,可以看到山西的社会救助兜底水平排名在中部地区有所上升,说明山西的社会救助兜底水平有所提高;安徽的社会救助兜底水平排名在中部地区有所上升,说明安徽的社会救助兜底水平有所提高;江西的社会救助兜底水平排名在中部地区有所下降,说明江西的社会救助兜底水平降低且社会救助工作发展活力相对不足;河南的社会救助兜底水平排名在中部地区较为稳定,社会救助兜底水平变化较小;湖北的社会救助兜底水平排名在中部地区有所上升,说明湖北的社会救助兜底水平有所提高;湖南的社会救助兜底水平排名在中部地区有所下降,说明湖南的社会救助兜底水平降低且社会救助工作发展活力相对不足。

表 6 - 24   2010～2017 年中部地区各省份社会救助兜底水平内部排名比较

地区	2010 年	2011 年	2012 年	2013 年	2014 年	2015 年	2016 年	2017 年	排名变化
山西	6	6	6	6	6	6	5	5	1
安徽	5	5	3	4	4	4	4	4	1
江西	4	4	5	5	5	5	6	6	-2
河南	3	3	4	3	3	3	3	3	0
湖北	2	1	1	1	1	1	1	1	1
湖南	1	2	2	2	2	2	2	2	-1

表 6 - 25 对 2010～2017 年中部地区各省份在全国范围内社会救助兜底水平排名情况进行比较，可以看到山西在全国范围内排名呈现上升趋势，说明山西的社会救助兜底水平有所提高，但长期处于下游区位置，社会救助工作发展活力不足；安徽在全国范围内排名呈现波动上升趋势，长期处于中游区位置，说明安徽的社会救助兜底水平有所提高；江西在全国范围内排名呈现下降趋势，排名大幅下降且从中游区跌至下游区，说明江西的社会救助兜底水平下降，社会救助工作发展活力相对不足；河南在全国范围内排名呈现大幅上升趋势，由中游区升至上游区，说明河南的社会救助兜底工作发展潜力被充分挖掘；湖北在全国范围内排名呈现上升趋势，且长期处于上游区位置，说明湖北的社会救助兜底水平十分扎实；湖南在全国范围内排名呈现下降趋势，但仍保持在上游区位置，说明湖南的社会救助兜底工作仍有较大发展潜力。

表 6 - 25   2010～2017 年中部地区各省份社会救助兜底水平在全国范围内排名比较

地区	2010 年	2011 年	2012 年	2013 年	2014 年	2015 年	2016 年	2017 年	排名变化
山西	24	23	23	23	23	23	22	23	1
安徽	19	18	13	11	10	18	17	14	5
江西	16	16	20	20	21	22	23	24	-8
河南	15	13	14	10	8	8	8	8	7
湖北	5	2	4	4	4	4	4	4	1
湖南	3	5	5	5	5	5	5	6	-3

表 6 - 26 对 2010～2017 年全国社会救助兜底水平中的东北地区排名进行分析，可以看到辽宁自 2010 年后一直稳定保持在东北地区第 1 名的位置，说明辽宁的社会救助兜底水平非常稳定；吉林的社会救助兜底水平排名在东北地区有所上升，说明吉林的社会救助兜底水平有所提高；黑龙江的社会救助兜底水平排名在东北地区呈现下降趋势，说明黑龙江的社会救助兜底水平降低，社会救助工作发展活力相对不足。

表 6 - 26　　　2010～2017 年东北地区各省份社会救助兜底水平内部排名比较

地区	2010 年	2011 年	2012 年	2013 年	2014 年	2015 年	2016 年	2017 年	排名变化
辽宁	2	1	1	1	1	1	1	1	1
吉林	3	3	3	2	2	3	2	2	1
黑龙江	1	2	2	3	3	2	3	3	-2

表 6 - 27 对 2010～2017 年东北地区各省份在全国范围内社会救助兜底水平排名情况进行比较，可以看到辽宁在全国范围内排名呈现上升趋势，但长期处于中游区，说明辽宁的社会救助兜底水平提升；吉林在全国范围内排名呈现波动上升趋势，长期处于中游区，说明吉林的社会救助兜底水平有所提高；黑龙江在全国范围内排名呈现大幅下降趋势，说明黑龙江的社会救助兜底水平降低，社会救助工作发展活力相对不足，发展趋势疲软。

表 6 - 27　　　2010～2017 年东北地区各省份社会救助兜底水平在全国范围内排名比较

地区	2010 年	2011 年	2012 年	2013 年	2014 年	2015 年	2016 年	2017 年	排名变化
辽宁	12	12	12	13	11	11	9	9	3
吉林	18	22	18	16	16	16	14	13	5
黑龙江	10	15	16	17	19	15	16	15	-5

二、全国社会救助兜底水平区段变动分析

由图 6 - 17 和图 6 - 18 可以看到全国社会救助兜底水平上游区各项三级指标的平均得分变化趋势：2010～2017 年社会救助兜底水平上游区的得分呈现逐年增长趋势；2010～2017 年社会救助单位基本结构上游区的得分呈现波动增长趋势。

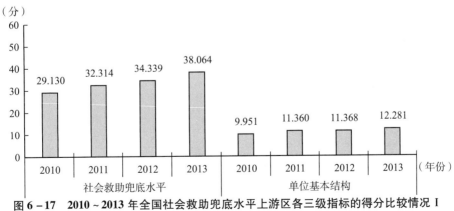

图 6 - 17　2010～2013 年全国社会救助兜底水平上游区各三级指标的得分比较情况 I

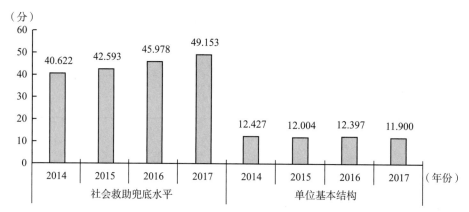

图6-18　2014～2017年全国社会救助兜底水平上游区各三级指标的得分比较情况 I

由图6-19和图6-20可以看到全国社会救助兜底水平上游区各项三级指标的平均得分变化趋势：2010～2017年社会救助服务管理水平上游区的得分呈现逐年增长趋势；2010～2017年社会救助服务水平上游区的得分呈现逐年增长趋势。

图6-19　2010～2013年全国社会救助兜底水平上游区各三级指标的得分比较情况 II

图6-20　2014～2017年全国社会救助兜底水平上游区各三级指标的得分比较情况 II

由图 6 - 21 和图 6 - 22 可以看到全国社会救助兜底水平上游区各项三级指标的平均得分变化趋势：2010～2017 年社会救助财政投入状况上游区的得分呈现逐年增长趋势。

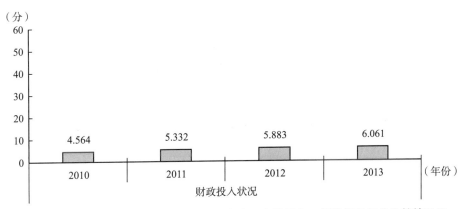

图 6 - 21　2010～2013 年全国社会救助兜底水平上游区各三级指标的得分比较情况Ⅲ

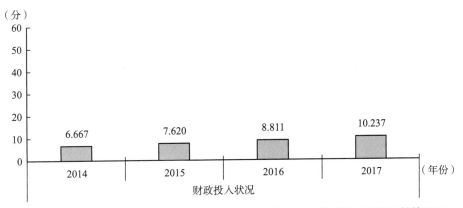

图 6 - 22　2014～2017 年全国社会救助兜底水平上游区各三级指标的得分比较情况Ⅲ

由图 6 - 23 和图 6 - 24 可以看到全国社会救助兜底水平中游区各项三级指标的平均得分变化趋势：2010～2017 年社会救助兜底水平中游区的得分呈现逐年增长趋势；2010～2017 年社会救助单位基本结构中游区的得分呈现波动增长趋势。

由图 6 - 25 和图 6 - 26 可以看到全国社会救助兜底水平中游区各项三级指标的平均得分变化趋势：2010～2017 年社会救助服务管理水平中游区的得分呈现逐年增长趋势；2010～2017 年社会救助服务水平中游区的得分呈现逐年增长趋势。

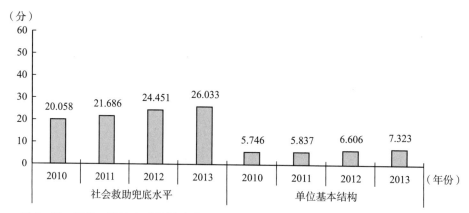

图 6 – 23　2010～2013 年全国社会救助兜底水平中游区各三级指标的得分比较情况 I

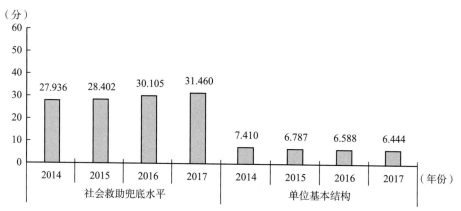

图 6 – 24　2014～2017 年全国社会救助兜底水平中游区各三级指标的得分比较情况 I

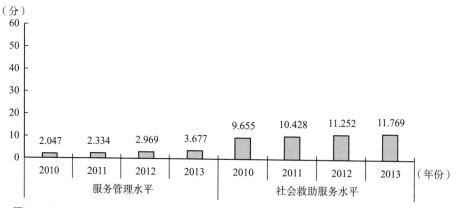

图 6 – 25　2010～2013 年全国社会救助兜底水平中游区各三级指标的得分比较情况 II

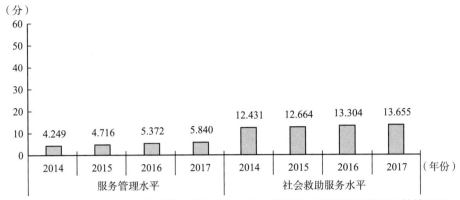

图6-26　2014~2017年全国社会救助兜底水平中游区各三级指标的得分比较情况Ⅱ

由图6-27和图6-28可以看到全国社会救助兜底水平中游区各项三级指标的平均得分变化趋势；2010~2017年社会救助财务投入状况中游区的得分呈现逐年增长趋势。

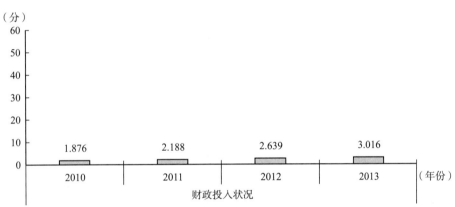

图6-27　2010~2013年全国社会救助兜底水平中游区各三级指标的得分比较情况Ⅲ

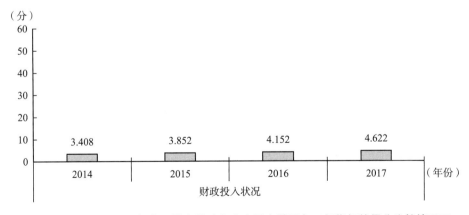

图6-28　2014~2017年全国社会救助兜底水平中游区各三级指标的得分比较情况Ⅲ

由图 6-29 和图 6-30 可以看到全国社会救助兜底水平下游区各项三级指标的平均得分变化趋势：2010～2017 年社会救助兜底水平下游区的得分呈现逐年增长趋势；2010～2017 年社会救助单位基本结构下游区的得分呈现波动增长趋势。

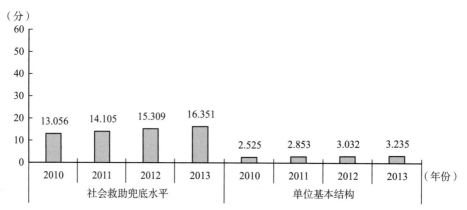

图 6-29 2010～2013 年全国社会救助兜底水平下游区各三级指标的得分比较情况 I

图 6-30 2014～2017 年全国社会救助兜底水平下游区各三级指标的得分比较情况 I

由图 6-31 和图 6-32 可以看到全国社会救助兜底水平下游区各项三级指标的平均得分变化趋势：2010～2017 年社会救助服务管理水平下游区的得分呈现逐年增长趋势；2010～2017 年社会救助服务水平下游区的得分呈现逐年增长趋势。

由图 6-33 和图 6-34 可以看到全国社会救助兜底水平下游区各项三级指标的平均得分变化趋势：2010～2017 年社会救助财务投入状况下游区的得分呈现逐年增长趋势。

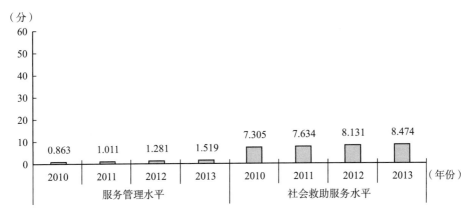

图 6 – 31　2010～2013 年全国社会救助兜底水平下游区各三级指标的得分比较情况 Ⅱ

图 6 – 32　2014～2017 年全国社会救助兜底水平下游区各三级指标的得分比较情况 Ⅱ

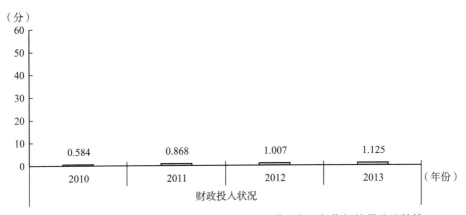

图 6 – 33　2010～2013 年全国社会救助兜底水平下游区各三级指标的得分比较情况 Ⅲ

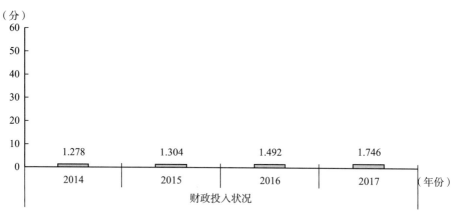

图 6-34 2014~2017 年全国社会救助兜底水平下游区各三级指标的得分比较情况Ⅲ

从图 6-35 对 2010~2011 年全国社会救助兜底水平的跨区段变化进行分析，可以看到 2010~2011 年有 4 个省份的名次有了跨区变动：新疆由中游区升至上游区，贵州由下游区升至中游区，上海由上游区跌至中游区，吉林由中游区跌至下游区。

	2010年	2011年
上游区	广东、江苏、湖南、四川、湖北、浙江、北京、上海	广东、湖北、江苏、四川、湖南、浙江、北京、新疆
中游区	新疆、黑龙江、重庆、辽宁、福建、山东、河南、江西、广西、吉林、安徽、陕西、内蒙古	上海、重庆、山东、辽宁、河南、福建、黑龙江、江西、广西、安徽、陕西、贵州、内蒙古
下游区	贵州、云南、山西、天津、河北、甘肃、宁夏、青海	吉林、山西、云南、天津、甘肃、河北、宁夏、青海

图 6-35 2010~2011 年全国社会救助兜底水平变动情况

从图 6-36 对 2011~2012 年全国社会救助兜底水平的跨区段变化进行分析，可以看到 2011~2012 年 2 个省份的名次有了跨区变动：吉林由下游区升至中游区，内蒙古由中游区跌至下游区。

	2011年	2012年
上游区	广东、湖北、江苏、四川、湖南、浙江、北京、新疆	广东、江苏、四川、湖北、湖南、浙江、北京、新疆
中游区	上海、重庆、山东、辽宁、河南、福建、黑龙江、江西、广西、安徽、陕西、贵州、内蒙古	上海、山东、重庆、辽宁、安徽、河南、福建、黑龙江、广西、吉林、贵州、江西、陕西
下游区	吉林、山西、云南、天津、甘肃、河北、宁夏、青海	内蒙古、山西、云南、甘肃、河北、天津、宁夏、青海

图 6-36 2011~2012 年全国社会救助兜底水平变动情况

从图 6-37 对 2012~2013 年全国社会救助兜底水平的跨区段变化进行分析，可以看到 2012~2013 年有 2 个自治区的名次有了跨区变动：广西由中游区升至上游区，新疆由上游区跌至中游区。

	2012年	2013年
上游区	广东、江苏、四川、湖北、湖南、浙江、北京、新疆	广东、江苏、四川、湖北、湖南、浙江、北京、广西
中游区	上海、山东、重庆、辽宁、安徽、河南、福建、黑龙江、广西、吉林、贵州、江西、陕西	新疆、河南、安徽、山东、辽宁、上海、重庆、吉林、黑龙江、贵州、福建、江西、陕西
下游区	内蒙古、山西、云南、甘肃、河北、天津、宁夏、青海	内蒙古、山西、云南、甘肃、河北、天津、宁夏、青海

图 6-37　2012~2013 年全国社会救助兜底水平变动情况

从图 6-38 对 2013~2014 年全国社会救助兜底水平的跨区段变化进行分析，可以看到 2013~2014 年有 2 个省份的名次有了跨区变动：河南由中游区升至上游区，北京由上游区跌至中游区。

	2013年	2014年
上游区	广东、江苏、四川、湖北、湖南、浙江、北京、广西	广东、四川、江苏、湖北、湖南、浙江、广西、河南
中游区	新疆、河南、安徽、山东、辽宁、上海、重庆、吉林、黑龙江、贵州、福建、江西、陕西	北京、安徽、辽宁、新疆、山东、重庆、上海、吉林、贵州、福建、黑龙江、陕西、江西
下游区	内蒙古、山西、云南、甘肃、河北、天津、宁夏、青海	内蒙古、山西、云南、河北、甘肃、天津、宁夏、青海

图 6-38　2013~2014 年全国社会救助兜底水平变动情况

从图 6-39 对 2014~2015 年全国社会救助兜底水平的跨区段变化进行分析，可以看到 2014~2015 年有 2 个省份的名次有了跨区变动：内蒙古由下游区升至中游区，江西由中游区跌至下游区。

	2014年	2015年
上游区	广东、四川、江苏、湖北、湖南、浙江、广西、河南	广东、四川、江苏、湖北、湖南、浙江、广西、河南
中游区	北京、安徽、辽宁、新疆、山东、重庆、上海、吉林、贵州、福建、黑龙江、陕西、江西	北京、重庆、辽宁、山东、新疆、上海、黑龙江、吉林、贵州、安徽、福建、陕西、内蒙古
下游区	内蒙古、山西、云南、河北、甘肃、天津、宁夏、青海	江西、山西、云南、甘肃、天津、河北、宁夏、青海

图 6-39　2014~2015 年全国社会救助兜底水平变动情况

从图6-40对2015～2016年全国社会救助兜底水平的跨区段变化进行分析，可以看到2015～2016年未有任何省份的社会救助兜底水平在全国名次发生跨区变动，说明全国社会救助兜底水平稳定。

	2015年	2016年
上游区	广东、四川、江苏、湖北、湖南、浙江、广西、河南	广东、四川、江苏、湖北、湖南、广西、浙江、河南
中游区	北京、重庆、辽宁、山东、新疆、上海、黑龙江、吉林、贵州、安徽、福建、陕西、内蒙古	辽宁、北京、重庆、山东、贵州、吉林、上海、黑龙江、安徽、新疆、福建、陕西、内蒙古
下游区	江西、山西、云南、甘肃、天津、河北、宁夏、青海	山西、江西、云南、甘肃、天津、河北、宁夏、青海

图6-40　2015～2016年全国社会救助兜底水平变动情况

从图6-41对2016～2017年全国社会救助兜底水平的跨区段变化进行分析，可以看到2016～2017年未有任何省份的社会救助兜底水平在全国名次发生跨区变动，说明全国社会救助兜底水平稳定。

	2016年	2017年
上游区	广东、四川、江苏、湖北、湖南、广西、浙江、河南	广东、四川、江苏、湖北、浙江、湖南、广西、河南
中游区	辽宁、北京、重庆、山东、贵州、吉林、上海、黑龙江、安徽、新疆、福建、陕西、内蒙古	辽宁、重庆、北京、山东、吉林、安徽、黑龙江、新疆、上海、陕西、福建、贵州、内蒙古
下游区	山西、江西、云南、甘肃、天津、河北、宁夏、青海	云南、山西、江西、甘肃、天津、河北、宁夏、青海

图6-41　2016～2017年全国社会救助兜底水平变动情况

从图6-42对2010～2017年全国社会救助兜底水平的跨区段变化进行分析，可以看到2010～2017年有6个省份的名次有了跨区变动：河南由中游区升至上游区，江西由中游区跌至下游区，广西由中游区升至上游区，北京由上游区跌至中游区，上海由上游区跌至中游区，贵州由下游区升至中游区。

	2010年	2017年
上游区	广东、江苏、湖南、四川、湖北、浙江、北京、上海	广东、四川、江苏、湖北、浙江、湖南、广西、河南
中游区	新疆、黑龙江、重庆、辽宁、福建、山东、河南、江西、广西、吉林、安徽、陕西、内蒙古	辽宁、重庆、北京、山东、吉林、安徽、黑龙江、新疆、上海、陕西、福建、贵州、内蒙古
下游区	贵州、云南、山西、天津、河北、甘肃、宁夏、青海	云南、山西、江西、甘肃、天津、河北、宁夏、青海

图6-42　2010～2017年全国社会救助兜底水平变动情况

第三节　本章发现与讨论

　　本章对各省份社会救助兜底水平的得分排名、发展速度进行分析对比，对中国四大地区的社会救助兜底水平的整体情况进行评估，细致地测算和归纳了全国社会救助工作的单位基本结构、服务管理水平、社会救助服务水平和财政投入状况的发展情况，通过对社会救助兜底方面的测算评估可以看到，社会救助兜底水平平稳，以及社会救助工作在单位基本结构、服务管理能力、社会救助服务水平和财政投入状况四方面所取得的进步，进而推动了社会救助工作的高质量发展。但是，社会救助工作整体发展是不平衡的，目前中国各区的社会救助工作水平呈现出东部地区领先，东北地区和中部地区水平相近，西部地区垫底的情况；社会救助工作的发展增速也是有明显差异性的，各地区之间的差距也呈现波动增长的趋势，东部地区增长速度最快，东北地区次之，西部地区再次之，中部地区垫底。同时，在社会救助兜底水平的上、中、下游分区来看，每个地区内部的发展也有所差异，水平普遍较高的东部地区如天津的救助水平就较低，水平普遍较低的西部地区也有诸如四川的救助水平就较高；结合得分排名来看，社会救助兜底水平及排名上升最快最多的大多数都是西部地区以及其他区域的落后省份，而下降区中的大多数省份都在东部和中部地区。

　　但整体上看，中国四大地区的社会救助兜底水平的差距不是很大。这是因为在社会救助工作当中，各地区的社会救助兜底水平虽然有所差距，但是由于保障人民基本生存的权利是政府的最底线工作，政府利用资源调配和财政支持向经济发展程度较低的西部地区倾斜，政府的宏观引导和各地区的社会救助现实不同，使各地区之间的差距并不大，只是由于基础设施、经济发展、救助对象基数等历史和现实因素造成了西部地区落后于其他地区的局面。2010～2017年，虽然全国的救助水平还有差异性的存在，但是基于脱贫攻坚战马上要迎来决胜期的社会事实，社会救助兜底工作的发展逐渐趋于均衡化，并着重解决西部和落后地区的脱贫难问题。从权重上来看，城市最低生活保障人数和农村最低生活保障人数两项指标的权重最高，说明这两项工作在社会救助工作当中十分重要。

第七章

中国民政事业高质量发展评估体系子系统Ⅲ
——社会事务覆盖水平

第一节　全国社会事务覆盖水平变化趋势分析

根据全国社会事务覆盖水平指标体系和数学评价模型，对 2010～2017 年我国 29 个省份的社会事务覆盖水平进行评价，表 7 - 1、表 7 - 2、表 7 - 3、表 7 - 4、表 7 - 5、表 7 - 6、表 7 - 7、表 7 - 8、表 7 - 9 是本次评估期间我国 29 个省份的社会事务覆盖水平排名和排名变化情况。

一、全国社会事务覆盖水平排名对比

根据表 7 - 1 中内容对 2010 年全国社会事务覆盖水平排名进行分析，处于全国社会事务覆盖水平上游区的是广东、山东、江苏、辽宁、浙江、湖北、河南和湖南 8 个省份；处于中游区的是四川、河北、黑龙江、上海、安徽、北京、福建、吉林、陕西、重庆、江西、广西和云南 13 个省份；处于下游区的是贵州、内蒙古、新疆、天津、山西、甘肃、宁夏和青海 8 个省份。根据全国社会事务覆盖水平排名情况，说明东部地区更占优势，西部地区发展水平较为落后。

表 7 - 1　　　　　　　　　　2010 年全国社会事务覆盖水平排名

地区	排名	区段	地区	排名	区段	地区	排名	区段
广东	1		四川	9		贵州	22	
山东	2		河北	10		内蒙古	23	
江苏	3		黑龙江	11		新疆	24	
辽宁	4		上海	12		天津	25	
浙江	5		安徽	13		山西	26	
湖北	6	上游区	北京	14		甘肃	27	下游区
河南	7		福建	15	中游区	宁夏	28	
湖南	8		吉林	16		青海	29	
			陕西	17				
			重庆	18				
			江西	19				
			广西	20				
			云南	21				

　　根据表 7 - 2 中内容对 2011 年全国社会事务覆盖水平排名进行分析，处于全国社会事务覆盖水平上游区的是广东、山东、江苏、辽宁、浙江、湖北、湖南、河南 8 个省份；处于中游区的是四川、河北、上海、黑龙江、安徽、北京、福建、吉林、陕西、江西、重庆、广西和云南 13 个省份；处于下游区的是贵州、内蒙古、新疆、天津、山西、甘肃、宁夏和青海 8 个省份。相较于 2010 年，湖南上升 1 名至第 7 名，河南下降 1 名至第 8 名，上海上升 1 名至第 11 名，黑龙江下降 1 名至第 12 名，江西上升 1 名至第 18 名，重庆下降 1 名至第 19 名。

表 7 - 2　　　　　　　　　　2011 年全国社会事务覆盖水平排名

地区	排名	区段	地区	排名	区段	地区	排名	区段
广东	1		四川	9		贵州	22	
山东	2		河北	10		内蒙古	23	
江苏	3		上海	11		新疆	24	
辽宁	4	上游区	黑龙江	12	中游区	天津	25	下游区
浙江	5		安徽	13		山西	26	
湖北	6		北京	14		甘肃	27	
湖南	7		福建	15		宁夏	28	

地区	排名	区段	地区	排名	区段	地区	排名	区段
河南	8		吉林	16		青海	29	
			陕西	17				
			江西	18				
		上游区	重庆	19	中游区			下游区
			广西	20				
			云南	21				

　　根据表7-3中内容对2012年全国社会事务覆盖水平排名进行分析，处于全国社会事务覆盖水平上游区的是广东、江苏、山东、辽宁、浙江、湖北、湖南和四川8个省份；处于中游区的是河南、河北、安徽、上海、黑龙江、北京、福建、吉林、重庆、陕西、江西、云南和广西13个省份；处于下游区的是内蒙古、贵州、新疆、天津、山西、甘肃、宁夏和青海8个省份。相较于2011年，江苏上升1名至第2名，山东下降1名至第3名，四川上升1名至第8名由中游区升至上游区，河南下降1名至第9名由上游区跌至中游区，安徽上升2名至第11名，上海下降1名至第12名，黑龙江下降1名至第13名，重庆上升2名至第17名，陕西下降1名至第18名，江西下降1名至第19名，云南上升1名至第20名，广西下降1名至第21名，内蒙古上升1名至第22名，贵州下降1名至第23名。

表7-3　　　　　　　　　　2012年全国社会事务覆盖水平排名

地区	排名	区段	地区	排名	区段	地区	排名	区段
广东	1		河南	9		内蒙古	22	
江苏	2		河北	10		贵州	23	
山东	3		安徽	11		新疆	24	
辽宁	4		上海	12		天津	25	
浙江	5		黑龙江	13		山西	26	
湖北	6	上游区	北京	14	中游区	甘肃	27	下游区
湖南	7		福建	15		宁夏	28	
四川	8		吉林	16		青海	29	
			重庆	17				
			陕西	18				

地区	排名	区段	地区	排名	区段	地区	排名	区段
			江西	19				
		上游区	云南	20	中游区			下游区
			广西	21				

根据表7-4中内容对2013年全国社会事务覆盖水平排名进行分析，处于全国社会事务覆盖水平上游区的是江苏、广东、山东、辽宁、浙江、湖北、四川和湖南8个省份；处于中游区的是河南、上海、安徽、河北、黑龙江、北京、吉林、福建、重庆、陕西、云南、贵州和内蒙古13个省份；处于下游区的是江西、广西、新疆、天津、山西、甘肃、宁夏和青海8个省份。相较于2012年，江苏上升1名至第1名，广东下降1名至第2名，四川上升1名至第7名，湖南下降1名至第8名，上海上升2名至第10名，河北下降2名至第12名，吉林上升1名至第15名，福建下降1名至第16名，云南上升1名至第19名，贵州上升3名至第20名由下游区升至中游区，内蒙古上升1名至第21名由下游区升至中游区，江西下降3名至第22名由中游区跌至下游区，广西下降2名至第23名由中游区跌至下游区。

表7-4　　　　　　　　**2013年全国社会事务覆盖水平排名**

地区	排名	区段	地区	排名	区段	地区	排名	区段
江苏	1		河南	9		江西	22	
广东	2		上海	10		广西	23	
山东	3		安徽	11		新疆	24	
辽宁	4		河北	12		天津	25	
浙江	5		黑龙江	13		山西	26	
湖北	6		北京	14		甘肃	27	
四川	7	上游区	吉林	15	中游区	宁夏	28	下游区
湖南	8		福建	16		青海	29	
			重庆	17				
			陕西	18				
			云南	19				
			贵州	20				
			内蒙古	21				

根据表 7-5 中内容对 2014 年全国社会事务覆盖水平排名进行分析，处于全国社会事务覆盖水平上游区的是广东、江苏、山东、辽宁、四川、浙江、湖北和湖南 8 个省份；处于中游区的是河南、上海、安徽、河北、北京、黑龙江、吉林、福建、重庆、云南、陕西、贵州和广西 13 个省份；处于下游区的是内蒙古、江西、天津、山西、新疆、甘肃、宁夏和青海 8 个省份。相较于 2013 年，广东上升 1 名至第 1 名，江苏下降 1 名至第 2 名，四川上升 2 名至第 5 名，浙江下降 1 名至第 6 名，湖北下降 1 名至第 7 名，北京上升 1 名至第 13 名，黑龙江下降 1 名至第 14 名，云南上升 1 名至第 18 名，陕西下降 1 名至第 19 名，广西上升 2 名至第 21 名由下游区升至中游区，内蒙古下降 1 名至第 22 名由中游区跌至下游区，江西下降 1 名至第 23 名，天津上升 1 名至第 24 名，山西上升 1 名至第 25 名，新疆下降 2 名至第 26 名。

表 7-5　　　　　　　　　　2014 年全国社会事务覆盖水平排名

地区	排名	区段	地区	排名	区段	地区	排名	区段
广东	1		河南	9		内蒙古	22	
江苏	2		上海	10		江西	23	
山东	3		安徽	11		天津	24	
辽宁	4		河北	12		山西	25	
四川	5		北京	13		新疆	26	
浙江	6		黑龙江	14		甘肃	27	
湖北	7	上游区	吉林	15	中游区	宁夏	28	下游区
湖南	8		福建	16		青海	29	
			重庆	17				
			云南	18				
			陕西	19				
			贵州	20				
			广西	21				

根据表 7-6 中内容对 2015 年全国社会事务覆盖水平排名进行分析，处于全国社会事务覆盖水平上游区的是广东、江苏、山东、辽宁、四川、浙江、湖北和湖南 8 个省份；处于中游区的是上海、河南、安徽、北京、河北、黑龙江、重庆、福建、吉林、贵州、陕西、广西和云南 13 个省份；处于下游区的是内蒙古、江西、山西、天津、新疆、甘肃、宁夏和青海 8 个省份。相较于 2014 年，上海上升 1 名至第 9 名，河南下降 1 名至第 10 名，北京上升 1 名至第 12 名，河北下降 1 名至第 13 名，重庆上升 2 名至第 15 名，吉林下降 2 名至第 17 名，贵州上升 2 名至第 18 名，广西上升 1

名至第 20 名，云南下降 3 名至第 21 名，山西上升 1 名至第 24 名，天津下降 1 名至第 25 名。

表 7 - 6　　　　　　　　　2015 年全国社会事务覆盖水平排名

地区	排名	区段	地区	排名	区段	地区	排名	区段
广东	1		上海	9		内蒙古	22	
江苏	2		河南	10		江西	23	
山东	3		安徽	11		山西	24	
辽宁	4		北京	12		天津	25	
四川	5		河北	13		新疆	26	
浙江	6		黑龙江	14		甘肃	27	
湖北	7	上游区	重庆	15	中游区	宁夏	28	下游区
湖南	8		福建	16		青海	29	
			吉林	17				
			贵州	18				
			陕西	19				
			广西	20				
			云南	21				

　　根据表 7 - 7 中内容对 2016 年全国社会事务覆盖水平排名进行分析，处于全国社会事务覆盖水平上游区的是江苏、广东、山东、辽宁、浙江、四川、湖北和上海 8 个省份；处于中游区的是湖南、河南、安徽、河北、北京、黑龙江、重庆、吉林、福建、贵州、广西、陕西和内蒙古 13 个省份；处于下游区的是云南、江西、山西、天津、新疆、甘肃、宁夏和青海 8 个省份。相较于 2015 年，江苏上升 1 名至第 1 名，广东下降 1 名至第 2 名，浙江上升 1 名至第 5 名，四川下降 1 名至第 6 名，上海上升 1 名至第 8 名由中游区升至上游区，湖南下降 1 名至第 9 名由上游区跌至中游区，河北上升 1 名至第 12 名，北京下降 1 名至第 13 名，吉林上升 1 名至第 16 名，福建下降 1 名至第 17 名，广西上升 1 名至第 19 名，陕西下降 1 名至第 20 名，内蒙古上升 1 名至第 21 名由下游区升至中游区，云南下降 1 名至第 22 名由中游区跌至下游区。

表 7 - 7   2016 年全国社会事务覆盖水平排名

地区	排名	区段	地区	排名	区段	地区	排名	区段
江苏	1	上游区	湖南	9	中游区	云南	22	下游区
广东	2		河南	10		江西	23	
山东	3		安徽	11		山西	24	
辽宁	4		河北	12		天津	25	
浙江	5		北京	13		新疆	26	
四川	6		黑龙江	14		甘肃	27	
湖北	7		重庆	15		宁夏	28	
上海	8		吉林	16		青海	29	
			福建	17				
			贵州	18				
			广西	19				
			陕西	20				
			内蒙古	21				

根据表 7 - 8 中内容对 2017 年全国社会事务覆盖水平排名进行分析，处于全国社会事务覆盖水平上游区的是江苏、广东、山东、辽宁、浙江、四川、湖北和上海 8 个省份；处于全国社会事务覆盖水平中游区的是湖南、河南、安徽、河北、北京、重庆、陕西、黑龙江、吉林、福建、贵州、内蒙古和广西 13 个省份；处于全国社会事务覆盖水平下游区的是云南、天津、江西、山西、新疆、甘肃、宁夏和青海 8 个省份。相较于 2016 年，重庆上升 1 名至第 14 名，陕西上升 5 名至第 15 名，上升幅度较为明显，说明陕西的社会事务工作发展潜力得到挖掘，黑龙江下降 2 名至第 16 名，吉林下降 1 名至第 17 名，福建下降 1 名至第 18 名，贵州下降 1 名至第 19 名，内蒙古上升 1 名至第 20 名，广西下降 2 名至第 21 名，天津上升 2 名至第 23 名，江西下降 1 名至第 24 名，山西下降 1 名至第 25 名。

表 7 - 8   2017 年全国社会事务覆盖水平排名

地区	排名	区段	地区	排名	区段	地区	排名	区段
江苏	1	游区	湖南	9	中游区	云南	22	下游区
广东	2		河南	10		天津	23	
山东	3		安徽	11		江西	24	
辽宁	4		河北	12		山西	25	

地区	排名	区段	地区	排名	区段	地区	排名	区段
浙江	5	游区	北京	13	中游区	新疆	26	下游区
四川	6		重庆	14		甘肃	27	
湖北	7		陕西	15		宁夏	28	
上海	8		黑龙江	16		青海	29	
			吉林	17				
			福建	18				
			贵州	19				
			内蒙古	20				
			广西	21				

　　根据表7-9中内容对2010～2017年全国社会事务覆盖水平排名变化趋势进行分析，可以看到在全国社会事务覆盖水平处于上升区的是上海、重庆、内蒙古、四川、贵州、天津、江苏、安徽、陕西、北京和山西11个省份；处于保持区的是辽宁、浙江、甘肃、青海和宁夏5个省份；处于下降区的是吉林、山东、湖北、湖南、广东、广西、云南、河北、新疆、福建、河南、黑龙江和江西13个省份。综合来看，29个省份的社会事务覆盖水平在2010～2017年变化较大，其中上升幅度较大的上海属于东部地区，重庆属于西部地区，而下降幅度较大的江西省属于中部地区，黑龙江属于东北地区。在这8年中，各地区内部省份差异性逐渐显现，全国社会事务覆盖水平整体向前发展。

表7-9　　　　　　　　2010～2017年全国社会事务覆盖水平排名变化

地区	排名	区段	地区	排名	区段	地区	排名	区段
上海	4	上升区	辽宁	0	保持区	吉林	-1	下降区
重庆	4		浙江	0		山东	-1	
内蒙古	3		甘肃	0		湖北	-1	
四川	3		青海	0		湖南	-1	
贵州	3		宁夏	0		广东	-1	
天津	2					广西	-1	
江苏	2					云南	-1	
安徽	2					河北	-2	
陕西	2					新疆	-2	

续表

地区	排名	区段	地区	排名	区段	地区	排名	区段
北京	1					福建	-3	
山西	1	上升区			保持区	河南	-3	下降区
						黑龙江	-5	
						江西	-5	

由图 7-1 可以看出，2010～2011 年全国社会事务覆盖水平呈上升趋势的有湖南、上海和江西 3 个省份，均上升了 1 名。广东、山东、江苏、辽宁、浙江、湖北、四川、河北、安徽、北京、福建、吉林、陕西、广西、云南、贵州、内蒙古、新疆、天津、山西、甘肃、宁夏和青海 16 个省份排名均保持不变。全国社会事务覆盖水平呈下降趋势的有河南、黑龙江和重庆 3 个省份，均下降了 1 名。

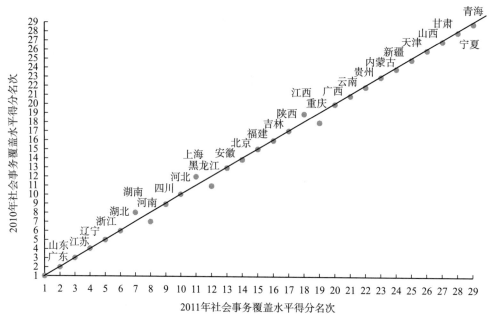

图 7-1　2010～2011 年全国社会事务覆盖水平排序变化

由图 7-2 可以看出，2011～2012 年全国社会事务覆盖水平呈上升趋势的有江苏、四川、安徽、重庆、云南和内蒙古 6 个省份，其中增长幅度最大的省份为安徽和重庆，分别由第 13 和第 19 名上升 2 名分别升至第 11 名和第 17 名；其他省份均上升 1 名。广东、辽宁、浙江、湖北、湖南、河北、北京、福建、吉林、新疆、天津、山西、甘肃、宁夏和青海 15 个省份排名均保持不变。全国社会事务覆盖水平呈下降趋势的有山东、河南、上海、黑龙江、陕西、江西、广西和贵州8个省份，均下降1名。

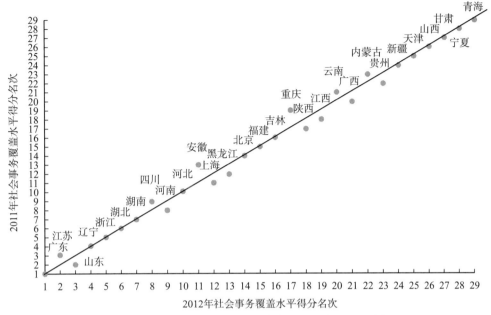

图 7 - 2　2011~2012 年全国社会事务覆盖水平排序变化

由图 7 - 3 可以看出，2012~2013 年全国社会事务覆盖水平呈上升趋势的有江苏、四川、上海、吉林、云南、贵州和内蒙古7个省份，增长幅度最大的省份为贵州，由第 23 名升至第 20 名，上升了 3 名；上海由第 12 名升至第 10 名，上升了 2 名；其他省份均上升 1 名。山东、辽宁、浙江、湖北、河南、安徽、黑龙江、北京、重庆、陕西、新疆、天津、山西、甘肃、宁夏和青海 16 个省份排名均保持不变。全国社会事务覆盖水平呈下降趋势的有广东、湖南、河北、福建、江西和广西6个省份，下降幅度最大的为江西，由第 19 名下降至第 22 名，下降了 3 名；河北由第 10 名降至第 12 名，广西由第 21 名降至第 23 名，均下降 2 名；其他省份均下降 1 名。

由图 7 - 4 可以看出，2013~2014 年全国社会事务覆盖水平呈上升趋势的有广东、四川、北京、云南、广西、天津和山西7个省份，增长幅度最大的省份为四川和广西，四川由第 7 名升至第 5 名，广西由第 23 名升至第 21 名，均上升 2 名；其余省份均上升 1 名。山东、辽宁、湖南、河南、上海、安徽、河北、吉林、福建、重庆、贵州、甘肃、宁夏和青海 14 个省份排名均保持不变。全国社会事务覆盖水平呈下降趋势的有江苏、浙江、湖北、黑龙江、陕西、内蒙古、江西和新疆8个省份，下降幅度最大的为新疆，由第 24 名降至第 26 名，下降了 2 名；其他省份均下降 1 名。

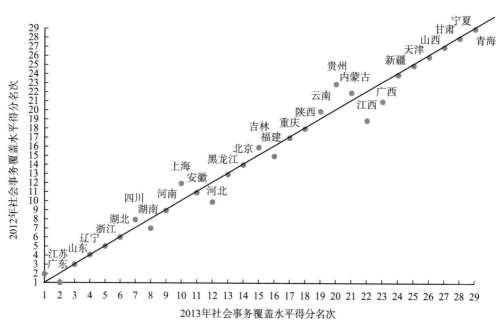

图 7-3　2012~2013 年全国社会事务覆盖水平排序变化

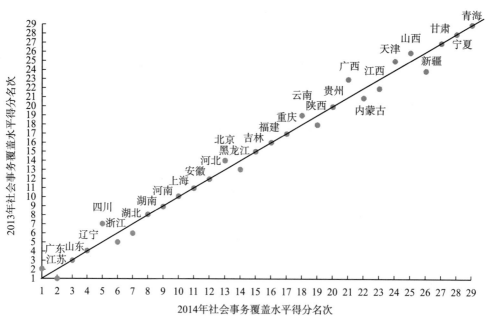

图 7-4　2013~2014 年全国社会事务覆盖水平排序变化

由图 7-5 可以看出，2014~2015 年全国社会事务覆盖水平呈上升趋势的有上海、北京、重庆、贵州、广西和山西 6 个省份，增长幅度最大的省份为重庆和贵州，重庆由第 17 名升至第 15 名，贵州由第 20 名升至第 18 名，均上升 2 名；其他省份均上升1名。广东、江苏、山东、辽宁、四川、浙江、湖北、湖南、安徽、黑龙江、福建、陕西、内蒙古、江西、新疆、甘肃、宁夏和青海18个省份排名均保持不变。全国社会事务覆盖水平呈下降趋势的有河南、吉林、河北、云南和天津5个省份,下降幅度最大的为云南,由第18名降至第21名,下降了3名;贵州由第15名降至第17名,下降了2名;其他省份均下降1名。

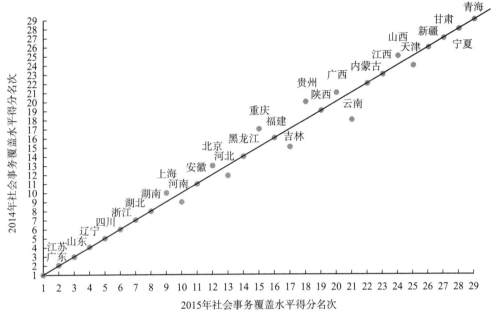

图 7 - 5　2014 ~ 2015 年全国社会事务覆盖水平排序变化

由图 7 - 6 可以看出,2015 ~ 2016 年全国社会事务覆盖水平呈上升趋势的有江苏、浙江、上海、河北、吉林、广西和内蒙古7个省份,均上升1名。山东、辽宁、湖北、河南、安徽、黑龙江、重庆、贵州、江西、山西、天津、新疆、甘肃、宁夏和青海15个省份排名均保持不变。全国社会事务覆盖水平呈下降趋势的有广东、四川、湖南、北京、福建、陕西和云南7个省份,均下降1名。

由图 7 - 7 可以看出,2016 ~ 2017 年全国社会事务覆盖水平呈上升趋势的有重庆、陕西、内蒙古和天津4个省份,增长幅度最大的省份为陕西,由第20名升至第15名,上升了5名;天津由第25名升至第23名,上升了2名;其他省份均上升1名。江苏、广东、山东、辽宁、浙江、四川、湖北、上海、湖南、河南、安徽、河北、北京、云南、新疆、甘肃、宁夏和青海18个省份排名均保持不变。全国社会事务覆盖水平呈下降趋势的有黑龙江、吉林、福建、贵州、广西、江西和山西7个省份,下降幅度最大的为黑龙江和广西,黑龙江由第14名降至第16名,广西由第19

名降至第 21 名，均下降 2 名；其他省份均下降 1 名。

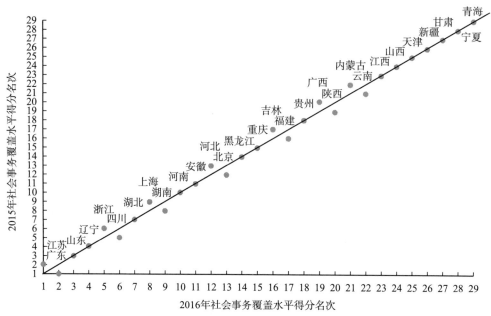

图 7-6　2015～2016 年全国社会事务覆盖水平排序变化

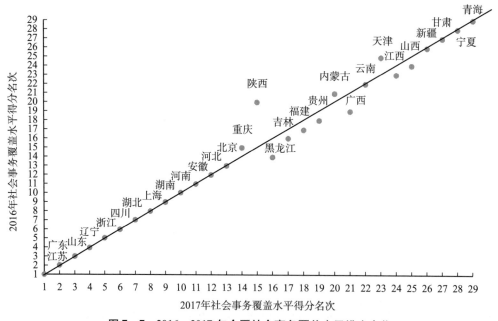

图 7-7　2016～2017 年全国社会事务覆盖水平排序变化

由图7-8可以看出，2010~2017年全国社会事务覆盖水平呈上升趋势的有上海、重庆、内蒙古、四川、贵州、天津、江苏、安徽、陕西、北京和山西11个省份，增长幅度最大的省份为上海和重庆，上海由第12名升至第8名，重庆由第18名升至第14名，均上升4名；内蒙古由第23名升至第20名，四川由第9名升至第6名，贵州由第22名升至第19名，均上升3名；天津由第25名升至第23名，江苏由第3名升至第1名，安徽由第13名升至第11名，陕西由第17名升至第15名，均上升2名；其他省份均上升1名。辽宁、浙江、甘肃、青海和宁夏5个省份排名均保持不变。全国社会事务覆盖水平呈下降趋势的有吉林、山东、湖北、湖南、广东、广西、云南、河北、新疆、福建、河南、黑龙江和江西13个省份，下降幅度最大的为江西和黑龙江，江西由第19名降至24名，黑龙江由第11名降至第16名，均下降5名；河南由第7名降至第10名，福建由15名降至第18名，均下降3名；新疆由24名降至第26名，河北由第10名降至第12名，均下降2名；其他省份均下降1名。

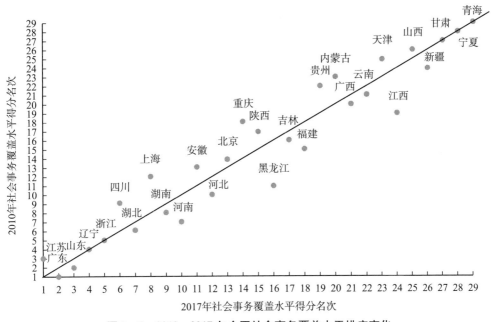

图7-8　2010~2017年全国社会事务覆盖水平排序变化

二、全国社会事务覆盖水平评分分析

通过表7-10对2010~2017年的全国社会事务覆盖水平及其变化进行分析。由2010年的全国社会事务覆盖水平评价来看，2010年全国社会事务覆盖水平得分处于1~50分，30分以上的有广东、山东、江苏、辽宁和浙江5个省份；小于30分的有湖北、河南、湖南、四川、河北、黑龙江、上海、安徽、北京、福建、吉林、陕西、重庆、江西、广西、云南、贵州、内蒙古、新疆、天津、山西、甘肃、宁夏和青海24 个省份。全国社会事务覆盖水平最高得分是广东 49.604 分，最低得分是青海1.322 分。全国社会事务覆盖水平的得分平均值为 20.826 分，得分标准差为 12.027，说明各省份间社会事务覆盖水平差距较大。全国社会事务覆盖水平中，东部地区省份的得分普遍较高，说明东部地区的社会事务覆盖水平较高，发展潜力较强；西部地区省份的得分普遍偏低，说明西部地区民政事业社会事务覆盖水平较低，社会事务工作水平亟须提升，发展活力相对不足。

表 7 - 10   2010～2017 年全国社会事务覆盖水平评价比较

地区	2010 年	2011 年	2012 年	2013 年	2014 年	2015 年	2016 年	2017 年	综合变化
北京	20.355	21.713	22.927	23.848	24.587	25.714	27.088	26.079	5.724
	14	14	14	14	13	12	13	13	1
天津	10.054	10.584	11.036	12.255	12.801	12.898	12.332	14.453	4.399
	25	25	25	25	24	25	25	23	2
河北	23.958	24.724	25.260	26.029	26.492	25.316	29.254	31.145	7.187
	10	10	10	12	12	13	12	12	-2
山西	9.482	10.114	10.337	11.283	12.164	13.038	12.508	11.547	2.065
	26	26	26	26	25	24	24	25	1
内蒙古	11.946	13.316	14.825	15.668	17.171	17.264	18.365	19.460	7.514
	23	23	22	21	22	22	21	20	3
辽宁	33.770	35.326	38.707	40.068	42.531	41.108	42.868	45.067	11.296
	4	4	4	4	4	4	4	4	0
吉林	17.201	18.154	18.754	22.875	22.636	22.104	21.921	22.683	5.482
	16	16	16	15	15	17	16	17	-1
黑龙江	23.087	23.887	24.034	24.918	24.415	24.082	24.859	23.811	0.724
	11	12	13	13	14	14	14	16	-5
上海	22.749	24.535	24.747	28.102	28.946	31.386	33.155	33.232	10.483
	12	11	12	10	10	9	8	8	4
江苏	44.231	47.975	52.161	53.021	54.389	56.322	59.232	61.765	17.534
	3	3	2	1	2	2	1	1	2
浙江	32.875	33.376	36.523	38.337	38.488	38.233	40.555	39.772	6.897
	5	5	5	5	6	6	5	5	0

续表

地区	2010 年	2011 年	2012 年	2013 年	2014 年	2015 年	2016 年	2017 年	综合变化
安徽	22.062	22.933	24.852	27.236	27.260	28.347	29.315	31.528	9.466
	13	13	11	11	11	11	11	11	2
福建	19.299	20.129	21.884	22.425	22.148	22.332	21.327	21.749	2.450
	15	15	15	16	16	16	17	18	−3
江西	14.748	16.728	16.696	15.646	16.610	15.380	14.568	13.189	−1.559
	19	18	19	22	23	23	23	24	−5
山东	45.624	48.722	49.245	49.318	49.085	49.102	49.552	55.240	9.615
	2	2	3	3	3	3	3	3	−1
河南	26.849	28.848	29.804	31.894	32.388	31.238	31.451	32.132	5.283
	7	8	9	9	9	10	10	10	−3
湖北	29.351	32.592	33.556	36.713	35.744	37.163	38.610	38.790	9.439
	6	6	6	6	7	7	7	7	−1
湖南	26.705	30.315	33.040	33.668	33.712	33.279	31.726	33.021	6.316
	8	7	7	8	8	8	9	9	−1
广东	49.604	52.051	52.997	52.732	54.721	58.275	56.955	59.445	9.841
	1	1	1	2	1	1	2	2	−1
广西	14.597	15.639	15.096	15.241	17.504	18.983	19.735	19.415	4.818
	20	20	21	23	21	20	19	21	−1
重庆	14.873	16.345	18.455	20.775	21.717	23.284	23.283	24.875	10.002
	18	19	17	17	17	15	15	14	4
四川	24.802	27.770	30.564	33.781	38.579	40.734	38.976	39.052	14.251
	9	9	8	7	5	5	6	6	3
贵州	12.403	13.917	14.530	17.017	18.612	21.254	20.287	20.729	8.326
	22	22	23	20	20	18	18	19	3
云南	13.927	14.404	16.337	18.015	19.203	18.581	16.731	17.484	3.557
	21	21	20	19	18	21	22	22	−1
陕西	15.645	17.141	18.310	19.104	19.137	19.430	18.855	24.768	9.123
	17	17	18	18	19	19	20	15	2
甘肃	9.075	9.343	8.552	7.688	8.904	9.339	8.926	9.156	0.081
	27	27	27	27	27	27	27	27	0

续表

地区	2010 年	2011 年	2012 年	2013 年	2014 年	2015 年	2016 年	2017 年	综合变化
青海	1.322	1.532	1.757	1.989	1.923	2.592	1.975	1.965	0.643
	29	29	29	29	29	29	29	29	0
宁夏	1.562	2.157	2.026	2.510	2.748	3.759	3.762	3.848	2.286
	28	28	28	28	28	28	28	28	0
新疆	11.805	12.719	13.463	12.976	11.552	11.247	9.653	10.366	-1.439
	24	24	24	24	26	26	26	26	-2
最高分	49.604	52.051	52.997	53.021	54.721	58.275	59.232	61.765	12.162
最低分	1.322	1.532	1.757	1.989	1.923	2.592	1.975	1.965	0.643
平均分	20.826	22.310	23.465	24.660	25.385	25.924	26.132	27.095	6.269
标准差	12.027	12.744	13.406	13.598	13.846	14.150	14.665	15.385	3.358

由 2011 年的全国社会事务覆盖水平评价来看，2011 年全国社会事务覆盖水平得分处于 1～53 分，30 分以上的有广东、山东、江苏、辽宁、浙江、湖北和湖南 7 个省份；小于 30 分的有河南、四川、河北、黑龙江、上海、安徽、北京、福建、吉林、陕西、重庆、江西、广西、云南、贵州、内蒙古、新疆、天津、山西、甘肃、宁夏和青海 22 个省份。全国社会事务覆盖水平最高得分是广东 52.051 分，最低得分是青海 1.532 分。全国社会事务覆盖水平的得分平均值为 22.310 分，较上年增长 1.484 分，说明全国社会事务覆盖水平整体进步；得分标准差为 12.744，较上年增长 0.717，说明各省份间社会事务覆盖水平差距有所扩大。全国社会事务覆盖水平中，中部、东部地区省份的得分普遍较高，其中广东、山东、湖北、江苏、湖南、浙江 6 个省份的得分都在 30 分以上，说明这些省份的社会事务覆盖水平较高，发展潜力较强；西部地区的得分普遍偏低，大多数省份的得分在 30 分以下，说明西部地区社会事务覆盖水平较低，社会事务工作水平亟须提升，发展活力相对不足。

由 2012 年的全国社会事务覆盖水平评价来看，2012 年全国社会事务覆盖水平得分处于 1～53 分，30 分以上的有广东、江苏、山东、辽宁、浙江、湖北、湖南和四川 8 个省份；小于 30 分的有河南、河北、黑龙江、上海、安徽、北京、福建、吉林、陕西、重庆、江西、广西、云南、贵州、内蒙古、新疆、天津、山西、甘肃、宁夏和青海 21 个省份。全国社会事务覆盖水平最高得分是广东 52.997 分，最低得分是青海 1.757 分。全国社会事务覆盖水平的得分平均值为 23.465 分，较上年增长 1.155 分，说明全国社会事务覆盖水平较上年相比虽增长速度有所降低，但整体水平仍在向前发展；得分标准差为 13.406，较上年增长 0.662，说明各省份间社会事务覆盖水平差距增幅与上年相比有所缩小，但总体差距仍在扩大。全国社会事务覆盖水平中，中部、东部地区省份的得分普遍较高，其中广东、江苏、山东、浙江、湖北和湖南6个省份的得分都在30分以上，说明这些省份的社会事务覆盖水平较高，发展潜力较强，但是也有个别省份得分较低；东北、西部地区省份的得分差异性逐渐展现，大多数省份的得分在30分以下，个别在30分以上，说明东北、西部地区社会事务覆盖水平不平衡，社会事务工作水平亟须提升，发展活力相对不足；整体来看，各地区内部发展的差异性非常大。

由2013年的全国社会事务覆盖水平评价来看，2013年全国社会事务覆盖水平得分处于1~54分，30分以上的有江苏、广东、山东、辽宁、浙江、湖北、四川、湖南和河南9个省份；小于30分的有河北、黑龙江、上海、安徽、北京、福建、吉林、陕西、重庆、江西、广西、云南、贵州、内蒙古、新疆、天津、山西、甘肃、宁夏和青海20个省份。全国社会事务覆盖水平最高得分是江苏53.021分，最低得分是青海1.989分。全国社会事务覆盖水平的得分平均值为24.660分，较上年增长1.195分，说明全国社会事务覆盖水平较上年相比增幅有所上升，全国社会事务覆盖水平整体有高速提升；得分标准差为13.598，较上年增长0.192，说明各省份间综合水平差距增幅与上年相比急剧缩小，但总体来看各地间仍有较大差距。全国社会事务覆盖水平中，中部、东部地区的得分普遍较高，其中江苏、广东、山东、浙江、湖北、湖南和河南7个省的得分都在30分以上，说明这些省份的民政事业发展社会事务覆盖水平较高，发展潜力较强，但是也有个别省份得分较低；东北、西部地区的得分差异性逐渐展现，大多数省份的得分在30分以下，个别在30分以上，说明东北、西部地区社会事务覆盖水平不平衡，社会事务工作水平亟须提升，发展活力相对不足；整体来看，各地区内部发展差异性非常大。

由2014年的全国社会事务覆盖水平评价来看，2014年全国社会事务覆盖水平得分处于1~55分，30分以上的有广东、江苏、山东、辽宁、四川、浙江、湖北、湖南和河南9个省份；小于30分的有河北、黑龙江、上海、安徽、北京、福建、吉林、陕西、重庆、江西、广西、云南、贵州、内蒙古、新疆、天津、山西、甘肃、宁夏和青海20个省份。全国社会事务覆盖水平最高得分是广东54.721分，最低得分是青海1.923分。全国社会事务覆盖水平的得分平均值为25.385分，较上年增长0.725分，说明全国社会事务覆盖水平较上年相比虽然增幅有所缩小，但整体仍在进步；得分标准差为13.846，较上年增长0.248，说明各省份间社会事务覆盖水平差距增幅与上年相比有所扩大，差距持续扩大。全国社会事务覆盖水平中，中部、东部地区的得分普遍较高，其中广东、江苏、山东、浙江、湖北、湖南和河南7个省份的得分都在30分以上，说明这些省份的民政事业发展社会事务覆盖水平较高，发展潜力较强，但是也有个别省份得分较低；东北、西部地区的得分差异性逐渐展现，大多数省份的得分在30分以下，个别在30分以上，说明东北、西部地区社会事务覆盖水平不平衡，社会事务工作水平亟须提升，发展活力相对不足；整体来看，各地区内部发展差异性非常大。

由 2015 年的全国社会事务覆盖水平评价来看，2015 年全国社会事务覆盖水平得分处于 2～59 分，30 分以上的有广东、江苏、山东、辽宁、四川、浙江、湖北、湖南、上海和河南 10 个省份；小于 30 分的有河北、黑龙江、安徽、北京、福建、吉林、陕西、重庆、江西、广西、云南、贵州、内蒙古、新疆、天津、山西、甘肃、宁夏和青海 19 个省份。全国社会事务覆盖水平最高得分是广东 58.275 分，最低得分是青海 2.592 分。全国社会事务覆盖水平的得分平均值为 25.924 分，较上年增长 0.539 分，说明全国社会事务覆盖水平较上年相比增幅有所减缓，但全国社会事务覆盖水平整体仍快速进步；得分标准差为 14.150，较上年增长 0.303，说明各省份间社会事务覆盖水平差距增幅与上年相比有所扩大，差距持续扩大。全国社会事务覆盖水平中，中部、东部地区的得分普遍较高，其中广东、江苏、山东、浙江、湖北、湖南、上海和河南 8 个省份的得分都在 30 分以上，说明这些省份的民政事业发展社会事务覆盖水平较高，发展潜力较强，但是也有个别省份得分较低；东北、西部地区的得分差异性逐渐展现，大多数省份的得分在 30 分以下，个别在 30 分以上，说明东北、西部地区社会事务覆盖水平不平衡，社会事务工作水平亟须提升，发展活力相对不足；整体来看，各地区内部发展差异性非常大。

由 2016 年的全国社会事务覆盖水平评价来看，2016 年全国社会事务覆盖水平得分处于 1～60 分，30 分以上的有江苏、广东、山东、辽宁、浙江、四川、湖北、上海、湖南和河南 10 个省份；小于 30 分的有河北、黑龙江、安徽、北京、福建、吉林、陕西、重庆、江西、广西、云南、贵州、内蒙古、新疆、天津、山西、甘肃、宁夏和青海 19 个省份。全国社会事务覆盖水平最高得分是江苏 59.232 分，最低得分是青海 1.975 分。全国社会事务覆盖水平的得分平均值 26.132 分，较上年增长 0.208 分，说明全国社会事务覆盖水平较上年相比增幅放缓，但全国社会事务覆盖水平整体仍在进步；得分标准差为 14.665，较上年增长 0.515，说明各省份间社会事务覆盖水平差距增幅与上年相比增长迅速，总体差距持续扩大。全国社会事务覆盖水平中，各个地区都有得分较高的省份，说明这些省份的社会事务覆盖水平较高，发展潜力较强，但是也有个别省份得分较低；全国社会事务覆盖水平的得分差异性逐渐展现，说明从全国范围来看全国社会事务覆盖水平不平衡，社会事务工作整体水平需要进一步均衡提升协调发展。

由 2017 年的全国社会事务覆盖水平评价来看，2017 年全国社会事务覆盖水平得分处于 1～62 分，30 分以上的有江苏、广东、山东、辽宁、浙江、四川、湖北、上海、湖南、河南、安徽和河北 12 个省份；小于 30 分的有北京、重庆、陕西、黑龙江、吉林、福建、贵州、内蒙古、广西、云南、天津、江西、山西、新疆、甘肃、宁夏和青海 17 个省份。全国社会事务覆盖水平最高得分是江苏 61.765 分，最低得分是青海 1.965 分。全国社会事务覆盖水平的得分平均值为 27.095 分，较上年增长 0.963 分，说明全国社会事务覆盖水平较上年相比增幅提升较大，整体高速增长；得分标准差为 15.385，较上年增长 0.720，说明各省份间社会事务覆盖水平差距增幅与上年相比增长迅速，总体差距仍在扩大。全国社会事务覆盖水平中，各个地区都有得分较高的省份，说明这些省份的发展社会事务覆盖水平较高，发展潜力较强，但是也有个别省份得分较低；全国社会事务覆盖水平的得分差异性逐渐展现，说明从全国范围来看全国社会事务覆盖水平不平衡，社会事务工作整体水平需要进一步均衡提升。

对比全国社会事务覆盖水平变化，通过对 2010～2017 年的数据分析对比，发现其平均分是持续上升的，这说明全国社会事务工作发展势头向好，但由于标准差也在持续增长，说明了全国社会事务覆盖水平各省份之间的差距在不断扩大。进一步对各省份社会事务覆盖水平变化分析，2010～2017 年的上、中、下游区虽然内部排名稍有波动，但总体来看较为稳定，跨区变动相对较少，全国四大地区内部的差异性都很大，但是由于上游区长期东部省份较多，下游区长期西部省份较多，而中游区内又是东部省份和东北省份相对占优，所以总体来看还是东部、东北地区的社会事务覆盖水平优于中部、西部地区，说明在全国社会事务覆盖水平总体提升的大背景下，中部、西部地区的社会事务覆盖水平较低，社会事务工作发展活力稍显不足。

由表 7-11 对 2010～2011 年全国社会事务覆盖水平进行分析可以看出，全国社会事务覆盖水平上、中、下游区均呈现上升趋势，各分区分别变化 2.418 分、1.391分、0.701 分，说明全国社会事务覆盖水平整体向好，具有较强的发展潜力。二级指标中，2010～2011 年全国社会事务单位基本结构上、中、下游区均呈现上升趋势，各分区分别变化 0.285 分、0.274 分、0.132 分，说明全国社会事务基础设施不断完善，人员配置增多。全国社会事务服务管理能力上、中、下游区均呈现上升趋势，各分区分别变化 0.494 分、0.254 分、0.142 分，说明全国社会事务服务管理人员综合素质逐渐提升。全国社会事务服务水平上、中、下游区均呈现上升趋势，各分区分别变化 0.320 分、0.192 分、0.116 分，说明全国社会事务服务水平有所提升。全国社会事务财政投入状况上、中、下游区均呈现上升趋势，各分区分别变化 1.408 分、0.644 分、0.263 分，说明全国社会事务财政投入趋于合理。

表 7-11　　　　　　　　2010～2011 年全国社会事务覆盖水平平均得分情况

指标	2010 年			2011 年			得分变化		
	上游区	中游区	下游区	上游区	中游区	下游区	上游区	中游区	下游区
社会事务覆盖水平	35.376	19.152	8.997	37.793	20.543	9.698	2.418	1.391	0.701
单位基本结构	13.977	7.920	3.613	14.262	8.194	3.746	0.285	0.274	0.132
服务管理水平	4.185	1.927	0.717	4.680	2.181	0.859	0.494	0.254	0.142
社会事务服务水平	12.086	6.480	2.071	12.406	6.673	2.187	0.320	0.192	0.116
财政投入状况	7.536	2.317	1.012	8.944	2.961	1.275	1.408	0.644	0.263

表 7-12 对 2011~2012 年全国社会事务覆盖水平进行分析可以看出，全国社会事务覆盖水平上、中、下游区均呈现上升趋势，各分区分别变化 2.019 分、1.131 分、0.328 分，说明全国社会事务覆盖水平整体向好，具有较强的发展潜力。二级指标中，2011~2012 年全国社会事务单位基本结构上、中游区均呈现上升趋势，下游区呈现下降趋势，各分区分别变化 0.212 分、0.007 分、-0.067 分，说明全国社会事务基础设施和人员配置差距开始拉大。全国社会事务服务管理能力上、中、下游区均呈现上升趋势，各分区分别变化 0.544 分、0.270 分、0.140 分，说明全国社会事务服务管理人员综合素质逐渐提升。全国民政社会事务服务水平上、中、下游区均呈现上升趋势，各分区分别变化 1.102 分、0.424 分、0.102 分，说明全国社会事务服务水平有所提升。全国社会事务财政投入状况上、中、下游区均呈现上升趋势，各分区分别变化 0.393 分、0.377 分、0.008 分，说明全国社会事务财政投入趋于合理。

表 7-12　　　　　　　2011~2012 年全国社会事务覆盖水平平均得分情况

指标	2011 年			2012 年			得分变化		
	上游区	中游区	下游区	上游区	中游区	下游区	上游区	中游区	下游区
社会事务覆盖水平	37.793	20.543	9.698	39.813	21.675	10.026	2.019	1.131	0.328
单位基本结构	14.262	8.194	3.746	14.474	8.201	3.679	0.212	0.007	-0.067
服务管理水平	4.680	2.181	0.859	5.223	2.451	0.999	0.544	0.270	0.140
社会事务服务水平	12.406	6.673	2.187	13.508	7.097	2.289	1.102	0.424	0.102
财政投入状况	8.944	2.961	1.275	9.337	3.339	1.283	0.393	0.377	0.008

表 7-13 对 2012~2013 年全国社会事务覆盖水平进行分析可以看出，全国社会事务覆盖水平上、中、下游区均呈现上升趋势，各分区分别变化 1.696 分、1.456 分、0.270 分，说明全国社会事务覆盖水平整体向好，具有较强的发展潜力。二级指标中，2012~2013 年全国社会事务单位基本结构上、中、下游区均呈现上升趋势，各分区分别变化 0.379 分、0.527 分、0.043 分，说明全国社会事务基础设施不断完善，人员配置增多。全国社会事务服务管理能力上、中、下游区均呈现上升趋势，各分区分别变化 0.473 分、0.320 分、0.024 分，说明全国社会事务服务管理人员综合素质逐渐提升。全国高质量发展社会事务服务水平上、中、下游区均呈现上升趋势，各分区分别变化 0.622 分、0.533 分、0.172 分，说明全国社会事务服务水平有所提升。全国社会事务财政投入状况上、中游区均呈现上升趋势，下游区呈现下降趋势，各分区分别变化 0.019 分、0.222 分、-0.002 分，说明上、中游区社会事务财政收入合理，但下游区由于不合理的财政收支阻碍了 2013 年社会事务工作向前发展。

表 7 – 13　　　　　　　2012～2013 年全国社会事务覆盖水平平均得分情况

指标	2012 年			2013 年			得分变化		
	上游区	中游区	下游区	上游区	中游区	下游区	上游区	中游区	下游区
社会事务覆盖水平	39.813	21.675	10.026	41.509	23.131	10.295	1.696	1.456	0.270
单位基本结构	14.474	8.201	3.679	14.854	8.727	3.722	0.379	0.527	0.043
服务管理水平	5.223	2.451	0.999	5.697	2.771	1.023	0.473	0.320	0.024
社会事务服务水平	13.508	7.097	2.289	14.129	7.630	2.461	0.622	0.533	0.172
财政投入状况	9.337	3.339	1.283	9.356	3.561	1.281	0.019	0.222	-0.002

表 7 – 14 对 2013～2014 年全国社会事务覆盖水平进行分析可以看出，全国社会事务覆盖水平上、中、下游区均呈现上升趋势，各分区分别变化 1.301 分、0.545 分、0.443 分，说明全国社会事务覆盖水平整体向好，具有较强的发展潜力。二级指标中，2013～2014 年全国社会事务单位基本结构上、中、下游区均呈现上升趋势，各分区分别变化 0.212 分、0.269 分、0.111 分，说明全国社会事务基础设施不断完善，人员配置增多。全国社会事务服务管理能力上、中、下游区均呈现上升趋势，各分区分别变化 0.672 分、0.227 分、0.202 分，说明全国社会事务服务管理人员综合素质逐渐提升。全国社会事务服务水平上、下游区均呈现下降趋势，中游区呈现上升趋势，各分区分别变化 -0.343 分、0.139 分、-0.062 分，说明上游区社会事务服务水平遭遇发展瓶颈，下游区社会事务服务水平发展趋势疲软。全国社会事务财政投入状况上、中、下游区均呈现上升趋势，各分区分别变化 0.589 分、0.113 分、0.034 分，说明全国社会事务财政投入趋于合理。

表 7 – 14　　　　　　　2013～2014 年全国社会事务覆盖水平平均得分情况

指标	2013 年			2014 年			得分变化		
	上游区	中游区	下游区	上游区	中游区	下游区	上游区	中游区	下游区
社会事务覆盖水平	41.509	23.131	10.295	42.810	23.675	10.738	1.301	0.545	0.443
单位基本结构	14.854	8.727	3.722	15.066	8.996	3.833	0.212	0.269	0.111
服务管理水平	5.697	2.771	1.023	6.369	2.998	1.225	0.672	0.227	0.202
社会事务服务水平	14.129	7.630	2.461	13.786	7.768	2.399	-0.343	0.139	-0.062
财政投入状况	9.356	3.561	1.281	9.946	3.674	1.314	0.589	0.113	0.034

表 7 – 15 对 2014～2015 年全国社会事务覆盖水平进行分析可以看出，全国社会事务覆盖水平上、中、下游区均呈现上升趋势，各分区分别变化 1.230 分、0.373

分、0.116分，说明全国社会事务覆盖水平整体向好，具有较强的发展潜力。二级指标中，2014~2015年全国社会事务单位基本结构中、下游区均呈现下降趋势，上游区呈现上升趋势，各分区分别变化0.223分、-0.082分、-0.040分，说明中、下游区社会事务基础设施及服务人员配置水平有所下降。全国社会事务服务管理能力上、中、下游区均呈现上升趋势，各分区分别变化0.429分、0.402分、0.033分，说明全国社会事务服务管理人员综合素质逐渐提升。全国高质量发展社会事务服务水平上、中、下游区均呈现上升趋势，各分区分别变化0.569分、0.284分、0.191分，说明全国社会事务服务水平有所提升。全国社会事务财政投入状况上、中、下游区均呈现下降趋势，各分区分别变化-0.211分、-0.084分、-0.087分，说明全国不合理的财政投入状况在某种程度上阻碍了社会事务工作的进展。

表7-15　　　　　2014~2015年全国社会事务覆盖水平平均得分情况

指标	2014年			2015年			得分变化		
	上游区	中游区	下游区	上游区	中游区	下游区	上游区	中游区	下游区
社会事务覆盖水平	42.810	23.675	10.738	44.040	24.048	10.854	1.230	0.373	0.116
单位基本结构	15.066	8.996	3.833	15.289	8.914	3.793	0.223	-0.082	-0.040
服务管理水平	6.369	2.998	1.225	6.798	3.400	1.258	0.429	0.402	0.033
社会事务服务水平	13.786	7.768	2.399	14.356	8.052	2.589	0.569	0.284	0.191
财政投入状况	9.946	3.674	1.314	9.735	3.590	1.228	-0.211	-0.084	-0.087

表7-16对2015~2016年全国社会事务覆盖水平进行分析可以看出，全国社会事务覆盖水平上、中游区均呈现上升趋势，下游区呈现下降趋势，各分区分别变化0.948分、0.372分、-0.798分，说明全国各地区社会事务覆盖水平差距开始逐渐拉大。二级指标中，2015~2016年全国社会事务单位基本结构上、中、下游区均呈现下降趋势，各分区分别变化-1.077分、-0.485分、-0.425分，说明全国社会事务基础设施及服务人员配置水平有所下降。全国社会事务服务管理能力上、中游区均呈现上升趋势，下游区呈现下降趋势，各分区分别变化0.206分、0.088分、-0.092分，说明全国社会事务服务管理人员综合素质差距逐渐显现。全国高质量发展社会事务服务水平上、中、下游区均呈现上升趋势，各分区分别变化0.747分、0.537分、0.009分，说明全国社会事务服务水平有所提升。全国社会事务财政投入状况上、中、下游区均呈现上升趋势，各分区分别变化0.700分、0.241分、0.066分，说明全国社会事务财政投入趋于合理。

表 7 – 16　　　　　2015～2016 年全国社会事务覆盖水平平均得分情况

指标	2015 年			2016 年			得分变化		
	上游区	中游区	下游区	上游区	中游区	下游区	上游区	中游区	下游区
社会事务覆盖水平	44.040	24.048	10.854	44.988	24.421	10.057	0.948	0.372	-0.798
单位基本结构	15.289	8.914	3.793	14.212	8.429	3.368	-1.077	-0.485	-0.425
服务管理水平	6.798	3.400	1.258	7.004	3.488	1.166	0.206	0.088	-0.092
社会事务服务水平	14.356	8.052	2.589	15.103	8.590	2.598	0.747	0.537	0.009
财政投入状况	9.735	3.590	1.228	10.436	3.830	1.293	0.700	0.241	0.066

　　表 7 – 17 对 2016～2017 年全国社会事务覆盖水平进行分析可以看出，全国社会事务覆盖水平上、中、下游区均呈现上升趋势，各分区分别变化 1.557 分、1.071 分、0.194 分，说明全国社会事务覆盖水平整体向好，具有较强的发展潜力。二级指标中，2016～2017 年全国社会事务单位基本结构上游区呈现上升趋势，中、下游区均呈现下降趋势，各分区分别变化 0.038 分、-0.172 分、-0.072 分，说明上游区则突破了发展瓶颈，中、下游区社会事务基础设施及服务人员配置水平有所下降。全国社会事务服务管理能力上、中、下游区均呈现上升趋势，各分区分别变化 0.712 分、0.291 分、0.294 分，说明全国社会事务服务管理人员综合素质逐渐提升。全国高质量发展社会事务服务水平上、中、下游区均呈现上升趋势，各分区分别变化 0.729 分、0.474 分、0.193 分，说明全国社会事务服务水平有所提升。全国社会事务财政投入状况上、中游区均呈现上升趋势，下游区呈现下降趋势，各分区分别变化 0.370 分、0.176 分、-0.021 分，说明下游区由于不合理的财政收支阻碍了 2017 年社会事务工作向前发展。

表 7 – 17　　　　　2016～2017 年全国社会事务覆盖水平平均得分情况

指标	2016 年			2017 年			得分变化		
	上游区	中游区	下游区	上游区	中游区	下游区	上游区	中游区	下游区
社会事务覆盖水平	44.988	24.421	10.057	46.545	25.492	10.251	1.557	1.071	0.194
单位基本结构	14.212	8.429	3.368	14.251	8.257	3.296	0.038	-0.172	-0.072
服务管理水平	7.004	3.488	1.166	7.716	3.779	1.460	0.712	0.291	0.294
社会事务服务水平	15.103	8.590	2.598	15.832	9.064	2.790	0.729	0.474	0.193
财政投入状况	10.436	3.830	1.293	10.806	4.006	1.272	0.370	0.176	-0.021

　　表 7 – 18 对 2010～2017 年全国社会事务覆盖水平进行分析可以看出，全国社会事务覆盖水平上、中、下游区均呈现上升趋势，各分区分别变化 11.170 分、6.340

分、1.254 分，说明全国社会事务覆盖水平整体向好，具有较强的发展潜力。二级指标中，2010～2017 年全国社会事务单位基本结构上、中游区呈现上升趋势，下游区均呈现下降趋势，各分区分别变化 0.274 分、0.337 分、-0.317 分，说明上、中游区则突破发展瓶颈，下游区社会事务基础设施及服务人员配置水平有所下降。全国社会事务服务管理能力上、中、下游区均呈现上升趋势，各分区分别变化 3.530 分、1.852 分、0.742 分，说明全国社会事务服务管理人员综合素质逐渐提升。全国高质量发展社会事务服务水平上、中、下游区均呈现上升趋势，各分区分别变化 3.746 分、2.584 分、0.719 分，说明全国社会事务服务水平有所提升。全国社会事务财政投入状况上、中、下游区均呈现上升趋势，各分区分别变化 3.270 分、1.689 分、0.260 分，说明全国社会事务财政投入趋于合理。

表 7-18　　　　　　2010～2017 年全国社会事务覆盖水平平均得分情况

指标	2010 年			2017 年			得分变化		
	上游区	中游区	下游区	上游区	中游区	下游区	上游区	中游区	下游区
社会事务覆盖水平	35.376	19.152	8.997	46.545	25.492	10.251	11.170	6.340	1.254
单位基本结构	13.977	7.920	3.613	14.251	8.257	3.296	0.274	0.337	-0.317
服务管理水平	4.185	1.927	0.717	7.716	3.779	1.460	3.530	1.852	0.742
社会事务服务水平	12.086	6.480	2.071	15.832	9.064	2.790	3.746	2.584	0.719
财政投入状况	7.536	2.317	1.012	10.806	4.006	1.272	3.270	1.689	0.260

第二节　全国社会事务覆盖水平差异性分析

一、全国社会事务覆盖水平地区差异分析

根据灰色综合评价法对无量纲化后的三级指标进行权重得分计算，得到全国社会事务覆盖水平得分及排名，用以反映各省份社会事务覆盖水平情况。为了更准确地反映全国社会事务覆盖水平差异及整体情况，本书进一步对各省份社会事务覆盖水平分布情况进行分析，对各省份间实际差距和整体水平展开研究。因此，对 2010～2017 年全国社会事务覆盖水平评价分值分布进行统计，结果如图 7-9、图 7-10、图 7-11、图 7-12、图 7-13、图 7-14、图 7-15、图 7-16 所示。

由图 7-9 可以看出 2010 年全国社会事务覆盖水平得分较不均衡，4 个省份得分分布在 10 分以下，8 个省份得分分布在 10～15 分，3 个省份得分分布在 15～20 分，

6 个省份得分分布在 20 ~ 25 分，3 个省份得分分布在 25 ~ 30 分，2 个省份得分分布在 30 ~ 35 分，3 个省份得分分布在 40 分以上。这说明全国社会事务覆盖水平不够均衡，总体来说大部分省份得分偏低，说明整体水平亟须提升。

由图 7 - 10 可以看出 2011 年全国社会事务覆盖水平得分整体有所提升，3 个省份得分分布在 10 分以下，6 个省份得分分布在 10 ~ 15 分，5 个省份得分分布在 15 ~ 20 分，6 个省份得分分布在 20 ~ 25 分，2 个省份得分分布在 25 ~ 30 分，3 个省份得分分布在 30 ~ 35 分，1 个省份得分分布在 35 ~ 40 分，3 个省份得分分布在 40 分以上。这说明较上年相比全国社会事务覆盖水平有所进步，但是发展依旧不均衡，总体来说大部分省份得分较低，说明整体水平亟须提升。

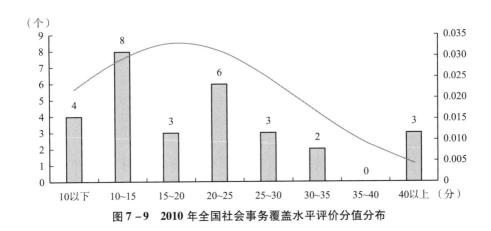

图 7 - 9 2010 年全国社会事务覆盖水平评价分值分布

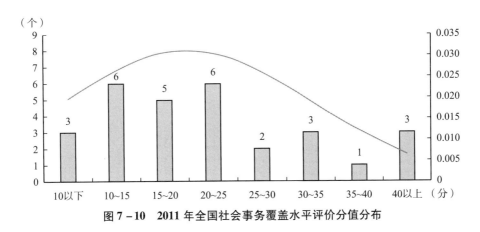

图 7 - 10 2011 年全国社会事务覆盖水平评价分值分布

由图 7 - 11 可以看出 2012 年全国社会事务覆盖水平得分和去年相比稍有进步，3 个省得分在 10 分以下，5 个省份得分分布在 10 ~ 15 分，6 个省份得分分布在 15 ~ 20 分，5 个省份得分分布在 20 ~ 25 分，2 个省份得分分布在 25 ~ 30 分，3 个省份得分分布在30~35分，2个省份得分分布在35~40分，3个省份得分分布在40分以上。这说明较上年相比全国社会事务覆盖水平有所进步，但是发展依旧不均衡，总体来说大部分省份得分较低，说明整体水平亟须提升。

由图7-12可以看出2013年全国社会事务覆盖水平得分和去年相比稍有进步，3个省份得分在10分以下，3个省份得分分布在10~15分，6个省份得分分布在15~20分，5个省份得分分布在20~25分，3个省份得分分布在25~30分，3个省份得分分布在30~35分，2个省份得分分布在35~40分，4个省份得分分布在40分以上。这说明较上年相比全国社会事务覆盖水平有所进步，但是发展依旧不均衡，得分较高省份和得分较低省份相比，其社会事务覆盖水平差距很大。

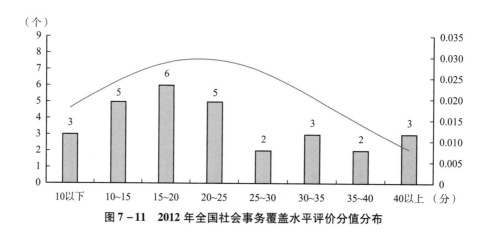

图7-11 2012年全国社会事务覆盖水平评价分值分布

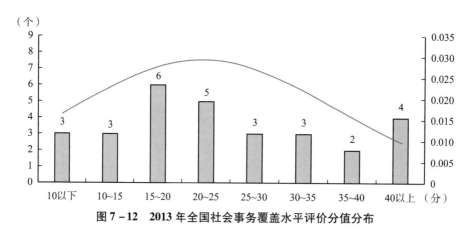

图7-12 2013年全国社会事务覆盖水平评价分值分布

由图7-13可以看出2014年全国社会事务覆盖水平得分和上年相比较为稳定，3个省份得分在10分以下，3个省份得分分布在10~15分，6个省份得分分布在15~20分，5个省份得分分布在20~25分，3个省份得分分布在25~30分，2个省份得分分布在 30~35 分，3 个省份得分分布在 35~40 分，4 个省份得分分布在 40 分以上。这说明较上年相比全国社会事务覆盖水平较为稳定，但是发展依旧不均衡，得分较高省份和得分较低省份相比，其社会事务覆盖水平差距很大。

由图 7-14 可以看出 2015 年全国社会事务覆盖水平得分和上年相比稳步向前发展，3 个省份得分在 10 分以下，3 个省份得分分布在 10~15 分，5 个省份得分分布在 15~20 分，5 个省份得分分布在 20~25 分，3 个省份得分分布在 25~30 分，3 个省份得分分布在 30~35 分，2 个省份得分分布在 35~40 分，5 个省份得分分布在 40 分以上。这说明较上年相比全国社会事务覆盖水平较为稳定，但是发展依旧不均衡，得分较高省份和得分较低省份相比，其社会事务覆盖水平差距很大。

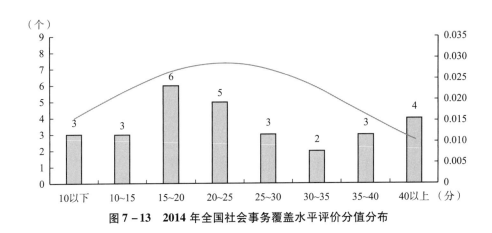

图 7-13　2014 年全国社会事务覆盖水平评价分值分布

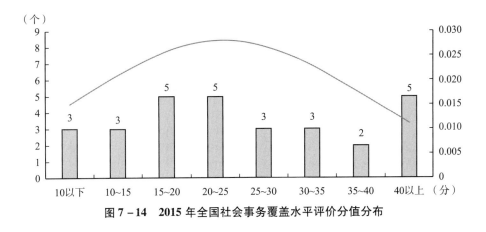

图 7-14　2015 年全国社会事务覆盖水平评价分值分布

由图 7-15 可以看出 2016 年全国社会事务覆盖水平得分和上年相比个别省份有所下降，4 个省份得分在 10 分以下，3 个省份得分分布在 10~15 分，4 个省份得分分布在 15~20 分，5 个省份得分分布在 20~25 分，3 个省份得分分布在 25~30 分，

3 个省份得分分布在 30～35 分，2 个省份得分分布在 35～40 分，5 个省份得分分布在 40 分以上。这说明较上年相比全国社会事务覆盖水平下降，社会事务发展活力稍显不足，且发展依旧不均衡，得分较高省份和得分较低省份相比，社会事务覆盖水平差距很大。

由图 7－16 可以看出 2017 年全国社会事务覆盖水平得分和上年相比有稳步提升，3 个省份得分在 10 分以下，4 个省份得分分布在 10～15 分，3 个省份得分分布在 15～20分，6 个省份得分分布在 20～25 分，1 个省份得分分布在 25～30 分，5 个省份得分分布在 30～35 分，3 个省份得分分布在 35～40 分，4 个省份得分分布在 40 分以上。这说明较上年相比全国社会事务覆盖水平较为稳定，但是发展依旧不均衡，全国范围内社会事务覆盖水平差距十分巨大。

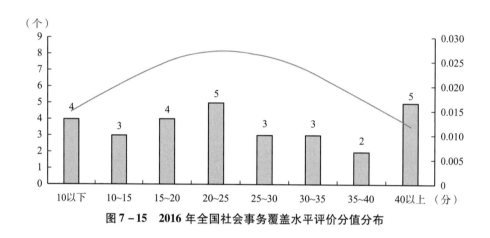

图 7－15　2016 年全国社会事务覆盖水平评价分值分布

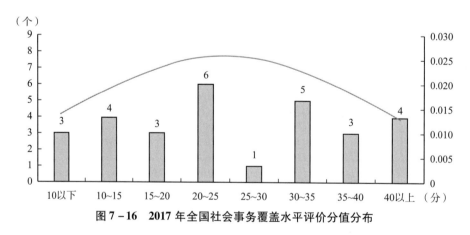

图 7－16　2017 年全国社会事务覆盖水平评价分值分布

对 2010～2017 年全国东部、西部、中部、东北地区的社会事务覆盖水平平均得分和分值变化情况分析，得分情况如表 7－19 所示。

2010 年东部地区的社会事务覆盖水平平均得分为 29.861 分，西部地区为 11.996 分，中部地区为 21.533 分，东北地区为 24.686 分，地区间的比例为 1:0.402:0.721:0.827，标准差为 7.512，说明全国四大地区的社会事务覆盖水平有较大差距。

2011 年东部地区的社会事务覆盖水平平均得分为 31.534 分，西部地区为 13.117 分，中部地区为 23.589 分，东北地区为 25.789 分，地区间的比例为 1:0.416:0.748:0.818，标准差为 7.694，说明全国四大地区的社会事务覆盖水平有所提升，社会事务工作整体来说有所发展，但是差距开始逐渐扩大。

2012 年东部地区的社会事务覆盖水平平均得分为 32.976 分，西部地区为 13.992 分，中部地区为 24.714 分，东北地区为 27.165 分，地区间的比例为 1:0.424:0.749:0.824，标准差为 7.942，说明全国四大地区的社会事务覆盖水平有进一步提长，社会事务工作亦有进一步发展，但同时各地区的差距都进一步扩大。

2013 年东部地区的社会事务覆盖水平平均得分为 34.007 分，西部地区为 14.979 分，中部地区为 26.073 分，东北地区为 29.287 分，比例为 1:0.440:0.767:0.861，标准差为 8.091，说明全国四大地区的社会事务覆盖水平仍保持增长，同时各地区的差距进一步拉大。

2014 年东部地区的社会事务覆盖水平平均得分为 34.629 分，西部地区为 16.095 分，中部地区为 26.313 分，东北地区为 29.861 分，地区间的比例为 1:0.465:0.760:0.862，标准差为 7.863，说明全国四大地区的社会事务覆盖水平整体势头向好，各地区之间的差距和上年相比稍有缩小。

2015 年东部地区的社会事务覆盖水平平均得分为 35.509 分，西部地区为 16.952 分，中部地区为 26.407 分，东北地区为 29.098 分，地区间的比例为 1:0.477:0.744:0.819，标准差为 7.706，说明全国四大地区的社会事务覆盖水平整体势头向好，各地区之间的差距进一步缩小，但东北地区社会事务覆盖水平有所降低，其工作发展遭遇瓶颈。

2016 年东部地区的社会事务覆盖水平平均得分为 36.606 分，西部地区为 16.413 分，中部地区为 26.363 分，东北地区为 29.883 分，地区间的比例为 1:0.448:0.720:0.816，标准差为 8.419，说明全国四大地区的社会事务覆盖水平整体提升明显，但和上年相比各地区之间的差距迅速扩大。

2017 年东部地区的社会事务覆盖水平平均得分为 38.098 分，西部地区为 17.374 分，中部地区为 26.701 分，东北地区为 30.520 分，地区间的比例为 1:0.456:0.701:0.801，标准差为 8.618，说明全国四大地区间的社会事务覆盖水平整体呈现上升趋势，不过各地区间的发展差距越来越大。

表 7-19　　　　　　2010～2017 年全国各地区社会事务覆盖水平平均得分及其变化

年份	东部地区	西部地区	中部地区	东北地区	标准差
2010	29.861	11.996	21.533	24.686	7.512
2011	31.534	13.117	23.589	25.789	7.694
2012	32.976	13.992	24.714	27.165	7.942
2013	34.007	14.979	26.073	29.287	8.091
2014	34.629	16.095	26.313	29.861	7.863
2015	35.509	16.952	26.407	29.098	7.706
2016	36.606	16.413	26.363	29.883	8.419
2017	38.098	17.374	26.701	30.520	8.618
分值变化	8.237	5.378	5.168	5.834	1.105

　　从全国社会事务覆盖水平的分值变化情况中可以看出，2010～2017 年东部、西部、中部、东北地区的社会事务覆盖水平得分整体呈现上升趋势，但是全国各地区间的得分差距也呈波动上升趋势，东部、东北地区社会事务工作整体发展相对迅速，而西部、中部地区增长幅度较小，发展活力相对不足，和东部、东北地区的差距越来越大。

　　通过对全国各地区社会事务覆盖水平的对比分析，发现东部地区的社会事务覆盖水平情况最好，东北地区次之，中部地区排在第三，西部地区垫底，各地区的社会事务覆盖水平得分差距不断扩大。为进一步对全国各地区社会事务覆盖水平排名情况进行分析，通过表 7-20、表 7-21、表 7-22、表 7-23、表 7-24、表 7-25、表 7-26 和表 7-27 从各地区内部省份及全国整体两个维度对各省份排名进行分析，同时对各地区变化趋势进行对比。

　　由表 7-20 对 2010～2017 年全国社会事务覆盖水平中的东部地区各省份排名比较进行分析，可以看到北京的社会事务覆盖水平排名在东部地区较为稳定，自 2010 年以来，除了 2015 年，一直保持在第 7 名的位置，说明北京的社会事务覆盖水平变化较小；天津的社会事务覆盖水平排名在东部地区较为稳定，变化较小；河北的社会事务覆盖水平排名在东部地区有所下降，说明河北的社会事务工作发展活力相对不足；上海的社会事务覆盖水平排名在东部地区有所上升，说明上海的社会事务覆盖水平有所提高；江苏的社会事务覆盖水平排名在东部地区有所上升，并且升到了第 1 名，说明江苏的社会事务工作发展潜力得到了充分挖掘；浙江的社会事务覆盖水平排名在东部地区较为稳定，自 2010 年一直保持在第 4 名的位置，说明浙江的社会事务覆盖水平稳定且较高；福建的社会事务覆盖水平排名在东部地区较为稳定，变化较小；山东在东部地区排名有所下降，但是仍处于前3名的位置，说明山东的社会事务覆盖水平依旧拥有竞争力；广东的社会事务覆盖水平排名在东部地区有所下降，但是仍处于前3名的位置，说明广东的社会事务覆盖水平依旧拥有竞争力。

表7-20　　　　　　　2010～2017年东部地区各省份社会事务覆盖水平内部排名比较

地区	2010 年	2011 年	2012 年	2013 年	2014 年	2015 年	2016 年	2017 年	排名变化
北京	7	7	7	7	7	6	7	7	0
天津	9	9	9	9	9	9	9	9	0
河北	5	5	5	6	6	7	6	6	-1
上海	6	6	6	5	5	5	5	5	1
江苏	3	3	2	1	2	2	1	1	2
浙江	4	4	4	4	4	4	4	4	0
福建	8	8	8	8	8	8	8	8	0
山东	2	2	3	3	3	3	3	3	-1
广东	1	1	1	2	1	1	2	2	-1

表7-21对2010～2017年东部地区各省份在全国范围内社会事务覆盖水平排名情况进行比较，可以看到北京在全国范围内排名呈现上升趋势，长期处于中游区位置，说明北京的社会事务覆盖水平有所提高且事务工作发展情况较好；天津在全国范围内排名呈现上升趋势，但长期处于下游区位置，说明天津的社会事务覆盖水平有所提高，但仍需激发其发展潜能；河北在全国范围内排名呈现下降趋势，长期处于中游区位置，说明河北的社会事务覆盖水平较低，社会事务工作发展活力相对不足；上海在全国范围内排名呈现上升趋势，由中游区升至上游区，说明上海的社会事务工作其发展潜力得以挖掘；江苏在全国范围内排名呈现波动上升趋势，并且升到了第1名，说明江苏社会事务工作发展潜力得到了充分的挖掘；浙江在全国范围内排名稳定，且长期处于上游区位置，说明浙江的社会事务覆盖水平较高；福建在全国范围内排名呈现下降趋势，长期处于中游区位置，说明福建的社会事务覆盖水平下降且社会事务工作发展活力相对不足；山东在全国范围内排名呈现下降趋势，但是仍处于前3名的位置，说明山东的社会事务覆盖水平依旧拥有竞争力。广东在全国范围内排名处于下降趋势，但是仍处于前3名的位置，说明广东的社会事务覆盖水平依旧拥有竞争力。

表 7 - 21 　　　2010～2017 年东部地区各省份社会事务覆盖水平在全国范围内排名比较

地区	2010 年	2011 年	2012 年	2013 年	2014 年	2015 年	2016 年	2017 年	排名变化
北京	14	14	14	14	13	12	13	13	1
天津	25	25	25	25	24	25	25	23	2
河北	10	10	10	12	12	13	12	12	-2
上海	12	11	12	10	10	9	8	8	4
江苏	3	3	2	1	2	2	1	1	2
浙江	5	5	5	5	6	6	5	5	0
福建	15	15	15	16	16	16	17	18	-3
山东	2	2	3	3	3	3	3	3	-1
广东	1	1	1	2	1	1	2	2	-1

　　表 7 - 22 对 2010～2017 年全国社会事务覆盖水平中的西部地区排名比较进行分析，可以看到内蒙古社会事务覆盖水平排名在西部地区有所上升，说明内蒙古的社会事务覆盖水平有所提高。广西的社会事务覆盖水平排名在西部地区有所下降，说明广西的社会事务覆盖水平有所降低，其发展活力相对不足。重庆的社会事务覆盖水平排名在西部地区有所上升，说明重庆的社会事务覆盖水平有所提高。四川的社会事务覆盖水平排名在西部地区较为稳定，自 2010 年一直保持在第 1 名的位置，说明四川的社会事务覆盖水平稳定。贵州的社会事务覆盖水平排名在西部地区有所上升，说明贵州的社会事务覆盖水平有所提高。云南的社会事务覆盖水平排名在西部地区有所下降，说明云南的社会事务覆盖水平有所降低，其发展活力相对不足。陕西的社会事务覆盖水平排名在西部地区有所下降，说明陕西的社会事务覆盖水平有所降低，其发展活力相对不足。甘肃的社会事务覆盖水平排名在西部地区较为稳定，其社会事务覆盖水平变化较小。青海的社会事务覆盖水平排名在西部地区较为稳定，其社会事务覆盖水平变化较小。宁夏的社会事务覆盖水平排名在西部地区较为稳定，其社会事务覆盖水平变化较小。新疆的社会事务覆盖水平排名在西部地区较为稳定，其社会事务覆盖水平变化较小。

表 7 - 22 　　　2010～2017 年西部地区各省份社会事务覆盖水平内部排名比较

地区	2010 年	2011 年	2012 年	2013 年	2014 年	2015 年	2016 年	2017 年	排名变化
内蒙古	7	7	6	6	7	7	6	5	2
广西	4	4	5	7	6	5	4	6	-2
重庆	3	3	2	2	2	2	2	2	1

续表

地区	2010 年	2011 年	2012 年	2013 年	2014 年	2015 年	2016 年	2017 年	排名变化
四川	1	1	1	1	1	1	1	1	0
贵州	6	6	7	5	5	3	3	4	2
云南	5	5	4	4	3	6	7	7	-2
陕西	2	2	3	3	4	4	5	3	-1
甘肃	9	9	9	9	9	9	9	9	0
青海	11	11	11	11	11	11	11	11	0
宁夏	10	10	10	10	10	10	10	10	0
新疆	8	8	8	8	8	8	8	8	0

　　表 7-23 对 2010~2017 年西部地区各省份在全国范围内社会事务覆盖水平排名情况进行比较，可以看到内蒙古在全国范围内排名呈现上升趋势，说明内蒙古的社会事务覆盖水平有所提高，但长期在中、下游区徘徊；广西在全国范围内排名呈现波动下降趋势，说明广西的社会事务覆盖水平下降，社会事务工作发展活力相对不足；重庆在全国范围内排名呈现上升趋势，长期保持在中游区位置，说明重庆的社会事务覆盖水平有所提高，但社会事务工作发展潜能仍需被激发；四川在全国范围内排名呈现上升趋势，且长期处于上游区位置，说明四川的社会事务覆盖水平高且社会事务工作发展较好；贵州在全国范围内排名呈现上升趋势，由下游区升至中游区，说明贵州的社会事务覆盖水平有所提高；云南在全国范围内排名呈现下降趋势，长期处于下游区位置，说明云南的社会事务覆盖水平降低但社会事务工作发展活力相对不足；陕西在全国范围内排名呈现波动上升趋势，长期处于中游区位置，说明陕西的社会事务覆盖水平有所提高；甘肃在全国范围内排名稳定，但长期处于下游区，说明甘肃的社会事务覆盖水平不高，但相对稳定；青海在全国范围内排名稳定，但长期处于下游区，说明青海的社会事务覆盖水平不高，但相对稳定；宁夏在全国范围内排名稳定，但长期处于下游区位置，说明宁夏的社会事务覆盖水平不高，但相对稳定；新疆在全国范围内排名呈现下降趋势，长期处于下游区位置，说明新疆的社会事务覆盖水平不高且社会事务工作发展活力相对不足。

表 7-23　　2010~2017 年西部地区各省份社会事务覆盖水平在全国范围内排名比较

地区	2010 年	2011 年	2012 年	2013 年	2014 年	2015 年	2016 年	2017 年	排名变化
内蒙古	23	23	22	21	22	22	21	20	3
广西	20	20	21	23	21	20	19	21	-1

地区	2010 年	2011 年	2012 年	2013 年	2014 年	2015 年	2016 年	2017 年	排名变化
重庆	18	19	17	17	17	15	15	14	4
四川	9	9	8	7	5	5	6	6	3
贵州	22	22	23	20	20	18	18	19	3
云南	21	21	20	19	18	21	22	22	-1
陕西	17	17	18	18	19	19	20	15	2
甘肃	27	27	27	27	27	27	27	27	0
青海	29	29	29	29	29	29	29	29	0
宁夏	28	28	28	28	28	28	28	28	0
新疆	24	24	24	24	26	26	26	26	-2

表 7 - 24 对 2010～2017 年全国社会事务覆盖水平中的中部地区排名比较进行分析，可以看到山西的社会事务覆盖水平排名在中部地区较为稳定，变化较小；安徽的社会事务覆盖水平排名在中部地区较为稳定，变化较小；江西的社会事务覆盖水平排名在中部地区较为稳定，变化较小；河南的社会事务覆盖水平排名在中部地区有所下降，说明河南的社会事务覆盖水平下降且社会事务发展活力相对不足；湖北的社会事务覆盖水平排名在中部地区较为稳定，自 2010 年一直保持在第 1 名的位置，说明湖北的社会事务覆盖水平稳定且较高；湖南的社会事务覆盖水平排名在中部地区有所上升，说明湖南的社会事务覆盖水平提高且社会事务工作发展活力有所提升。

表 7 - 24　　　　2010～2017 年中部地区各省份社会事务覆盖水平内部排名比较

地区	2010 年	2011 年	2012 年	2013 年	2014 年	2015 年	2016 年	2017 年	排名变化
山西	6	6	6	6	6	6	6	6	0
安徽	4	4	4	4	4	4	4	4	0
江西	5	5	5	5	5	5	5	5	0
河南	2	3	3	3	3	3	3	3	-1
湖北	1	1	1	1	1	1	1	1	0
湖南	3	2	2	2	2	2	2	2	1

表 7 - 25 对 2010～2017 年中部地区各省份在全国范围内社会事务覆盖水平排名情况进行比较，可以看到山西在全国范围内排名呈现上升趋势但长期处于下游区位置，说明山西的社会事务覆盖水平有所提高，但社会事务工作发展不充分；安徽在全国范围内排名呈现上升趋势，长期处于中游区位置，说明安徽的社会事务覆盖水平有

所提高；江西在全国范围内排名呈现下降趋势，排名大幅下降且从中游区跌至下游区，说明江西的社会事务覆盖水平降低且社会事务工作发展活力相对不足；河南在全国范围内排名呈现下降趋势，由上游区跌至中游区，说明河南的社会事务覆盖水平降低且社会事务工作发展活力相对不足；湖北在全国范围内排名呈现下降趋势，但仍保持在上游区位置，说明湖北的社会事务覆盖水平虽降低但社会事务工作的发展仍有较强潜力；湖南在全国范围内排名呈现下降趋势，但仍保持在上游区位置，说明湖南的社会事务覆盖水平虽降低但社会事务工作的发展仍有较强潜力。

表 7 – 25　　　　2010～2017 年中部地区各省份社会事务覆盖水平在全国范围内排名比较

地区	2010 年	2011 年	2012 年	2013 年	2014 年	2015 年	2016 年	2017 年	排名变化
山西	26	26	26	26	25	24	24	25	1
安徽	13	13	11	11	11	11	11	11	2
江西	19	18	19	22	23	23	23	24	− 5
河南	7	8	9	9	9	10	10	10	− 3
湖北	6	6	6	7	7	7	7	7	− 1
湖南	8	7	7	8	8	8	9	9	− 1

表 7 – 26 对 2010～2017 年全国社会事务覆盖水平中的东北地区排名比较进行分析，可以看到辽宁自 2010 年后一直稳定保持在东北地区第 1 名的位置，说明辽宁的社会事务覆盖水平非常稳定；吉林的社会事务覆盖水平排名在东北地区较为稳定，变化较小；黑龙江的社会事务覆盖水平排名在东北地区较为稳定，变化较小。

表 7 – 26　　　　2010～2017 年东北地区各省份社会事务覆盖水平内部排名比较

地区	2010 年	2011 年	2012 年	2013 年	2014 年	2015 年	2016 年	2017 年	排名变化
辽宁	1	1	1	1	1	1	1	1	0
吉林	3	3	3	3	3	3	3	3	0
黑龙江	2	2	2	2	2	2	2	2	0

表 7 – 27 对 2010～2017 年东北地区各省份在全国范围内社会事务覆盖水平排名情况进行比较，可以看到辽宁在全国范围内排名稳定，且长期处于上游区位置，说明辽宁的社会事务覆盖水平较高且社会事务工作发展情况较好；吉林在全国范围内排名呈现波动下降趋势，长期处于中游区位置，说明吉林的社会事务覆盖水平降低且社会事务工作发展活力相对不足；黑龙江在全国范围内排名呈现大幅下降趋势，说明黑龙江的社会事务覆盖水平下降，发展活力相对不足趋势疲软。

表 7 – 27 　　　　2010～2017 年东北地区各省份社会事务覆盖水平在全国范围内排名比较

地区	2010 年	2011 年	2012 年	2013 年	2014 年	2015 年	2016 年	2017 年	排名变化
辽宁	4	4	4	4	4	4	4	4	0
吉林	16	16	16	15	15	17	16	17	– 1
黑龙江	11	12	13	13	14	14	14	16	– 5

二、全国社会事务覆盖水平区段变动分析

由图 7 – 17 和图 7 – 18 可以看到全国社会事务覆盖水平上游区各项三级指标的平均得分变化趋势：2010～2017 年社会事务覆盖水平上游区的得分呈现逐年增长趋势；2010～2017 年社会事务单位基本结构上游区的得分呈现波动增长趋势。

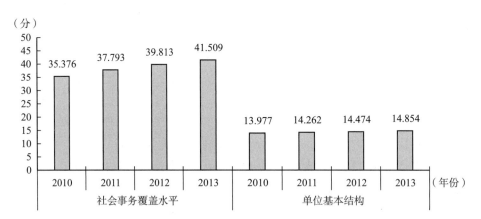

图 7 – 17　2010～2013 年全国社会事务覆盖水平上游区各三级指标的得分比较情况 I

图 7 – 18　2014～2017 年全国社会事务覆盖水平上游区各三级指标的得分比较情况 I

由图 7 – 19 和图 7 – 20 可以看到全国社会事务覆盖水平上游区各项三级指标的平均得分变化趋势：2010～2017 年社会事务服务管理水平上游区的得分呈现逐年增长趋势；2010～2017 年社会事务服务水平上游区的得分呈现波动增长趋势；2010～2017 年社会事务财政投入状况上游区的得分呈现波动增长趋势。

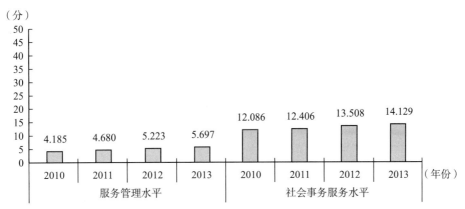

图 7 – 19　2010～2013 年全国社会事务覆盖水平上游区各三级指标的得分比较情况 Ⅱ

图 7 – 20　2014～2017 年全国社会事务覆盖水平上游区各三级指标的得分比较情况 Ⅱ

由图 7 – 21 和图 7 – 22 可以看到全国社会事务覆盖水平上游区各项三级指标的平均得分变化趋势：2010～2017 年社会事务财政投入状况上游区的得分呈现波动增长趋势。

由图 7 – 23 和图 7 – 24 可以看到全国社会事务覆盖水平中游区各项三级指标的平均得分变化趋势：2010～2017 年社会事务覆盖水平中游区的得分呈现逐年增长趋势；2010～2017 年社会事务单位基本结构中游区的得分呈现波动增长趋势。

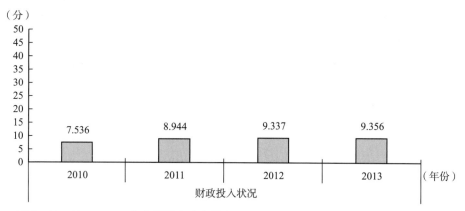

图 7－21　2010～2013 年全国社会事务覆盖水平上游区各三级指标的得分比较情况Ⅲ

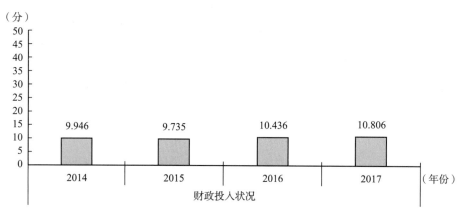

图 7－22　2014～2017 年全国社会事务覆盖水平上游区各三级指标的得分比较情况Ⅲ

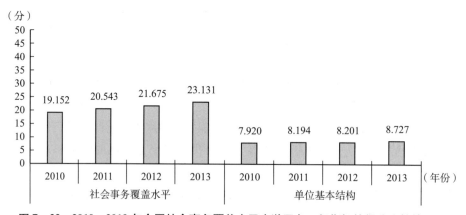

图 7－23　2010～2013 年全国社会事务覆盖水平中游区各三级指标的得分比较情况Ⅰ

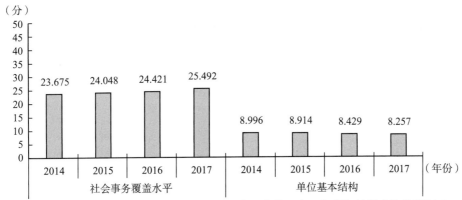

图 7 – 24　2014～2017 年全国社会事务覆盖水平中游区各三级指标的得分比较情况 Ⅰ

由图 7 – 25 和图 7 – 26 可以看到全国社会事务覆盖水平中游区各项三级指标的平均得分变化趋势：2010～2017 年社会事务服务管理水平中游区的得分呈现波动增长趋势；2010～2017 年社会事务服务水平中游区的得分呈现逐年增长趋势。

图 7 – 25　2010～2013 年全国社会事务覆盖水平中游区各三级指标的得分比较情况 Ⅱ

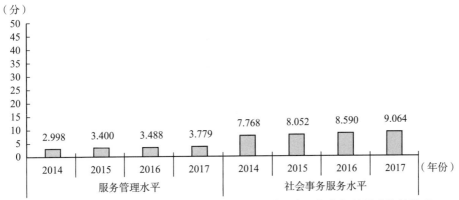

图 7 – 26　2014～2017 年全国社会事务覆盖水平中游区各三级指标的得分比较情况 Ⅱ

由图 7－27 和图 7－28 可以看到全国社会事务覆盖水平中游区各项三级指标的平均得分变化趋势：2010～2017 年社会事务财务投入状况中游区的得分呈现波动增长趋势。

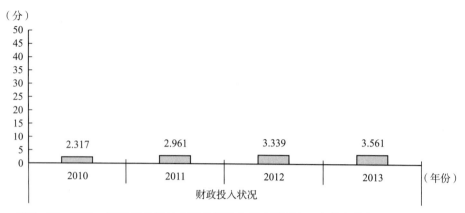

图 7－27　2010～2013 年全国社会事务覆盖水平中游区各三级指标的得分比较情况Ⅲ

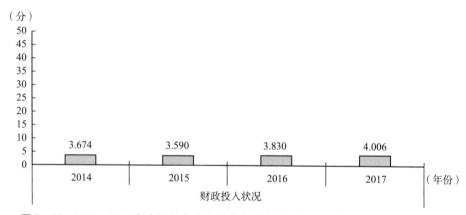

图 7－28　2014～2017 年全国社会事务覆盖水平中游区各三级指标的得分比较情况Ⅲ

由图 7－29 和图 7－30 可以看到 2010～2017 年全国社会事务覆盖水平下游区各项三级指标的平均得分变化趋势：2010～2015 年社会事务覆盖水平下游区的得分呈现波动增长趋势，2016～2017 年下游区社会事务工作覆盖水平比 2015 年低但仍保持微弱增长的态势，说明其发展活力有所衰退；2010～2015 年社会事务单位基本结构下游区的得分呈现波动下降趋势，2016～2017 年下游区社会事务单位基本结构发展势头不好且呈逐年下降的趋势。

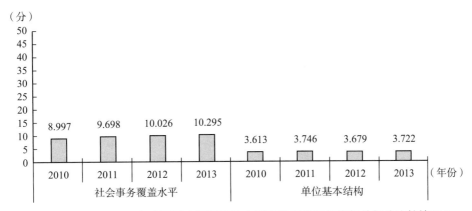

图7－29　2010～2013年全国社会事务覆盖水平下游区各三级指标的得分比较情况Ⅰ

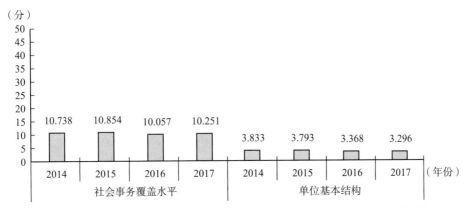

图7－30　2014～2017年全国社会事务覆盖水平下游区各三级指标的得分比较情况Ⅰ

　　由图7－31和图7－32可以看到2010～2017年全国社会事务覆盖水平下游区各项三级指标的平均得分变化趋势：2010～2017年社会事务服务管理水平下游区的得分呈现波动增长趋势；2010～2017年社会事务服务水平下游区的得分呈现波动增长趋势。

　　由图7－33和图7－34可以看到2010～2017年全国社会事务覆盖水平下游区各项三级指标的平均得分变化趋势：2010～2017年社会事务财务投入状况下游区的得分呈现波动增长趋势。

　　从图7－35对2010～2011年全国社会事务覆盖水平的跨区段变化进行分析，可以看到2010～2011年未有任何省份的社会事务覆盖水平在全国名次发生跨区变动，说明全国社会事务覆盖水平稳定。

图7-31　2010～2013年全国社会事务覆盖水平下游区各三级指标的得分比较情况Ⅱ

图7-32　2010～2013年全国社会事务覆盖水平下游区各三级指标的得分比较情况Ⅱ

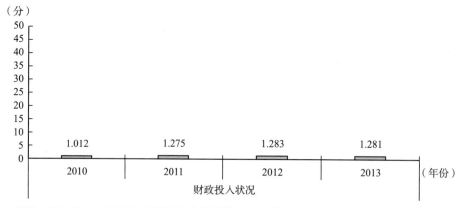

图7-33　2010～2013年全国社会事务覆盖水平下游区各三级指标的得分比较情况Ⅲ

图7-34　2010~2013年全国社会事务覆盖水平下游区各三级指标的得分比较情况Ⅲ

	2010年	2011年
上游区	广东、山东、江苏、辽宁、浙江、湖北、河南、湖南	广东、山东、江苏、辽宁、浙江、湖北、湖南、河南
中游区	四川、河北、黑龙江、上海、安徽、北京、福建、吉林、陕西、重庆、江西、广西、云南	四川、河北、上海、黑龙江、安徽、北京、福建、吉林、陕西、江西、重庆、广西、云南
下游区	贵州、内蒙古、新疆、天津、山西、甘肃、宁夏、青海	贵州、内蒙古、新疆、天津、山西、甘肃、宁夏、青海

图7-35　2010~2011年全国社会事务覆盖水平变动情况

从图7-36对2011~2012年全国社会事务覆盖水平的跨区段变化进行分析，可以看到2011~2012年有2个省份的名次有了跨区变动：四川由中游区升至上游区，河南由上游区跌至中游区。

	2011年	2012年
上游区	广东、山东、江苏、辽宁、浙江、湖北、湖南、河南	广东、江苏、山东、辽宁、浙江、湖北、湖南、四川
中游区	四川、河北、上海、黑龙江、安徽、北京、福建、吉林、陕西、江西、重庆、广西、云南	河南、河北、安徽、上海、黑龙江、北京、福建、吉林、重庆、陕西、江西、云南、广西
下游区	贵州、内蒙古、新疆、天津、山西、甘肃、宁夏、青海	内蒙古、贵州、新疆、天津、山西、甘肃、宁夏、青海

图7-36　2011~2012年全国社会事务覆盖水平变动情况

从图7-37对2012~2013年全国社会事务覆盖水平的跨区段变化进行分析，可以看到2012~2013年有4个省份的名次有了跨区变动：贵州由下游区升至中游区，内蒙古由下游区升至中游区，江西由中游区跌至下游区，广西由中游区跌至下游区。

	2012年	2013年
上游区	广东、江苏、山东、辽宁、浙江、湖北、湖南、四川	江苏、广东、山东、辽宁、浙江、湖北、四川、湖南
中游区	河南、河北、安徽、上海、黑龙江、北京、福建、吉林、重庆、陕西、江西、云南、广西	河南、上海、安徽、河北、黑龙江、北京、吉林、福建、重庆、陕西、云南、贵州、内蒙古
下游区	内蒙古、贵州、新疆、天津、山西、甘肃、宁夏、青海	江西、广西、新疆、天津、山西、甘肃、宁夏、青海

图7-37　2012~2013年全国社会事务覆盖水平变动情况

从图7-38对2013~2014年全国社会事务覆盖水平的跨区段变化进行分析，可以看到2013~2014年有2个省份的名次有了跨区变动：广西由下游区升至中游区，内蒙古由中游区跌至下游区。

	2013年	2014年
上游区	江苏、广东、山东、辽宁、浙江、湖北、四川、湖南	广东、江苏、山东、辽宁、四川、浙江、湖北、湖南
中游区	河南、上海、安徽、河北、黑龙江、北京、吉林、福建、重庆、陕西、云南、贵州、内蒙古	河南、上海、安徽、河北、北京、黑龙江、吉林、福建、重庆、云南、陕西、贵州、广西
下游区	江西、广西、新疆、天津、山西、甘肃、宁夏、青海	内蒙古、江西、天津、山西、新疆、甘肃、宁夏、青海

图7-38　2013~2014年全国社会事务覆盖水平变动情况

从图7-39对2014~2015年全国社会事务覆盖水平的跨区段变化进行分析，可以看到2014~2015年未有任何省份的社会事务覆盖水平在全国名次发生跨区变动，说明全国社会事务覆盖水平稳定。

	2014年	2015年
上游区	广东、江苏、山东、辽宁、四川、浙江、湖北、湖南	广东、江苏、山东、辽宁、四川、浙江、湖北、湖南
中游区	河南、上海、安徽、河北、北京、黑龙江、吉林、福建、重庆、云南、陕西、贵州、广西	上海、河南、安徽、北京、河北、黑龙江、重庆、福建、吉林、贵州、陕西、广西、云南
下游区	内蒙古、江西、天津、山西、新疆、甘肃、宁夏、青海	内蒙古、江西、山西、天津、新疆、甘肃、宁夏、青海

图7-39　2014~2015年全国社会事务覆盖水平变动情况

从图7-40对2015~2016年全国社会事务覆盖水平的跨区段变化进行分析，可以看到2015~2016年有4个省份的名次有了跨区变动：上海由中游区升至上游区，湖南由上游区跌至中游区，内蒙古由下游区升至中游区，云南由中游区跌至下游区。

	2015年	2016年
上游区	广东、江苏、山东、辽宁、四川、浙江、湖北、湖南	江苏、广东、山东、辽宁、浙江、四川、湖北、上海
中游区	上海、河南、安徽、北京、河北、黑龙江、重庆、福建、吉林、贵州、陕西、广西、云南	湖南、河南、安徽、河北、北京、黑龙江、重庆、吉林、福建、贵州、广西、陕西、内蒙古
下游区	内蒙古、江西、山西、天津、新疆、甘肃、宁夏、青海	云南、江西、山西、天津、新疆、甘肃、宁夏、青海

图 7-40　2015~2016 年全国社会事务覆盖水平变动情况

　　从图 7-41 对 2016~2017 年全国社会事务覆盖水平的跨区段变化进行分析，可以看到 2016~2017 年未有任何省份的社会事务覆盖水平在全国名次发生跨区变动，说明全国社会事务覆盖水平稳定。

	2016年	2017年
上游区	江苏、广东、山东、辽宁、浙江、四川、湖北、上海	江苏、广东、山东、辽宁、浙江、四川、湖北、上海
中游区	湖南、河南、安徽、河北、北京、黑龙江、重庆、吉林、福建、贵州、广西、陕西、内蒙古	湖南、河南、安徽、河北、北京、重庆、陕西、黑龙江、吉林、福建、贵州、内蒙古、广西
下游区	云南、江西、山西、天津、新疆、甘肃、宁夏、青海	云南、天津、江西、山西、新疆、甘肃、宁夏、青海

图 7-41　2016~2017 年全国社会事务覆盖水平变动情况

　　从图 7-42 对 2010~2017 年全国社会事务覆盖水平的跨区段变化进行分析，可以看到 2010~2017 年有 8 个省份的名次有了跨区变动：四川由中游区升至上游区，上海由中游区升至上游区，河南由上游区跌至中游区，湖南由上游区跌至中游区，云南由中游区跌至下游区，贵州由下游区升至中游区，内蒙古由下游区升至中游区，江西由中游区跌至下游区。

	2010年	2017年
上游区	广东、山东、江苏、辽宁、浙江、湖北、河南、湖南	江苏、广东、山东、辽宁、浙江、四川、湖北、上海
中游区	四川、河北、黑龙江、上海、安徽、北京、福建、吉林、陕西、重庆、江西、广西、云南	湖南、河南、安徽、河北、北京、重庆、陕西、黑龙江、吉林、福建、贵州、内蒙古、广西
下游区	贵州、内蒙古、新疆、天津、山西、甘肃、宁夏、青海	云南、天津、江西、山西、新疆、甘肃、宁夏、青海

图 7-42　2010~2017 年全国社会事务覆盖水平变动情况

第三节　本章发现与讨论

　　本章对各省份社会事务覆盖水平的得分排名、发展速度进行分析对比，对中国四大地区的社会事务覆盖水平的整体情况进行评估，细致地测算和归纳了全国社会事务工作的单位基本结构、服务管理水平、社会事务服务水平和财政投入状况的发展情况，通过对社会事务覆盖水平方面的测算评估可以看到，社会事务覆盖水平2010～2017年有较大进步，社会事务服务工作在单位基本结构、服务管理能力、社会事务服务水平和财政投入状况四方面都有所发展。但是，整体来看社会事务工作也存在着发展不平衡的问题，目前社会事务工作发展水平呈现出东部地区领先，东北地区次之，中部地区再次之，西部地区垫底的态势；各地区社会事务工作的发展速度也有较大的不同，东部地区增长速度最快，东北、中部和西部地区发展的差别不大。同时，各地区内部发展不平衡的问题也体现在了社会工作中，四川是西部地区唯一进入上游区的省份，而天津成为东部地区唯一处在下游区的省份。

　　结合得分排序来看，西部地区的社会事务覆盖水平有所好转，但是其与中国其他地区的社会事务覆盖水平差距仍十分巨大。这是因为在社会事务发展工作当中，由于东部和东北地区的基础设施建设比较完善使这两个地区的社会事务工作发展的起点较高，能够应对新时代背景下的社会需求变化。但是西部地区经济发展水平相对落后、基础设施建设不完备、人才素质较低，当地民政部门无力承担机构优化、人才建设、服务提升等工作，造成了整体社会事务覆盖水平较低的局面；同时，西部地区多为少数民族地区，在婚姻、殡葬习俗方面有其自身特色，在民政工作实施过程中无法实行统一化标准进行规范，处理得不好容易激起矛盾，影响民族地区的社会稳定，所以相对来说西部地区的社会事务工作内容更复杂。虽然近些年来中部地区的经济水平有所好转，但是在办公机构、人才配备等问题上也无法摆脱与西部地区相似的问题。从地区内部的差异性可以看出，在婚姻、殡葬观念转变的背景下，社会事务工作也在发展并尽可能地与社会观念的变化相协调，才会出现在整体落后的西部地区中四川的社会事务工作发展水平依旧可以排进上游区的行列，正是因为社会观念的开放和经济社会的发展，才促进了四川的社会事务工作得以良好发展。从权重上来看，内地居民登记结婚件数、内地居民登记离婚件数、殡仪馆火化炉数和殡仪馆安葬数的权重较高，说明他们是影响社会事务工作发展的重要因素。

第八章

中国民政事业高质量发展评估体系子系统Ⅳ
——基层社会治理水平

第一节　全国基层社会治理水平变化趋势分析

根据全国基层社会治理水平指标体系和数学评价模型，对 2010 ~ 2017 年我国 29 个省份的基层社会治理水平进行评价，表 8 – 1、表 8 – 2、表 8 – 3、表 8 – 4、表 8 – 5、表 8 – 6、表 8 – 7、表 8 – 8、表 8 – 9 是本次评估期间我国 29 个省份的基层社会治理水平排名和排名变化情况。

一、全国基层社会治理水平排名对比

根据表 8 – 1 中内容对 2010 年全国基层社会治理水平排名进行分析，处于全国基层社会治理水平上游区的是山东、广东、江苏、浙江、四川、湖南、河南和湖北 8 个省份；处于中游区的是辽宁、河北、上海、安徽、北京、福建、黑龙江、广西、陕西、江西、贵州、甘肃和重庆 13 个省份；处于下游区的是云南、山西、新疆、内蒙古、吉林、天津、宁夏和青海 8 个省份。根据全国基层社会治理水平排名情况，说明东部地区更占优势，西部地区发展水平较为落后。

表 8-1 　　　　　　　　　　　　2010 年全国基层社会治理水平排名

地区	排名	区段	地区	排名	区段	地区	排名	区段
山东	1	上游区	辽宁	9	中游区	云南	22	下游区
广东	2		河北	10		山西	23	
江苏	3		上海	11		新疆	24	
浙江	4		安徽	12		内蒙古	25	
四川	5		北京	13		吉林	26	
湖南	6		福建	14		天津	27	
河南	7		黑龙江	15		宁夏	28	
湖北	8		广西	16		青海	29	
			陕西	17				
			江西	18				
			贵州	19				
			甘肃	20				
			重庆	21				

根据表 8-2 中内容对 2011 年全国基层社会治理水平排名进行分析，处于全国基层社会治理水平上游区的是山东、广东、江苏、浙江、四川、湖南、河南和湖北 8 个省份；处于中游区的是辽宁、河北、上海、安徽、北京、福建、黑龙江、广西、陕西、江西、贵州、云南和重庆 13 个省份；处于下游区的是甘肃、山西、新疆、内蒙古、吉林、天津、宁夏和青海 8 个省份。相较于 2010 年，云南上升 2 名至第 20 名由下游区升至中游区，甘肃下降 2 名至第 22 名由中游区跌至下游区。

表 8-2 　　　　　　　　　　　　2011 年全国基层社会治理水平排名

地区	排名	区段	地区	排名	区段	地区	排名	区段
山东	1	上游区	辽宁	9	中游区	甘肃	22	下游区
广东	2		河北	10		山西	23	
江苏	3		上海	11		新疆	24	
浙江	4		安徽	12		内蒙古	25	
四川	5		北京	13		吉林	26	
湖南	6		福建	14		天津	27	
河南	7		黑龙江	15		宁夏	28	

地区	排名	区段	地区	排名	区段	地区	排名	区段
湖北	8		广西	16		青海	29	
			陕西	17				
		上游区	江西	18	中游区			游区
			贵州	19				
			云南	20				
			重庆	21				

　　根据表 8－3 中内容对 2012 年全国基层社会治理水平排名进行分析，处于全国基层社会治理水平上游区的是山东、广东、江苏、浙江、四川、湖南、河南和湖北 8 个省份；处于中游区的是辽宁、河北、北京、上海、安徽、福建、广西、陕西、黑龙江、重庆、江西、云南和贵州 13 个省份；处于下游区的是山西、新疆、内蒙古、甘肃、吉林、天津、宁夏和青海 8 个省份。相较于 2011 年，四川上升 1 名至第 4 名，浙江下降 1 名至第 5 名，北京上升 2 名至第 11 名，上海下降 1 名至第 12 名，安徽上升 1 名至第 13 名，广西上升 1 名至第 15 名，陕西上升 1 名至第 17 名，黑龙江下降 2 名至第 17 名，重庆上升 3 名至第 18 名，江西下降 1 名至第 19 名，贵州下降 2 名至第 21 名，山西上升 1 名至第 22 名，新疆上升 1 名至第 23 名，内蒙古上升 1 名至第 24 名，甘肃下降 3 名至第 25 名。

表 8－3　　　　　　　　　　　　2012 年全国基层社会治理水平排名

地区	排名	区段	地区	排名	区段	地区	排名	区段
山东	1		辽宁	9		山西	22	
广东	2		河北	10		新疆	23	
江苏	3		北京	11		内蒙古	24	
四川	4		上海	12		甘肃	25	
浙江	5	上游区	安徽	13	中游区	吉林	26	下游区
湖南	6		福建	14		天津	27	
河南	7		广西	15		宁夏	28	
湖北	8		陕西	16		青海	29	
			黑龙江	17				
			重庆	18				

续表

地区	排名	区段	地区	排名	区段	地区	排名	区段
		上游区	江西	19	中游区			下游区
			云南	20				
			贵州	21				

根据表8-4中内容对2013年全国基层社会治理水平排名进行分析，处于全国基层社会治理水平上游区的是广东、山东、江苏、四川、浙江、湖南、河南和湖北8个省份；处于中游区的是辽宁、北京、河北、上海、安徽、福建、陕西、云南、重庆、广西、黑龙江、江西和贵州13个省份；处于下游区的是吉林、山西、新疆、内蒙古、甘肃、天津、宁夏和青海8个省份。相较于2012年，广东上升1名至第1名，山东下降1名至第2名，北京上升1名至第10名，河北下降1名至第11名，陕西上升1名至第15名，云南上升4名至第20名，重庆上升1名至第17名，广西下降3名至第18名，黑龙江下降2名至第19名，江西下降1名至第20名，吉林上升4名至第22名，山西下降1名至第23名，新疆下降1名至第24名，内蒙古下降1名至第25名，甘肃下降1名至第26名。

表8-4　　　　　　　　　　2013年全国基层社会治理水平排名

地区	排名	区段	地区	排名	区段	地区	排名	区段
广东	1	上游区	辽宁	9	中游区	吉林	22	下游区
山东	2		北京	10		山西	23	
江苏	3		河北	11		新疆	24	
四川	4		上海	12		内蒙古	25	
浙江	5		安徽	13		甘肃	26	
湖南	6		福建	14		天津	27	
河南	7		陕西	15		宁夏	28	
湖北	8		云南	16		青海	29	
			重庆	17				
			广西	18				
			黑龙江	19				
			江西	20				
			贵州	21				

根据表8-5中内容对2014年全国基层社会治理水平排名进行分析，处于全国基层社会治理水平上游区的是广东、江苏、山东、四川、浙江、湖南、河南和辽宁8个省份；处于中游区的是湖北、河北、北京、上海、安徽、福建、云南、广西、重庆、陕西、贵州、江西和黑龙江13个省份；处于下游区的是山西、吉林、新疆、内蒙古、甘肃、天津、宁夏和青海8个省份。相较于2013年，江苏上升1名至第2名，山东下降1名至第3名，辽宁上升1名至第8名，由中游区升至上游区，湖北下降1名至第9名由上游区跌至中游区，河北上升1名至第10名，北京下降1名至第11名，云南上升1名至第15名，广西上升2名至第16名，陕西下降3名至第18名，贵州上升2名至第19名，黑龙江下降2名至第21名，山西上升1名至第2名，吉林下降1名至第23名。

表8-5　　　　　　　　　　　　2014年全国基层社会治理水平排名

地区	排名	区段	地区	排名	区段	地区	排名	区段
广东	1	上游区	湖北	9	中游区	山西	22	下游区
江苏	2		河北	10		吉林	23	
山东	3		北京	11		新疆	24	
四川	4		上海	12		内蒙古	25	
浙江	5		安徽	13		甘肃	26	
湖南	6		福建	14		天津	27	
河南	7		云南	15		宁夏	28	
辽宁	8		广西	16		青海	29	
			重庆	17				
			陕西	18				
			贵州	19				
			江西	20				
			黑龙江	21				

根据表8-6中内容对2015年全国基层社会治理水平排名进行分析，处于上游区的是广东、江苏、山东、浙江、四川、湖南、河南和北京8个省份；处于中游区的是湖北、辽宁、上海、河北、安徽、福建、广西、重庆、陕西、云南、贵州、黑龙江和江西13个省份；处于下游区的是山西、内蒙古、吉林、新疆、甘肃、天津、宁夏和青海8个省份。相较于2014年，浙江上升1名至第4名，四川下降1名至第5名，北京上升3名至第8名由中游区升至上游区，辽宁下降2名至第10名由上游区跌至中游区，上海上升1名至第11名，河北下降2名至第12名，广西上升1名至第15

名，重庆上升1名至第16名，陕西上升1名至第17名，云南下降3名至第18名，黑龙江上升1名至第20名，江西下降1名至第21名，内蒙古上升2名至第23名，吉林下降1名至第24名，新疆下降1名至第25名。

表8-6　　　　　　　　　2015年全国基层社会治理水平排名

地区	排名	区段	地区	排名	区段	地区	排名	区段
广东	1	上游区	湖北	9	中游区	山西	22	下游区
江苏	2		辽宁	10		内蒙古	23	
山东	3		上海	11		吉林	24	
浙江	4		河北	12		新疆	25	
四川	5		安徽	13		甘肃	26	
湖南	6		福建	14		天津	27	
河南	7		广西	15		宁夏	28	
北京	8		重庆	16		青海	29	
			陕西	17				
			云南	18				
			贵州	19				
			黑龙江	20				
			江西	21				

根据表8-7中内容对2016年全国基层社会治理水平排名进行分析，处于全国基层社会治理水平上游区的是广东、江苏、山东、四川、浙江、湖南、河南和辽宁8个省份；处于中游区的是湖北、北京、河北、上海、安徽、福建、重庆、广西、陕西、云南、贵州、黑龙江和江西13个省份；处于下游区的是山西、内蒙古、甘肃、吉林、新疆、天津、宁夏和青海8个省份。相较于2015年，四川上升1名至第4名，浙江下降1名至第5名，辽宁上升2名至第8名由中游区升至上游区，北京下降2名至第10名由上游区跌至中游区，河北上升1名至第11名，上海下降1名至第12名，重庆上升1名至第15名，广西下降1名至第16名，甘肃上升2名至第24名，吉林下降1名至第25名，新疆下降1名至第26名。

表 8-7　　　　　　　　　　2016 年全国基层社会治理水平排名

地区	排名	区段	地区	排名	区段	地区	排名	区段
广东	1		湖北	9		山西	22	
江苏	2		北京	10		内蒙古	23	
山东	3		河北	11		甘肃	24	
四川	4		上海	12		吉林	25	
浙江	5		安徽	13		新疆	26	
湖南	6		福建	14		天津	27	
河南	7	上游区	重庆	15	中游区	宁夏	28	下游区
辽宁	8		广西	16		青海	29	
			陕西	17				
			云南	18				
			贵州	19				
			黑龙江	20				
			江西	21				

　　根据表 8-8 中内容对 2017 年全国基层社会治理水平排名进行分析，处于全国基层社会治理水平上游区的是广东、江苏、山东、四川、浙江、湖南、河南和辽宁 8 个省份；处于中游区的是北京、河北、湖北、上海、安徽、福建、陕西、重庆、广西、贵州、云南、江西和黑龙江 13 个省份；处于下游区的是山西、甘肃、吉林、内蒙古、新疆、天津、宁夏和青海 8 个省份。相较于 2016 年，北京上升 1 名至第 9 名，河北上升 1 名至第 10 名，湖北下降 2 名至第 11 名，陕西上升 2 名至第 15 名，重庆下降 1 名至第 16 名，广西下降 1 名至第 17 名，贵州上升 1 名至第 18 名，云南下降 1 名至第 19 名，江西上升 1 名至第 20 名，黑龙江下降 1 名至第 21 名，甘肃上升 1 名至第 23 名，吉林上升 1 名至第 24 名，内蒙古下降 2 名至第 25 名。

表 8-8　　　　　　　　　　2017 年全国基层社会治理水平排名

地区	排名	区段	地区	排名	区段	地区	排名	区段
广东	1		北京	9		山西	22	
江苏	2		河北	10		甘肃	23	
山东	3	上游区	湖北	11	中游区	吉林	24	下游区
四川	4		上海	12		内蒙古	25	
浙江	5		安徽	13		新疆	26	

地区	排名	区段	地区	排名	区段	地区	排名	区段
湖南	6		福建	14		天津	27	
河南	7		陕西	15		宁夏	28	
辽宁	8		重庆	16		青海	29	
			广西	17				
		上游区	贵州	18	中游区			下游区
			云南	19				
			江西	20				
			黑龙江	21				

根据表 8 - 9 中内容对 2010～2017 年全国基层社会治理水平排名变化趋势进行分析，可以看到在全国基层社会治理水平处于上升区的是重庆、北京、云南、吉林、陕西、山西、辽宁、江苏、广东、四川和贵州 11 个省份；处于保持区的是天津、河北、内蒙古、福建、河南、湖南、青海和宁夏 8 个省份；处于下降区的是上海、浙江、安徽、广西、江西、山东、新疆、湖北、甘肃和黑龙江 10 个省份。综合来看，2010～2017 年 29 个省份的基层社会治理水平变化较大，其中上升幅度较大的重庆属于西部地区，北京属于东部地区，而下降幅度较大的黑龙江属于东北地区。在这 8 年中，各地区内部省份差异性逐渐显现，全国基层社会治理覆盖水平整体向前发展。

表 8 - 9　　　　　　　　　　2010～2017 年全国基层社会治理水平排名变化

地区	排名	区段	地区	排名	区段	地区	排名	区段
重庆	5		天津	0		上海	-1	
北京	4		河北	0		浙江	-1	
云南	3		内蒙古	0		安徽	-1	
吉林	2		福建	0		广西	-1	
陕西	2		河南	0		江西	-2	
山西	1	上升区	湖南	0	保持区	山东	-2	下降区
辽宁	1		青海	0		新疆	-2	
江苏	1		宁夏	0		湖北	-3	
广东	1					甘肃	-3	
四川	1					黑龙江	-6	
贵州	1							

由图 8 - 1 可以看出，2010～2011 年全国基层社会治理水平呈上升趋势的有云南1 个省份，上升了 2 名。山东、广东、江苏、浙江、四川、湖南、河南、湖北、辽宁、河北、上海、安徽、北京、福建、黑龙江、广西、陕西、江西、贵州、重庆、山西、新疆、内蒙古、吉林、天津、宁夏和青海27 个省份排名均保持不变。全国基层社会治理水平呈下降趋势的有甘肃1 个省份，下降了 2 名。

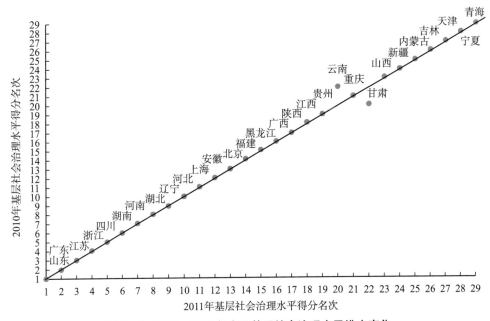

图 8 - 1　2010～2011 年全国基层社会治理水平排序变化

由图 8 - 2 可以看出，2011～2012 年全国基层社会治理水平呈上升趋势的有四川、北京、广西、陕西、重庆、山西、新疆和内蒙古8 个省份，增长幅度最大的省份为重庆，由第 21 名升至第 18 名，上升了 3 名；北京由第 13 名升至第 11名，上升了 2 名；其他省份均上升 1 名。山东、广东、江苏、湖南、河南、湖北、辽宁、河北、福建、云南、吉林、天津、宁夏和青海14 个省份排名均保持不变。全国基层社会治理水平呈下降趋势的有浙江、上海、安徽、黑龙江、江西、贵州和甘肃7 个省份，下降幅度最大的省份为甘肃，由第 22 名降至第 25名，下降了 3 名；黑龙江由第 15 名降至第 17 名，贵州由第 19 名降至第 22 名，均下降 2 名；其他省份均下降 1 名。

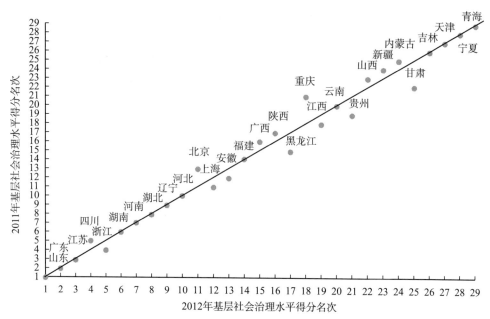

图 8-2　2011～2012 年全国基层社会治理水平排序变化

由图 8-3 可以看出，2012～2013 年全国基层社会治理水平呈上升趋势的有广东、北京、陕西、云南、重庆和吉林 6 个省份，增长幅度最大的省份为云南和吉林，云南由第 24 名升至第 20 名，吉林由第 26 名升至第 22 名，均上升 4 名；其他省份均上升 1 名。江苏、四川、浙江、湖南、河南、湖北、辽宁、上海、安徽、福建、贵州、天津、宁夏和青海 14 个省份排名均保持不变。全国基层社会治理水平呈下降趋势的有山东、河北、广西、黑龙江、江西、山西、新疆、内蒙古和甘肃 9 个省份，下降幅度最大的为广西，由第 15 名降至第 18 名，下降了 3 名；黑龙江由第 17 名降至第 19 名，下降了 2 名；其他省份均下降 1 名。

由图 8-4 可以看出，2013～2014 年全国基层社会治理水平呈上升趋势的有江苏、辽宁、河北、云南、广西、贵州和山西 7 个省份，增长幅度最大的省份为广西，广西由第 18 名升至第 16 名，上升了 2 名；其余省份均上升 1 名。广东、四川、浙江、湖南、河南、上海、安徽、福建、重庆、江西、新疆、内蒙古、甘肃、天津、宁夏和青海 16 个省份排名均保持不变。全国基层社会治理水平呈下降趋势的有山东、湖北、北京、陕西、黑龙江和吉林 6 个省份，下降幅度最大的为陕西，由第 15 名降至第 18 名，下降了 3 名；黑龙江由第 19 名降至第 21 名，下降了 2 名；其他省份均下降 1 名。

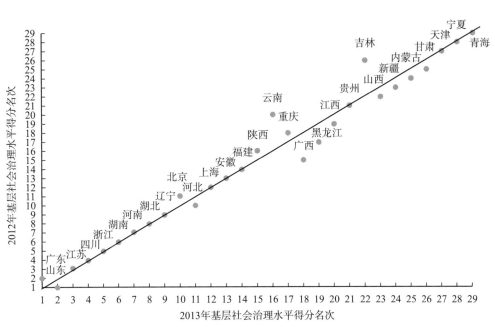

图 8 - 3 2012～2013 年全国基层社会治理水平排序变化

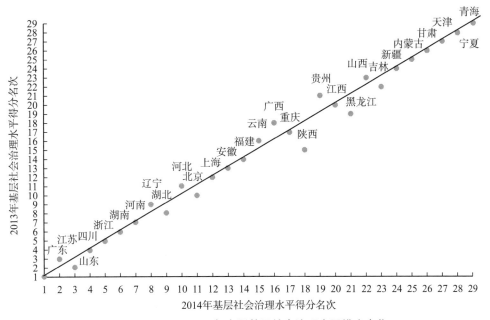

图 8 - 4 2013～2014 年全国基层社会治理水平排序变化

由图 8 - 5 可以看出，2014～2015 年全国基层社会治理水平呈上升趋势的有个浙江、北京、上海、广西、重庆、陕西、黑龙江和内蒙古 8 个省份，增长幅度最大的省份为北京，由第 11 名升至第 8 名，上升了 3 名；内蒙古由第 25 名升至第 23 名，上升了2名；其他省份均上升1名。广东、江苏、山东、湖南、河南、湖北、安徽、福建、贵州、山西、甘肃、天津、宁夏和青海14个省份排名均保持不变。全国基层社会治理水平呈下降趋势的有四川、辽宁、河北、云南、江西、吉林和新疆7个省份，下降幅度最大的为云南，由第15名降至第18名，下降了3名；辽宁由第8名降至第10名，河北由第10名降至第12名，均下降2名；其他省份均下降1名。

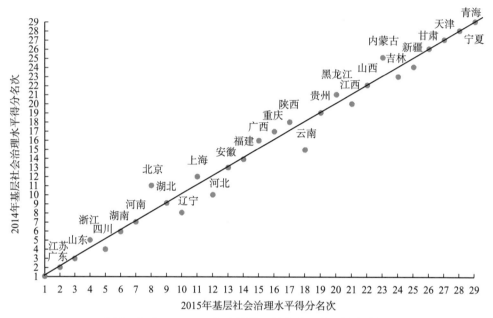

图8-5　2014～2015年全国基层社会治理水平排序变化

由图8-6可以看出，2015～2016年全国基层社会治理水平呈上升趋势的有四川、辽宁、河北、重庆和甘肃5个省份，增长幅度最大的省份为辽宁和甘肃，辽宁由第10名升至第8名，甘肃由第26名升至第24名，均上升2名；其他省份均上升1名。广东、江苏、山东、湖南、河南、湖北、安徽、福建、陕西、云南、贵州、黑龙江、江西、山西、内蒙古、天津、宁夏和青海18个省份排名均保持不变。全国基层社会治理水平呈下降趋势的有浙江、北京、上海、广西、吉林和新疆6个省份，均下降1名。

由图8-7可以看出，2016～2017年全国基层社会治理水平呈上升趋势的有北京、河北、陕西、贵州、江西、甘肃和吉林7个省份，增长幅度最大的省份为陕西，由第17名升至第15名，上升了2名；其他省份均上升1名。广东、江苏、山东、四川、浙江、湖南、河南、辽宁、上海、安徽、福建、山西、新疆、天津、宁夏和青海16个省份排名均保持不变。全国基层社会治理水平呈下降趋势的有湖北、重庆、广西、云南、黑龙江和内蒙古6个省份，下降幅度最大的为湖北和内蒙古，湖北由第 9 名降至第 11 名，内蒙古由第 23 名降至第 25 名，均下降 2 名；其他省份均下降 1 名。

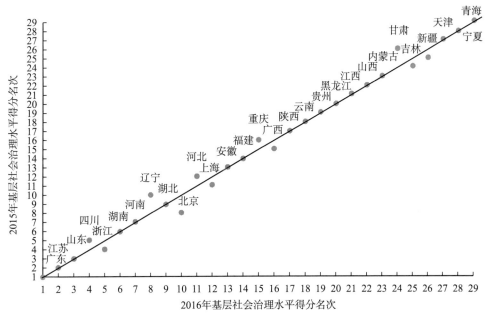

图 8 - 6　2015 ~ 2016 年全国基层社会治理水平排序变化

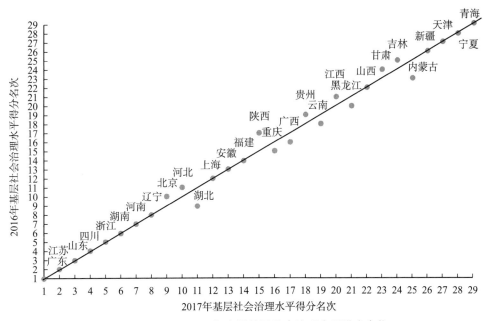

图 8 - 7　2016 ~ 2017 年全国基层社会治理水平排序变化

由图 8-8 可以看出，2010～2017 年全国基层社会治理水平呈上升趋势的有重庆、北京、云南、吉林、陕西、山西、辽宁、江苏、广东、四川和贵州 11 个省份，增长幅度最大的省份为重庆，重庆由第 21 名升至第 16 名，上升了 5 名；北京由第 13 名升至第 9 名，上升了 4 名；云南由第 22 名升至第 19 名，上升了 3 名；吉林由 26 名升至第 24 名，陕西由第 17 名升至第 15 名，均上升 2 名；其他省份均上升 1 名。天津、河北、内蒙古、福建、河南、湖南、青海和宁夏 8 个省份排名均保持不变。全国基层社会治理水平呈下降趋势的有上海、浙江、安徽、广西、江西、山东、新疆、湖北、甘肃和黑龙江 10 个省份，下降幅度最大的为黑龙江，黑龙江由第 15 名降至第 21 名，下降了 6 名；甘肃由第 20 名降至第 23 名，湖北由 8 名降至第 11 名，均下降 3 名；新疆由 24 名降至第 26 名，山东由第 1 名降至第 3 名，江西由第 18 名降至第 20 名，均下降 2 名；其他省份均下降 1 名。

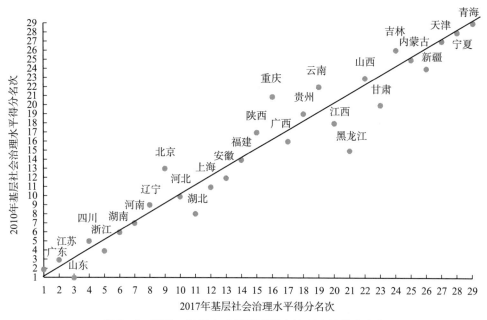

图 8-8　2010～2017 年全国基层社会治理水平排序变化

二、全国基层社会治理水平评分分析

通过 8 表 8-10 对 2010～2017 年的全国基层社会治理水平及其变化进行分析。由 2010 年的全国基层社会治理水平评价来看，2010 年全国基层社会治理水平得分处于 0～50 分，30 分以上的有山东、广东、江苏、浙江和四川 5 个省份；小于 30 分的有湖南、河南、湖北、辽宁、河北、上海、安徽、北京、福建、黑龙江、广西、陕西、江西、贵州、甘肃、重庆、云南、山西、新疆、内蒙古、吉林、天津、宁夏和青海24个省份。全国基层社会治理水平最高得分是山东49.437分，最低得分是青海0.619分。全国基层社会治理水平的得分平均值为17.758分，得分标准差为11.233，说明各省份间基层社会治理水平差距较大。全国基层社会治理水平中，东部地区省份的得分普遍较高，说明东部地区的基层社会治理水平较高，发展潜力较强；西部地区省份的得分普遍偏低，说明西部地区民政事业基层社会治理水平较低，基层社会治理工作水平亟须提升，发展活力相对不足。

表 8-10　　　　　　　　2010～2017 年全国基层社会治理水平评价比较

地区	2010 年	2011 年	2012 年	2013 年	2014 年	2015 年	2016 年	2017 年	综合变化
北京	15.968	18.098	21.626	23.548	23.505	28.342	26.872	31.948	15.980
	13	13	11	10	11	8	10	9	4
天津	6.425	6.721	6.995	7.368	7.702	8.540	7.784	7.457	1.032
	27	27	27	27	27	27	27	27	0
河北	20.120	21.469	22.868	22.979	23.760	25.069	25.936	27.037	6.917
	10	10	10	11	10	12	11	10	0
山西	10.251	10.671	10.925	11.591	12.248	12.919	12.797	12.646	2.394
	23	23	22	23	22	22	22	22	1
内蒙古	9.144	10.023	10.630	10.532	11.057	12.845	11.939	11.826	2.682
	25	25	24	25	25	23	23	25	0
辽宁	21.301	23.714	25.883	25.891	26.927	28.203	28.736	32.313	11.012
	9	9	9	9	8	10	8	8	1
吉林	7.524	8.147	9.268	12.146	11.886	12.658	11.685	12.136	4.611
	26	26	26	22	23	24	25	24	2
黑龙江	14.055	14.254	14.344	14.800	14.292	15.862	15.694	15.069	1.015
	15	15	17	19	21	20	20	21	-6
上海	18.477	19.197	21.299	22.152	22.904	25.434	25.892	25.312	6.835
	11	11	12	12	12	11	12	12	-1
江苏	35.090	37.428	42.480	47.212	53.644	57.358	57.148	62.185	27.096
	3	3	3	3	2	2	2	2	1
浙江	31.645	32.501	34.046	36.869	39.047	41.950	38.748	42.282	10.638
	4	4	5	5	5	4	5	5	-1
安徽	18.002	18.300	19.388	19.760	20.730	22.434	22.757	23.351	5.349
	12	12	13	13	13	13	13	13	-1

续表

地区	2010 年	2011 年	2012 年	2013 年	2014 年	2015 年	2016 年	2017 年	综合变化
福建	15.115	15.583	16.105	16.028	17.573	19.157	19.619	20.627	5.512
	14	14	14	14	14	14	14	14	0
江西	12.429	12.785	13.405	14.099	14.355	15.183	14.656	17.120	4.691
	18	18	19	20	20	21	21	20	−2
山东	49.437	47.733	48.253	47.898	50.464	51.324	52.215	59.368	9.931
	1	1	1	2	3	3	3	3	−2
河南	25.784	26.558	27.151	27.963	29.413	30.914	30.326	34.257	8.473
	7	7	7	7	7	7	7	7	0
湖北	23.724	24.765	26.678	25.956	26.457	28.288	28.354	26.318	2.594
	8	8	8	8	9	9	9	11	−3
湖南	26.384	27.328	28.574	30.138	32.012	33.337	31.266	36.439	10.055
	6	6	6	6	6	6	6	6	0
广东	39.266	43.075	46.527	49.161	54.472	57.900	58.295	63.510	24.244
	2	2	2	1	1	1	1	1	1
广西	13.090	14.071	14.636	14.989	16.742	18.486	18.570	18.301	5.212
	16	16	15	18	16	15	16	17	−1
重庆	11.056	11.877	13.611	15.034	16.499	17.995	18.657	19.974	8.918
	21	21	18	17	17	16	15	16	5
四川	30.222	31.962	36.100	37.658	39.289	41.277	41.393	44.863	14.641
	5	5	4	4	4	5	4	4	1
贵州	12.198	12.462	12.651	14.040	15.439	16.360	16.924	18.061	5.863
	19	19	21	21	19	19	19	18	1
云南	10.906	12.053	13.273	15.096	16.745	16.695	17.025	17.838	6.931
	22	20	20	16	15	18	18	19	3
陕西	12.679	13.579	14.620	15.885	16.000	17.263	17.674	20.119	7.441
	17	17	16	15	18	17	17	15	2
甘肃	12.174	11.679	9.687	9.685	10.124	11.354	11.787	12.549	0.375
	20	22	25	26	26	26	24	23	−3
青海	0.619	0.662	0.635	0.735	0.903	1.296	1.115	2.157	1.538
	29	29	29	29	29	29	29	29	0

续表

地区	2010 年	2011 年	2012 年	2013 年	2014 年	2015 年	2016 年	2017 年	综合变化
宁夏	1.766	1.674	1.768	1.595	2.091	2.421	3.090	2.689	0.923
	28	28	28	28	28	28	28	28	0
新疆	10.139	10.070	10.702	10.758	11.740	12.256	11.625	11.607	1.468
	24	24	23	24	24	25	26	26	-2
最高分	49.437	47.733	48.253	49.161	54.472	57.900	58.295	63.510	14.073
最低分	0.619	0.662	0.635	0.735	0.903	1.296	1.115	2.157	1.538
平均分	17.758	18.567	19.797	20.744	22.001	23.556	23.399	25.150	7.392
标准差	11.233	11.550	12.425	12.955	14.109	14.765	14.703	16.468	5.235

由 2011 年的全国基层社会治理水平评价来看，2011 年全国基层社会治理水平得分处于 0 ~ 48 分，30 分以上的有山东、广东、江苏、浙江和四川 5 个省份；小于 30 分的有湖南、河南、湖北、辽宁、河北、上海、安徽、北京、福建、黑龙江、广西、陕西、江西、贵州、甘肃、重庆、云南、山西、新疆、内蒙古、吉林、天津、宁夏和青海 24 个省份。全国基层社会治理水平最高得分是山东 47.733 分，最低得分是青海 0.662 分。全国基层社会治理水平的得分平均值为 18.567 分，较上年增长 0.809 分，说明全国基层社会治理水平整体进步；得分标准差为 11.550，较上年增长 0.318，说明各省份间基层社会治理水平差距有所扩大。全国基层社会治理水平中，东部地区的得分普遍较高，其中山东、广东、江苏和浙江 4 个省份的得分都在 30 分以上，说明这些省份的基层社会治理水平较高，发展潜力较强，但是也有个别省份得分较低；东北、西部地区的得分差异性逐渐显现，西部大多数省份的得分在 30 分以下，个别在 30 分以上，而东北地区三省得分差距亦较大，说明东北、西部地区基层社会治理工作发展不平衡，基层社会治理建设工作水平亟须提升，发展活力相对不足；整体来看，各地区内部发展差异性非常大。

由 2012 年的全国基层社会治理水平评价来看，2012 年全国基层社会治理水平得分处于 0 ~ 49 分，30 分以上的有山东、广东、江苏、四川和浙江 5 个省份；小于 30 分的有湖南、河南、湖北、辽宁、河北、上海、安徽、北京、福建、黑龙江、广西、陕西、江西、贵州、甘肃、重庆、云南、山西、新疆、内蒙古、吉林、天津、宁夏和青海 24 个省份。全国基层社会治理水平最高得分是山东 48.253 分，最低得分是青海 0.635 分。全国基层社会治理水平的得分平均值为 19.797 分，较上年增长 1.231 分。说明全国基层社会治理水平较上年相比增长速度有所加快，整体快速发展；得分标准差为 12.425，较上年增长 0.874，说明各省份间基层社会治理水平差距增幅与上年相比有所加大，各地差距快速扩大。全国基层社会治理水平中，东部地区的得分普遍较高，其中山东、广东、江苏和浙江4个省份的得分都在30分以上，说明这些省份的基层社会治理水平较高，发展潜力较强，但是也有个别省份得分较低；东北、西部地区的得分差异性逐渐显现，西部大多数省份的得分在30分以下，个别在30分以上，而东北地区三省得分差距亦较大，说明东北、西部地区基层社会治理水平不平衡，基层社会治理建设工作水平亟须提升，发展活力相对不足；整体来看，各地区内部发展差异性非常大。

由2013年的全国基层社会治理水平评价来看，2013年全国基层社会治理水平得分处于0~50分，30分以上的有广东、山东、江苏、四川、浙江和湖南6个省份；小于30分的有河南、湖北、辽宁、河北、上海、安徽、北京、福建、黑龙江、广西、陕西、江西、贵州、甘肃、重庆、云南、山西、新疆、内蒙古、吉林、天津、宁夏和青海23个省份。全国基层社会治理水平最高得分是广东49.161分，最低得分是青海0.735分。全国基层社会治理水平的得分平均值为20.744分，较上年增长0.946分，说明全国基层社会治理水平较上年相比增幅有所缩小，但全国基层社会治理水平整体仍然有提升；得分标准差为12.955，较上年增长0.530，说明各省份间综合水平差距增幅与上年相比急剧缩小，但总体来看各地仍有较大差距。全国基层社会治理水平中，中部、东部地区的得分普遍较高，其中广东、山东、江苏、浙江和湖南5个省份的得分都在30分以上，说明这些省份的基层社会治理水平较高，发展潜力较强，但是也有个别省份得分较低；东北、西部地区的得分差异性逐渐展现，西部大多数省份的得分在30分以下，个别在30分以上，而东北地区三省得分差距亦较大，说明东北、西部地区基层社会治理水平不平衡，基层社会治理建设工作水平亟须提升，发展活力相对不足；整体来看，各地区内部发展差异性非常大。

由2014年的全国基层社会治理水平评价来看，2014年全国基层社会治理水平得分处于0~55分，30分以上的有广东、江苏、山东、四川、浙江和湖南6个省份；小于30分的有河南、湖北、辽宁、河北、上海、安徽、北京、福建、黑龙江、广西、陕西、江西、贵州、甘肃、重庆、云南、山西、新疆、内蒙古、吉林、天津、宁夏和青海23个省份。全国基层社会治理水平最高得分是广东54.472分，最低得分是青海0.903分。全国基层社会治理水平的得分平均值为22.001分，较上年增长1.257分，说明全国基层社会治理水平较上年相比虽然增幅有所加大，整体水平有快速进步；得分标准差为14.109，较上年增长1.154，说明各省份间基层社会治理水平差距增幅与上年相比快速加大，差距持续扩大。全国基层社会治理水平中，中部、东部地区的得分普遍较高，其中广东、山东、江苏、浙江和湖南5个省份的得分都在30分以上，说明这些省份的基层社会治理水平较高，发展潜力较强，但是也有个别省份得分较低；东北、西部地区的得分差异性逐渐展现，西部大多数省份的得分在30分以下，个别在30分以上，而东北地区三省得分差距亦较大，说明东北、西部地区基层社会治理水平不平衡，基层社会治理建设工作水平亟须提升，发展活力相对不足；整体来看，各地区内部发展差异性非常大。

由 2015 年的全国基层社会治理水平评价来看，2015 年全国基层社会治理水平得分处于 1～58 分，30 分以上的有广东、江苏、山东、浙江、四川、湖南和河南 7 个省份；小于 30 分的有湖北、辽宁、河北、上海、安徽、北京、福建、黑龙江、广西、陕西、江西、贵州、甘肃、重庆、云南、山西、新疆、内蒙古、吉林、天津、宁夏和青海 22 个省份。全国基层社会治理水平最高得分是广东 57.900 分，最低得分是青海 1.296 分。全国基层社会治理水平的得分平均值为 23.556 分，较上年增长 1.555 分，说明全国基层社会治理水平较上年相比增幅有所加大，但全国基层社会治理水平整体提升势头迅猛；得分标准差为 14.765，较上年增长 0.655，说明各省份间基层社会治理水平差距增幅与上年急剧缩小，但是各地之间仍有差距。全国基层社会治理水平中，中部、东部地区的得分普遍较高，其中广东、山东、江苏、浙江、河南和湖南 6 个省份的得分都在 30 分以上，说明这些省份的基层社会治理水平较高，发展潜力较强，但是也有个别省份得分较低；东北、西部地区的得分差异性逐渐展现，西部大多数省份的得分在 30 分以下，个别在 30 分以上，而东北地区三省得分差距亦较大，说明东北、西部地区基层社会治理水平不平衡，基层社会治理建设工作水平亟须提升，发展活力相对不足；整体来看，各地区内部发展差异性非常大。

由 2016 年的全国基层社会治理水平评价来看，2016 年全国基层社会治理水平得分处于 1～59 分，30 分以上的有广东、江苏、山东、四川、浙江、湖南和河南 7 个省份；小于 30 分的有湖北、辽宁、河北、上海、安徽、北京、福建、黑龙江、广西、陕西、江西、贵州、甘肃、重庆、云南、山西、新疆、内蒙古、吉林、天津、宁夏和青海 22 个省份。全国基层社会治理水平最高得分是广东 58.295 分，最低得分是青海 1.115 分。全国基层社会治理水平的得分平均值 23.399 分，较上年下降 0.157 分，说明全国基层社会治理水平较上年相比开始下降，但全国基层社会治理水平整体有所下降；得分标准差为 14.703，较上年下降 0.062，说明各省份间基层社会治理水平差距与上年相比有所缩小，各地得分有集聚趋势。全国基层社会治理水平中，中部、东部地区的得分普遍较高，其中广东、山东、江苏、浙江、河南和湖南 6 个省份的得分都在 30 分以上，说明这些省份的基层社会治理水平较高，发展潜力较强，但是也有个别省份得分较低；东北、西部地区的得分差异性逐渐展现，西部大多数省份的得分在 30 分以下，个别在 30 分以上，而东北地区三省得分差距亦较大，说明东北、西部地区基层社会治理水平不平衡，基层社会治理建设工作水平亟须提升，发展活力相对不足。整体来看，本年度全国整体发展趋势较为疲软，各地区内部发展差异性依旧很大。

由 2017 年的全国基层社会治理水平评价来看，2017 年全国基层社会治理水平得分处于 2～64 分，30 分以上的有广东、江苏、山东、四川、浙江、湖南、河南、辽宁和北京 9 个省份；小于 30 分的有河北、湖北、上海、安徽、福建、陕西、重庆、广西、贵州、云南、江西、黑龙江、山西、甘肃、吉林、内蒙古、新疆、天津、宁夏和青海20个省份。全国基层社会治理水平最高得分是广东63.510分，最低得分是青海2.157分。全国基层社会治理水平的得分平均值为25.150分，较上年增长1.751分，说明全国基层社会治理水平较上年相比增幅提升较大，整体高速增长；得分标准差为16.468，较上年增长1.765，说明各省份间基层社会治理水平差距增幅与上年相比增长迅速，各地间差距达到历史最高。全国基层社会治理水平中，中部、东部地区的得分普遍较高，其中广东、山东、江苏、浙江、河南和湖南6个省份的得分都在30分以上，说明这些省份的基层社会治理水平较高，发展潜力较强，但是也有个别省份得分较低；东北、西部地区的得分差异性逐渐展现，大多数省份的得分在30分以下，个别在30分以上，说明东北、西部地区基层社会治理水平不平衡，基层社会治理建设工作水平亟须提升，发展活力相对不足；整体来看，各地区内部发展差异性非常大。

对比全国基层社会治理水平变化，通过对2010～2017年数据分析对比，发现其平均分是波动上升的，这说明全国基层社会治理工作发展势头向好，但由于标准差也在波动增长，说明了全国各省份之间基层社会治理水平的差距在不断扩大。进一步对各省份基层社会治理水平变化分析，2010～2017年的上、中、下游区虽然内部排名稍有波动，但总体来看较为稳定，跨区变动相对较少，全国四大地区内部的差异性都很大，但是由于上游区长期东部省份较多，下游区长期西部省份较多，而中游区内又是东部省份和中部省份相对占优，所以总体来看还是东部、中部地区的基层社会治理水平优于东北、西部地区，说明在全国基层社会治理水平总体提升的大背景下，东北、西部地区的基层社会治理水平较低，基层社会治理工作发展活力稍显不足。

由表8-11对2010～2011年全国基层社会治理水平进行分析可以看出，全国基层社会治理水平上、中、下游区均呈现上升趋势，各分区分别变化1.396分、0.821分、0.200分，说明全国基层社会治理水平整体向好，具有较强的发展潜力。二级指标中，2010～2011年全国基层社会治理单位基本结构上、中、下游区均呈现上升趋势，各分区分别变化0.481分、0.285分、0.161分，说明全国基层社会治理基础设施不断完善，人员配置增多。全国基层社会治理服务管理水平上、中、下游区均呈现上升趋势，各分区分别变化0.811分、0.359分、0.201分，说明全国基层社会治理服务管理人员综合素质逐渐提升。全国基层社会治理财政投入状况上、中、下游区均呈现上升趋势，各分区分别变化0.086分、0.087分、0.004分，说明全国基层社会治理财政投入趋于合理。

表 8-11   **2010～2011 年全国基层社会治理水平平均得分情况**

指标	2010 年			2011 年			得分变化		
	上游区	中游区	下游区	上游区	中游区	下游区	上游区	中游区	下游区
基层社会治理水平	32.391	15.217	7.256	33.787	16.038	7.456	1.396	0.821	0.200
单位基本结构	18.151	8.940	4.397	18.631	9.225	4.558	0.481	0.285	0.161
服务管理水平	12.106	5.661	2.204	12.917	6.019	2.405	0.811	0.359	0.201
财政投入状况	3.024	0.406	0.106	3.110	0.493	0.110	0.086	0.087	0.004

表 8-12 对 2011～2012 年全国基层社会治理水平进行分析可以看出，全国基层社会治理水平上、中、下游区均呈现上升趋势，各分区分别变化 2.340 分、1.232 分、0.120 分，说明全国基层社会治理水平整体向好，具有较强的发展潜力。二级指标中，2011～2012 年全国基层社会治理单位基本结构上、中、下游区均呈现上升趋势，各分区分别变化 0.879 分、0.354 分、0.119 分，说明全国基层社会治理基础设施不断完善，人员配置增多。全国基层社会治理服务管理水平上、中、下游区均呈现上升趋势，各分区分别变化 0.926 分、0.567 分、0.168 分，说明全国基层社会治理服务管理人员综合素质逐渐提升。全国基层社会治理财政投入状况上、中、下游区均呈现上升趋势，各分区分别变化 0.649 分、0.108 分、0.048 分，说明全国基层社会治理财政投入趋于合理。

表 8-12   **2011～2012 年全国基层社会治理水平平均得分情况**

指标	2011 年			2012 年			得分变化		
	上游区	中游区	下游区	上游区	中游区	下游区	上游区	中游区	下游区
基层社会治理水平	33.787	16.038	7.456	36.127	17.269	7.576	2.340	1.232	0.120
单位基本结构	18.631	9.225	4.558	19.510	9.579	4.677	0.879	0.354	0.119
服务管理水平	12.917	6.019	2.405	13.844	6.586	2.573	0.926	0.567	0.168
财政投入状况	3.110	0.493	0.110	3.759	0.601	0.158	0.649	0.108	0.048

表 8-13 对 2012～2013 年全国基层社会治理水平进行分析可以看出，全国基层社会治理水平上、中、下游区均呈现上升趋势，各分区分别变化 1.722 分、0.759 分、0.475 分，说明全国基层社会治理水平整体向好，具有较强的发展潜力。二级指标中，2012～2013 年全国基层社会治理单位基本结构上、中、下游区均呈现上升趋势，各分区分别变化 0.984 分、0.446 分、0.365 分，说明全国基层社会治理基础设施不断完善，人员配置增多。全国基层社会治理服务管理水平上、中、下游区均呈现上升趋势，各分区分别变化 0.664 分、0.199 分、0.106 分，说明全国基层社会治理

服务管理人员综合素质逐渐提升。全国基层社会治理财政投入状况上、中、下游区均呈现上升趋势，各分区分别变化 0.209 分、0.023 分、0.016 分，说明全国基层社会治理财政投入趋于合理。

表 8 - 13　　　　　　2012～2013 年全国基层社会治理水平平均得分情况

指标	2012 年			2013 年			得分变化		
	上游区	中游区	下游区	上游区	中游区	下游区	上游区	中游区	下游区
基层社会治理水平	36.127	17.269	7.576	37.849	18.028	8.051	1.722	0.759	0.475
单位基本结构	19.510	9.579	4.677	20.495	10.025	5.042	0.984	0.446	0.365
服务管理水平	13.844	6.586	2.573	14.507	6.785	2.679	0.664	0.199	0.106
财政投入状况	3.759	0.601	0.158	3.968	0.624	0.175	0.209	0.023	0.016

表 8 - 14 对 2013～2014 年全国基层社会治理水平进行分析可以看出，全国基层社会治理水平上、中、下游区均呈现上升趋势，各分区分别变化 2.810 分、0.818 分、0.418 分，说明全国基层社会治理水平整体向好，具有较强的发展潜力。二级指标中，2013～2014 年全国基层社会治理单位基本结构上、中、下游区均呈现上升趋势，各分区分别变化 1.158 分、0.435 分、0.128 分，说明全国基层社会治理基础设施不断完善，人员配置增多。全国基层社会治理服务管理水平上、中、下游区均呈现上升趋势，各分区分别变化 1.248 分、0.397 分、0.281 分，说明全国基层社会治理服务管理人员综合素质逐渐提升。全国基层社会治理财政投入状况上、中、下游区均呈现上升趋势，各分区分别变化 0.295 分、0.057 分、0.004 分，说明全国基层社会治理财政投入趋于合理。

表 8 - 14　　　　　　2013～2014 年全国基层社会治理水平平均得分情况

指标	2013 年			2014 年			得分变化		
	上游区	中游区	下游区	上游区	中游区	下游区	上游区	中游区	下游区
基层社会治理水平	37.849	18.028	8.051	40.659	18.846	8.469	2.810	0.818	0.418
单位基本结构	20.495	10.025	5.042	21.652	10.460	5.170	1.158	0.435	0.128
服务管理水平	14.507	6.785	2.679	15.755	7.182	2.959	1.248	0.397	0.281
财政投入状况	3.968	0.624	0.175	4.263	0.681	0.178	0.295	0.057	0.004

表 8 - 15 对 2014～2015 年全国基层社会治理水平进行分析可以看出，全国基层社会治理水平上、中、下游区均呈现上升趋势，各分区分别变化 2.124 分、1.659 分、0.817 分，说明全国基层社会治理水平整体向好，具有较强的发展潜力。二级指

标中，2013～2014 年全国基层社会治理单位基本结构上、中、下游区均呈现上升趋势，各分区分别变化 0.867 分、0.475 分、0.206 分，说明全国基层社会治理基础设施不断完善，人员配置增多。全国基层社会治理服务管理水平上、中、下游区均呈现上升趋势，各分区分别变化 1.556 分、0.868 分、0.559 分，说明全国基层社会治理服务管理人员综合素质逐渐提升。全国基层社会治理财政投入状况上、中、下游区均呈现上升趋势，各分区分别变化 0.098 分、0.094 分、0.015 分，说明全国基层社会治理财政投入趋于合理。

表 8 – 15　　　　　　　2014～2015 年全国基层社会治理水平平均得分情况

指标	2014 年			2015 年			得分变化		
	上游区	中游区	下游区	上游区	中游区	下游区	上游区	中游区	下游区
基层社会治理水平	40.659	18.846	8.469	42.783	20.505	9.286	2.124	1.659	0.817
单位基本结构	21.652	10.460	5.170	22.519	10.935	5.376	0.867	0.475	0.206
服务管理水平	15.755	7.182	2.959	17.312	8.050	3.519	1.556	0.868	0.559
财政投入状况	4.263	0.681	0.178	4.361	0.775	0.194	0.098	0.094	0.015

表 8 – 16 对 2015～2016 年全国基层社会治理水平进行分析可以看出，全国基层社会治理水平中游区均呈现上升趋势，上、下游区呈现下降趋势，各分区分别变化 -0.517 分、0.159 分、-0.309 分，说明全国各地区基层社会治理总体水平有所下降。二级指标中，2015～2016 年全国基层社会治理单位基本结构上、中、下游区均呈现上升趋势，各分区分别变化 0.371 分、0.581 分、0.132 分，说明全国基层社会治理基础设施不断完善，人员配置增多。全国基层社会治理服务管理水平上、中、下游区均呈现下降趋势，各分区分别变化 -0.617 分、-0.012 分、-0.381 分，说明全国基层社会治理服务管理人员综合素质较去年相比有所退步。全国基层社会治理财政投入状况上、中游区均呈现下降趋势，下游区呈现上升趋势，各分区分别变化 -0.841分、-0.097 分、0.001 分，说明全国不合理的财政投入状况在某种程度上阻碍了基层社会治理建设的进展。

表 8 – 16　　　　　　　2015～2016 年全国基层社会治理水平平均得分情况

指标	2015 年			2016 年			得分变化		
	上游区	中游区	下游区	上游区	中游区	下游区	上游区	中游区	下游区
基层社会治理水平	42.783	20.505	9.286	42.266	20.664	8.978	-0.517	0.159	-0.309
单位基本结构	22.519	10.935	5.376	22.891	11.516	5.508	0.371	0.581	0.132

指标	2015 年			2016 年			得分变化		
	上游区	中游区	下游区	上游区	中游区	下游区	上游区	中游区	下游区
服务管理水平	17.312	8.050	3.519	16.695	8.038	3.138	-0.617	-0.012	-0.381
财政投入状况	4.361	0.775	0.194	3.520	0.678	0.193	-0.841	-0.097	0.001

表 8-17 对 2016~2017 年全国基层社会治理水平进行分析可以看出，全国基层社会治理水平上、中、下游区均呈现上升趋势，各分区分别变化 4.636 分、0.957分、0.156 分，说明全国基层社会治理水平整体向好，具有较强的发展潜力。二级指标中，2016~2017 年全国基层社会治理单位基本结构上、中游区均呈现上升趋势，下游区呈现下降趋势，各分区分别变化 0.899 分、0.444 分、-0.017 分，说明下游区省份基层社会治理基础设施及服务人员状况与上、中游区的差距越来越大。全国基层社会治理服务管理水平上、中、下游区均呈现上升趋势，各分区分别变化 2.574分、0.387 分、0.012 分，说明全国基层社会治理服务管理人员综合素质逐渐提升。全国基层社会治理财政投入状况上、中、下游区均呈现上升趋势，各分区分别变化1.196 分、0.195 分、0.016 分，说明全国基层社会治理财政投入趋于合理。

表 8-17　　　　　　　2016~2017 年全国基层社会治理水平平均得分情况

指标	2016 年			2017 年			得分变化		
	上游区	中游区	下游区	上游区	中游区	下游区	上游区	中游区	下游区
基层社会治理水平	42.266	20.664	8.978	46.902	21.621	9.133	4.636	0.957	0.156
单位基本结构	22.891	11.516	5.508	23.790	11.960	5.491	0.899	0.444	-0.017
服务管理水平	16.695	8.038	3.138	19.269	8.425	3.150	2.574	0.387	0.012
财政投入状况	3.520	0.678	0.193	4.716	0.874	0.209	1.196	0.195	0.016

表 8-18 对 2010~2017 年全国基层社会治理水平进行分析可以看出，全国基层社会治理水平上、中、下游区均呈现上升趋势，各分区分别变化 14.511 分、6.404分、1.878 分，说明全国基层社会治理水平整体向好，具有较强的发展潜力。二级指标中，2010~2017 年全国基层社会治理单位基本结构上、中、下游区均呈现上升趋势，各分区分别变化 5.639 分、3.020 分、1.094 分，说明全国基层社会治理基础设施不断完善，人员配置增多。全国基层社会治理服务管理水平上、中、下游区均呈现上升趋势，各分区分别变化 7.162 分、2.765 分、0.946 分，说明全国基层社会治理服务管理人员综合素质逐渐提升。全国基层社会治理财政投入状况上、中、下游区均呈现上升趋势，各分区分别变化 1.692 分、0.468 分、0.103 分，说明全国基层社会

治理财政投入趋于合理。

表 8-18　　　　　　　2010～2017 年全国基层社会治理水平平均得分情况

指标	2010 年			2017 年			得分变化		
	上游区	中游区	下游区	上游区	中游区	下游区	上游区	中游区	下游区
基层社会治理水平	32.391	15.217	7.256	46.902	21.621	9.133	14.511	6.404	1.878
单位基本结构	18.151	8.940	4.397	23.790	11.960	5.491	5.639	3.020	1.094
服务管理水平	12.106	5.661	2.204	19.269	8.425	3.150	7.162	2.765	0.946
财政投入状况	3.024	0.406	0.106	4.716	0.874	0.209	1.692	0.468	0.103

第二节　全国基层社会治理水平差异性分析

一、全国基层社会治理水平地区差异分析

根据灰色综合评价法对无量纲化后的三级指标进行权重得分计算，得到全国基层社会治理水平得分及排名，用以反映各省份基层社会治理水平情况。为了更准确地反映全国基层社会治理水平差异及整体情况，本书在此进一步对各省份基层社会治理水平分布情况进行分析，对各省份间实际差距和整体水平展开研究。因此，对 2010～2017 年全国基层社会治理水平评价分值分布进行统计，结果如图 8-9、图 8-10、图 8-11、图 8-12、图 8-13、图 8-14、图 8-15、图 8-16 所示。

由图 8-9 可以看出 2010 年全国基层社会治理水平得分较不均衡，5 个省份得分分布在 10 分以下，10 个省份得分分布在 10～15 分，4 个省份得分分布在 15～20 分，3 个省份得分分布在 20～25 分，2 个省份得分分布在 25～30 分，2 个省份得分分布在 30～35 分，2 个省份得分分布在 35～40 分，1 个省份得分分布在 40 分以上。这说明全国基层社会治理水平比较均衡，但总体来说大部分省份得分偏低，说明整体水平亟须提升。

由图 8-10 可以看出 2011 年全国基层社会治理水平得分整体有所提升，4 个省份得分分布在 10 分以下，11 个省份得分分布在 10～15 分，4 个省份得分分布在 15～20 分，3 个省份得分分布在 20～25 分，2 个省份得分分布在 25～30 分，2 个省份得分分布在 30～35 分，1 个省份得分分布在 35～40 分，2 个省份得分分布在 40 分以上。这说明较上年相比全国基层社会治理水平稍有进步，发展较为均衡，总体来说大部分省份得分较低，说明整体水平亟须提升。

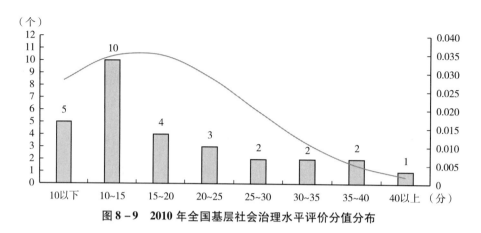

图 8 - 9　2010 年全国基层社会治理水平评价分值分布

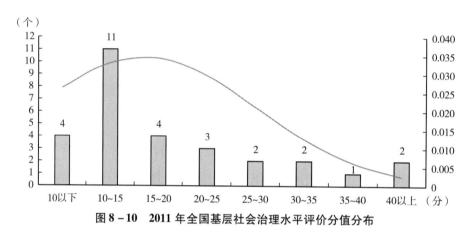

图 8 - 10　2011 年全国基层社会治理水平评价分值分布

由图 8 - 9 可以看出 2010 年全国基层社会治理水平得分较不均衡，5 个省份得分分布在 10 分以下，10 个省份得分分布在 10～15 分，4 个省份得分分布在 15～20 分，3 个省份得分分布在 20～25 分，2 个省份得分分布在 25～30 分，2 个省份得分分布在 30～35 分，2 个省份得分分布在 35～40 分，1 个省份得分分布在 40 分以上。这说明全国基层社会治理水平比较均衡，但总体来说大部分省份得分偏低，说明整体水平亟须提升。

由图 8 - 10 可以看出 2011 年全国基层社会治理水平得分整体有所提升，4 个省份得分分布在 10 分以下，11 个省份得分分布在 10～15 分，4 个省份得分分布在 15～20 分，3 个省份得分分布在 20～25 分，2 个省份得分分布在 25～30 分，2 个省份得分分布在 30～35 分，1 个省份得分分布在 35～40 分，2 个省份得分分布在 40 分以上。这说明较上年相比全国基层社会治理水平稍有进步，发展较为均衡，总体来说大部分省份得分较低，说明整体水平亟须提升。

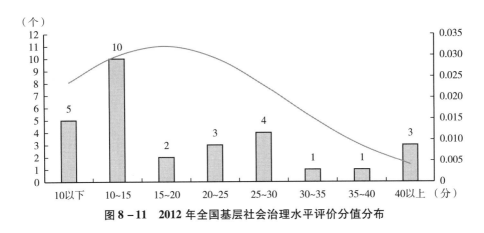

图 8－11 2012 年全国基层社会治理水平评价分值分布

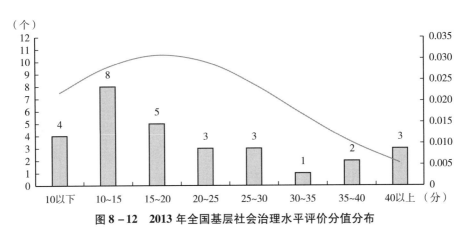

图 8－12 2013 年全国基层社会治理水平评价分值分布

由图 8－13 可以看出 2014 年全国基层社会治理水平得分和上年相比较为稳定，3 个省份得分分布在 10 分以下，7 个省份得分分布在 10～15 分，6 个省份得分分布在 15～20 分，4 个省份得分分布在 20～25 分，3 个省份得分分布在 25～30 分，1 个省份得分分布在 30～35 分，2 个省份得分分布在 35～40 分，3 个省份得分分布在 40 分以上。这说明较上年相比全国基层社会治理水平稍有进步，但是发展依旧不均衡，得分较高省份和得分较低省份相比，基层社会治理水平差距很大。

由图 8－14 可以看出 2015 年全国基层社会治理水平得分和上年相比有较大发展，3 个省份得分分布在 10 分以下，5 个省份得分分布在 10～15 分，8 个省份得分分布在 15～20 分，1 个省份得分分布在 20～25 分，5 个省份得分分布在 25～30 分，2 个省份得分分布在 30～35 分，5 个省份得分分布在 40 分以上。这说明较上年相比全国基层社会治理水平进步明显，但是发展依旧不均衡，明显呈现出了不同发展水平的区段。

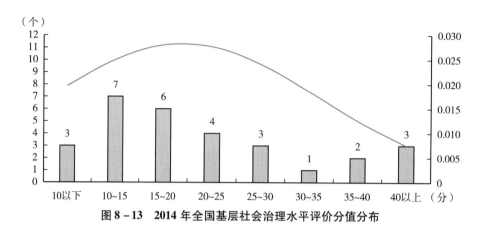

图 8 - 13　2014 年全国基层社会治理水平评价分值分布

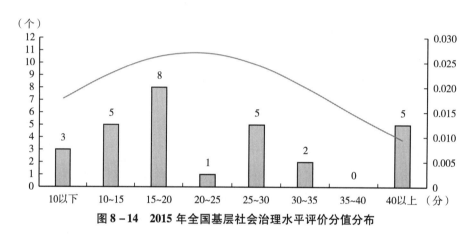

图 8 - 14　2015 年全国基层社会治理水平评价分值分布

由图 8 - 15 可以看出 2016 年全国基层社会治理水平得分和上年相比个别省份有所衰退，3 个省份得分分布在 10 分以下，6 个省份得分分布在 10～15 分，7 个省份得分分布在 15～20 分，1 个省份得分分布在 20～25 分，5 个省份得分分布在 25～30 分，2 个省份得分分布在 30～35 分，1 个省份得分分布在 35～40 分，4 个省份得分分布在 40 分以上。这说明较上年相比全国基层社会治理工作发展活力稍显不足，且发展依旧不均衡，同时有省份一直处在低水平区段。

由图 8 - 16 可以看出 2017 年全国基层社会治理水平得分和上年相比稳步向前发展，3 个省份得分分布在 10 分以下，5 个省份得分分布在 10～15 分，6 个省份得分分布在 15～20 分，3 个省份得分分布在 20～25 分，3 个省份得分分布在 25～30 分，3 个省份得分分布在 30～35 分，1 个省份得分分布在 35～40 分，5 个省份得分分布在 40 分以上。这说明较上年相比全国基层社会治理水平较为稳定，但是发展依旧不均衡，全国范围内基层社会治理水平差距十分巨大。

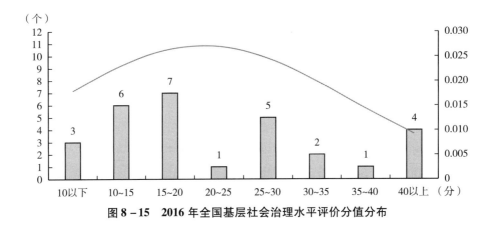

图 8 – 15　2016 年全国基层社会治理水平评价分值分布

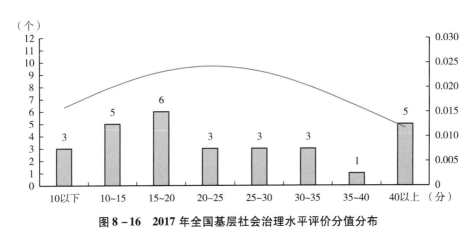

图 8 – 16　2017 年全国基层社会治理水平评价分值分布

对 2010～2017 年全国东部、西部、中部、东北地区的基层社会治理水平平均得分和分值变化情况分析，得分情况如表 8 – 19 所示。

2010 年东部地区的基层社会治理水平平均得分为 25.727 分，西部地区为 11.272 分，中部地区为 19.429 分，东北地区为 14.294 分，地区间的比例为 1：0.438：0.755：0.556，地区间的标准差为 6.334，说明全国四大地区的基层社会治理水平有较大差距。

2011 年东部地区的基层社会治理水平平均得分为 26.867 分，西部地区为 11.828 分，中部地区为 20.068 分，东北地区为 15.372 分，地区间的比例为 1：0.440：0.747：0.572，地区间的标准差为 6.500，说明全国四大地区的基层社会治理水平整体来说有所提升，但是差距开始逐渐扩大。

2012 年东部地区的基层社会治理水平平均得分为 28.911 分，西部地区为 12.574 分，中部地区为 21.020 分，东北地区为 16.498 分，地区间的比例为 1：0.435：0.727：0.571，地区间的标准差为 7.014，说明全国四大地区的基层社会治理水平进一步提升，同时各地区的差距进一步扩大。

2013 年东部地区为 30.357 分，西部地区为 13.273 分，中部地区为 21.584 分，东北地区为 17.612 分，地区间的比例为 1∶0.437∶0.711∶0.580，地区间的标准差为 7.274，说明全国四大地区的基层社会治理水平仍保持增长，同时各地区的差距进一步拉大。

2014 年东部地区的基层社会治理水平平均得分为 32.564 分，西部地区为 14.239 分，中部地区为 22.536 分，东北地区为 17.702 分，地区间的比例为 1∶0.437∶0.692∶0.544，地区间的标准差为 7.966，说明全国四大地区的基层社会治理水平仍保持增长，同时各地区的差距进一步拉大。

2015 年东部地区的基层社会治理水平平均得分为 35.008 分，西部地区为 15.295 分，中部地区为 23.846 分，东北地区为 18.908 分，地区间的比例为 1∶0.437∶0.681∶0.540，地区间的标准差为 8.578，说明全国四大地区的基层社会治理水平仍保持增长，同时各地区的差距进一步拉大。

2016 年东部地区的基层社会治理水平平均得分为 34.723 分，西部地区为 15.436 分，中部地区为 23.359 分，东北地区为 18.705 分，地区间的比例为 1∶0.445∶0.673∶0.539，地区间的标准差为 8.430，说明全国四大地区的基层社会治理工作遭遇发展瓶颈，发展势头有所衰退，同时各地区之间的差距和去年相比稍有缩小。

2017 年东部地区的基层社会治理水平平均得分为 37.747 分，西部地区为 16.362 分，中部地区为 25.022 分，东北地区为 19.839 分，地区间的比例为 1∶0.433∶0.663∶0.526，地区间的标准差为 9.371，说明全国四大地区的基层社会治理水平整体有提升，不过各地区的发展差距越来越大。

表 8-19　　　　2010～2017 年全国各地区基层社会治理水平平均得分及其变化

年份	东部地区	西部地区	中部地区	东北地区	标准差
2010	25.727	11.272	19.429	14.294	6.334
2011	26.867	11.828	20.068	15.372	6.500
2012	28.911	12.574	21.020	16.498	7.014
2013	30.357	13.273	21.584	17.612	7.274
2014	32.564	14.239	22.536	17.702	7.966
2015	35.008	15.295	23.846	18.908	8.578
2016	34.723	15.436	23.359	18.705	8.430
2017	37.747	16.362	25.022	19.839	9.371
分值变化	12.020	5.090	5.593	5.546	3.038

从全国基层社会治理水平的分值变化情况中可以看出，2010~2017年东部、西部、中部、东北地区的基层社会治理水平得分整体呈现波动上升趋势，但是全国各地区间的得分差距也呈波动上升趋势，东部、中部地区基层社会治理工作整体发展相对迅速，而西部、东北地区增长幅度较小，发展活力相对不足，和东部、中部地区的差距越来越大。

通过对全国各地区基层社会治理水平的对比分析，发现东部地区的基层社会治理水平最好，中部地区次之，东北地区排在第三，西部地区垫底，各地区的基层社会治理水平得分差距不断扩大。为进一步对全国各地区基层社会治理水平排名情况进行分析，通过表8-20、表8-21、表8-22、表8-23、表8-24、表8-25、表8-26和表8-27从各地区内部省份及全国整体两个维度对各省份排名进行分析，同时对各地区变化趋势进行对比。

表8-20对2010~2017年全国基层社会治理水平中的东部地区各省份排名比较进行分析，可以看到北京的基层社会治理水平排名在东部地区有所上升，说明北京的基层社会治理水平有所提高；天津的基层社会治理水平排名在东部地区较为稳定，整体基层社会治理水平变化较小；河北的基层社会治理水平排名在东部地区有所下降，说明河北的基层社会治理工作的发展活力相对不足；上海的基层社会治理水平排名在东部地区有所下降，说明上海的基层社会治理工作的发展活力相对不足；江苏的基层社会治理水平排名在东部地区有所上升，并且长期处于前3名的位置，说明江苏的基层社会治理工作发展潜力得到了充分挖掘；浙江的基层社会治理水平排名在东部地区较为稳定，自2010年一直保持在第4名的位置，说明浙江的基层社会治理水平稳定；福建的基层社会治理水平排名在东部地区较为稳定，变化较小；山东在东部地区排名有所下降，但是仍处于前3名的位置，说明山东的基层社会治理水平依旧拥有竞争力；广东的基层社会治理水平排名在东部地区有所上升，升至第1名的位置，说明广东的基层社会治理工作发展潜力得到了充分挖掘。

表8-20   2010~2017年东部地区各省份基层社会治理水平内部排名比较

地区	2010年	2011年	2012年	2013年	2014年	2015年	2016年	2017年	排名变化
北京	7	7	6	5	6	5	5	5	2
天津	9	9	9	9	9	9	9	9	0
河北	5	5	5	6	5	7	6	6	−1
上海	6	6	7	7	7	6	7	7	−1
江苏	3	3	3	3	2	2	2	2	1
浙江	4	4	4	4	4	4	4	4	0

续表

地区	2010 年	2011 年	2012 年	2013 年	2014 年	2015 年	2016 年	2017 年	排名变化
福建	8	8	8	8	8	8	8	8	0
山东	1	1	1	2	3	3	3	3	−2
广东	2	2	2	1	1	1	1	1	1

表 8－21 对 2010～2017 年东部地区各省份在全国范围内基层社会治理水平排名情况进行比较，可以看到北京在全国范围内排名呈现上升趋势，长期处于中游区位置，说明北京的基层社会治理水平有所提高；天津在全国范围内排名呈现稳定趋势，但长期处于下游区，说明天津的基层社会治理水平整体发展水平不高，但相对稳定；河北在全国范围内排名呈现稳定趋势，长期处于中游区位置，说明河北的基层社会治理水平变化较小；上海在全国范围内排名呈现下降趋势，长期处于中游区位置，说明上海的基层社会治理工作发展活力相对不足；江苏在全国范围内排名呈现上升趋势，说明江苏基层社会治理工作发展潜力得到了充分的挖掘；浙江在全国范围内排名呈现波动下降趋势，但长期处于上游区位置，说明浙江的基层社会治理工作发展活力相对不足；福建在全国范围内排名呈现稳定趋势，长期处于中游区位置，说明福建的基层社会治理水平变化较小；山东在全国范围内排名呈现下降趋势，但是仍处于前 3 名的位置，说明山东的基层社会治理水平依旧拥有竞争力；广东在全国范围内排名处于上升趋势，且上升到了第 1 名的位置，说明广东的基层社会治理工作发展潜力得到了充分的挖掘。

表 8－21　　　2010～2017 年东部地区各省份基层社会治理水平在全国范围内排名比较

地区	2010 年	2011 年	2012 年	2013 年	2014 年	2015 年	2016 年	2017 年	排名变化
北京	13	13	11	10	11	8	10	9	4
天津	27	27	27	27	27	27	27	27	0
河北	10	10	10	11	10	12	11	10	0
上海	11	11	12	12	12	11	12	12	−1
江苏	3	3	3	3	2	2	2	2	1
浙江	4	4	5	5	5	4	5	5	−1
福建	14	14	14	14	14	14	14	14	0
山东	1	1	1	2	3	3	3	3	−2
广东	2	2	2	1	1	1	1	1	1

　　表8-22 对2010～2017年全国基层社会治理水平中的西部地区排名比较进行分析，可以看到内蒙古的基层社会治理水平排名在西部地区有所上升，说明内蒙古的基层社会治理水平有所提高；广西的基层社会治理水平排名在西部地区有所下降，说明广西的基层社会治理工作发展活力相对不足；重庆的基层社会治理水平排名在西部地区有所上升，说明重庆的基层社会治理工作发展潜力得到充分挖掘；四川的基层社会治理水平排名在西部地区较为稳定，自2010年一直保持在第1名的位置，说明四川的基层社会治理水平稳定；贵州的基层社会治理水平排名在西部地区有所下降，说明贵州的基层社会治理工作发展活力相对不足；云南的基层社会治理水平排名在西部地区有所上升，说明云南的基层社会治理水平有所提高；陕西的基层社会治理水平排名在西部地区有所上升，说明陕西的基层社会治理水平有所提高；甘肃的基层社会治理水平排名在西部地区有所下降，说明甘肃的基层社会治理工作发展活力相对不足；青海的基层社会治理水平排名在西部地区较为稳定，变化较小；宁夏的基层社会治理水平排名在西部地区较为稳定，变化较小；新疆的基层社会治理水平排名在西部地区有所下降，说明新疆的基层社会治理工作发展活力相对不足。

表8-22　　　　　2010～2017年西部地区各省份基层社会治理水平内部排名比较

地区	2010年	2011年	2012年	2013年	2014年	2015年	2016年	2017年	排名变化
内蒙古	9	9	8	8	8	7	7	8	1
广西	2	2	2	5	3	2	3	4	-2
重庆	6	6	4	4	4	3	2	3	3
四川	1	1	1	1	1	1	1	1	0
贵州	4	4	6	6	6	6	6	5	-1
云南	7	5	5	3	2	5	5	6	1
陕西	3	3	3	2	5	4	4	2	1
甘肃	5	7	9	9	9	9	8	7	-2
青海	11	11	11	11	11	11	11	11	0
宁夏	10	10	10	10	10	10	10	10	0
新疆	8	8	7	7	7	8	9	9	-1

　　表8-23 对2010～2017年西部地区各省份在全国范围内基层社会治理水平排名情况进行比较，可以看到内蒙古在全国范围内排名稳定，但长期处于下游区，说明内蒙古的基层社会治理水平整体发展水平较低。广西在全国范围内排名呈现波动下降趋势，说明广西的基层社会治理水平活力相对不足。重庆在全国范围内排名呈现上升趋

势，且长期保持在中游区位置，说明重庆的基层社会治理水平稳步上升，其发展情况较好。四川在全国范围内排名呈现上升趋势，且长期处于上游区位置，说明四川的基层社会治理水平发展良好。贵州在全国范围内排名呈现波动上升趋势，且排名一直保持在中游区，说明贵州的基层社会治理水平有所提高且较为稳定。云南在全国范围内排名呈现波动上升趋势，且从下游区上升至中游区位置，说明云南的基层社会治理水平有所提高。陕西在全国范围内排名呈现波动上升趋势，长期处于中游区位置，说明陕西的基层社会治理水平有所提高。甘肃在全国范围内排名呈现下降趋势，且长期处于下游区，说明甘肃的基层社会治理水平整体发展水平不高且遭遇瓶颈。青海在全国范围内排名呈现稳定趋势，但长期处于下游区，说明青海的基层社会治理水平整体发展水平不高，但相对稳定。宁夏在全国范围内排名呈现稳定趋势，但长期处于下游区位置，说明宁夏的基层社会治理水平整体发展水平不高，但相对稳定。新疆在全国范围内排名呈现下降趋势，长期处于下游区位置，说明新疆的基层社会治理水平较低且发展活力相对不足。

表 8-23　　2010～2017 年西部地区各省份基层社会治理水平在全国范围内排名比较

地区	2010 年	2011 年	2012 年	2013 年	2014 年	2015 年	2016 年	2017 年	排名变化
内蒙古	25	25	24	25	25	23	23	25	0
广西	16	16	15	18	16	15	16	17	-1
重庆	21	21	18	17	17	16	15	16	5
四川	5	5	4	4	4	5	4	4	1
贵州	19	19	21	21	19	19	19	18	1
云南	22	20	20	16	15	15	18	19	3
陕西	17	17	16	15	18	17	17	15	2
甘肃	20	22	25	26	26	26	24	23	-3
青海	29	29	29	29	29	29	29	29	0
宁夏	28	28	28	28	28	28	28	28	0
新疆	24	24	23	24	24	25	26	26	-2

表 8-24 对 2010～2017 年全国基层社会治理水平中的中部地区排名比较进行分析，可以看到山西的基层社会治理水平排名在中部地区较为稳定，整体基层社会治理水平变化较小。安徽的基层社会治理水平排名在中部地区较为稳定，整体基层社会治理水平变化较小。江西的基层社会治理水平排名在中部地区较为稳定，整体基层社会治理水平变化较小。河南的基层社会治理水平排名在中部地区较为稳定，整体基层社会治理水平变化较小。湖北的基层社会治理水平排名在中部地区较为稳定，整体基层

社会治理水平变化较小。湖南的基层社会治理水平排名在中部地区较为稳定且长期处在第 1 名的位置，整体基层社会治理水平变化较小。

表 8 – 24　　　　　2010～2017 年中部地区各省份基层社会治理水平内部排名比较

地区	2010 年	2011 年	2012 年	2013 年	2014 年	2015 年	2016 年	2017 年	排名变化
山西	6	6	6	6	6	6	6	6	0
安徽	4	4	4	4	4	4	4	4	0
江西	5	5	5	5	5	5	5	5	0
河南	2	2	2	2	2	2	2	2	0
湖北	3	3	3	3	3	3	3	3	0
湖南	1	1	1	1	1	1	1	1	0

　　表 8 – 25 对 2010～2017 年中部地区各省份在全国范围内基层社会治理水平排名情况进行比较，可以看到山西在全国范围内排名呈现上升趋势，说明山西的基层社会治理水平有所提高，但长期处于下游区位置；安徽在全国范围内排名呈现下降趋势，长期处于中游区位置，说明安徽的基层社会治理水平下降且发展活力相对不足；江西在全国范围内排名呈现下降趋势，长期处于中游区位置，说明江西的基层社会治理水平下降且发展活力相对不足；河南在全国范围内排名呈现稳定趋势，长期处于上游区位置，说明河南的基层社会治理建设工作发展状态良好；湖北在全国范围内排名呈现下降趋势，由上游区跌至中游区，说明湖北的基层社会治理水平下降且发展活力相对不足；河南在全国范围内排名呈现稳定趋势，长期处于上游区位置，说明河南的基层社会治理建设工作发展状态良好。

表 8 – 25　　　　　2010～2017 年中部地区各省份基层社会治理水平在全国范围内排名比较

地区	2010 年	2011 年	2012 年	2013 年	2014 年	2015 年	2016 年	2017 年	排名变化
山西	23	23	22	23	22	22	22	22	1
安徽	12	12	13	13	13	13	13	13	– 1
江西	18	18	19	20	20	21	21	20	– 2
河南	7	7	7	7	7	7	7	7	0
湖北	8	8	8	8	9	9	9	11	– 3
湖南	6	6	6	6	6	6	6	6	0

表 8 - 26 对 2010~2017 年全国基层社会治理水平中的东北地区排名比较进行分析，可以看到辽宁自 2010 年后一直稳定保持在东北地区第 1 名的位置，说明辽宁的基层社会治理水平非常稳定；吉林的基层社会治理水平排名在东北地区较为稳定，变化较小；黑龙江的基层社会治理水平排名在东北地区较为稳定，变化较小。

表 8 - 26　　　　2010~2017 年东北地区各省份基层社会治理水平内部排名比较

地区	2010 年	2011 年	2012 年	2013 年	2014 年	2015 年	2016 年	2017 年	排名变化
辽宁	1	1	1	1	1	1	1	1	0
吉林	3	3	3	3	3	3	3	3	0
黑龙江	2	2	2	2	2	2	2	2	0

表 8 - 27 对 2010~2017 年东北地区各省份在全国范围内基层社会治理水平排名情况进行比较，可以看到辽宁在全国范围内排名呈现上升趋势，由中游区升至上游区，说明辽宁的基层社会治理水平有所提升；吉林在全国范围内排名呈现上升趋势，说明吉林的基层社会治理水平有所提高，但长期处于下游区位置；黑龙江在全国范围内排名呈现大幅下降趋势，说明黑龙江的基层社会治理水平降低且发展活力相对不足，发展趋势疲软。

表 8 - 27　　　　2010~2017 东北地区各省份基层社会治理水平在全国范围内排名比较

地区	2010 年	2011 年	2012 年	2013 年	2014 年	2015 年	2016 年	2017 年	排名变化
辽宁	9	9	9	9	8	10	8	8	1
吉林	26	26	26	22	23	24	25	24	2
黑龙江	15	15	17	19	21	20	20	21	-6

二、全国基层社会治理水平区段变动分析

由图 8 - 17 和图 8 - 18 可以看到全国基层社会治理水平上游区各项三级指标的平均得分变化趋势：2010~2017 年基层社会治理水平上游区的得分呈现逐年增长趋势；2010~2017 年基层社会治理单位基本结构上游区的得分呈现逐年增长趋势。

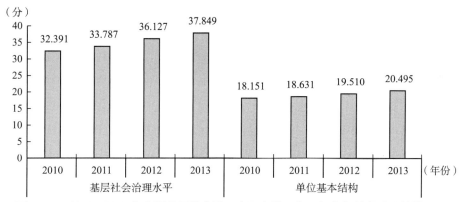

图 8 – 17 2010～2013 年全国基层社会治理水平上游区各三级指标的得分比较情况 I

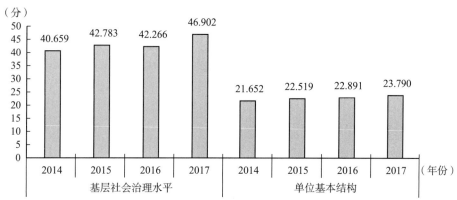

图 8 – 18 2014～2017 年全国基层社会治理水平上游区各三级指标的得分比较情况 I

由图 8 – 19 和图 8 – 20 可以看到全国基层社会治理水平上游区各项三级指标的平均得分变化趋势：2010～2017 年基层社会治理服务管理水平上游区的得分呈现波动增长趋势；2010～2017 年基层社会治理财政投入状况上游区的得分呈现波动增长趋势。

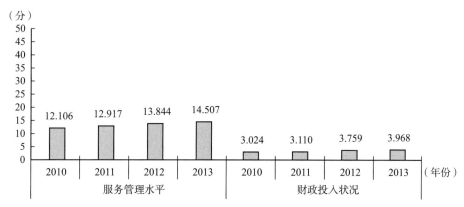

图 8 – 19 2010～2013 年全国基层社会治理水平上游区各三级指标的得分比较情况 II

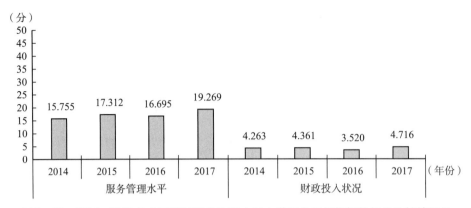

图 8 – 20　2014～2017 年全国基层社会治理水平上游区各三级指标的得分比较情况 Ⅱ

由图 8 – 21 和图 8 – 22 可以看到全国基层社会治理水平中游区各项三级指标的平均得分变化趋势：2010～2017 年基层社会治理水平中游区的得分呈现逐年增长趋势；2010～2017 年基层社会治理单位基本结构中游区的得分呈现逐年增长趋势。

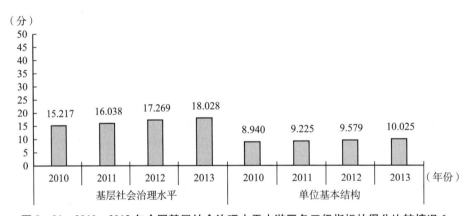

图 8 – 21　2010～2013 年全国基层社会治理水平中游区各三级指标的得分比较情况 Ⅰ

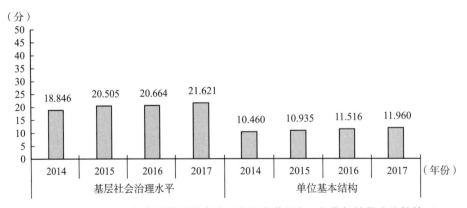

图 8 – 22　2014～2017 年全国基层社会治理水平中游区各三级指标的得分比较情况 Ⅰ

　　由图 8 – 23 和图 8 – 24 可以看到全国基层社会治理水平中游区各项三级指标的平均得分变化趋势：2010～2017 年基层社会治理服务管理水平中游区的得分呈现波动增长趋势；2010～2017 年基层社会治理财政投入状况中游区的得分呈现波动增长趋势。

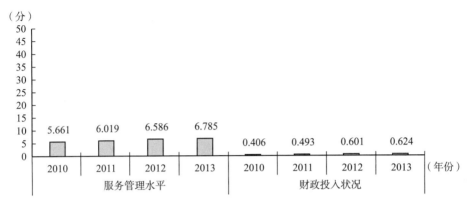

图 8 – 23　2010～2013 年全国基层社会治理水平中游区各三级指标的得分比较情况Ⅱ

图 8 – 24　2014～2017 年全国基层社会治理水平中游区各三级指标的得分比较情况Ⅱ

　　由图 8 – 25 和图 8 – 26 可以看到全国基层社会治理水平下游区各项三级指标的平均得分变化趋势：2010～2015 年基层社会治理水平下游区的得分呈现波动增长趋势，2016～2017 年基层社会治理工作发展活力有所衰退；2010～2016 年基层社会治理单位基本结构下游区的得分呈现波动增长趋势，2017 年基层社会治理单位基本结构发展势头不好。

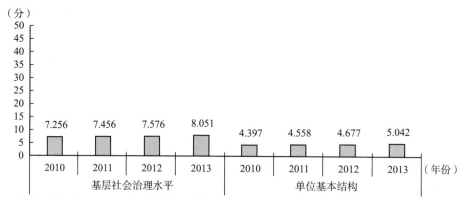

图 8-25 2010~2013 年全国基层社会治理水平下游区各三级指标的得分比较情况 Ⅰ

图 8-26 2014~2017 年全国基层社会治理水平下游区各三级指标的得分比较情况 Ⅰ

由图 8-27 和图 8-28 可以看到全国基层社会治理水平下游区各项三级指标的平均得分变化趋势: 2010~2017 年基层社会治理服务管理水平下游区的得分呈现波动增长趋势; 2010~2017 年基层社会治理财务投入状况下游区的得分呈现波动增长趋势。

图 8-27 2010~2013 年全国基层社会治理水平下游区各三级指标的得分比较情况 Ⅱ

图 8 – 28 2014～2017 年全国基层社会治理水平下游区各三级指标的得分比较情况Ⅱ

从图 8 – 29 对 2010～2011 年全国基层社会治理水平的跨区段变化进行分析，可以看到 2010～2011 年有 2 个省份的名次有了跨区变动：云南由下游区升至中游区，甘肃由中游区跌至下游区。

	2010年	2011年
上游区	山东、广东、江苏、浙江、四川、湖南、河南、湖北	山东、广东、江苏、浙江、四川、湖南、河南、湖北
中游区	辽宁、河北、上海、安徽、北京、福建、黑龙江、广西、陕西、江西、贵州、甘肃、重庆	辽宁、河北、上海、安徽、北京、福建、黑龙江、广西、陕西、江西、贵州、云南、重庆
下游区	云南、山西、新疆、内蒙古、吉林、天津、宁夏、青海	甘肃、山西、新疆、内蒙古、吉林、天津、宁夏、青海

图 8 – 29 2010～2011 年全国基层社会治理水平变动情况

从图 8 – 30 对 2011～2012 年全国基层社会治理水平的跨区段变化进行分析，可以看到 2011～2012 年未有任何省份的基层社会治理水平在全国名次发生跨区变动，说明全国基层社会治理水平稳定。

	2011年	2012年
上游区	山东、广东、江苏、浙江、四川、湖南、河南、湖北	山东、广东、江苏、四川、浙江、湖南、河南、湖北
中游区	辽宁、河北、上海、安徽、北京、福建、黑龙江、广西、陕西、江西、贵州、云南、重庆	辽宁、河北、北京、上海、安徽、福建、广西、陕西、黑龙江、重庆、江西、云南、贵州
下游区	甘肃、山西、新疆、内蒙古、吉林、天津、宁夏、青海	山西、新疆、内蒙古、甘肃、吉林、天津、宁夏、青海

图 8 – 30 2011～2012 年全国基层社会治理水平变动情况

从图8-31对2012~2013年全国基层社会治理水平的跨区段变化进行分析，可以看到2012~2013年未有任何省份的基层社会治理水平在全国名次发生跨区变动，说明全国基层社会治理水平稳定。

	2012年	2013年
上游区	山东、广东、江苏、四川、浙江、湖南、河南、湖北	广东、山东、江苏、四川、浙江、湖南、河南、湖北
中游区	辽宁、河北、北京、上海、安徽、福建、广西、陕西、黑龙江、重庆、江西、云南、贵州	辽宁、北京、河北、上海、安徽、福建、陕西、云南、重庆、广西、黑龙江、江西、贵州
下游区	山西、新疆、内蒙古、甘肃、吉林、天津、宁夏、青海	吉林、山西、新疆、内蒙古、甘肃、天津、宁夏、青海

图8-31　2012~2013年全国基层社会治理水平变动情况

从图8-32对2013~2014年全国基层社会治理水平的跨区段变化进行分析，可以看到2013~2014年有2个省份的名次有了跨区变动：湖北由上游区跌至中游区，辽宁由中游区升至上游区。

	2013年	2014年
上游区	广东、山东、江苏、四川、浙江、湖南、河南、湖北	广东、江苏、山东、四川、浙江、湖南、河南、辽宁
中游区	辽宁、北京、河北、上海、安徽、福建、陕西、云南、重庆、广西、黑龙江、江西、贵州	湖北、河北、北京、上海、安徽、福建、云南、广西、重庆、陕西、贵州、江西、黑龙江
下游区	吉林、山西、新疆、内蒙古、甘肃、天津、宁夏、青海	山西、吉林、新疆、内蒙古、甘肃、天津、宁夏、青海

图8-32　2013~2014年全国基层社会治理水平变动情况

从图8-33对2014~2015年全国基层社会治理水平的跨区段变化进行分析，可以看到2014~2015年有2个省份的名次有了跨区变动：北京由中游区升至上游区，辽宁由上游区跌至中游区。

	2014年	2015年
上游区	广东、江苏、山东、四川、浙江、湖南、河南、辽宁	广东、江苏、山东、浙江、四川、湖南、河南、北京
中游区	湖北、河北、北京、上海、安徽、福建、云南、广西、重庆、陕西、贵州、江西、黑龙江	湖北、辽宁、上海、河北、安徽、福建、广西、重庆、陕西、云南、贵州、黑龙江、江西
下游区	山西、吉林、新疆、内蒙古、甘肃、天津、宁夏、青海	山西、内蒙古、吉林、新疆、甘肃、天津、宁夏、青海

图8-33　2014~2015年全国基层社会治理水平变动情况

从图 8 - 34 对 2015～2016 年全国基层社会治理水平的跨区段变化进行分析，可以看到 2015～2016 年有 2 个省份的名次有了跨区变动：辽宁由中游区升至上游区，北京由上游区跌至中游区。

	2015年	2016年
上游区	广东、江苏、山东、浙江、四川、湖南、河南、北京	广东、江苏、山东、四川、浙江、湖南、河南、辽宁
中游区	湖北、辽宁、上海、河北、安徽、福建、广西、重庆、陕西、云南、贵州、黑龙江、江西	湖北、北京、河北、上海、安徽、福建、重庆、广西、陕西、云南、贵州、黑龙江、江西
下游区	山西、内蒙古、吉林、新疆、甘肃、天津、宁夏、青海	山西、内蒙古、甘肃、吉林、新疆、天津、宁夏、青海

图 8 - 34　2015～2016 年全国基层社会治理水平变动情况

从图 8 - 34 对 2015～2016 年全国基层社会治理水平的跨区段变化进行分析，可以看到 2015～2016 年有 2 个省份的名次有了跨区变动：辽宁由中游区升至上游区，北京由上游区跌至中游区。

	2016年	2017年
上游区	广东、江苏、山东、四川、浙江、湖南、河南、辽宁	广东、江苏、山东、四川、浙江、湖南、河南、辽宁
中游区	湖北、北京、河北、上海、安徽、福建、重庆、广西、陕西、云南、贵州、黑龙江、江西	北京、河北、湖北、上海、安徽、福建、陕西、重庆、广西、贵州、云南、江西、黑龙江
下游区	山西、内蒙古、甘肃、吉林、新疆、天津、宁夏、青海	山西、甘肃、吉林、内蒙古、新疆、天津、宁夏、青海

图 8 - 35　2016～2017 年全国基层社会治理水平变动情况

从图 8 - 36 对 2010～2017 年全国基层社会治理水平的跨区段变化进行分析，可以看到 2010～2017 年有 4 个省份的名次有了跨区变动：湖北由上游区跌至中游区，辽宁由中游区升至上游区，云南由下游区升至中游区，甘肃由中游区跌至下游区。

	2010年	2017年
上游区	山东、广东、江苏、浙江、四川、湖南、河南、湖北	广东、江苏、山东、四川、浙江、湖南、河南、辽宁
中游区	辽宁、河北、上海、安徽、北京、福建、黑龙江、广西、陕西、江西、贵州、甘肃、重庆	北京、河北、湖北、上海、安徽、福建、陕西、重庆、广西、贵州、云南、江西、黑龙江
下游区	云南、山西、新疆、内蒙古、吉林、天津、宁夏、青海	山西、甘肃、吉林、内蒙古、新疆、天津、宁夏、青海

图 8 - 36　2010～2017 年全国基层社会治理水平变动情况

第三节　本章发现与讨论

　　本章对各省份基层社会治理水平的得分排名、发展速度进行分析对比，对中国四大地区的基层社会治理水平的整体情况进行评估，细致地测算和归纳了全国基层社会治理工作的单位基本结构、服务管理水平和财政投入状况的发展情况，通过对基层社会治理水平方面的测算评估可以看到，基层社会治理建设工作稳步推进，基层社会治理工作在单位基本结构、服务管理能力和财政投入状况三方面都有了较大进步，但是基层社会治理工作整体来看依旧存在着发展不平衡的问题，目前基层社会治理工作呈现出东部地区领先，中部地区次之，东北地区排在第三位，西部地区垫底的态势，同时东部地区的基层社会治理工作的发展速度遥遥领先，从各地区内部的差异性来看，全国排名上升最多的是重庆市，但是在下降区也有新疆和甘肃省的出现，这些地区都属于西部地区，与其相同的，东部地区、中部地区、东北地区均有这种情况的出现。

　　结合得分排序来看，中国四大地区的基层社会治理水平随着时间的推移不平衡性越发严重。这是因为在基层社会治理工作过程当中，东部地区的人民群众在思想方面较为开放，整体参政意识较强，另外东部地区经济发展情况较好，更多的社会组织逐渐出现，而其他地区不管是人民群众的参政意识，还是社会组织的登记审批流程以及经济发展水平都与东部地区有较大差距，这就使得各地区间基层社会治理水平差距越来越大。此外，各地区的基层社会治理建设工作差异性十分明显，四川是西部地区唯一一个入围上游区的西部省份，正是因为四川较早地提出了加快服务型政府改革，积极推动服务机制改善的意见，四川政府在全国范围内率先颁布了《四川省"十二五"社会管理创新发展规划》，积极推动典型试点工作，使四川不仅在西部地区，在全国的基层社会治理工作当中也走在了前列。从权重上来看，居委会的单位数和成员数两项指标的权重较高，说明在基层社会治理建设工作当中，建设好基层自治组织是重中之重。

第九章

中国民政事业高质量发展评估体系子系统V
——养老福利普惠水平

第一节　全国养老福利普惠水平变化趋势分析

根据全国养老福利普惠水平指标体系和数学评价模型，对 2010～2017 年我国 29 个省份的养老福利普惠水平进行评价，表 9－1、表 9－2、表 9－3、表 9－4、表 9－5、表 9－6、表 9－7、表 9－8、表 9－9 是本次评估期间我国 29 个省份的养老福利普惠水平排名和排名变化情况。

一、全国养老福利普惠水平排名对比

根据表 9－1 中内容对 2010 年全国养老福利普惠水平排名进行分析，处于全国养老福利普惠水平上游区的是山东、江苏、河南、四川、浙江、湖北、广东和湖南 8 个省份；处于中游区的是安徽、河北、辽宁、上海、江西、重庆、北京、吉林、黑龙江、山西、广西、陕西和内蒙古 13 个省份；处于下游区的是甘肃、天津、新疆、贵州、云南、福建、青海和宁夏 8 个省份。根据全国养老福利普惠水平排名情况，说明东部、中部地区更占发展优势，西部地区发展水平较为落后。

表 9-1 2010 年全国养老福利普惠水平排名

地区	排名	区段	地区	排名	区段	地区	排名	区段
山东	1	上游区	安徽	9	中游区	甘肃	22	下游区
江苏	2		河北	10		天津	23	
河南	3		辽宁	11		新疆	24	
四川	4		上海	12		贵州	25	
浙江	5		江西	13		云南	26	
湖北	6		重庆	14		福建	27	
广东	7		北京	15		青海	28	
湖南	8		吉林	16		宁夏	29	
			黑龙江	17				
			山西	18				
			广西	19				
			陕西	20				
			内蒙古	21				

　　根据表9-2中内容对2011年全国养老福利普惠水平排名进行分析，处于全国养老福利普惠水平上游区的是山东、江苏、河南、四川、浙江、广东、湖北和安徽8个省份；处于中游区的是湖南、河北、辽宁、上海、江西、重庆、北京、吉林、黑龙江、山西、陕西、广西和内蒙古13个省份；处于下游区的是福建、甘肃、天津、云南、贵州、新疆、青海和宁夏8个省份。相较于2010年，广东上升1名至第6名，湖北下降1名至第7名，安徽上升1名至第8名由中游区升至上游区，湖南下降1名至第9名由上游区跌至中游区，陕西上升1名至第19名，广西下降1名至第20名，福建上升5名至第22名，甘肃下降1名至第23名，天津下降1名至第24名，云南上升1名至第25名，贵州下降1名至第26名，新疆下降3名至第27名。

表 9-2 2011 年全国养老福利普惠水平排名

地区	排名	区段	地区	排名	区段	地区	排名	区段
山东	1	上游区	湖南	9	中游区	福建	22	下游区
江苏	2		河北	10		甘肃	23	
河南	3		辽宁	11		天津	24	
四川	4		上海	12		云南	25	
浙江	5		江西	13		贵州	26	

续表

地区	排名	区段	地区	排名	区段	地区	排名	区段
广东	6		重庆	14		新疆	27	
湖北	7		北京	15		青海	28	
安徽	8		吉林	16		宁夏	29	
			黑龙江	17				
		上游区	山西	18	中游区			下游区
			陕西	19				
			广西	20				
			内蒙古	21				

　　根据表9-3中内容对2012年全国养老福利普惠水平排名进行分析，处于全国养老福利普惠水平上游区的是江苏、山东、四川、浙江、河南、广东、安徽和湖北8个省份；处于中游区的是湖南、辽宁、河北、上海、重庆、江西、北京、吉林、黑龙江、内蒙古、山西、贵州和陕西13个省份；处于下游区的是甘肃、广西、福建、云南、天津、新疆、青海和宁夏8个省份。相较于2011年，江苏上升1名至第1名，山东下降1名至第2名，四川上升1名至第3名，浙江上升1名至第4名，河南下降2名至第5名，安徽上升1名至第7名，湖北下降1名至第8名，辽宁上升1名至第10名，河北下降1名至第11名，重庆上升1名至第13名，江西下降1名至第13名，内蒙古上升3名至第18名，山西下降1名至第19名，贵州上升6名至第20名由下游区升至中游区，陕西下降2名至第21名，甘肃上升1名至第22名，广西下降3名至第23名由中游区跌至下游区，福建下降2名至第24名，天津下降2名至第26名。

表9-3　　　　　　　　　　2012年全国养老福利普惠水平排名

地区	排名	区段	地区	排名	区段	地区	排名	区段
江苏	1		湖南	9		甘肃	22	
山东	2		辽宁	10		广西	23	
四川	3		河北	11		福建	24	
浙江	4		上海	12		云南	25	
河南	5	上游区	重庆	13	中游区	天津	26	下游区
广东	6		江西	14		新疆	27	
安徽	7		北京	15		青海	28	
湖北	8		吉林	16		宁夏	29	

续表

地区	排名	区段	地区	排名	区段	地区	排名	区段
		上游区	黑龙江	17	中游区			下游区
			内蒙古	18				
			山西	19				
			贵州	20				
			陕西	21				

根据表9-4中内容对2013年全国养老福利普惠水平排名进行分析，处于全国养老福利普惠水平上游区的是江苏、山东、浙江、河南、四川、广东、安徽和辽宁8个省份；处于中游区的是湖北、湖南、河北、上海、江西、重庆、北京、贵州、内蒙古、吉林、黑龙江、陕西和山西13个省份；处于下游区的是天津、甘肃、福建、广西、云南、新疆、青海和宁夏8个省份。相较于2012年，浙江上升1名至第3名，河南上升1名至第4名，四川下降2名至第5名，辽宁上升2名至第8名由中游区升至上游区，湖北下降1名至第9名由上游区跌至中游区，湖南下降1名至第10名，江西上升1名至第13名，重庆下降1名至第14名，贵州上升4名至第16名，内蒙古上升1名至第17名，吉林下降2名至第18名，黑龙江下降2名至第19名，陕西上升1名至第20名，山西下降2名至第21名，天津上升4名至第22名，甘肃下降1名至第23名，广西下降2名至第25名，云南下降1名至第26名。

表9-4 　　　　　　　　　　　　2013年全国养老福利普惠水平排名

地区	排名	区段	地区	排名	区段	地区	排名	区段
江苏	1	上游区	湖北	9	中游区	天津	22	下游区
山东	2		湖南	10		甘肃	23	
浙江	3		河北	11		福建	24	
河南	4		上海	12		广西	25	
四川	5		江西	13		云南	26	
广东	6		重庆	14		新疆	27	
安徽	7		北京	15		青海	28	
辽宁	8		贵州	16		宁夏	29	
			内蒙古	17				
			吉林	18				
			黑龙江	19				

续表

地区	排名	区段	地区	排名	区段	地区	排名	区段
		上游区	陕西	20	中游区			下游区
			山西	21				

根据表 9-5 中内容对 2014 年全国养老福利普惠水平排名进行分析，处于全国养老福利普惠水平上游区的是江苏、山东、浙江、四川、广东、河南、安徽和辽宁 8 个省份；处于中游区的是湖北、河北、湖南、上海、北京、江西、吉林、重庆、贵州、黑龙江、内蒙古、天津和陕西 13 个省份；处于下游区的是山西、甘肃、广西、福建、云南、新疆、宁夏和青海 8 个省份。相较于 2013 年，四川上升 1 名至第 4 名，广东上升 1 名至第 5 名，河南下降 2 名至第 6 名，河北上升 1 名至第 10 名，湖南下降 1 名至第 11 名，北京上升 2 名至第 13 名，江西下降 1 名至第 14 名，吉林上升 3 名至第 15 名，重庆下降 2 名至第 16 名，贵州下降 1 名至第 17 名，黑龙江上升 1 名至第 18 名，内蒙古下降 2 名至第 19 名，天津上升 2 名至第 20 名由下游区升至中游区，陕西下降 1 名至第 21 名，山西下降 1 名至第 22 名由中游区跌至下游区，广西上升 1 名至第 24 名，福建下降 1 名至第 25 名，宁夏上升 1 名至第 28 名，青海下降 1 名至第 29 名。

表 9-5　　　　　　　　　2014 年全国养老福利普惠水平排名

地区	排名	区段	地区	排名	区段	地区	排名	区段
江苏	1	上游区	湖北	9	中游区	山西	22	下游区
山东	2		河北	10		甘肃	23	
浙江	3		湖南	11		广西	24	
四川	4		上海	12		福建	25	
广东	5		北京	13		云南	26	
河南	6		江西	14		新疆	27	
安徽	7		吉林	15		宁夏	28	
辽宁	8		重庆	16		青海	29	
			贵州	17				
			黑龙江	18				
			内蒙古	19				
			天津	20				
			陕西	21				

根据表9-6中内容对2015年全国养老福利普惠水平排名进行分析，处于全国养老福利普惠水平上游区的是江苏、山东、广东、浙江、四川、河南、辽宁和湖北8个省份；处于中游区的是上海、河北、安徽、湖南、吉林、北京、黑龙江、贵州、重庆、江西、天津、内蒙古和陕西13个省份；处于下游区的是山西、广西、甘肃、新疆、云南、福建、宁夏和青海8个省份。相较于2014年，广东上升2名至第3名，浙江下降1名至第4名，四川下降1名至第5名，辽宁上升1名至第7名，湖北上升1名至第8名，由中游区升至上游区，上海上升3名至第9名，安徽下降4名至第11名由上游区跌至中游区，湖南下降1名至第12名，吉林上升2名至第13名，北京下降1名至第14名，黑龙江上升3名至第15名，贵州上升1名至第16名，重庆下降1名至第17名，江西下降4名至第18名，天津上升1名至第19名，内蒙古下降1名至第20名，广西上升1名至第23名，甘肃下降1名至第24名，新疆上升2名至第25名，福建下降2名至第27名。

表9-6　　　　　　　　2015年全国养老福利普惠水平排名

地区	排名	区段	地区	排名	区段	地区	排名	区段
江苏	1	上游区	上海	9	中游区	山西	22	下游区
山东	2		河北	10		广西	23	
广东	3		安徽	11		甘肃	24	
浙江	4		湖南	12		新疆	25	
四川	5		吉林	13		云南	26	
河南	6		北京	14		福建	27	
辽宁	7		黑龙江	15		宁夏	28	
湖北	8		贵州	16		青海	29	
			重庆	17				
			江西	18				
			天津	19				
			内蒙古	20				
			陕西	21				

根据表9-7中内容对2016年全国养老福利普惠水平排名进行分析，处于全国养老福利普惠水平上游区的是江苏、山东、浙江、广东、四川、河南、辽宁和湖北8个省份；处于中游区的是上海、河北、安徽、湖南、吉林、北京、黑龙江、贵州、重庆、江西、内蒙古、陕西和天津13个省份；处于下游区的是山西、广西、云南、甘肃、新疆、福建、宁夏和青海8个省份。相较于2015年，浙江上升1名至第3名，

广东下降 1 名至第 4 名，内蒙古上升 1 名至第 19 名，陕西上升 1 名至第 20 名，天津下降 2 名至第 21 名，云南上升 2 名至第 24 名，甘肃下降 1 名至第 25 名，新疆下降 1 名至第 26 名。

表 9 - 7 　　　　　　　　　　　2016 年全国养老福利普惠水平排名

地区	排名	区段	地区	排名	区段	地区	排名	区段
江苏	1	上游区	上海	9	中游区	山西	22	下游区
山东	2		河北	10		广西	23	
浙江	3		安徽	11		云南	24	
广东	4		湖南	12		甘肃	25	
四川	5		吉林	13		新疆	26	
河南	6		北京	14		福建	27	
辽宁	7		黑龙江	15		宁夏	28	
湖北	8		贵州	16		青海	29	
			重庆	17				
			江西	18				
			内蒙古	19				
			陕西	20				
			天津	21				

根据表 9 - 8 中内容对 2017 年全国养老福利普惠水平排名进行分析，处于全国养老福利普惠水平上游区的是江苏、山东、广东、浙江、四川、河北、河南和辽宁 8 个省份；处于中游区的是安徽、湖北、北京、上海、湖南、黑龙江、吉林、贵州、陕西、重庆、广西、内蒙古和江西 13 个省份；处于下游区的是天津、山西、甘肃、云南、新疆、福建、宁夏和青海 8 个省份。相较于 2016 年，广东上升 1 名至第 3 名，浙江下降 1 名至第 4 名，河北上升 4 名至第 6 名由中游区升至上游区，河南下降 1 名至第 7 名，辽宁下降 1 名至第 8 名，安徽上升 2 名至第 9 名，湖北下降 2 名至第 10 名由上游区跌至中游区，北京上升 3 名至第 11 名，上海下降 3 名至第 12 名，湖南下降 1 名至第 13 名，黑龙江上升 1 名至第 14 名，吉林下降 2 名至第 15 名，陕西上升 3 名至第 17 名，重庆下降 1 名至第 18 名，广西上升 4 名至第 19 名，由下游区升至中游区，内蒙古下降 1 名至第 20 名，江西下降 3 名至第 21 名，天津下降 1 名至第 22 名，由中游区跌至下游区，山西下降 1 名至第 23 名，甘肃上升 1 名至第 24 名，云南下降 1 名至第 25 名。

表 9 - 8　　　　　　　　　　　2017 年全国养老福利普惠水平排名

地区	排名	区段	地区	排名	区段	地区	排名	区段
江苏	1		安徽	9		天津	22	
山东	2		湖北	10		山西	23	
广东	3		北京	11		甘肃	24	
浙江	4		上海	12		云南	25	
四川	5		湖南	13		新疆	26	
河北	6		黑龙江	14		福建	27	
河南	7	上游区	吉林	15	中游区	宁夏	28	下游区
辽宁	8		贵州	16		青海	29	
			陕西	17				
			重庆	18				
			广西	19				
			内蒙古	20				
			江西	21				

根据表 9 - 9 中内容对 2010～2017 年全国养老福利普惠水平排名变化趋势进行分析，可以看到在全国养老福利普惠水平处于上升区的是贵州、北京、河北、广东、辽宁、黑龙江、陕西、天津、内蒙古、吉林、江苏、浙江、云南和宁夏 14 个省份；处于保持区的是上海、安徽、福建和广西 4 个省份；处于下降区的是山东、四川、青海、甘肃、新疆、河南、湖北、重庆、山西、湖南和江西 11 个省份。综合来看，2010～2017 年 29 个省份的养老福利普惠水平变化较大，其中上升幅度较大的贵州属于西部地区，北京、河北、广东属于东部地区，而下降幅度较大的江西、湖南、山西属于中部地区。在这 8 年中，各地区内部省份差异性逐渐显现，全国养老福利普惠水平整体向前发展。

表 9 - 9　　　　　　　　　　2010～2017 年全国养老福利普惠水平排名变化

地区	排名	区段	地区	排名	区段	地区	排名	区段
贵州	9		上海	0		山东	-1	
北京	4		安徽	0		四川	-1	
河北	4	上升区	福建	0	保持区	青海	-1	下降区
广东	4		广西	0		甘肃	-2	
辽宁	3					新疆	-2	

续表

地区	排名	区段	地区	排名	区段	地区	排名	区段
黑龙江	3					河南	-4	
陕西	3					湖北	-4	
天津	1					重庆	-4	
内蒙古	1					山西	-5	
吉林	1	上升区			保持区	湖南	-5	下降区
江苏	1					江西	-8	
浙江	1							
云南	1							
宁夏	1							

由图 9 - 1 可以看出，2010～2011 年全国养老福利普惠水平呈上升趋势的有广东、安徽、陕西、福建和云南 5 个省份，增长幅度最大的省份为福建，由第 27 名升至第 22 名，上升了 5 名；其他省份均上升 1 名。山东、江苏、河南、四川、浙江、河北、辽宁、上海、江西、重庆、北京、吉林、黑龙江、山西、内蒙古、青海和宁夏 17 个省份排名均保持不变。全国养老福利普惠水平呈下降趋势的有湖北、湖南、广西、甘肃、天津、贵州和新疆 7 个省份，均下降 1 名。

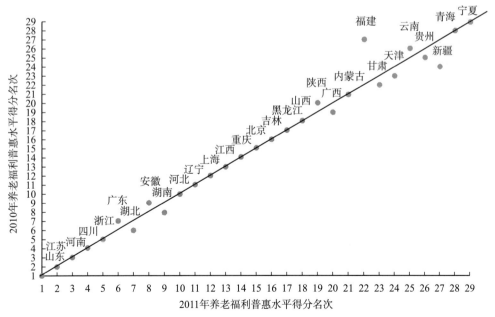

图 9 - 1　2010～2011 年全国养老福利普惠水平排序变化

由图 9 - 2 可以看出，2011～2012 年全国养老福利普惠水平呈上升趋势的有江苏、四川、浙江、安徽、辽宁、重庆、内蒙古、贵州和甘肃 9 个省份，增长幅度最大的省份为贵州，贵州由第 26 名升至第 20 名，上升了 6 名；内蒙古由第 21 名升至第 18 名，上升了 3 名；其他省份均上升 1 名。广东、湖南、上海、北京、吉林、黑龙江、云南、新疆、青海和宁夏 10 个省份排名均保持不变。全国养老福利普惠水平呈下降趋势的有山东、河南、湖北、河北、江西、山西、陕西、广西、福建和天津 10 个省份，下降幅度最大的省份为广西，由第 20 名降至第 23 名，下降了 3 名；陕西由第 19 名降至第 21 名，河南由第 3 名降至第 5 名，福建由第 22 名降至第 24 名，天津由第 24 名降至第 26 名，均下降 2 名；其他省份均下降 1 名。

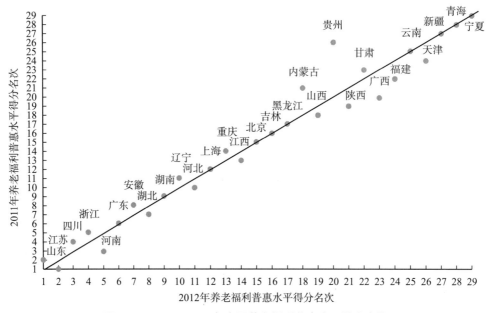

图 9 - 2　2011～2012 年全国养老福利普惠水平排序变化

由图 9 - 3 可以看出，2012～2013 年全国养老福利普惠水平呈上升趋势的有浙江、河南、辽宁、江西、贵州、内蒙古、陕西和天津 8 个省份，增长幅度最大的省份为贵州和天津，贵州由第 20 名升至第 16 名，天津由第 26 名升至第 22 名，均上升 4 名；辽宁由第 10 名升至第 8 名，上升了 2 名；其他省份均上升 1 名。江苏、山东、广东、安徽、河北、上海、北京、福建、新疆、青海和宁夏 11 个省份排名均保持不变。全国养老福利普惠水平呈下降趋势的有四川、湖北、湖南、重庆、吉林、黑龙江、山西、甘肃、广西和云南 10 个省份，下降幅度最大的为四川、吉林、黑龙江、陕西和广西，四川由第 3 名下降至第 5 名，吉林由第 16 名降至第 18 名，黑龙江由第 17 名降至第 19 名，山西由第 19 名降至第 21 名，广西由第 23 名降至第 25 名，均下降2名;其他省份均下降1名。

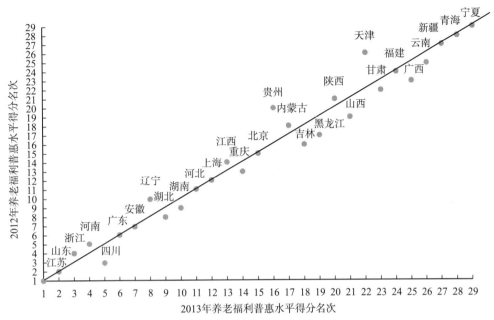

图9-3 2012~2013年全国养老福利普惠水平排序变化

由图9-4可以看出,2013~2014年全国养老福利普惠水平呈上升趋势的有四川、广东、河北、北京、吉林、黑龙江、天津、广西和宁夏9个省份,增长幅度最大的省份为吉林,由第18名升至第15名,上升了3名;北京由第15名升至第13名,天津由第22名升至第20名,均上升2名;其余省份均上升1名。江苏、山东、浙江、安徽、辽宁、湖北、上海、甘肃、云南和新疆10个省份排名均保持不变。全国养老福利普惠水平呈下降趋势的有河南、湖南、江西、重庆、贵州、内蒙古、陕西、山西、福建和青海10个省份,下降幅度最大的为河南、重庆和内蒙古,河南由第4名降至第6名,重庆由第14名降至第16名,内蒙古由第17名降至第19名,均上升2名;其他省份均下降1名。

由图9-5可以看出,2014~2015年全国养老福利普惠水平呈上升趋势的有广东、辽宁、湖北、上海、吉林、黑龙江、贵州、天津、广西和新疆10个省份,增长幅度最大的省份为上海和黑龙江,上海由第12名升至第9名,黑龙江由第18名升至第15名,均上升3名;广东由第5名升至第3名,吉林由第15名升至第13名,新疆由第27名升至第25名,均上升2名;其他省份均上升1名。江苏、山东、四川、河北、陕西、山西、云南、宁夏和青海9个省份排名均保持不变。全国养老福利普惠水平呈下降趋势的有浙江、四川、安徽、湖南、北京、重庆、江西、内蒙古、甘肃和福建10个省份,下降幅度最大的为安徽和江西,安徽由第7名降至第11名,江西由第 14 名降至第 18 名，均下降 4 名；福建由第 25 名降至第 27 名，下降了 2 名；其他省份均下降 1 名。

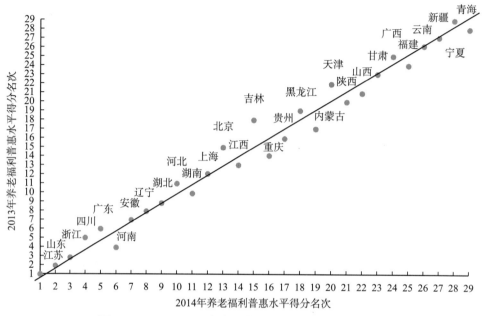

图 9 - 4　2013~2014 年全国养老福利普惠水平排序变化

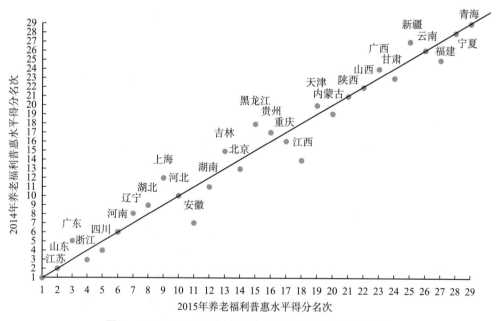

图 9 - 5　2014~2015 年全国养老福利普惠水平排序变化

　　由图9-6可以看出，2015~2016年全国养老福利普惠水平呈上升趋势的有浙江、内蒙古、陕西和云南4个省份，增长幅度最大的省份为云南，由第26名升至第24名，上升了2名；其他省份均上升1名。江苏、山东、四川、河南、辽宁、湖北、上海、河北、安徽、湖南、吉林、北京、黑龙江、贵州、重庆、江西、山西、广西、福建、宁夏和青海21个省份排名均保持不变。全国养老福利普惠水平呈下降趋势的有广东、天津、甘肃和新疆4个省份，下降幅度最大的为天津，由第19名降至第21名，下降了2名；其他省份均下降1名。

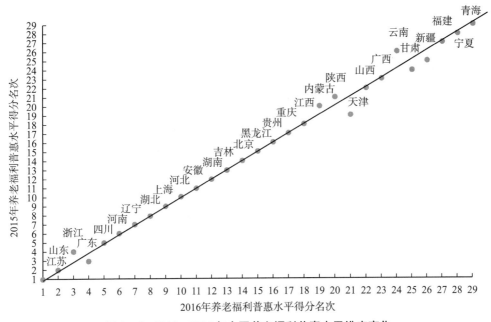

图9-6　2015~2016年全国养老福利普惠水平排序变化

　　由图9-7可以看出，2016~2017年全国养老福利普惠水平呈上升趋势的有广东、河北、安徽、北京、黑龙江、陕西、广西和甘肃8个省份，增长幅度最大的省份为河北和广西，河北由第10名升至第6名，广西由第23名升至第19名，均上升4名；北京由第14名升至第11名，陕西由第20名升至第17名，均上升3名；安徽由第11名升至第9名，上升了2名；其他省份均上升1名。江苏、山东、四川、贵州、新疆、福建、宁夏和青海8个省份排名均保持不变。全国养老福利普惠水平呈下降趋势的有浙江、河南、辽宁、湖北、上海、湖南、吉林、重庆、内蒙古、江西、天津、山西和云南13个省份，下降幅度最大的为上海和江西，上海由第9名降至第12名，江西由第18名降至第21名，均下降3名；湖北由第8名降至第10名，吉林由第13名降至第15名，均下降2名；其他省份均下降1名。

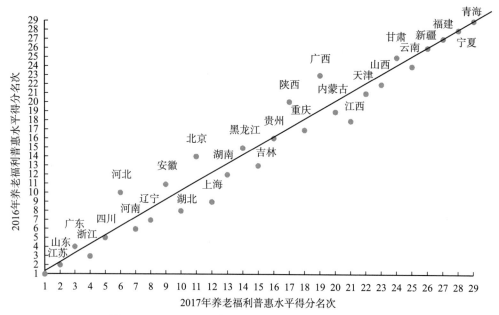

图 9 - 7　2016～2017 年全国养老福利普惠水平排序变化

由图 9 - 8 可以看出，2010～2017 年全国养老福利普惠水平呈上升趋势的有贵州、北京、河北、广东、辽宁、黑龙江、陕西、天津、内蒙古、吉林、江苏、浙江、

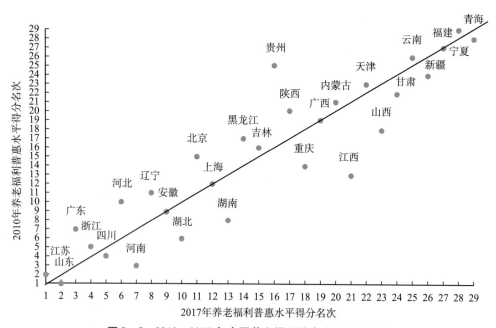

图 9 - 8　2010～2017 年全国养老福利普惠水平排序变化

云南和宁夏14个省份，增长幅度最大的省份为贵州，由第25名升至第16名，上升了9名；北京由第15名升至第11名，河北由第10名升至第6名，广东由第7名升至第3名，均上升4名；辽宁由第11名升至第8名，黑龙江由第17名升至第14名，陕西由第20名升至第17名，均上升3名；其他省份均上升1名。上海、安徽、福建和广西4个省份排名均保持不变。全国养老福利普惠水平呈下降趋势的有江苏、四川、青海、甘肃、新疆、河南、湖北、重庆、山西、湖南和江西11个省份，下降幅度最大的为江西，由第13名降至第21名，下降了8名；湖南由第8名降至第13名，山西由第18名降至第23名，均下降5名；重庆由第14名降至第18名，湖北由第6名降至第10名，河南由第3名降至第7名，均下降4名；新疆由第24名降至第26名，甘肃由第22名降至第24名，均下降2名；其他省份均下降1名。

二、全国养老福利普惠水平评分分析

通过表9-10对2010~2017年的全国养老福利普惠水平及其变化进行分析。由2010年的全国养老福利普惠水平评价来看，2010年全国养老福利普惠水平得分处于0~41分，25分以上的有山东、江苏、河南、四川和浙江5个省份；小于25分的有湖北、广东、湖南、安徽、河北、辽宁、上海、江西、重庆、北京、吉林、黑龙江、山西、广西、陕西、内蒙古、甘肃、天津、新疆、贵州、云南、福建、青海和宁夏24个省份。全国养老福利普惠水平最高得分是山东40.115分，最低得分是宁夏0.554分。全国养老福利普惠水平的得分平均值为14.251分，得分标准差为10.283，说明各省份间养老福利普惠水平差距较大。全国养老福利普惠水平中，东部、中部地区的得分普遍较高，说明东部、中部地区的养老福利普惠水平较好，发展潜力较强；西部、东北地区的得分普遍偏低，说明西部、东北地区养老福利普惠水平较低，养老福利工作亟须提升，发展活力相对不足。

表9-10　　　　　　　　**2010~2017年全国养老福利普惠水平评价比较**

地区	2010年	2011年	2012年	2013年	2014年	2015年	2016年	2017年	综合变化
北京	11.452	13.117	13.221	12.754	14.054	15.376	15.722	24.776	13.324
	15	15	15	15	13	14	14	11	4
天津	6.017	6.788	7.418	9.635	10.448	11.196	11.044	11.737	5.719
	23	24	26	22	20	19	21	22	1
河北	17.362	20.638	23.076	24.485	23.498	21.405	22.767	29.114	11.752
	10	10	11	11	10	10	10	6	4

地区	2010 年	2011 年	2012 年	2013 年	2014 年	2015 年	2016 年	2017 年	综合变化
山西	8.117	8.949	9.866	10.041	9.922	9.536	9.745	10.034	1.918
	18	18	19	21	22	22	22	23	−5
内蒙古	6.305	7.403	10.045	11.968	12.233	10.996	11.748	13.471	7.166
	21	21	18	17	19	20	19	20	1
辽宁	15.233	17.143	23.277	25.696	25.175	24.070	24.468	26.452	11.218
	11	11	10	8	8	7	7	8	3
吉林	10.361	10.976	11.493	11.878	13.258	16.095	17.717	18.718	8.357
	16	16	16	18	15	13	13	15	1
黑龙江	8.637	9.875	10.503	11.301	12.275	14.928	15.227	19.691	11.054
	17	17	17	19	18	15	15	14	3
上海	14.823	16.021	17.420	18.372	20.218	22.147	23.134	23.538	8.715
	12	12	12	12	12	9	9	12	0
江苏	36.312	42.246	49.285	53.634	58.156	58.813	60.627	66.180	29.867
	2	2	1	1	1	1	1	1	1
浙江	26.232	29.456	32.889	38.228	37.189	36.637	39.640	45.017	18.785
	5	5	4	3	3	4	3	4	1
安徽	20.443	24.092	27.791	29.726	26.626	21.257	22.762	25.994	5.551
	9	8	7	7	7	11	11	9	0
福建	4.917	6.857	7.589	8.673	6.747	6.035	6.493	6.983	2.066
	27	22	24	24	25	27	27	27	0
江西	14.022	14.257	14.745	15.314	13.296	11.698	12.066	12.302	−1.720
	13	13	14	13	14	18	18	21	−8
山东	40.115	43.814	46.972	48.716	45.921	43.500	47.744	51.881	11.766
	1	1	2	2	2	2	2	2	−1
河南	27.527	31.688	32.489	36.188	30.268	25.361	25.519	26.576	−0.951
	3	3	5	4	6	6	6	7	−4
湖北	24.239	24.895	25.358	25.460	23.611	22.922	23.992	24.778	0.539
	6	7	8	9	9	8	8	10	−4
湖南	20.463	23.251	25.233	25.067	22.323	20.458	21.119	20.620	0.157
	8	9	9	10	11	12	12	13	−5

地区	2010 年	2011 年	2012 年	2013 年	2014 年	2015 年	2016 年	2017 年	综合变化
广东	22.977	26.195	30.616	29.728	33.264	37.350	37.860	45.090	22.113
	7	6	6	6	5	3	4	3	4
广西	7.478	7.743	8.339	8.581	7.830	7.702	8.419	13.520	6.042
	19	20	23	25	24	23	23	19	0
重庆	12.051	13.929	15.287	15.208	13.251	11.734	12.346	14.071	2.020
	14	14	13	14	16	17	17	18	−4
四川	26.621	29.480	33.372	34.899	33.507	30.808	31.846	34.872	8.252
	4	4	3	5	4	5	5	5	−1
贵州	5.573	6.637	9.541	11.986	12.681	12.984	14.801	16.259	10.686
	25	26	20	16	17	16	16	16	9
云南	5.364	6.775	7.427	7.288	6.744	6.626	7.846	8.025	2.662
	26	25	25	26	26	26	24	25	1
陕西	7.357	8.825	9.169	10.150	10.255	10.163	11.240	14.177	6.820
	20	19	21	20	21	21	20	17	3
甘肃	6.189	6.847	8.370	8.761	7.951	7.111	7.413	9.136	2.947
	22	23	22	23	23	24	25	24	−2
青海	0.786	0.809	0.745	1.010	0.848	0.761	0.802	0.853	0.068
	28	28	28	28	29	29	29	29	−1
宁夏	0.554	0.631	0.608	0.645	0.901	1.180	2.056	2.499	1.945
	29	29	29	29	28	28	28	28	1
新疆	5.765	6.110	6.314	6.688	6.619	6.855	6.770	7.450	1.685
	24	27	27	27	27	25	26	26	−2
最高分	40.115	43.814	49.285	53.634	58.156	58.813	60.627	66.180	26.065
最低分	0.554	0.631	0.608	0.645	0.848	0.761	0.802	0.853	0.299
平均分	14.251	16.050	17.878	19.037	18.589	18.128	19.067	21.511	7.259
标准差	10.283	11.506	12.782	13.596	13.521	13.250	13.818	15.212	4.928

　　由 2011 年的全国养老福利普惠水平评价来看，2011 年全国养老福利普惠水平得分处于 0～44 分，25 分以上的有山东、江苏、河南、四川、浙江和广东 6 个省份；小于 25 分的有湖北、湖南、安徽、河北、辽宁、上海、江西、重庆、北京、吉林、黑龙江、山西、广西、陕西、内蒙古、甘肃、天津、新疆、贵州、云南、福建、青海和宁夏 23 个省份。全国养老福利普惠水平最高得分是山东 43.814 分，最低得分是宁

夏0.631分。全国养老福利普惠水平的得分平均值为16.050分，较上年增长1.798分，说明全国养老福利普惠水平整体有进步；得分标准差为11.506，较上年增长1.222，说明各省份间养老福利普惠水平差距有所扩大。全国养老福利普惠水平中，中部、东部地区的得分普遍较高，其中山东、江苏、河南、浙江和广东5个省的得分都在25分以上，说明这些省份的养老福利普惠水平较高，发展潜力较强，但也有个别省份得分较低；东北、西部地区的得分差异性逐渐展现，西部大多数省份的得分在25分以下，个别在25分以上，而东北地区三省得分差距亦较大，说明东北、西部地区养老福利普惠水平不平衡，养老福利工作水平亟须提升，发展活力相对不足；整体来看，各地区内部发展差异性非常大。

由2012年的全国养老福利普惠水平评价来看，2012年全国养老福利普惠水平得分处于0~50分，25分以上的有江苏、山东、四川、浙江、河南、广东、安徽、湖北和湖南9个省份；小于25分的有河北、辽宁、上海、江西、重庆、北京、吉林、黑龙江、山西、广西、陕西、内蒙古、甘肃、天津、新疆、贵州、云南、福建、青海和宁夏20个省份。全国养老福利普惠水平最高得分是江苏49.285分，最低得分是宁夏0.608分。全国养老福利普惠水平的得分平均值为17.878分，较上年增长1.828分，说明全国养老福利普惠水平较上年相比增长速度有所提升，全国养老福利普惠水平整体迅速提升；得分标准差为12.782，较上年增长1.276，说明各省份间养老福利普惠水平差距增幅与上年相比有所加大，差距持续扩大。全国养老福利普惠水平中，中部、东部地区的得分普遍较高，其中江苏、山东、浙江、河南、广东、安徽、湖北、湖南8个省份的得分都在25分以上，说明这些省份的养老福利普惠水平较高，发展潜力较强，但是也有个别省份得分较低；东北、西部地区的得分差异性逐渐展现，大多数省份的得分在25分以下，个别在25分以上，说明东北、西部地区养老福利普惠水平不平衡，养老福利工作水平亟须提升，发展活力相对不足；整体来看，各地区内部发展差异性非常大。

由2013年的全国养老福利普惠水平评价来看，2013年全国养老福利普惠水平得分处于0~54分，25分以上的有江苏、山东、浙江、河南、四川、广东、安徽、辽宁、湖北和湖南10个省份；小于25分的有河北、上海、江西、重庆、北京、贵州、内蒙古、吉林、黑龙江、陕西、山西、天津、甘肃、福建、广西、云南、新疆、青海和宁夏19个省份。全国养老福利普惠水平最高得分是江苏53.634分，最低得分是宁夏0.645分。全国养老福利普惠水平的得分平均值为19.037分，较上年增长1.159分，说明全国养老福利普惠水平较上年相比增幅有所下降，但是整体水平仍在向前发展；得分标准差为13.596，较上年增长0.814，说明各省份间综合水平差距增幅与上年相比有所缩小，但总体来看各地仍有较大差距。全国养老福利普惠水平中，中部、东部地区的得分普遍较高，其中江苏、山东、浙江、河南、广东、安徽、湖北和湖南8个省份的得分都在25分以上，说明这些省的民政事业发展养老福利普惠水平较高，发展潜力较强，但是也有个别省份得分较低；东北、西部地区的得分差异性逐渐展现，大多数省份的得分在 25 分以下，个别在 25 分以上，说明东北、西部地区养老福利普惠水平不平衡，养老福利工作水平亟须提升，发展活力相对不足；整体来看，各地区内部发展差异性非常大。

由 2014 年的全国养老福利普惠水平评价来看，2014 年全国养老福利普惠水平得分处于 0～59 分，在 25 分以上的有江苏、山东、浙江、四川、广东、河南、安徽和辽宁 8 个省份；小于 25 分的有湖北、河北、湖南、上海、北京、江西、吉林、重庆、贵州、黑龙江、内蒙古、天津、陕西、山西、甘肃、广西、福建、云南、新疆、宁夏和青海 21 个省份。全国养老福利普惠水平最高得分是江苏 58.156 分，最低得分是青海 0.848 分。全国养老福利普惠水平的得分平均值为 18.589 分，较上年下降 0.449 分，说明全国养老福利普惠水平较上年相比整体有所下降；得分标准差为 13.521，较上年下降 0.075，说明各省份间养老福利普惠水平差距增幅与上年相比急剧缩小，各省之间差距有所缩小。全国养老福利普惠水平中，中部、东部地区的得分普遍较高，其中江苏、山东、浙江、广东、河南和安徽 6 个省份的得分都在 25 分以上，说明这些省的民政事业发展养老福利普惠水平较高，发展潜力较强，但是也有个别省份得分较低；东北、西部地区的得分差异性逐渐展现，大多数的省份的得分在 25 分以下，个别在 25 分以上，说明东北、西部地区养老福利普惠水平不平衡，养老福利工作水平亟须提升，发展活力相对不足。整体来看，本年度全国养老福利工作遭遇发展瓶颈，同时各地区内部发展差异性依旧很大。

由 2015 年的全国养老福利普惠水平评价来看，2015 年全国养老福利普惠水平得分处于 0～59 分，25 分以上的有江苏、山东、广东、浙江、四川和河南 6 个省份；小于 25 分的有安徽、辽宁、湖北、河北、湖南、上海、北京、江西、吉林、重庆、贵州、黑龙江、内蒙古、天津、陕西、山西、甘肃、广西、福建、云南、新疆、宁夏和青海 23 个省份。全国养老福利普惠水平最高得分是江苏 58.813 分，最低得分是青海 0.761 分。全国养老福利普惠水平的得分平均值为 18.128 分，较上年下降 0.461 分，说明全国养老福利普惠水平较上年相比整体进一步下降；得分标准差为 13.250，较上年下降 0.270，说明各省份间养老福利普惠水平差距增幅与上年相比有所缩小，全国各省之间差距持续缩小。全国养老福利普惠水平中，中部、东部地区的得分普遍较高，其中江苏、山东、广东、浙江和河南 5 个省份的得分都在 25 分以上，说明这些省份的民政事业发展养老福利普惠水平较高，发展潜力较强，但是也有个别省份得分较低；东北、西部地区的得分差异性逐渐展现，大多数省份的得分在 25 分以下，个别在 25 分以上，说明东北、西部地区养老福利普惠水平不平衡，养老福利工作水平亟须提升，发展活力相对不足。整体来看，本年度全国养老福利工作尚未突破发展瓶颈，发展形势持续走低，同时各地区内部发展差异性依旧很大。

由 2016 年的全国养老福利普惠水平评价来看，2016 年全国养老福利普惠水平得分处于 0～61 分，25 分以上的有江苏、山东、浙江、广东、四川和河南 6 个省份；小于 25 分的有安徽、辽宁、湖北、河北、湖南、上海、北京、江西、吉林、重庆、贵州、黑龙江、内蒙古、天津、陕西、山西、甘肃、广西、福建、云南、新疆、宁夏和青海 23 个省份。全国养老福利普惠水平最高得分是江苏 60.627 分，最低得分是青海 0.802 分。全国养老福利普惠水平的得分平均值 19.067 分，较上年增长 0.939 分，说明全国养老福利普惠水平较上年相比恢复正向增长，全国养老福利工作恢复正常发展；得分标准差为 13.818，较上年增长 0.567，说明各省份间养老福利普惠水平差距增幅与上年相比迅速扩大，总体差距重新开始扩大。全国养老福利普惠水平中，中部、东部地区的得分普遍较高，其中江苏、山东、广东、浙江和河南 5 个省份的得分都在 25 分以上，说明这些省份的民政事业发展养老福利普惠水平较高，发展潜力较强，但是也有个别省份得分较低；东北、西部地区的得分差异性逐渐展现，大多数省份的得分在 25 分以下，个别在 25 分以上，说明东北、西部地区养老福利普惠水平发展不平衡，养老福利工作水平亟须提升，发展活力相对不足。整体来看，本年度全国养老福利工作恢复正常发展，但各地区内部发展差异性非常大。

由 2017 年的全国养老福利普惠水平评价来看，2017 年全国养老福利普惠水平得分处于 0～67 分，25 分以上的有江苏、山东、广东、浙江、四川、河北、河南、辽宁和安徽 9 个省份；小于 25 分的有湖北、湖南、上海、北京、江西、吉林、重庆、贵州、黑龙江、内蒙古、天津、陕西、山西、甘肃、广西、福建、云南、新疆、宁夏和青海 20 个省份。全国养老福利普惠水平最高得分是江苏 66.180 分，最低得分是青海 0.853 分。全国养老福利普惠水平的得分平均值为 21.511 分，较上年增长 2.444 分，说明全国养老福利普惠水平较上年相比增幅提升较大，整体高速增长；得分标准差为 15.212，较上年增长 1.394，说明各省份间养老福利普惠水平差距增幅与上年相比迅速扩大，总体差距仍在扩大。全国养老福利普惠水平中，各个地区都有得分较高的省份，说明这些省份的发展养老福利普惠水平较高，发展潜力较强，但是也有个别省份得分较低。全国养老福利普惠水平的得分差异性逐渐展现，说明从全国范围来看全国养老福利普惠水平发展不平衡，养老福利工作整体需要进一步协调发展。

对比全国养老福利普惠水平变化，通过对 2010～2017 年数据分析对比，发现其平均分是波动上升的，这说明全国养老福利普惠工作发展势头向好，但由于标准差也在持续增长，说明了全国各省份之间养老福利普惠水平的差距在不断扩大。进一步对各省份养老福利普惠水平变化分析，2010～2017 年的上、中、下游区虽然内部排名稍有波动，但总体来看较为稳定，跨区变动相对较少，全国四大地区内部的差异性都很大，但是由于上游区长期东部省份较多，下游区长期西部省份较多，而中游区内又是东部省份和中部省份长期占优，但是在 2017 年东北地区实现了对中部地区的反超，说明在全国养老福利普惠水平总体有所提升的大背景下，中部、西部地区的养老福利普惠水平较低，发展活力稍显不足。

由表9-11对2010~2011年全国养老福利普惠水平进行分析可以看出，全国养老福利普惠水平上、中、下游区均呈现上升趋势，各分区分别变化3.535分、1.371分、0.757分，说明全国养老福利普惠水平整体向好，具有较强的发展潜力。二级指标中，2010~2011年全国养老福利单位基本结构得分上、中、下游区均呈现上升趋势，各分区分别变化0.805分、0.312分、0.276分，说明全国养老福利基础设施不断完善，人员配置增多。全国养老福利服务管理水平上、中、下游区均呈现上升趋势，各分区分别变化0.131分、0.186分、0.067分，说明全国养老福利服务管理人员综合素质逐渐提升。全国养老福利服务水平上、中、下游区均呈现上升趋势，各分区分别变化2.338分、0.767分、0.362分，说明全国养老福利服务水平有所提升。全国养老福利财政投入状况上、中、下游区均呈现上升趋势，各分区分别变化0.279分、0.116分、0.019分，说明全国养老福利财政投入趋于合理。

表9-11　　　　　　　2010~2011年全国养老福利普惠水平平均得分情况

指标	2010 年			2011 年			得分变化		
	上游区	中游区	下游区	上游区	中游区	下游区	上游区	中游区	下游区
养老福利普惠水平	26.547	12.554	4.714	30.083	13.925	5.471	3.535	1.371	0.757
单位基本结构	10.824	5.211	1.994	11.629	5.522	2.269	0.805	0.312	0.276
服务管理水平	2.874	1.014	0.309	3.005	1.199	0.377	0.131	0.186	0.067
养老福利服务水平	10.604	3.775	1.088	12.942	4.542	1.450	2.338	0.767	0.362
财政投入状况	4.513	1.756	0.354	4.792	1.871	0.373	0.279	0.116	0.019

表9-12对2011~2012年全国养老福利普惠水平进行分析可以看出，全国养老福利普惠水平上、中、下游区均呈现上升趋势，各分区分别变化3.914分、1.317分、0.571分，说明全国养老福利普惠水平整体向好，具有较强的发展潜力。二级指标中，2011~2012年全国养老福利单位基本结构得分上、中、下游区均呈现上升趋势，各分区分别变化0.527分、0.368分、0.210分，说明全国养老福利基础设施不断完善，人员配置增多。全国养老福利服务管理水平上、中、下游区均呈现上升趋势，各分区分别变化0.448分、0.246分、0.090分，说明全国养老福利服务管理人员综合素质逐渐提升。全国民政养老福利服务水平上、中、下游区均呈现上升趋势，各分区分别变化1.379分、0.453分、0.313分，说明全国养老福利服务水平有所提升。全国养老福利财政投入状况上、中、下游区均呈现上升趋势，各分区分别变化1.288分、0.326分、0.109分，说明全国养老福利财政投入趋于合理。

表 9 - 12   2011～2012 年全国养老福利普惠水平平均得分情况

指标	2011 年			2012 年			得分变化		
	上游区	中游区	下游区	上游区	中游区	下游区	上游区	中游区	下游区
养老福利普惠水平	30.083	13.925	5.471	33.997	15.242	6.042	3.914	1.317	0.571
单位基本结构	11.629	5.522	2.269	12.156	5.890	2.479	0.527	0.368	0.210
服务管理水平	3.005	1.199	0.377	3.453	1.445	0.466	0.448	0.246	0.090
养老福利服务水平	12.942	4.542	1.450	14.321	4.995	1.763	1.379	0.453	0.313
财政投入状况	4.792	1.871	0.373	6.080	2.197	0.482	1.288	0.326	0.109

由表 9 - 13 对 2012～2013 年全国养老福利普惠水平进行分析可以看出，全国养老福利普惠水平上、中、下游区均呈现上升趋势，各分区分别变化 2.450 分、0.740 分、0.550 分，说明全国养老福利普惠水平整体向好，具有较强的发展潜力。二级指标中，2012～2013 年全国养老福利单位基本结构得分上、中、下游区均呈现上升趋势，各分区分别变化 0.899 分、0.149 分、0.189 分，说明全国养老福利基础设施不断完善，人员配置增多。全国养老福利服务管理水平上、中、下游区均呈现上升趋势，各分区分别变化 0.511 分、0.138 分、0.104 分，说明全国养老福利服务管理人员综合素质逐渐提升。全国高质量发展养老福利服务水平上、中、下游区均呈现上升趋势，各分区分别变化 0.923 分、0.286 分、0.228 分，说明全国养老福利服务水平有所提升。全国养老福利财政投入状况上、中、下游区均呈现上升趋势，各分区分别变化 0.056 分、0.189 分、0.055 分，说明全国养老福利财政投入趋于合理。

表 9 - 13   2012～2013 年全国养老福利普惠水平平均得分情况

指标	2012 年			2013 年			得分变化		
	上游区	中游区	下游区	上游区	中游区	下游区	上游区	中游区	下游区
养老福利普惠水平	33.997	15.242	6.042	36.447	15.982	6.593	2.450	0.740	0.550
单位基本结构	12.156	5.890	2.479	13.055	6.040	2.669	0.899	0.149	0.189
服务管理水平	3.453	1.445	0.466	3.964	1.583	0.570	0.511	0.138	0.104
养老福利服务水平	14.321	4.995	1.763	15.243	5.280	1.991	0.923	0.286	0.228
财政投入状况	6.080	2.197	0.482	6.136	2.386	0.537	0.056	0.189	0.055

表 9 - 14 对 2013～2014 年全国养老福利普惠水平进行分析可以看出，全国养老福利普惠水平上、中、下游区均呈现下降趋势，各分区分别变化 - 0.574 分、- 0.450 分、- 0.320 分，说明全国养老福利普惠工作整体发展活力不足。二级指标中，2013～2014 年全国养老福利单位基本结构得分上、中、下游区均呈现下降趋势，

各分区分别变化 -0.423 分、-0.289 分、-0.370 分，说明全国养老福利基础设施和服务人员配置有所缩减。全国养老福利服务管理水平上、中游区均呈现上升趋势，下游区呈现下降趋势，各分区分别变化 0.331 分、0.115 分、-0.018 分，说明全国养老福利服务管理人员综合素质差距逐渐显现。全国养老福利服务水平上、中游区均呈现下降趋势，下游区呈现上升趋势，各分区分别变化 -0.477 分、-0.055 分、0.024 分，说明上、中游区养老福利服务遭遇发展瓶颈。全国养老福利财政投入状况上、中游区均呈现下降趋势，下游区呈现上升趋势，各分区分别变化 -0.140 分、-0.121 分、0.014 分，说明下游区与上、中游区的财政投入状况差距有所缩小，但全国养老福利工作财政投入有所缩减。

表 9 - 14　　　　　　2013～2014 年全国养老福利普惠水平平均得分情况

指标	2013 年			2014 年			得分变化		
	上游区	中游区	下游区	上游区	中游区	下游区	上游区	中游区	下游区
养老福利普惠水平	36.447	15.982	6.593	35.872	15.532	6.273	-0.574	-0.450	-0.320
单位基本结构	13.055	6.040	2.669	12.632	5.751	2.299	-0.423	-0.289	-0.370
服务管理水平	3.964	1.583	0.570	4.294	1.699	0.552	0.331	0.115	-0.018
养老福利服务水平	15.243	5.280	1.991	14.767	5.226	2.015	-0.477	-0.055	0.024
财政投入状况	6.136	2.386	0.537	5.996	2.265	0.551	-0.140	-0.121	0.014

表 9 - 15 对 2014～2015 年全国养老福利普惠水平进行分析可以看出，全国养老福利普惠水平上、中、下游区均呈现下降趋势，各分区分别变化 -1.129 分、-0.265 分、-0.110 分，说明全国养老福利普惠工作整体发展活力不足。二级指标中，2013～2014 年全国养老福利单位基本结构得分上、中、下游区均呈现下降趋势，各分区分别变化 -0.517 分、-0.354 分、-0.283 分，说明全国养老福利基础设施和服务人员配置有所缩减。全国养老福利服务管理水平上、中、下游区均呈现上升趋势，各分区分别变化 0.538 分、0.099 分、-0.080 分，说明全国养老福利服务管理人员综合素质有所提升。全国养老福利服务水平上、中、下游区均呈现下降趋势，各分区分别变化 -0.612 分、-0.024 分、0.017 分，说明全国养老福利服务工作遭遇发展瓶颈。全国养老福利财政投入状况上、中游区均呈现下降趋势，下游区呈现上升趋势，各分区分别变化 -0.151 分、-0.166 分、0.013 分，说明下游区与上、中游区的财政投入状况差距有所缩小，但全国养老福利工作财政投入有所缩减。

表 9 – 15   **2014～2015 年全国养老福利普惠水平平均得分情况**

指标	2014 年			2015 年			得分变化		
	上游区	中游区	下游区	上游区	中游区	下游区	上游区	中游区	下游区
养老福利普惠水平	35.872	15.532	6.273	34.743	15.266	6.162	-1.129	-0.265	-0.110
单位基本结构	12.632	5.751	2.299	12.114	5.397	2.016	-0.517	-0.354	-0.283
服务管理水平	4.294	1.699	0.552	4.833	1.798	0.633	0.538	0.099	0.080
养老福利服务水平	14.767	5.226	2.015	14.155	5.202	1.998	-0.612	-0.024	-0.017
财政投入状况	5.996	2.265	0.551	5.845	2.099	0.563	-0.151	-0.166	0.013

    表 9 – 16 对 2015～2016 年全国养老福利普惠水平进行分析可以看出，全国养老福利普惠水平上、中、下游区均呈现上升趋势，各分区分别变化 1.566 分、0.910 分、0.359 分，说明全国养老福利工作突破发展瓶颈。二级指标中，2015～2016 年全国养老福利单位基本结构得分上、中、下游区均呈现上升趋势，各分区分别变化 0.414 分、0.345 分、0.249 分，说明全国养老福利基础设施不断完善，人员配置增多。全国养老福利服务管理水平上、中、下游区均呈现上升趋势，各分区分别变化 0.850 分、0.255 分、0.113 分，说明全国养老福利服务管理人员综合素质逐渐提升。全国高质量发展养老福利服务水平上、中、下游区均呈现上升趋势，各分区分别变化 0.682 分、0.256 分、0.167 分，说明全国养老福利服务水平有所提升。全国养老福利财政投入状况上、中、下游区均呈现下降趋势，各分区分别变化 -0.199 分、-0.158 分、-0.009 分，说明全国财政投入不足的状况在某种程度上阻碍了养老福利工作的进展。

表 9 – 16   **2015～2016 年全国养老福利普惠水平平均得分情况**

指标	2015 年			2016 年			得分变化		
	上游区	中游区	下游区	上游区	中游区	下游区	上游区	中游区	下游区
养老福利普惠水平	34.743	15.266	6.162	36.309	16.177	6.521	1.566	0.910	0.359
单位基本结构	12.114	5.397	2.016	12.529	5.743	2.265	0.414	0.345	0.249
服务管理水平	4.833	1.798	0.633	5.683	2.053	0.746	0.850	0.255	0.113
养老福利服务水平	14.155	5.202	1.998	14.838	5.458	2.166	0.682	0.256	0.167
财政投入状况	5.845	2.099	0.563	5.646	1.940	0.555	-0.199	-0.158	-0.009

    表 9 – 17 对 2016～2017 年全国养老福利普惠水平进行分析可以看出，全国养老福利普惠水平上、中、下游区均呈现上升趋势，各分区分别变化 4.339 分、2.432 分、0.568 分，说明全国养老福利普惠水平整体向好，具有较强的发展潜力。

二级指标中，2016～2017 年全国养老福利单位基本结构得分上、中游区均呈现上升趋势，下游区呈现下降趋势，各分区分别变化 0.958 分、0.507 分、-0.045 分，说明全国养老福利基础设施不断完善，人员配置增多。全国养老福利服务管理水平上、中、下游区均呈现上升趋势，各分区分别变化 2.377 分、1.194 分、0.407 分，说明全国养老福利服务管理人员综合素质逐渐提升。全国高质量发展养老福利服务水平上、中、下游区均呈现上升趋势，各分区分别变化 0.145 分、0.817 分、0.120 分，说明全国养老福利服务水平有所提升。全国养老福利财政投入状况上、中、下游区均呈现上升趋势，各分区分别变化 0.388 分、0.223 分、0.054 分，说明全国养老福利财政投入趋于合理，其在发展过程中吸纳了优秀的社会资源。

表 9-17　　　　　　　2016～2017 年全国养老福利普惠水平平均得分情况

指标	2016 年			2017 年			得分变化		
	上游区	中游区	下游区	上游区	中游区	下游区	上游区	中游区	下游区
养老福利普惠水平	36.309	16.177	6.521	40.648	18.609	7.090	4.339	2.432	0.568
单位基本结构	12.529	5.743	2.265	13.486	6.250	2.220	0.958	0.507	-0.045
服务管理水平	5.683	2.053	0.746	8.060	3.247	1.153	2.377	1.194	0.407
养老福利服务水平	14.838	5.458	2.166	14.983	6.276	2.286	0.145	0.817	0.120
财政投入状况	5.646	1.940	0.555	6.033	2.163	0.609	0.388	0.223	0.054

表 9-18 对 2010～2017 年全国养老福利普惠水平进行分析可以看出，全国养老福利普惠水平上、中、下游区均呈现上升趋势，各分区分别变化 14.100 分、6.055 分、2.376 分，说明全国养老福利普惠水平整体向好，具有较强的发展潜力。二级指标中，2010～2017 年全国养老福利单位基本结构得分上、中、下游区均呈现上升趋势，各分区分别变化 2.662 分、1.039 分、0.226 分，说明全国养老福利基础设施不断完善，人员配置增多。全国养老福利服务管理水平上、中、下游区均呈现上升趋势，各分区分别变化 5.186 分、2.234 分、0.843 分，说明全国养老福利服务管理人员综合素质逐渐提升。全国高质量发展养老福利服务水平上、中、下游区均呈现上升趋势，各分区分别变化 4.379 分、2.500 分、1.198 分，说明全国养老福利服务水平有所提升。全国养老福利财政投入状况上、中、下游区均呈现上升趋势，各分区分别变化 1.521 分、0.408 分、0.255 分，说明全国养老福利财政投入趋于合理，其发展过程中吸纳了优秀的社会资源。

表 9 - 18   2010～2017 年全国养老福利普惠水平平均得分情况

指标	2010 年			2017 年			得分变化		
	上游区	中游区	下游区	上游区	中游区	下游区	上游区	中游区	下游区
养老福利普惠水平	26.547	12.554	4.714	40.648	18.609	7.090	14.100	6.055	2.376
单位基本结构	10.824	5.211	1.994	13.486	6.250	2.220	2.662	1.039	0.226
服务管理水平	2.874	1.014	0.309	8.060	3.247	1.153	5.186	2.234	0.843
养老福利服务水平	10.604	3.775	1.088	14.983	6.276	2.286	4.379	2.500	1.198
财政投入状况	4.513	1.756	0.354	6.033	2.163	0.609	1.521	0.408	0.255

第二节　全国养老福利普惠水平差异性分析

一、全国养老福利普惠水平地区差异分析

根据灰色综合评价法对无量纲化后的三级指标进行权重得分计算，得到全国养老福利普惠水平得分及排名，用以反映各省份养老福利普惠水平情况。为了更准确地反映全国养老福利普惠水平差异及整体情况，本书在此进一步对各省份养老福利普惠水平分布情况进行分析，对各省份间实际差距和整体水平展开研究。因此，对2010～2017 年全国养老福利普惠水平评价分值分布进行统计，结果如图 9 - 9、图 9 - 10、图 9 - 11、图 9 - 12、图 9 - 13、图 9 - 14、图 9 - 15、图 9 - 16 所示。

由图 9 - 9 可以看出 2010 年全国养老福利普惠水平得分较不均衡，13 个省份得分分布在 10 分以下，5 个省份得分分布在 10～15 分，2 个省份得分分布在 15～20 分，4 个省份得分分布在 20～25 分，3 个省份得分分布在 25～30 分，1 个省份得分分布在 35～40 分，1 个省份得分分布在 40 分以上。这说明全国养老福利普惠水平相对均衡，但总体来说大多数省份得分偏低，说明整体水平亟须提升。

由图 9 - 10 可以看出 2011 年全国养老福利普惠水平得分整体稍有提升，13 个省份得分分布在 10 分以下，4 个省得分分布在 10～15 分，2 个省份得分分布在 15～20 分，4 个省份得分分布在 20～25 分，3 个省份得分分布在 25～30 分，1 个省份得分分布在 30～35 分，2 个省份得分分布在 40 分以上。这说明较上年相比全国养老福利普惠水平稍有进步，发展相对均衡，但总体来说大多数省份得分较低，说明整体水平亟须提升。

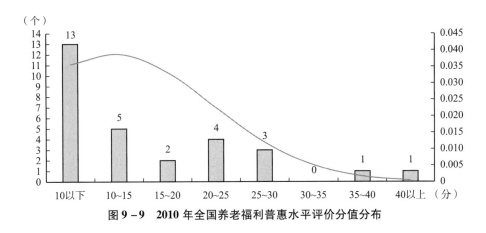

图 9 - 9　2010 年全国养老福利普惠水平评价分值分布

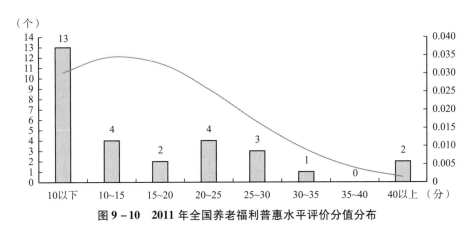

图 9 - 10　2011 年全国养老福利普惠水平评价分值分布

由图 9 - 11 可以看出 2012 年全国养老福利普惠水平得分和上年相比稍有进步，11 个省份得分分布在 10 分以下，5 个省份得分分布在 10～15 分，2 个省份得分分布在 15～20 分，2 个省份得分分布在 20～25 分，3 个省份得分分布在 25～30 分，4 个省份得分分布在 30～35 分，2 个省份得分分布在 40 分以上。这说明较上年相比全国养老福利普惠水平有所进步，发展相对均衡，总体来说大多数省份得分较低，说明整体水平亟须提升。

由图 9 - 12 可以看出 2013 年全国养老福利普惠水平得分和上年相比稍有进步，8 个省份得分分布在 10 分以下，7 个省份得分分布在 10～15 分，3 个省份得分分布在 15～20 分，1 个省份得分分布在 20～25 分，5 个省份得分分布在 25～30 分，1 个省份得分分布在 30～35 分，2 个省份得分分布在 35～40 分，2 个省份得分分布在 40 分以上。这说明较上年相比全国养老福利普惠水平有所进步，发展速度相对均衡，但从得分较高省份和得分较低省份相比情况来看，各省份间养老福利普惠水平差距很大。

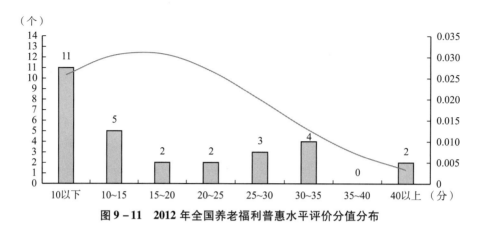

图9－11　2012年全国养老福利普惠水平评价分值分布

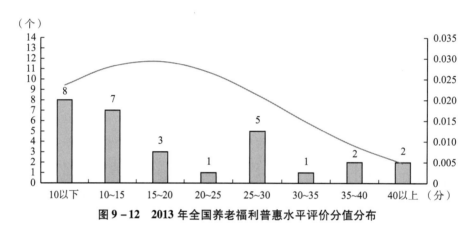

图9－12　2013年全国养老福利普惠水平评价分值分布

由图9－13可以看出2014年全国养老福利普惠水平得分和上年相比有所降低，8个省份得分分布在10分以下，9个省得分分布在10～15分，4个省份得分分布在20～25分，2个省份得分分布在25～30分，3个省份得分分布在30～35分，1个省份得分分布在35～40分，2个省份得分分布在40分以上。这说明较上年相比全国养老福利普惠水平有所下降，且得分较高省份和得分较低省份相比，养老福利普惠水平差距很大。

由图9－14可以看出2015年全国养老福利普惠水平得分和上年稍有下降，8个省份得分分布在10分以下，7个省份得分分布在10～15分，2个省份得分分布在15～20分，6个省份得分分布在20～25分，1个省份得分分布在25～30分，1个省份得分分布在30～35分，2个省份得分分布在35～40分，2个省份得分分布在40分以上。这说明较上年相比全国养老福利普惠水平有所下降，且发展较不均衡，得分较高省份和得分较低省份相比，养老福利普惠水平差距很大。

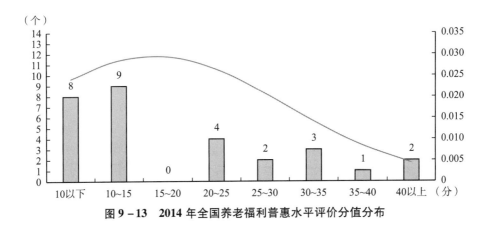

图 9 - 13　2014 年全国养老福利普惠水平评价分值分布

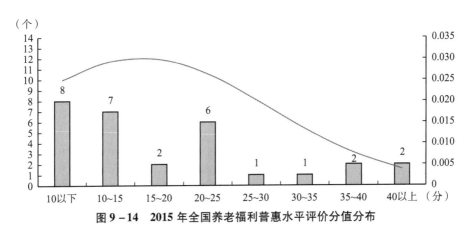

图 9 - 14　2015 年全国养老福利普惠水平评价分值分布

由图 9 - 15 可以看出 2016 年全国养老福利普惠水平得分和上年相比稍有进步，8 个省份得分分布在 10 分以下，6 个省份得分分布在 10 ~ 15 分，3 个省份得分分布在 15 ~ 20 分，6 个省份得分分布在 20 ~ 25 分，1 个省份得分分布在 25 ~ 30 分，1 个省份得分分布在 30 ~ 35 分，2 个省份得分分布在 35 ~ 40 分，2 个省份得分分布在 40 分以上。这说明较上年相比全国养老福利普惠水平有所进步，发展相对均衡，总体来说大多数省份得分较低，说明整体水平亟须提升。

由图 9 - 16 可以看出 2017 年全国养老福利普惠水平得分和上年相比稍有进步，6 个省份得分分布在 10 分以下，7 个省份得分分布在 10 ~ 15 分，3 个省份得分分布在 15 ~ 20 分，4 个省份得分分布在 20 ~ 25 分，4 个省份得分分布在 25 ~ 30 分，1 个省份得分分布在 30 ~ 35 分，4 个省份得分分布在 40 分以上。这说明较上年相比全国养老福利普惠水平有所进步，但整体来说，大多数省份得分偏低，说明整体水平亟须提升。

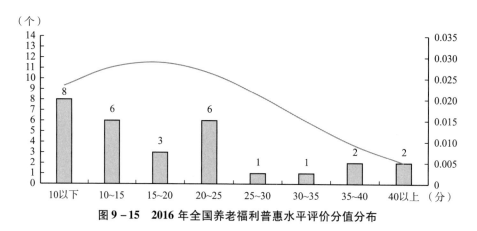

图 9 - 15 2016 年全国养老福利普惠水平评价分值分布

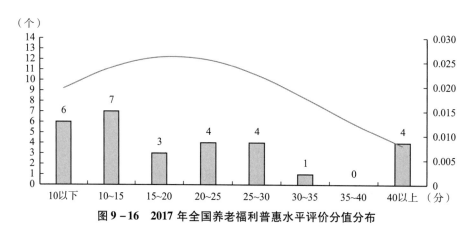

图 9 - 16 2017 年全国养老福利普惠水平评价分值分布

对 2010～2017 年全国东部、西部、中部、东北地区的养老福利普惠水平平均得分和分值变化情况分析，得分情况如表 9 - 19 所示。

2010 年东部地区的养老福利普惠水平平均得分为 20.023 分，西部地区为 7.640 分，中部地区为 19.135 分，东北地区为 11.411 分，地区间的比例为 1∶0.382∶0.956∶0.570，地区间的标准差为 6.016，说明全国四大地区的养老福利普惠水平有较大差距。

2011 年东部地区的养老福利普惠水平平均得分为 22.793 分，西部地区为 8.654 分，中部地区为 21.189 分，东北地区为 12.665 分，地区间的比例为 1∶0.380∶0.930∶0.556，地区间的标准差为 6.776，说明全国四大地区的养老福利普惠水平整体来说有所提升，但是差距开始逐渐扩大。

2012 年东部地区的养老福利普惠水平平均得分为 25.387 分，西部地区为 9.929 分，中部地区为 22.580 分，东北地区为 15.091 分，地区间的比例为 1∶0.391∶0.889∶0.594，地区间的标准差为 7.045，说明全国四大地区的养老福利普惠水平进一步提升，同时各地区的差距进一步扩大。

2013 年东部地区的养老福利普惠水平平均得分为 27.136 分,西部地区为 10.653 分,中部地区为 23.633 分,东北地区为 16.292 分,地区间的比例为 1:0.393:0.871:0.600,地区间的标准差为 7.392,说明全国四大地区的养老福利普惠水平仍保持增长,同时各地区的差距进一步拉大。

2014 年东部地区的养老福利普惠水平平均得分为 27.722 分,西部地区为 10.256 分,中部地区为 21.008 分,东北地区为 16.902 分,地区间的比例为 1:0.370:0.758:0.610,地区间的标准差为 7.324,说明中部、西部地区的养老福利普惠水平有所下降,各地区之间的差距和上年相比稍有缩小。

2015 年东部地区的养老福利普惠水平平均得分为 28.051 分,西部地区为 9.720 分,中部地区为 18.539 分,东北地区为 18.364 分,地区间的比例为 1:0.347:0.661:0.655,地区间的标准差为 7.488,说明中部、西部地区的养老福利普惠水平进一步下滑,各地区之间的差距稍有扩大。

2016 年东部地区的养老福利普惠水平平均得分为 29.448 分,西部地区的平均得分为 10.481 分,中部地区的平均得分为 19.201 分,东北地区的平均得分为 19.138 分,地区间的比例为 1:0.356:0.652:0.650,地区间的标准差为 7.757,说明全国四大地区的养老福利普惠水平恢复向上提升趋势,同时各地区之间的差距和上年相比有所扩大。

2017 年东部地区的养老福利普惠水平平均得分为 33.813 分,西部地区为 12.212 分,中部地区为 20.051 分,东北地区为 21.620 分,地区间的比例为 1:0.361:0.593:0.639,地区间的标准差为 8.931,说明全国四大地区的养老福利普惠水平整体呈现上升趋势,东北地区得分超过中部地区,不过西部地区较东部、中部和东北地区的差距越来越大。

表 9-19　　　　　全国各地区养老福利普惠水平平均得分及其变化

年份	东部地区	西部地区	中部地区	东北地区	标准差
2010	20.023	7.640	19.135	11.411	6.016
2011	22.793	8.654	21.189	12.665	6.776
2012	25.387	9.929	22.580	15.091	7.045
2013	27.136	10.653	23.633	16.292	7.392
2014	27.722	10.256	21.008	16.902	7.324
2015	28.051	9.720	18.539	18.364	7.488
2016	29.448	10.481	19.201	19.138	7.757
2017	33.813	12.212	20.051	21.620	8.931
分值变化	13.790	4.572	0.915	10.210	2.914

从全国养老福利普惠水平的分值变化情况中可以看出在2010～2017年东部、西部、中部、东北地区的养老福利普惠水平得分整体呈现上升趋势，但是全国各地区间的得分差距也呈波动上升趋势，东部、东北地区养老福利工作整体发展相对迅速，而西部、中部地区增长幅度较小，发展活力相对不足，和东部地区差距越来越大、甚至中部地区被东北地区反超的局面。

通过对全国各地区养老福利普惠水平的对比分析，发现东部地区的养老福利普惠水平发展情况最好，东北地区次之，中部地区排在第三，而西部地区垫底，各地区的养老福利普惠水平得分差距不断扩大。为进一步对全国各地区养老福利普惠水平排名情况进行分析，通过表9-20、表9-21、表9-22、表9-23、表9-24、表9-25、表9-26和表9-27从各地区内部省份及全国整体两个维度对各省份排名进行分析，同时对各地区变化趋势进行对比。

表9-20对2010～2017年全国养老福利普惠水平中的东部地区各省份排名比较进行分析，可以看到北京的养老福利普惠水平排名在东部地区有所上升，说明北京的养老福利普惠水平有所提高；天津的养老福利普惠水平排名在东部地区较为稳定，变化较小；河北的养老福利普惠水平排名在东部地区较为稳定，变化较小；上海的养老福利普惠水平排名在东部地区有所下降，说明上海的养老福利普惠水平下降，其发展活力相对不足；江苏的养老福利普惠水平排名在东部地区有所上升，并且升到了第1名，说明江苏的养老福利工作发展潜力得到了充分挖掘；浙江的养老福利普惠水平排名在东部地区有所下降，说明浙江的养老福利普惠水平下降，其发展活力相对不足；福建的养老福利普惠水平排名在东部地区较为稳定，变化较小；山东在东部地区排名有所下降，但是仍处于前3名的位置，说明山东的养老福利普惠水平依旧拥有竞争力；广东的养老福利普惠水平排名在东部地区有所上升，升至前3名的位置，说明广东的养老福利工作发展潜力得到了充分挖掘。

表9-20　　　　　2010～2017年东部地区各省份养老福利普惠水平内部排名比较

地区	2010年	2011年	2012年	2013年	2014年	2015年	2016年	2017年	排名变化
北京	7	7	7	7	7	7	7	6	1
天津	8	9	9	8	8	8	8	8	0
河北	5	5	5	5	5	6	6	5	0
上海	6	6	6	6	6	5	5	7	-1
江苏	2	2	1	1	1	1	1	1	1
浙江	3	3	3	3	3	4	3	4	-1
福建	9	8	8	9	9	9	9	9	0
山东	1	1	2	2	2	2	2	2	-1
广东	4	4	4	4	4	3	4	3	1

　　表 9 - 21 对 2010～2017 年东部地区各省份在全国范围内养老福利普惠水平排名情况进行比较，可以看到北京在全国范围内排名呈现上升趋势，长期处于中游区位置，说明北京的养老福利普惠水平有所提高；天津在全国范围内排名呈现上升趋势，说明天津的养老福利普惠水平有所提高，但长期处于下游区位置；河北在全国范围内排名呈现上升趋势，由中游区升至上游区，说明河北的养老福利工作发展潜力得到充分挖掘；上海在全国范围内排名稳定，长期处于中游区位置，说明上海的养老福利普惠水平变化较小；江苏在全国范围内排名呈现波动上升趋势，并且升到了第 1 名，说明江苏养老福利工作发展潜力得到了充分的挖掘；浙江在全国范围内排名呈现上升趋势，且长期处于上游区位置，说明浙江的养老福利普惠水平较高；福建在全国范围内排名呈现稳定趋势，但长期处于下游区，说明福建的养老福利普惠水平整体发展水平不高，但相对稳定；山东在全国范围内排名呈现下降趋势，但是仍处于前 3 名的位置，说明山东的养老福利普惠水平依旧拥有竞争力；广东在全国范围内排名处于上升趋势，且升至前 3 名的位置，说明广东的养老福利工作发展潜力得到了充分挖掘。

表 9 - 21　　　　2010～2017 年东部地区各省份养老福利普惠水平在全国范围内排名比较

地区	2010 年	2011 年	2012 年	2013 年	2014 年	2015 年	2016 年	2017 年	排名变化
北京	15	15	15	15	13	14	14	11	4
天津	23	24	26	22	20	19	21	22	1
河北	10	10	11	11	10	10	10	6	4
上海	12	12	12	12	12	9	9	12	0
江苏	2	2	1	1	1	1	1	1	1
浙江	5	5	4	3	3	4	3	4	1
福建	27	22	24	24	25	27	27	27	0
山东	1	1	2	2	2	2	2	2	-1
广东	7	6	6	6	5	3	4	3	4

　　表 9 - 22 对 2010～2017 年全国养老福利普惠水平中的西部地区排名比较进行分析，可以看到内蒙古的养老福利普惠水平排名在西部地区有所下降，说明内蒙古的养老福利普惠水平下降，其发展活力相对不足；广西的养老福利普惠水平排名在西部地区有所下降，说明广西的养老福利普惠水平下降，其发展活力相对不足；重庆的养老福利普惠水平排名在西部地区有所下降，说明重庆的养老福利普惠水平下降，其发展活力相对不足；四川的养老福利普惠水平排名在西部地区较为稳定，自 2010 年一直保持在第 1 名的位置，说明四川的养老福利普惠水平保持稳定；贵州的养老福利普惠

水平排名在西部地区大幅上升，说明贵州的养老福利工作发展潜力被充分挖掘；云南的养老福利普惠水平排名在西部地区有所上升，说明云南的养老福利普惠水平有所提高；陕西的养老福利普惠水平排名在西部地区有所上升，说明陕西的养老福利普惠水平有所提高；甘肃的养老福利普惠水平排名在西部地区有所下降，说明甘肃的养老福利普惠水平降低，且其发展活力相对不足；青海的养老福利普惠水平排名在西部地区有所下降，说明青海的养老福利普惠水平降低，且其发展活力相对不足；宁夏的养老福利普惠水平排名在西部地区有所上升，说明宁夏的养老福利普惠水平有所提高。新疆的养老福利普惠水平排名在西部地区有所下降，说明新疆的养老福利普惠水平降低，且其发展活力相对不足。

表 9-22　　　　2010～2017 年西部地区各省份养老福利普惠水平内部排名比较

地区	2010 年	2011 年	2012 年	2013 年	2014 年	2015 年	2016 年	2017 年	排名变化
内蒙古	5	5	3	4	4	4	4	6	-1
广西	3	4	7	7	7	6	6	5	-2
重庆	2	2	2	2	2	3	3	4	-2
四川	1	1	1	1	1	1	1	1	0
贵州	8	8	4	3	3	2	2	2	6
云南	9	7	8	8	8	9	7	8	1
陕西	4	3	5	5	5	5	5	3	1
甘肃	6	6	6	6	6	7	8	7	-1
青海	10	10	10	10	11	11	11	11	-1
宁夏	11	11	11	11	10	10	10	10	1
新疆	7	9	9	9	9	8	9	9	-2

表 9-23 对 2010～2017 年西部地区各省份在全国范围内养老福利普惠水平排名情况进行比较，可以看到内蒙古在全国范围内排名呈现上升趋势，说明内蒙古的养老福利普惠水平有所提高，但长期处于中游区位置；广西在全国范围内排名稳定，长期处于中游区位置，说明广西的养老福利普惠水平整体变化较小；重庆在全国范围内排名呈现下降趋势，长期保持在中游区位置，说明重庆的养老福利普惠水平有所下降；四川在全国范围内排名呈现下降趋势，但长期处于上游区位置，说明四川的养老福利普惠工作仍有较强发展潜力；贵州在全国范围内排名呈现大幅上升趋势，由下游区升至中游区，说明贵州的养老福利工作发展潜力得到了充分挖掘；云南在全国范围内排名呈现上升趋势，说明云南的养老福利普惠水平有所提高，但长期处于下游区位置；

陕西在全国范围内排名呈现波动上升趋势，长期处于中游区位置，说明陕西的养老福利普惠水平有所提高；甘肃在全国范围内排名呈现下降趋势，且长期处于下游区，说明甘肃的养老福利工作发展活力相对不足；青海在全国范围内排名呈现下降趋势，且长期处于下游区，说明青海的养老福利工作发展活力相对不足；宁夏在全国范围内排名呈现上升趋势，说明宁夏的养老福利普惠水平有所提高，但长期处于下游区位置；新疆在全国范围内排名呈现下降趋势，且长期处于下游区位置，说明新疆的养老福利普惠工作发展活力相对不足。

表 9 - 23　　　2010～2017 年西部地区各省份养老福利普惠水平在全国范围内排名比较

地区	2010 年	2011 年	2012 年	2013 年	2014 年	2015 年	2016 年	2017 年	排名变化
内蒙古	21	21	18	17	19	20	19	20	1
广西	19	20	23	25	24	23	23	19	0
重庆	14	14	13	14	16	17	17	18	-4
四川	4	4	3	5	4	5	5	5	-1
贵州	25	26	20	16	17	16	16	16	9
云南	26	25	25	26	26	26	24	25	1
陕西	20	19	21	20	21	21	20	17	3
甘肃	22	23	22	23	23	24	25	24	-2
青海	28	28	28	28	29	29	29	29	-1
宁夏	29	29	29	29	28	28	28	28	1
新疆	24	27	27	27	27	25	26	26	-2

表 9 - 24 对 2010～2017 年全国养老福利普惠水平中的中部地区排名比较进行分析，可以看到山西的养老福利普惠水平排名在中部地区较为稳定，整体养老福利普惠水平变化较小；安徽的养老福利普惠水平排名在中部地区有所上升，说明安徽的养老福利普惠水平有所提高；江西的养老福利普惠水平排名在中部地区较为稳定，整体养老福利普惠水平变化较小；河南的养老福利普惠水平排名在中部地区较为稳定，自 2010 年一直保持在第 1 名的位置，说明河南的养老福利普惠水平有保持良好的提升；湖北的养老福利普惠水平排名在中部地区有所下降，说明湖北的养老福利工作发展活力相对不足；湖南的养老福利普惠水平排名在中部地区有所下降，说明湖南的养老福利工作发展活力相对不足。

表 9 – 24　　　　2010～2017 年中部地区各省份养老福利普惠水平内部排名比较

地区	2010 年	2011 年	2012 年	2013 年	2014 年	2015 年	2016 年	2017 年	排名变化
山西	6	6	6	6	6	6	6	6	0
安徽	4	3	2	2	2	3	3	2	2
江西	5	5	5	5	5	5	5	5	0
河南	1	1	1	1	1	1	1	1	0
湖北	2	2	3	3	3	2	2	3	−1
湖南	3	4	4	4	4	4	4	4	−1

　　表 9 – 25 对 2010～2017 年中部地区各省份在全国范围内养老福利普惠水平排名情况进行比较，可以看到山西在全国范围内排名呈现下降趋势，说明山西的养老福利普惠水平有所下降，且长期处于下游区位置；安徽在全国范围内排名稳定，长期在上、中游区徘徊，说明安徽的养老福利普惠水平整体变化较小；江西在全国范围内排名呈现大幅下降趋势，由中游区跌至下游区，说明江西的养老福利普惠工作发展活力相对不足，发展趋势疲软；河南在全国范围内排名呈现下降趋势，但长期处于上游区位置，说明河南的养老福利普惠工作发展仍有较强潜力；湖北在全国范围内排名呈现下降趋势，由上游区跌至中游区，说明湖北的养老福利工作发展活力相对不足；湖南在全国范围内排名呈现下降趋势，由上游区跌至中游区，说明湖南的养老福利工作发展活力相对不足。

表 9 – 25　　　　2010～2017 年中部地区各省份养老福利普惠水平在全国范围内排名比较

地区	2010 年	2011 年	2012 年	2013 年	2014 年	2015 年	2016 年	2017 年	排名变化
山西	18	18	19	21	22	22	22	23	−5
安徽	9	8	7	7	7	11	11	9	0
江西	13	13	14	13	14	18	18	21	−8
河南	3	3	5	4	6	6	6	7	−4
湖北	6	7	8	9	9	8	8	10	−4
湖南	8	9	9	10	11	12	12	13	−5

　　表 9 – 26 对 2010～2017 年全国养老福利普惠水平中的东北地区排名比较进行分析，可以看到辽宁自 2010 年后一直稳定保持在东北地区第 1 名的位置，说明辽宁的养老福利普惠水平非常稳定；吉林的养老福利普惠水平排名在东北地区有所下降，说明吉林的养老福利普惠水平有所下降；黑龙江的养老福利普惠水平排名在东北地区有所上升，说明黑龙江的养老福利普惠水平有所提高。

表 9 – 26　　　　　2010～2017 年东北地区各省份养老福利普惠水平内部排名比较

地区	2010 年	2011 年	2012 年	2013 年	2014 年	2015 年	2016 年	2017 年	排名变化
辽宁	1	1	1	1	1	1	1	1	0
吉林	2	2	2	2	2	2	2	3	– 1
黑龙江	3	3	3	3	3	3	3	2	1

　　表 9 – 27 对 2010～2017 年东北地区各省份在全国范围内养老福利普惠水平排名情况进行比较，可以看到辽宁在全国范围内排名呈现上升趋势，由中游区升至上游区，说明辽宁的养老福利普惠水平有所提高；吉林在全国范围内排名呈现波动上升趋势，长期处于中游区位置，说明吉林的养老福利普惠水平有所提高；黑龙江在全国范围内排名呈现波动上升趋势，说明黑龙江的养老福利普惠水平有所提高。

表 9 – 27　　　　　2010～2017 年东北地区各省份养老福利普惠水平在全国范围内排名比较

地区	2010 年	2011 年	2012 年	2013 年	2014 年	2015 年	2016 年	2017 年	排名变化
辽宁	11	11	10	8	8	7	7	8	3
吉林	16	16	16	18	15	13	13	15	1
黑龙江	17	17	17	19	18	15	15	14	3

二、全国养老福利普惠水平区段变动分析

　　由图 9 – 17 和图 9 – 18 可以看到全国养老福利普惠水平上游区各项三级指标的平均得分变化趋势：2010～2017 年养老福利普惠水平上游区的得分呈现波动增长趋势；2010～2017 年养老福利单位基本结构上游区的得分呈现波动增长趋势。

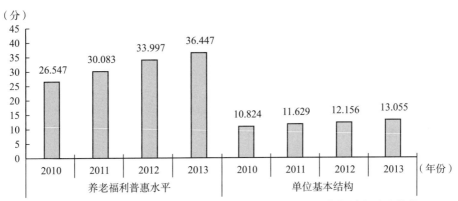

图 9 – 17　2010～2013 年全国养老福利普惠水平上游区各三级指标的得分比较情况 I

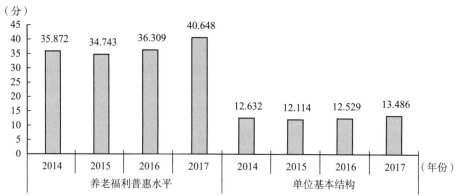

图 9 – 18　2014～2017 年全国养老福利普惠水平上游区各三级指标的得分比较情况 I

由图 9 – 19 和图 9 – 20 可以看到全国养老福利普惠水平上游区各项三级指标的平均得分变化趋势：2010～2017 年养老福利服务管理水平上游区的得分呈现逐年增长趋势；2010～2017 年养老福利服务水平上游区的得分呈现波动增长趋势。

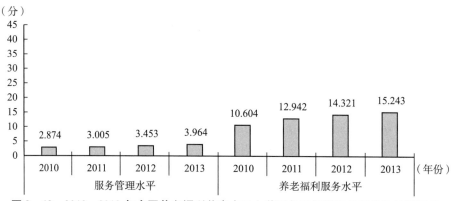

图 9 – 19　2010～2013 年全国养老福利普惠水平上游区各三级指标的得分比较情况 II

图 9 – 20　2014～2017 年全国养老福利普惠水平上游区各三级指标的得分比较情况 II

由图 9－21 和图 9－22 可以看到全国养老福利普惠水平上游区各项三级指标的平均得分变化趋势：2010～2017 年养老福利财政投入状况上游区的得分呈现波动增长趋势。

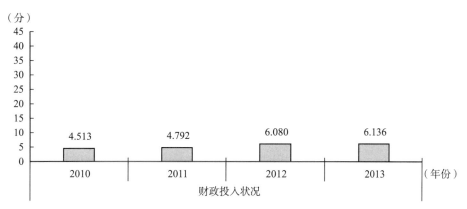

图 9－21　2010～2013 年全国养老福利普惠水平上游区各三级指标的得分比较情况Ⅲ

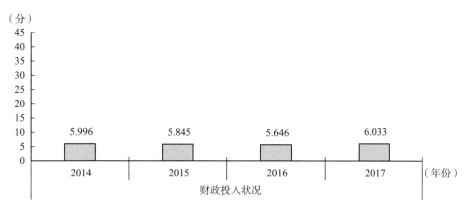

图 9－22　2014～2017 年全国养老福利普惠水平上游区各三级指标的得分比较情况Ⅲ

由图 9－23 和图 9－24 可以看到全国养老福利普惠水平中游区各项三级指标的平均得分变化趋势：2010～2017 年养老福利普惠水平中游区的得分呈现波动增长趋势；2010～2017 年养老福利单位基本结构中游区的得分呈现波动增长趋势。

由图 9－25 和图 9－26 可以看到全国养老福利普惠水平中游区各项三级指标的平均得分变化趋势：2010～2017 年养老福利服务管理水平中游区的得分呈现波动增长趋势；2010～2017 年养老福利服务水平中游区的得分呈现逐年增长趋势。

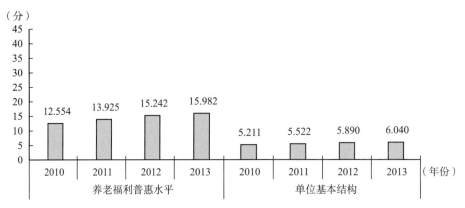

图9-23 2010～2013年全国养老福利普惠水平中游区各三级指标的得分比较情况 I

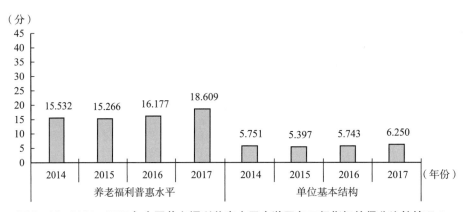

图9-24 2014～2017年全国养老福利普惠水平中游区各三级指标的得分比较情况 I

图9-25 2010～2013年全国养老福利普惠水平中游区各三级指标的得分比较情况 II

图 9 – 26 2014～2017 年全国养老福利普惠水平中游区各三级指标的得分比较情况 Ⅱ

由图 9 – 27 和图 9 – 28 可以看到全国养老福利普惠水平中游区各项三级指标的平均得分变化趋势：2010～2017 年养老福利财务投入状况中游区的得分呈现波动增长趋势。

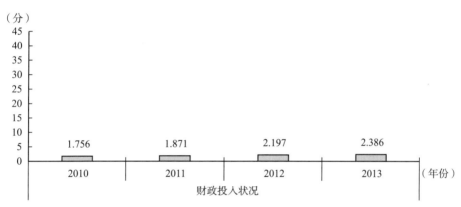

图 9 – 27 2010～2013 年全国养老福利普惠水平中游区各三级指标的得分比较情况 Ⅲ

图 9 – 28 2014～2017 年全国养老福利普惠水平中游区各三级指标的得分比较情况 Ⅲ

由图 9 - 29 和图 9 - 30 可以看到全国养老福利普惠水平下游区各项三级指标的平均得分变化趋势：2010～2017 年养老福利普惠水平下游区的得分呈现波动增长趋势，2014～2015 年下游区养老福利工作活力有所下降；2010～2011 年养老福利单位基本结构下游区的得分呈现微弱增长趋势，2012～2017 年下游区养老福利单位基本结构发展势头不大好且呈现波动下降趋势。

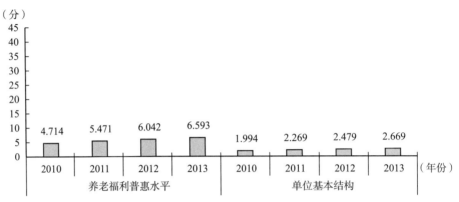

图 9 - 29　2010～2013 年全国养老福利普惠水平下游区各三级指标的得分比较情况 I

图 9 - 30　2014～2017 年全国养老福利普惠水平下游区各三级指标的得分比较情况 I

由图 9 - 31 和图 9 - 32 可以看到全国养老福利普惠水平下游区各项三级指标的平均得分变化趋势：2010～2017 年养老福利服务管理水平下游区的得分呈现波动增长趋势；2010～2017 年养老福利服务水平下游区的得分呈现波动增长趋势。

图 9 - 31　2010～2013 年全国养老福利普惠水平下游区各三级指标的得分比较情况 Ⅱ

图 9 - 32　2014～2017 年全国养老福利普惠水平下游区各三级指标的得分比较情况 Ⅱ

　　由图 9 - 33 和图 9 - 34 可以看到全国养老福利普惠水平下游区各项三级指标的平均得分变化趋势：2010～2017 年养老福利财务投入状况下游区的得分呈现波动增长趋势。

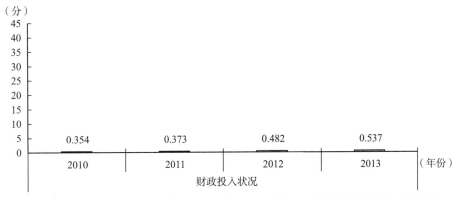

图 9 - 33　2010～2013 年全国养老福利普惠水平下游区各三级指标的得分比较情况 Ⅲ

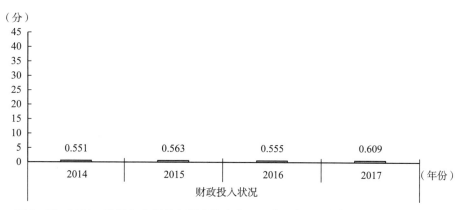

图9-34　2014～2017年全国养老福利普惠水平下游区各三级指标的得分比较情况Ⅲ

从图9-35对2010～2011年全国养老福利普惠水平的跨区段变化进行分析，可以看到2010～2011年有2个省份的名次有了跨区变动：安徽由中游区升至上游区，湖南由上游区跌至中游区。

	2010年	2011年
上游区	山东、江苏、河南、四川、浙江、湖北、广东、湖南	山东、江苏、河南、四川、浙江、广东、湖北、安徽
中游区	安徽、河北、辽宁、上海、江西、重庆、北京、吉林、黑龙江、山西、广西、陕西、内蒙古	湖南、河北、辽宁、上海、江西、重庆、北京、吉林、黑龙江、山西、陕西、广西、内蒙古
下游区	甘肃、天津、新疆、贵州、云南、福建、青海、宁夏	福建、甘肃、天津、云南、贵州、新疆、青海、宁夏

图9-35　2010～2011年全国养老福利普惠水平变动情况

从图9-36对2011～2012年全国养老福利普惠水平的跨区段变化进行分析，可以看到2011～2012年有2个省份的名次有了跨区变动：贵州由下游区升至中游区，广西由中游区跌至下游区。

	2011年	2012年
上游区	山东、江苏、河南、四川、浙江、广东、湖北、安徽	江苏、山东、四川、浙江、河南、广东、安徽、湖北
中游区	湖南、河北、辽宁、上海、江西、重庆、北京、吉林、黑龙江、山西、陕西、广西、内蒙古	湖南、辽宁、河北、上海、重庆、江西、北京、吉林、黑龙江、内蒙古、山西、贵州、陕西
下游区	福建、甘肃、天津、云南、贵州、新疆、青海、宁夏	甘肃、广西、福建、云南、天津、新疆、青海、宁夏

图9-36　2011～2012年全国养老福利普惠水平变动情况

从图 9 - 37 对 2012～2013 年全国养老福利普惠水平的跨区段变化进行分析，可以看到 2012～2013 年有 2 个省份的名次有了跨区变动：辽宁由中游区升至上游区，湖北由上游区跌至中游区。

	2012年	2013年
上游区	江苏、山东、四川、浙江、河南、广东、安徽、湖北	江苏、山东、浙江、河南、四川、广东、安徽、辽宁
中游区	湖南、辽宁、河北、上海、重庆、江西、北京、吉林、黑龙江、内蒙古、山西、贵州、陕西	湖北、湖南、河北、上海、江西、重庆、北京、贵州、内蒙古、吉林、黑龙江、陕西、山西
下游区	甘肃、广西、福建、云南、天津、新疆、青海、宁夏	天津、甘肃、福建、广西、云南、新疆、青海、宁夏

图 9 - 37　2012～2013 年全国养老福利普惠水平变动情况

从图 9 - 38 对 2013～2014 年全国养老福利普惠水平的跨区段变化进行分析，可以看到 2013～2014 年有 2 个省份的名次有了跨区变动：天津由下游区升至中游区，山西由中游区跌至下游区。

	2013年	2014年
上游区	江苏、山东、浙江、河南、四川、广东、安徽、辽宁	江苏、山东、浙江、四川、广东、河南、安徽、辽宁
中游区	湖北、湖南、河北、上海、江西、重庆、北京、贵州、内蒙古、吉林、黑龙江、陕西、山西	湖北、河北、湖南、上海、北京、江西、吉林、重庆、贵州、黑龙江、内蒙古、天津、陕西
下游区	天津、甘肃、福建、广西、云南、新疆、青海、宁夏	山西、甘肃、广西、福建、云南、新疆、宁夏、青海

图 9 - 38　2013～2014 年全国养老福利普惠水平变动情况

从图 9 - 39 对 2014～2015 年全国养老福利普惠水平的跨区段变化进行分析，可以看到 2014～2015 年有 2 个省份的名次有了跨区变动：湖北由中游区升至上游区，安徽由上游区跌至中游区。

	2014年	2015年
上游区	江苏、山东、浙江、四川、广东、河南、安徽、辽宁	江苏、山东、广东、浙江、四川、河南、辽宁、湖北
中游区	湖北、河北、湖南、上海、北京、江西、吉林、重庆、贵州、黑龙江、内蒙古、天津、陕西	上海、河北、安徽、湖南、吉林、北京、黑龙江、贵州、重庆、江西、天津、内蒙古、陕西
下游区	山西、甘肃、广西、福建、云南、新疆、宁夏、青海	山西、广西、甘肃、新疆、云南、福建、宁夏、青海

图 9 - 39　2014～2015 年全国养老福利普惠水平变动情况

从图 9 - 40 对 2015～2016 年全国养老福利普惠水平的跨区段变化进行分析，可以看到 2015～2016 年未有任何省份的养老福利普惠水平在全国名次发生跨区变动，说明全国养老福利普惠水平整体稳定。

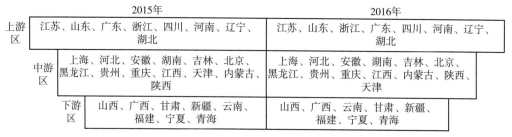

	2015年	2016年
上游区	江苏、山东、广东、浙江、四川、河南、辽宁、湖北	江苏、山东、浙江、广东、四川、河南、辽宁、湖北
中游区	上海、河北、安徽、湖南、吉林、北京、黑龙江、贵州、重庆、江西、天津、内蒙古、陕西	上海、河北、安徽、湖南、吉林、北京、黑龙江、贵州、重庆、江西、内蒙古、陕西、天津
下游区	山西、广西、甘肃、新疆、云南、福建、宁夏、青海	山西、广西、云南、甘肃、新疆、福建、宁夏、青海

图 9 - 40 2015～2016 年全国养老福利普惠水平变动情况

从图 9 - 41 对 2016～2017 年全国养老福利普惠水平的跨区段变化进行分析，可以看到 2016～2017 年有 4 个省份的名次有了跨区变化：河北由中游区升至上游区，湖北由上游区跌至中游区，广西由下游区升至中游区，天津由中游区跌至下游区。

	2016年	2017年
上游区	江苏、山东、浙江、广东、四川、河南、辽宁、湖北	江苏、山东、广东、浙江、四川、河北、河南、辽宁
中游区	上海、河北、安徽、湖南、吉林、北京、黑龙江、贵州、重庆、江西、内蒙古、陕西、天津	安徽、湖北、北京、上海、湖南、黑龙江、吉林、贵州、陕西、重庆、广西、内蒙古、江西
下游区	山西、广西、云南、甘肃、新疆、福建、宁夏、青海	天津、山西、甘肃、云南、新疆、福建、宁夏、青海

图 9 - 41 2016～2017 年全国养老福利普惠水平变动情况

从图 9 - 42 对 2010～2017 年全国养老福利普惠水平的跨区段变化进行分析，可以看到 2010～2017 年有 6 个省份的名次有了跨区变动：河北由中游区升至上游区，辽宁由中游区升至上游区，湖北由上游区跌至中游区，湖南由上游区跌至中游区，贵州由下游区升至中游区，山西由中游区跌至下游区。

	2010年	2017年
上游区	山东、江苏、河南、四川、浙江、湖北、广东、湖南	江苏、山东、广东、浙江、四川、河北、河南、辽宁
中游区	安徽、河北、辽宁、上海、江西、重庆、北京、吉林、黑龙江、山西、广西、陕西、内蒙古	安徽、湖北、北京、上海、湖南、黑龙江、吉林、贵州、陕西、重庆、广西、内蒙古、江西
下游区	甘肃、天津、新疆、贵州、云南、福建、青海、宁夏	天津、山西、甘肃、云南、新疆、福建、宁夏、青海

图 9 - 42 2010～2017 年全国养老福利普惠水平变动情况

第三节　本章发现与讨论

　　本系统对各省份养老福利普惠水平的得分排名、发展速度进行分析对比，对中国四大地区的基层社会治理水平的整体情况进行评估，细致地测算和归纳了全国基层社会治理工作的单位基本结构、服务管理水平、养老福利服务水平和财政投入状况的发展情况，通过对养老福利普惠水平方面的测算评估可以看到，养老福利工作发展态势良好，养老福利工作在单位基本结构、服务管理水平、养老福利服务水平和财政投入状况四方面都协同发展，但是整体来看发展不平衡的问题同样制约着养老福利工作的进一步发展，目前养老福利工作呈现出东部地区领先、东北地区次之、中部地区再次之、西部地区垫底的态势，同时从发展速度上来看，东部地区和东北地区处于高速增长模式下，而西部地区和中部地区的增长速度较慢，结合得分排序来看，中国四大地区的养老福利普惠水平在发展中有较大的变化。

　　这是因为在养老福利工作当中，各个地区的养老福利工作发展情况具有明显的特色，由于东部地区的医疗卫生条件较好，使养老福利工作的社会需求较大，并且由于东部地区属于开放地区，新式的养老观念和养老模式容易率先进入东部地区，这就使东部地区的养老福利工作有了比较优势；东北地区由于人口流出现象严重，造成了许多老人留守的现象，所以伴随着人口流出的现实情况，东北地区的养老福利工作水平增长迅速；与之相似的有西部地区，由于经济发展问题也有西部地区的人口向发达地区流入的情况发生，但是由于西部地区的经济发展水平较低，思想观念落后，导致养老行业发展的内生动力不足，造成了养老福利事业发展"有心无力"的尴尬境地。从权重上来看，最高权重有农村养老服务机构及其服务人员向城市养老服务机构及其服务人员偏移的趋势，这说明伴随着新型城镇化的进程，许多地方开始探索新型的养老模式，社会现实对养老福利工作提出了更高更多的要求。

第十章

中国民政事业高质量发展战略

第一节　推动民政事业均衡发展，缩小地区发展差异

一、坚持"覆盖面广，精细度高"理念，促进民政事业平衡发展

在民政事业高质量发展的过程中，针对发展不充分不平衡的现实情况，要坚持"覆盖面广，精细度高"的理念，既要保证民政工作的覆盖面广，可以覆盖到全国各地，覆盖所有人民群众，以保证社会秩序的稳定，促进社会的公平与正义，但同时因单纯的覆盖已经无法满足新时代下社会和人民对民政事业的要求，所以又要保证民政工作的精细度高，职能划分细致，减少权力重叠和漏洞，服务精准、深入。

第一，坚持"覆盖面广，精细度高"理念，促进社会救助工作平衡发展。首先，政府应当转变以钱财救助、物资救助方式为主的救火式救助观念，以新时代背景下的社会发展现实为基准，在兜底保障的基础上，拓展社会救助覆盖范围，加强人文关怀。一是要扩大救助群体，将救助的群体由贫穷人群扩大为包括有医疗困难、教育困难、住房困难等其他所有生活困难的人员；二是要扩大救助范围，深入农村和边远地区，增多救助机构和救助人员，保障全方位的救助工作面向大众。其次，政府应当转变"一条线"的救助标准，以新时代背景下的社会发展现实为基准，针对不同的社会现实制定不同的救助标准。一是要注意救助最低标准的制定要根据不同地方的发展情况作相对应的调整，针对不同类型的受众提供不同标准的救助，做到因地制宜，协调发展；二是要加强城乡一体化的标准化体系建设，不能让本应为救助工作重点的农村地区受到差别待遇，防止二次贫困的出现，减少未来贫困出现的潜在可能。再次，政府应当加强顶层设计和政策倾斜，以新时代背景下的社会发展现实为基准，加快社

会救助的立法进程，完善好社会救助的工作流程及监督体制。一是要对不同群体的救助流程标准进行明确，对弱势群体概念进行权威界定，依法保障弱势群体的基本权益，做到弱有所依；二是要针对社会救助工作压力较大的地区进行相对应的政策调整，加大救助工作监督力度，相关财政进行精细化专项拨款。

第二，坚持"覆盖面广，精细度高"理念，促进社会事务工作平衡发展。首先，政府应当转变旧有的办理事务的观念，以新时代背景下的社会发展现实为基准，在事务办理的基础上，拓展社会事务的覆盖范围，提供个性化服务。一是要增多服务对象，以婚姻办理为例，不仅要对国内公民的婚姻事务进行办理，更要对跨国婚姻加以关注；二是要增加事务办理范围，在相对落后的西部地区和边疆地区，增多办事处和办事人员的配置，使所有人都能就近办理事务。其次，政府应当规范本地区的事务服务标准，以新时代背景下的社会发展现实为基准，根据不同的社会现实制定不同的事务办理标准。一是要尊重本地区的风俗习惯，在法律允许的范围内加强引导，以殡葬事业为例，许多地方仍保留着土葬的习俗，应推动土葬火葬并存的殡葬制度；二是要推动城乡协调发展，公共资源合理配置，针对西部地区和边疆地区的事务工作要确保流程规范。再次，政府应当制定科学客观的协调发展机制，以新时代背景下的社会发展现实为基准，明晰各部门职责。一是要推动优质资源向落后地区转移，以区域合作的形式进行帮扶，加强资源配置和基础设施建设，提升落后地区社会事务办理的精细化程度；二是要出台相关条例对部门职责进行定位，尤其是针对社会事务发展落后地区，减少职能交叉和职能漏洞的产生，切实使各种保障服务全面覆盖。

第三，坚持"覆盖面广，精细度高"理念，促进基层社会治理工作平衡发展。首先，政府应当转变行政思想观念，以新时代背景下的社会发展现实为基准，在维护社会稳定的基础上，全方位对基层社会治理模式进行探索。一是要加快基层社会治理的理论体系建设，汇聚各类专家及民政相关工作人员对基层社会治理进行深层次多角度的分析论证，以基层社会治理理论成果来指导基层社会治理工作；二是要加强基层社会治理试点建设，探寻更贴近人民需求，更符合社会发展规律的治理方式。其次，政府应当规范基层社会治理的相关职能，以新时代背景下的社会发展现实为基准，根据不同地区的社会现实制定不同的审批手续和工作内容。一是要全面推动基层民主自治组织发挥自治作用，积极推动人民行使民主权利，同时要明晰村民委员会和居民委员会职能，加强权力监督；二是要引导欠发达地区借鉴发达地区社会组织的经验，规范社会组织审批流程，推动多种社会组织的建立。再次，政府应当制定相关法律法规，以新时代背景下的社会发展现实为基准，明确社会组织和基层民主自治组织的功能和定位。一是要保障社会组织能够正常参与基层社会治理工作，多角度、广范围地参与基层社会治理，减少非法组织对社会带来的危害；二是要制约基层民主自治组织的权力，防止个别地区的自治组织变为权力组织，打击人民参与基层社会治理的积极性。

第四，坚持"覆盖面广，精细度高"理念，促进养老福利工作平衡发展。首先，政府应当转变传统的养老观念，以新时代背景下的社会发展现实为基准，在养老工作的基础上，扩展养老福利内容，全方位满足老年人生活需求。一是要着眼于老年人多样化需求，将养老工作与医疗等方面相结合，加强多种服务供给；二是要扩大养老范围，加强农村养老保险福利工作的推进，确保农村老年人享受到社会养老福利。其次，政府应当规范养老福利事业的保障标准，以新时代背景下的社会发展现实为基准，根据不同地区的社会现实制定不同的养老福利标准。一是要注重老龄化程度较高的区域的福利标准并进行相应调整，同时将不同年龄段的老年人分类型分批次地进行保障；二是要协调城市和农村的养老发展进程，农村空巢家庭的增多要求农村养老福利工作要进一步规范，防止农村老年人出现老无所依的问题。再次，政府应当加强养老福利工作的协调推进，以新时代背景下的社会发展现实为基准，加快农村养老保险工作推进。一是要对农村地区的养老保障体系进行进一步的规范，与城市养老体系相协调，保障农村老年人的基本生活权益；二是要针对相关工作进行法律条文制定，防止福利工作有落实不到位的情况出现。

二、坚持"政府主导，多元参与"理念，促进民政事业平衡发展

在民政事业高质量发展的过程中，针对发展不充分不平衡的现实情况，要坚持"政府主导，多元参与"的理念，既要保证民政工作由政府主导，贯彻落实中央各项指示，保证民政工作健康发展，但同时因为单纯的政府运作方式已经无法满足新时代下社会和人民对民政事业的要求，所以又要保证民政工作要有多元主体参与，激发市场活力，以保证民政工作活力充沛，带动全员参与。

第一，坚持"政府主导，多元参与"理念，促进社会救助工作平衡发展。首先，政府应当以新时代背景下的社会发展现实为基准，转变政府直接参与救助的工作模式，在政府救助的基础上，带动社会和市场力量一起参与救助工作，全方位共同推进救助工作。一是要政府制定不同区域的救助目标和救助方式，对阶段性的救助工作有整体的规划；二是要加快对落后地区的市场机制改革，促进生产要素在落后地区聚集，推动市场协调运行。其次，政府应当有效利用行政手段，以新时代背景下的社会发展现实为基准，推动基础设施建设，激发市场积极性。一是要政府利用"看得见的手"，落实落后地区优先发展的战略，对落后地区重点进行基础设施建设；二是要看清楚社会救助是一个长期工作，带动引导发达地区的优质资源在落后地区投资救助。再次，政府应当加快立法进程，以新时代背景下的社会发展现实为基准，设立社会救助的红线，保障市场合理化发展。一是要协调经济效益和生态环境的关系，贫困地区不能以牺牲生态环境为代价进行产业进驻带动扶贫，防止资本伤害被救助对象的利益；二是要确保市场的正常运转，保障企业的合法权益，破除资本进入的障碍，发

挥市场在社会救助方面的积极性。

第二，坚持"政府主导，多元参与"理念，促进社会事务工作平衡发展。首先，政府应当转变独揽社会事务方方面面的观念，以新时代背景下的社会发展现实为基准，在坚持政府主导的基础上，积极发挥社会和市场的作用。一是政府要转变观念，从单打独斗处理各项社会事务转为倡导社会主体多元参与，如果政府在一定程度上不放权，就容易与群众和社会的需求脱节；二是要重视市场和社会其他主体的作用，听取群众的建议与意见，不能一味追求"全能政府"，要适当地放手交给市场处理，以市场竞争带动社会资源的高效配置。其次，政府应当规范各项社会事务的服务标准，以新时代背景下的社会发展现实为基准，全面提升社会事务工作的水平，促进平衡发展。一是政府要将服务标准提升，彰显"为民爱民"理念，以人民满意为第一标准，发挥政府主导作用，同时尊重市场规律，使"看得见的手"和"看不见的手"相互协调，不断提升政府服务水平；二是当市场充分参与社会事务建设时，政府要积极引导资源要素流通，解决东、西部之间和城乡之间由于资源分配不均、历史发展水平差异大而造成的社会事务不均衡发展的现实情况。再次，政府在社会事务上要规范与市场的合作协同机制，以新时代背景下的社会发展现实为基准，严格规范政府和市场的各项行为。一是政府要规范好非政府组织能做什么、不能做什么，把控好总体方向，确立具体准入规定，明晰权责；二是政府要将具体标准以法律形式确定下来，发挥好法律的监管作用，做到有法可依，规范政府、社会和市场三方行为以共同推进社会事务工作顺畅运行。

第三，坚持"政府主导，多元参与"理念，促进基层社会治理工作平衡发展。首先，政府应当转变政府责任制的基层社会治理方式，以新时代背景下的社会发展现实为基准，在坚持政府主导的基础上，协调社会多元主体参与基层社会治理并促进其能力提升。一是以往政府责任制式的社会治理方式无法释放基层人民的自主权，不能很好地体现为人民服务的宗旨；二是多元主体共同参与基层社会治理的工作方法可以推动我国的民主化建设的进程。其次，政府应当以新时代背景下的社会发展现实为基准，统筹协调城乡基层社会治理工作。一是要推动城乡发展一体化，着重解决乡村基层治理问题，保障村民的基本民主权利，确保每个村民都有机会凭自己的意愿和能力参与基层社会治理工作；二是要推动基层管理一体化，着重规范乡村组织和村委会等机构的工作标准，确保基层治理工作在正轨上运行，与城市发展相协调。再次，政府应当以新时代背景下的社会发展现实为基准，协调区域基层社会治理工作发展进程。一是要推动社会资源配置均衡化，将优质社会资源向欠发达地区转移，引导并推动欠发达地区的社会组织发展；二是要在欠发达地区进行基层社会治理新型模式的探索，以推动欠发达地区的基层社会治理工作进程。

第四，坚持"政府主导，多元参与"理念，促进养老福利工作平衡发展。首先，政府应当转变以往养老福利事业全部由政府包揽的模式，以新时代背景下的社会发展现实为基准，在坚持政府主导的基础上，重视市场和社会资源的作用，促进全社会共同参与养老福利工作。一是要让政府认识到养老福利工作全部由政府包揽无法深入满足老年人的需求，容易陷入福利待遇"一刀切"的境地；二是要使政府深刻理解市场在养老福利事业中的重要作用，市场的逐利性会提供更全面更系统的养老福利模式。其次，政府应重视市场在资源分配中的决定性作用，以新时代背景下的社会发展现实为基准，着重激发市场活力，推动市场的协调发展。一是要通过政策补贴等手段激发市场在养老福利行业的活力，在社会、市场中丰富多种养老福利模式，加快欠发达地区对发达地区的产业承接，带动欠发达地区的养老福利事业发展；二是要加强多种养老模式的宣传，带动多元主体共同参与养老事业，提供多种个性化养老服务，以便老年人有多种模式自由选择。再次，政府应当规范养老福利事业的进入准则，以新时代背景下的社会发展现实为基准，加强对多种养老福利事业发展的政策支持。一是要对养老福利工作机构进行定期考核，对确实能够缓解社会养老福利压力的机构进行相对应的税费减免；二是要规范审批流程，在促进倡导社会、市场因素进入养老事业的同时对非法机构进行惩处，保障养老福利事业健康运行。

三、坚持"管理兜底，服务为先"理念，促进民政事业平衡发展

在民政事业高质量发展的过程中，针对发展不充分不平衡的现实情况，要坚持"管理兜底，服务为先"的理念，既要保证民政工作的底线是由政府进行管理，保障好人民生活的最低要求，以确保全体人民都能享受到发展成果，但同时因为单纯的政府管理模式已经无法满足新时代下社会和人民对民政事业的要求，所以还要保证民政工作要以服务为主，以人民需求为导向，倾听群众声音，以满足人民日益增长的各种需求。

第一，坚持"管理兜底，服务为先"理念，促进社会救助工作平衡发展。首先，政府应当以新时代背景下的社会发展现实为基准，在最低保障标准的基础上，积极服务于弱势人群，为弱势人群提供个性化服务。一是要为贫困人口设立最低生活保障标准，兜住民生的最后一条防线，维护社会公平正义，和谐稳定；二是要为弱势群体设计相对应的保障标准，使其涵盖医疗、教育、交通等现代生活所必需的方面，真正为弱势群体提供有针对性的服务。其次，政府应当明晰不同类别的弱势群体的救助标准，以新时代背景下的社会发展现实为基准，制定系统的弱势群体识别标准。一是要加快农村地区的贫困人口甄别工作，防止基层干部利用手中权力模糊救助对象，将救助服务真正落到实处；二是要推进救助政策的宣传力度，让广大弱势群体深入了解到救助政策的标准，防止出现政策理解偏差。再次，政府应当改变存在于弱势群体心中的关于社会救助的抵触心理，以新时代背景下的社会发展现实为基准，加强政策倾斜和弱势群体需求表达机制。一是要完善社会救助落实保障机制，转变工作作风，由

"救助"转为"服务"，确保欠发达地区解决深度贫困问题，推进社会救助的协调发展；二是要为群众构建交流机制，倾听群众需求，坚持需求导向对弱势群体进行服务，进而从"救助"向"预防"转变。

第二，坚持"管理兜底，服务为先"理念，促进社会事务工作平衡发展。首先，政府应当转变传统的行政、管理思想，以新时代背景下的社会发展现实为基准，在政府职能体系规范的基础上，收缩行政权力，提供更好的公共服务。一是要深刻理解国家治理的目标，即以维护社会稳定，人民获得最大限度的利益为目标，这就要求政府在行政治理的基础上，对人民群众进行服务；二是要深刻理解服务的内涵，从人民日常生活出发，以婚姻管理为例，政府部门不能单纯地进行婚姻登记或者离婚登记，而应根据人民的需求适当地加入心理疏导，纠纷调解等工作内容。其次，改变政府包揽全部工作的管理模式，以新时代背景下的社会发展现实为基准，增加多样化的服务供给。一是要政府要转变自身职能，以殡葬行业为例，要在保证遗体焚烧、骨灰管理等工作的基础上，添加多样化服务，使殡葬行业满足纪念、景观等多种需求；二是要完善购买服务机制，欠发达地区政府与社会组织合作，针对东西部差异、城乡不协调发展的情况，进行补短板式的服务。再次，政府应当推动公共服务均衡化发展，以新时代背景下的社会发展现实为基准，建立起防漏补缺，预防性的服务机制。一是要减少欠发达地区的社会事务办理过程中的行政色彩，利用相关的工作规范流程协调推动服务性社会事务工作发展；二是要建立起科学的前瞻机制，通过对以往社会事务办理的经验，利用现代科学技术建立起前瞻机制，再运用到欠发达地区，为欠发达地区的社会发展提供未雨绸缪式的服务。

第三，坚持"管理兜底，服务为先"理念，促进基层社会治理工作平衡发展。首先，政府应当转变大政府思维，以新时代背景下的社会发展现实为基准，认识到现代社会的治理需要向小政府过渡。一是认识到为人民服务是党的宗旨，一切工作的出发点都要以人民为中心，所有决定都由政府发出将不利于民主化的进程推进；二是要理解向服务型政府转型的深刻意义，服务于诸如邻里纠纷，家庭矛盾等基层问题，同时也要保障各个社会主体正确行使自己的法定权利。其次，政府应当转变在基层社会治理中扮演的角色，以新时代背景下的社会发展现实为基准，加强引导宣传，构建起全民参与的治理氛围。一是要在西部欠发达地区推动基层民主政治建设宣传，理解相关政策条例，作为政策的讲解员进行普及教育；二是要在农村地区引导村民正确认识村委会等组织，组织向城市居民委员会学习先进经验，推动城乡协调发展。再次，要加快监督机制的确立，以新时代背景下的社会发展现实为基准，简化社会组织的审批流程。一是要在基层社会治理相对欠发达的地区建立起权力监督机制，防止某些权力不受限制，与服务型政府背道而驰；二是对社会组织的审批要适当放宽，主动帮扶社会组织的建立，以带动基层社会治理多元化进程推进。

第四，坚持"管理兜底，服务为先"理念，促进养老福利工作平衡发展。首先，政府应当转变传统养老思维，以新时代背景下的社会发展现实为基准，认识到现代社会的养老福利有了多样化的要求。一是要认识到以往的养老模式已经过时，职工福利待遇有较大差异，无法全方位的保障老年人的生活需求；二是要正确理解现代养老福利的社会服务性质，深入了解老年人的生活重难点，尊重老年人的生活选择，提供多样化的服务模式。其次，政府应当协调推进养老福利体系，以新时代背景下的社会发展现实为基准，着重服务偏远山区、农村地区等没有被社会保险制度覆盖的地区。一是要关注农村地区及偏远山区的老年福利事业，由于社会发展水平的原因使得这些地方的养老福利水平较低，建立党员一对一帮扶机制，对生活困难的老年人进行帮扶；二是当地政府要联系养老福利服务工作较好的地区进行对口帮扶，提高养老福利最低标准，满足老年人的生活需求。再次，政府应当加快养老福利方面的立法工作，同时要进行科学系统地分析，总结老年生活需求。一是要确保福利供给内容切实符合群众意愿，根据不同老年人的不同需求意愿建立包括居家养老、抱团养老等多种养老模式；二是要加快养老立法工作，保障社区养老等新型养老模式健康运行，同时规范政府购买养老福利事业公共服务的标准，做好真正能帮助老年人解决生活问题，真正服务于老年人的民生工作。

第二节 增加优化服务机构，增强人才队伍建设

一、坚持"覆盖面广，精细度高"理念，促进机构优化人才建设

在民政事业高质量发展的过程中，针对民政机构设置不合理、服务人员综合素质不高的现实发展情况，要坚持"覆盖面广，精细度高"的理念，既要保证民政机构和人才的覆盖面广，可以覆盖到全国各地，覆盖所有人民群众，以保证社会秩序的稳定，促进社会的公平与正义，但同时因为单纯的覆盖已经无法满足新时代下社会和人民对民政事业的要求，所以又要保证民政机构划分和服务人员专业的精细度高，机构职能划分细致，减少权力重叠和漏洞。

第一，坚持"覆盖面广，精细度高"理念，促进社会救助人才和机构优化。首先，政府应当以新时代背景下的社会发展现实为基准，正确认识到社会救助机构和其人才队伍建设是一个长期的过程。一是应要有意识地增加救助机构和救助人才的数量，认识到以往单位救助机构和人员对应的救助对象过多的现实情况；二是应要有意识地增加救助机构和救助人才的种类，认识到以往救助机构和救助人才只单纯地进行贫困救济无法满足"弱有所扶"的现实要求。其次，政府应当以新时代背景下的社会发展现实为基准，正确分析各地区对救助机构和人才的需求，在基层部门设立统一

标准的救助管理机构。一是要对救助机构的权利、责任、职能进行界定，对不同类型的救助机构设立不同的救助内容及服务标准，促进机构的针对性服务建设；二是要对救助人员的救助方向进行规范，引进例如儿童救助、心理疏导等不同救助专业的人才，推动救助人才队伍的专业化发展。再次，政府应当以新时代背景下的社会发展现实为基准，加快建立多方面的救助人才福利保障机制和相关立法工作。一是要加快建立救助绩效考核制度，提高救助人员的福利待遇，激发救助人员的工作积极性；二是要提高社会救助工作人员准入门槛，全面规范并落实从业资格证制度，进行年度制考核，给予救助人员相关考试的加分优待。

第二，坚持"覆盖面广，精细度高"理念，促进社会事务人才机构优化。首先，政府应当以新时代背景下的社会发展现实为基准，正确认识到社会事务的新形势对事务处理机构和人才的要求。一是应要有意识地增加社会事务处理机构和人才的数量，认识到社会事务处理机构覆盖范围不足，将无法满足人民群众的正常生活需求的问题；二是应要有意识地增加社会事务处理机构和人才的种类，认识到以往的社会事务处理机构没有专门解决诸如因环境保护可持续发展要求带来的绿色殡葬推动问题和因国际化交流增多带来的跨国婚姻办理问题的机构。其次，应当以新时代背景下的社会发展现实为基准，增加多种类型的社会事务服务机构。一是要细化服务方向，减少老龄化人员，吸纳例如婚姻服务、心理疏导、殡葬服务、规划设计等不同方向的人才进入社会事务服务队伍中；二是要改变社会上对社会事务工作人员的偏见，通过宣传引导求职人员正确认识社会事务的工作内容，增加福利待遇，更好地吸引人才。再次，应当以新时代背景下的社会发展现实为基准，深入基层，积极调动并合理配置资源，不断满足社会需求。一是要增加公益性的公共设施建设，例如在殡葬方面，扩大公益性殡仪馆、骨灰堂的规模与数量，增多婚姻调解部门的配置；二是要注重向农村地区的资源配置调动，深入基层调查，增多基层事务机构，在机构精细化的同时将各部门集聚起来办公，确保人民群众大事小情只跑一次。

第三，坚持"覆盖面广，精细度高"理念，促进基层社会治理人才机构优化。首先，政府应当以新时代背景下的社会发展现实为基准，正确认识到民主政治建设的重要性，看清民主政治建设实践效果仍有不足的现实情况。一是要增多社区自治组织的建设，认识到目前基层治理覆盖范围不足的条件下，社区自治组织在社区治理中的优势；二是要加快社会组织建设的步伐，认识到由于教育、经济、宣传、政策等多种原因，目前社会组织的发展仍受到诸多因素的阻碍。其次，应当以新时代背景下的社会发展现实为基准，积极推动多种社区自治组织和社会组织的发展。一是要通过提升教育水平，增强宣传引导，激发人民群众参与基层社会治理的意愿，拓展基层社会治理的人才队伍；二是要提升干部素质，增强基层民主政治建设的意识，以党建工作推动观念转变，培养出专业化的组织管理人员，加强与基层人民群众的交流。再次，政府应当以新时代背景下的社会发展现实为基准，加强顶层设计和财政倾斜，成立基层社会治理人才投资基金。一是要分摊人才引进的资金成本，增加相关人员的福利待遇，真正做到引得进，留得住，以更好地从宏观层面上加强人才队伍建设；二是要划分出基层社会治理专项使用资金，包括人才培训，宣传支出等方面，为社会组织人员和村委会、居委会人员提供培训服务，提升其综合素质。

第四，坚持"覆盖面广，精细度高"理念，促进养老福利人才机构优化。首先，政府应当以新时代背景下的社会发展现实为基准，正确认识到现阶段的养老福利工作无法满足"老有所养，老有所依"的要求。一是要增加养老福利机构和养老服务人才的数量，认识到在人口老龄化的背景下单位养老的困境和社会养老的不足；二是要细化养老服务，增加多种类型的养老福利机构，认识到以往养老福利工作单纯的提供钱财和物资的养老方式的不足。其次，政府应当以新时代背景下的社会发展现实为基准，关注老龄化严重地区的养老机构和工作人员的配置情况。一是要增加农村地区的养老福利机构，由于城镇化进程的加快，许多青年劳动力从农村流向城市，造成了农村空巢老年人数量的增多；二是要增加多种养老福利类型的帮扶机构，例如对自理条件较好的老年人提供社区食堂，对自理条件较差的老年人提供全天候的养老服务。再次，政府应当以新时代背景下的社会发展现实为基准，建立科学的养老需求评估机制，确保养老福利机构合理配置。一是要政府要针对地区发展情况和老龄化情况，科学地评估出该地区的养老机构需求量，协调各地区之间的资源，加快资源过剩地区的养老资源向资源短缺地区的流动；二是要对不同养老模式的发展进行评估，推动居家养老，社区养老等多种养老方式，共同保障老年人生活需求。

二、坚持"政府主导，多元参与"理念，促进机构优化人才建设

在民政事业高质量发展的过程中，针对民政机构设置不合理、服务人员综合素质不高的现实情况，要坚持"政府主导，多元参与"的理念，既要保证民政工作由政府主导，贯彻落实中央各项指示，保证民政工作健康发展，但同时因为单纯的政府运作已经无法满足新时代下社会和人民对民政事业的要求，所以又要保证民政工作要有多元主体共同参与，及时反馈机构设置合理情况以及服务人员素质建设情况，通过市场和社会共同调整机构设置，培育专业人才，以保证民政工作活力充沛，实现共治格局。

第一，坚持"政府主导，多元参与"理念，促进社会救助人才机构优化。首先，政府应当以新时代背景下的社会发展现实为基准，正确认识到单靠政府的救助无法满足脱贫攻坚和弱有所扶的要求。一是要引导社会有生力量参与到社会救助工作中来，增加社会捐赠接收点，吸收社会中的优质资源对弱势人群进行救助；二是要引导社会爱心组织的建设，壮大救助队伍。其次，政府应当以新时代背景下的社会发展现实为基准，积极引导并开展社会志愿活动。一是要和学校相互合作，组织学生参与社会救

助工作，既对学生产生了教育作用，又减轻了政府的救助负担；二是要在社会上以党建活动为主引，带动相关企业进行对应救助，例如食品加工制造企业可以组织爱心早餐活动，帮助贫困群众解决吃饭问题。其次，政府应当以新时代背景下的社会发展现实为基准，要加强政策倾斜，对先进个人和企业进行表彰。一是要对积极参与社会救助的企业和组织进行优先保护，树立业界标杆，在其出现经营危机的时候政府进行相应的保护和援助；二是要对先进个人进行表彰，加强社区宣传，塑造参与救助的社会志愿风气。

第二，坚持"政府主导，多元参与"理念，促进社会事务人才机构优化。首先，政府应当以新时代背景下的社会发展现实为基准，加强基层社会事务工作机构的建设。一是要推动殡葬事业的社会共同责任制，在相对落后的农村地区和边远贫困地区，政府在无力负担殡仪馆建设及维护的情况下，运用好社会的力量，适当对社会其他主体进行集资，引导欠发达地区人民尊重生命、有序合理地处理遗体；二是要加强资金投入，扶持优秀公共服务品牌，分担政府的服务压力。其次，政府应当以新时代背景下的社会发展现实为基准，运用好网络媒体技术，对社会事务工作进行宣传。一是要对新闻媒体行业进行规范，由于社会对殡葬行业认同度不高，媒体不负责任的炒作和捕风捉影的报道往往会损害殡葬行业的形象，造成人才不愿意进入该行业工作的局面；二是政府和新闻媒体进行合作，积极推动社会事务，尤其是殡葬行业的正面形象塑造，让人民群众认识到殡葬行业尊重生命的文化理念，并非传统认知的"低文化""凭胆子大赚钱"的形象。再次，政府应当以新时代背景下的社会发展现实为基准，利用好社会资源定期对社会事务工作人员进行培训升级。一是要和高校进行合作，由高校进行对口的专业化人才培养，由于目前国家和社会需要大量的优质社会事务工作人才，所以要促进大学生对社会事务尤其是殡葬事业的职业认同感；二是要和社会的培训机构进行合作，定期定时为社会事务工作人员进行培训，学习诸如计算机技术，服务心理等符合现代社会需求的技术，提升工作人员的整体素质。

第三，坚持"政府主导，多元参与"理念，促进基层社会治理人才机构优化。首先，政府应当以新时代背景下的社会发展现实为基准，加强乡镇基层治理建设。一是要增加工作人员配置，目前仍有诸多基层民政部门人员数量和工作量不配比，民政人员的精力有限使得诸多民政工作流于形式；二是要增加乡镇基层自我服务机构，基础性的简单事务村民进行自我协调治理，充分调动乡镇人民自我治理的积极性。其次，调动社会组织的积极性，服务于基层社会治理工作。一是要加强社会组织的引导宣传作用，例如乡村基层的邻里纠纷事件由相关社会组织出面进行调节，在解决问题的同时又打造出调解纠纷的品牌效应，建成良性循环，减轻政府治理压力；二是要利用好社会组织的社会资源，社会组织会更深入地了解人民群众的基本诉求，例如利用社会组织的反馈正确了解某社区或某地区的相关行业现状，以此为依据进行相关机构和人员的配置。再次，加强社会多元主体共同治理的思想引领，增强社会思想道德建设，利用公共准则和道德规范对公民和社会组织进行约束管理，相关企业也要自觉履行社会义务，自觉参与到基层社会治理的工作中来，遵从政府大政方针和工作指示，充实基层社会治理的队伍。

第四，坚持"政府主导，多元参与"理念，促进养老福利人才机构优化。首先，政府应当以新时代背景下的社会发展现实为基准，明确自己的定位。一是要树立自己的主导地位，以政府责任制向社会共同责任制转变，对社会对养老福利机构和人才的需求进行分析，以此进行整体的工作指导；二是要充分协调各部门和各主体在养老福利设施和人才方面的配置，防止资源分配不均的情况出现。其次，政府应当以新时代背景下的社会发展现实为基准，利用好社会组织和社区内部的力量对新型养老模式进行探索。一是要将养老福利的重心下放至社会上进行运作，促进社会多元主体共同参与养老工作，树立社会养老观念，形成社会养老的风气；二是要求社会组织加强科学研发和进行人文素质的提升，对社会养老人才进行人文素养的提升，探索新型智能养老方式，增加新型养老机构，提供现代化养老服务。再次，政府应当以新时代背景下的社会发展现实为基准，加大对社会组织和社区的资金投入。一是要改变以往以国营养老院为主的社会养老模式，降低社会养老机构设立门槛，积极引导扶持优质养老品牌；二是要增加对社区养老服务机构和人员的资金投入，加强社工人才参与度，增加社区养老机构点，探索社区养老的新模式。

三、坚持"管理兜底，服务为先"理念，促进机构优化人才建设

在民政事业高质量发展的过程中，针对民政机构设置不合理、服务人员综合素质不高的现实情况，要坚持"管理兜底，服务为先"的理念，既要保证民政工作的底线是由政府进行管理，以保障好人民生活的最低要求，以确保全体人民都能享受到发展成果，但同时因为单纯的政府管理已经无法满足新时代下社会和人民对民政事业的要求，所以又要求民政部门加强服务人员服务意识建设，增多服务机构，以人民需求为导向，倾听群众声音，满足人民日益增长的各种需求。

第一，坚持"管理兜底，服务为先"理念，促进社会救助人才机构优化。首先，政府应当以新时代背景下的社会发展现实为基准，正确认识到救助人员的工作内容和定位。一是要正确认识到社会救助不是将贫困、流浪人员统一管理起来防止其影响社会安定，而是要将他们视作需要服务的人民群众，通过"授人以渔"的方式，将政府救助和自我救助的方式结合引导其脱离困境；二是要与我国的社会管理向社会服务转变的过程相结合，将党的思想和实践工作相结合。做到为构建和谐社会而奋斗。其次，政府应当以新时代背景下的社会发展现实为基准，关注救助设施的利用情况，要及时更新相关设备，利用好政府规划用地，对流浪乞讨人员的救助不仅是将其遣送回乡，也需要在一段时间内对其进行收容，这就要保障流浪乞讨人员的基本生活权益，

需要加强设施的引进及检查，在确保设施供给的情况下还要符合相关安全标准。再次，政府应当以新时代背景下的社会发展现实为基准，各部门正确协调处理好关系，满足各种弱势群体的不同需求。一是要秉承服务理念，转管理为服务，加强人员素质建设，为不同弱势群体提供针对性服务；二是要各部门之间合理分配服务内容，减少救助漏洞和救助重叠情况的出现。

第二，坚持"管理兜底，服务为先"理念，促进社会事务人才机构优化。首先，政府应当以新时代背景下的社会发展现实为基准，进行人才队伍思想建设。一是要加强党建引领，定期进行思想学习，转变传统管理式的干部思想作风；二是要提升人才队伍的思想觉悟，增强其专业价值观，将其工作理念由"烧，埋""登记，办理"转变为传承生命文化、保障人民权益上来。其次，政府应当以新时代背景下的社会发展现实为基准，加强责任监督机制，保障服务理念的落实。一是要形成领导班子责任清单，明确领导干部工作目标，形成专门的督查小组对各社会事务部门进行蹲点式调查；二是要构建居民、村民意见反馈机制，利用例如服务意见箱、网上及时反馈等机制，及时听取人民群众的意见，对人民群众表扬较多的工作人员进行表彰，在思想上引领工作人员以发挥模范带头作用，对被投诉较多的工作人员进行相应处罚，以确保所有工作人员明晰"民政为民，民政爱民"的工作理念。其次，政府应当以新时代背景下的社会发展现实为基准，主动贴近与人民群众的距离。一是要加强思想宣传的引领，改善以往大家对殡葬行业"暴利"的看法，积极推进公益性骨灰堂建设并引进专业传媒人才对其进行相应推广；二是要设立流动办事处，定期主动下乡下社区对民政事务进行办理，真正让人民群众感受到民政部门的服务。

第三，坚持"管理兜底，服务为先"理念，促进基层社会治理人才机构优化。首先，政府应当以新时代背景下的社会发展现实为基准，加强政策宣讲员队伍建设，服务人民群众真正了解政策含义，拉近政府与基层人民的距离。一是要让基层群众懂得任何权利都是在法律规定之下的，人民群众的权利由法律授予，所以要依法行使自己的参政议政，民主选举等权利；二是要让基层群众懂得任何权力都是要接受法律的监督的，官员的权力是由人民赋予的，人民有权利也有义务对社会管理人员进行监督。其次，政府应当以新时代背景下的社会发展现实为基准，转变基层自治组织人员的"官本位"思想，正确认识到村委会和居委会的职能是服务群众。再次，政府应当以新时代背景下的社会发展现实为基准，以"依法治国"思想为指导，适当开发专门化的司法社工岗位，专门为基层人民群众依法解决生活中遇到的困难，推动基层社会治理的法制化进程。

第四，坚持"管理兜底，服务为先"理念，促进养老福利人才机构优化。首先，政府应当以新时代背景下的社会发展现实为基准，增加多种老年服务机构的建立。一是要建立老年大学等机构，通过网络、电视、面授等多种方式培养老年人的兴趣爱好，甚至学得一技之长，以此关注老年人的心理健康，着重注意精神帮扶，防止大部分老人退休之后出现认为自己是"社会闲散人员"的心理；二是要建立老年人活动中心等社交机构，扩大他们的社交范围，增加生活情趣，填补他们由于生活内容单一带来的生活空虚的心理。其次，政府应当以新时代背景下的社会发展现实为基准，将人才引进标准由管理型人才向专项技能型人才过渡，建设一支能干实事，解决问题，服务为先的养老服务团队，进行社区、乡镇流动服务，并建立相关考核机制，促进服务意识贯彻工作始终。再次，增加对养老福利行业的资金投入，增多医疗设备购买，在人才入职后对其进行二次培训甚至多次培训，提升服务质量，增加与现代服务技能有关的内容，例如基础的医护知识和心理辅导技巧，通过积累口碑改变社会对养老行业的刻板印象，在通过提升福利待遇等方式促进更高水平专业养老人才的引进，实现人才引进及培养的良性循环。

第三节　转变传统服务观念，提高效率创新机制

一、坚持"覆盖面广，精细度高"理念，促进民政服务质量提升

在民政事业高质量发展的过程中，针对服务水平欠佳，人民群众需求逐渐多样化的现实情况，要坚持"覆盖面广，精细度高"的理念，既要保证民政工作的覆盖面广，可以覆盖到全国各地，覆盖所有人民群众，以保证社会秩序的稳定，促进社会的公平与正义，但同时因为单纯的覆盖已经无法满足新时代下社会和人民对民政事业的要求，所以又要保证民政工作精细度高，职能划分细致，减少权力重叠和漏洞，利用现代化科技手段和思想建设提高服务水平。

第一，坚持"覆盖面广，精细度高"理念，促进社会救助服务水平提升。首先，政府应当以新时代背景下的社会发展现实为基准，明确救助工作的职能定位。一是要明确现阶段的工作内容已由收容遣送转变成了综合救助，由"兜底线"向"促发展"转变；二是要清楚现阶段的工作要逐渐向从消除绝对贫困到预防贫困发生转变，从救助贫困人口到帮扶弱势人群过渡。其次，政府应当以新时代背景下的社会发展现实为基准，加强对社会救助需求和各地救助水平的分析。一是要加强理论研究指导，借鉴国外社会救助的成功经验，在中国的特殊国情上加以分析，形成系统的社会救助理论体系；二是要建立针对社会救助水平的评估机制，科学地测算各地区的弱势人群现状水平并定期公示，防止骗保和救助依赖的情况发生，根据客观数据研究最新的社会救助政策，促进救助政策的科学准确性，保障弱势人群的基本权益。再次，政府应当以新时代背景下的社会发展现实为基准，优化新型救助办理体系。一是要优化社会救助体系设计，借鉴国外成功经验运用到社会救助工作中，将调查、审批、发放三部分工

作分离，减少在社会救助整体工作中的不公平现象出现，确保救助精准；二是要建立相关规范条例，从顶层设计方面确保依法救助，加强监督管理机制，减少道德风险行为。

第二，坚持"覆盖面广，精细度高"理念，促进社会事务服务水平提升。首先，政府应当以新时代背景下的社会发展现实为基准，放眼全局，进行整体性社会事务服务设计，协调整合资源，运用现代化技术，打破信息壁垒，克服各个部门专管一摊的思想，进行多部门协作，查漏补缺，加强合作提升服务质量，推动民政事务的整体发展。其次，政府应当以新时代背景下的社会发展现实为基准，进行社会事务的智能化建设，积极推进"互联网＋政务"进程，使各种政务资源在各部门之间相互流通，提升工作办理效率，增加电子档案系统，放大数字信息在政务中传输速度快、传输范围广的优势，打造全方位覆盖城乡社区的综合政务服务平台。再次，政府应当以新时代背景下的社会发展现实为基准，灵活运用现代网络技术，建立起多种社会事务网络机制，降低工作成本，提升服务效率。一是要建立起调查机制，运用网络调查问卷等方式进行民意调查，真正根据群众需求进行针对性服务；二是要建立起网络反馈机制，由于网络的普及性可以让更多的年轻人参与进来，运用包括微博、微信公众号在内的新媒体作为媒介，申请多种账号分类精细地进行在线问答和意见反馈。

第三，坚持"覆盖面广，精细度高"理念，促进基层社会治理服务水平提升。首先，政府应当以新时代背景下的社会发展现实为基准，加强与社会组织和基层自治组织的交流，鼓励非政府治理主体与政府之间的互动，改变其他社会主体附属于政府的既往治理模式，营造多元共治的社会氛围，促进基层社会治理范围不断精细化，进而使得基层社会治理科学客观，符合人民群众需求。其次，政府应当以新时代背景下的社会发展现实为基准，加强引导各个非政府治理主体扩大治理范围，吸纳社会力量共同承担社会尤其是农村的治理责任，逐渐向乡村地区和欠发达地区推进共治网络的构建步伐，各个社会组织之间消除行业隔阂，进行资源信息共享，实现优势互补。再次，政府应当以新时代背景下的社会发展现实为基准，细分治理内容，推动社会多元主体对以往其他社会主体参与较少的生态环境保护和法制建设方面进行共同决策，由于其他社会主体是直接面对现实社会问题的服务对象，所以要整合重组各主体和政府之间的关系，听取他们的意见和建议，但在决策过程中要明晰主体职责范围，限制权力的过度使用，防止因权力滥用而对基层社会治理起到阻碍作用。

第四，坚持"覆盖面广，精细度高"理念，促进养老福利服务水平提升。首先，政府应当以新时代背景下的社会发展现实为基准，细化财政在养老福利工作当中的分配，按不同需求进行福利发放。一是要对身体健康无养老负担的老人进行信息整合，统一发放老年福利，例如在其生日当天由社区或社会组织送上生日蛋糕和生日祝福；二是要对身体状况欠佳，家庭养老负担较重的老人发放养老津贴或养老机构交费减免等福利，切实让老年人感受到国家和政府对老年群体的人文关怀。其次，政府应当以新时代背景下的社会发展现实为基准，提高养老资源利用率。一是要在硬件设施上进一步细化养老工具的采购和使用，使身体健康的老年人在养老机构中感到安全舒适，使身体情况欠佳的老年人通过先进的养老医疗工具减轻痛苦；二是要在服务水平上进一步提升，增加社区或乡村老年商店，提供例如老年服饰、老年食品等多种老年生活专用商品。再次，政府应当以新时代背景下的社会发展现实为基准，对老年人的整体素质进行评估，进而进行针对性的养老服务设计，提供多样化服务，回应他们的多种生活诉求，为有心又有余力的老年人提供服务大众的机会，例如在社区当中当安全管理员、卫生监督员，在养老机构中当活动组织者，发挥他们的余热，使其在心中获得自我认同感，将"老有所用"的理念贯彻于养老福利工作当中。

二、坚持"政府主导，多元参与"理念，促进民政服务质量提升

在民政事业高质量发展的过程中，针对服务水平欠佳、人民群众需求逐渐多样的现实情况，要坚持"政府主导，多元参与"的理念，既要保证民政工作由政府主导，贯彻落实中央各项指示，保证民政工作健康发展，但同时因为单纯的政府运作已经无法满足新时代下社会和人民对民政事业的要求，所以又要保证民政工作要有多元主体参与，激发市场活力，调动社会资源，以保证民政工作活力充沛，实现共治格局。

第一，坚持"政府主导，多元参与"理念，促进社会救助创新工作机制。首先，政府应当以新时代背景下的社会发展现实为基准，建立开放式的救助策略，协调政府、市场、社会之间的关系，相互补缺形成救助合力，形成良好的协同救助机制，由政府确定重点救助方向及制定进入救助行业的标准，针对那些长期处于弱势的人群可以直接适当降低受助条件，调高救助最低标准。市场和社会为某些短期处于弱势的人群提供工作或其他条件使其直接脱离困境，引导其自我探索新型救助方式。其次，政府应当以新时代背景下的社会发展现实为基准，简化申请手续，各部门共享信息资源，运用现代科技进行救助办公，提高审批效率，创新救助模式，真正体现社会救助的兜底保障性，维护社会公平正义。再次，政府应当以新时代背景下的社会发展现实为基准，建立完备的社会救助监督体系。一是要统一救助标准，协调社会救助和政府救助的关系，防止某些社会组织以社会救助的名义行不当之事；二是要将社会组织的贫困甄别机制与政府的相结合，通过社会组织的社会调查以及数据采集分析等方式，避免出现甄别错误，同时也可以起到社会监督的作用，充分发挥政府、市场、社会的协同合作优势。

第二，坚持"政府主导，多元参与"理念，促进社会事务服务水平提升。首先，政府应当以新时代背景下的社会发展现实为基准，建立完备的社会事务监督体系。一是要加强对民办殡葬机构和婚姻中介等组织的监管，防止某些民办殡葬机构和婚姻中介机构服务不规范，影响人民群众对社会事务行业的整体印象；二是国有殡葬机构也

要明晰价目，透明工作流程，自觉接受群众监督，防止出现丧葬暴利。其次，政府应当以新时代背景下的社会发展现实为基准，积极推动智能政务的发展进程，加大对信息系统的投入。一是要和社会组织和企业进行合作，购买相关政务服务系统；二是要在购买服务的时候要注意防止定向购买的问题，由于定向购买全由政府决定，无法激发市场竞争力，这会导致贪腐问题滋生，同时要规范流程，形成资质评议，服务效果评估等多项采购流程规范，防止购买人员以权谋私。再次，政府应当以新时代背景下的社会发展现实为基准，正确认识到由于公共服务的不平衡的出现，要促进社会事务服务水平的提升必须要借助社会多元主体的力量，广泛吸纳社会资源，合理分配财政投入，促进欠发达地区的社会事务服务水平协调发展。

第三，坚持"政府主导，多元参与"理念，促进基层社会治理服务水平提升。首先，政府应当以新时代背景下的社会发展现实为基准，转变自上而下的统治模式，在坚持政府主导的基础上，重视社会组织和基层民主政治的建设。一是要认识到以往政府对于基层社会治理工作强硬的包揽风格不利于人们对于自身权利的了解和使用，要理解到社会组织和基层民主建设对民主政治建设的重要性，由市场和社会来进行矛盾的自我消化；二是要进行相关政策倾斜，扶持引导一系列优秀的社会组织健康发展，并且对其发展过程中必需的开销进行优惠政策的倾斜，贷款等相关手续金额适当降低，完善服务购买制度，加强政府和社会组织的沟通互助，减少社会组织的资金压力。其次，政府应当以新时代背景下的社会发展现实为基准，加强对基层人民的引导，带动形成良好的氛围。一是要举办公益性活动进入农村和社区，促进人民"自我约束，自我管理"的理念产生，拉近政府与基层人民的距离；二是要减少政府干预过多的情况，积极引导并支持社会组织的健康发展，促进各个行业的社会组织蓬勃发展，消除政府的行政阻碍，释放社会组织的活力。再次，政府应当以新时代背景下的社会发展现实为基准，加强法制建设的同时，将自治、法治和德治三者有机统一。一是要保障社会组织能够正常参与基层社会治理，不至于处在想参与却无资格的尴尬境地，引导社会组织成为基层社会治理的中坚力量；二是要拓宽社会组织和个人参与基层社会治理的渠道，创建社会组织参与的制度平台，加强法制监督，确保基层民主自治建设落到实处，保障人民的基本权益。

第四，坚持"政府主导，多元参与"理念，促进养老福利服务水平提升。首先，政府应当以新时代背景下的社会发展现实为基准，开放养老福利市场，积极推动现代化养老福利事业体制的形成。一是要由政府牵头，市场运作，社会多主体共同参与养老福利事业，加快其审批机制改革，现阶段许多非政府组织由于资金不足无法完成工商注册，而工商注册了的非政府组织就无法再吸收社会资金，这就使诸多非政府组织由于资金问题陷入了有心无力的境地；二是社会多主体共同参与要求利用好社会组织的力量，防止政府养老失灵，促进养老产业健康发展，运用现代化手段将养老福利的重心下放由社会运作，激发养老行业的市场活力，形成例如智能养老，社区居家养老等多种类养老福利模式。其次，政府应当以新时代背景下的社会发展现实为基准，吸纳社会优秀资源，拓宽资金来源。一是要通过与企业合作、公益宣传、政策倾斜等手段，吸引一批愿意支持养老福利工作的企业或个人参与到养老福利中来，形成多渠道的资金来源模式；二是要出台相应政策保证资金使用规范化，使得每一笔资金都用得有针对性，确保社会捐款的合理利用。再次，政府应当以新时代背景下的社会发展现实为基准，建立起科学的老年需求评估体系，以此加强服务能力的精准性，一是要建立完备的养老机构监督体系，加快立法进程，统一行业标准，减少非法运作的养老机构的数量；二是要建立针对养老机构水平的评估机制，科学测算各个养老机构的服务水平并定期公示，在审批过程中对预期发展水平较好的机构进行用地优先配置，在运行过程中对服务较好的机构进行表彰奖励，以此促进行业之内的良性竞争，推动养老福利事业的向前发展，保障老年人的基本权益。

三、坚持"管理兜底，服务为先"理念，促进民政服务质量提升

在民政事业高质量发展的过程中，针对服务水平欠佳、人民群众需求逐渐多样的现实情况，要坚持"管理兜底，服务为先"的理念，既要保证民政工作的底线是由政府进行管理，保障好人民生活的最低要求，以确保全体人民都能享受到发展成果，但同时因为单纯的政府管理已经无法满足新时代背景下社会和人民对民政事业的要求，所以又要保证民政工作要以服务为主，以人民需求为导向，倾听群众声音，满足人民日益增长的各种需求。

第一，坚持"管理兜底，服务为先"理念，促进社会救助工作水平提升。首先，政府应当以新时代背景下的社会发展现实为基准，改变传统服务观念，传统的社会救助模式政府占着绝对主导的地位，一般是自上而下的救助，而相对应的人文关怀服务较少，这就给弱势人群带来了很大的压力，在某些方面没有照顾到弱势人群的尊严问题，并且在某些经济水平落后农村地区出现了利用救助名额进行基层统治的情况出现，低保资格的鉴别和低保名额的分配成了的权力使用的资本，要严肃处理该类事件的发生，重申服务意识在社会救助工作中的重点地位。其次，政府应当以新时代背景下的社会发展现实为基准，在救助工作过程中凸显服务理念。一是救助标准应根据社会发展水平、市场物价等因素进行动态变化，切实对弱势人群的生活情况进行跟踪调查，确保救助的人性化；二是要政府要创新救助方式，不能仅限于实物救济和现金救济，更多的还要对弱势人群进行心理关怀，针对被救助者的个人需求，通过保障其生活需求的方式，加以"授人以渔"式的帮助，使被救助者实现自我救助。再次，要丰富财政投入的层级，不能将财政的大头投放于救助资金当中，而是要加大财政在服务方面的投资比，将更多的资金投入人才队伍建设、志愿工作宣传、社区工作支持、科学技术创新等方面上，努力挖掘社会上的救助潜力，寻找高水

平高覆盖的救助方式。

第二，坚持"管理兜底，服务为先"理念，促进社会事务服务水平提升。首先，政府应当以新时代背景下的社会发展现实为基准，坚持"民政为民、民政爱民"的工作理念。一是要改变传统观念，传统的社会事务服务只能满足"事务有人办"的需求，这无法真正解决人民群众的生活事务需求，现代化社会事务服务要求能够满足新时代下人民群众多元化各种需求；二是要由营利性服务向公益性服务转化，增多公益性骨灰堂、纪念馆的建设，积极打造有纪念和参观意义的公墓等机构，既承担了最基本的殡葬服务，又能提供更多的公共服务。其次，政府应当以新时代背景下的社会发展现实为基准，关注现阶段人民群众其心理、精神和生活节奏方面的需求。一是要在社会事务服务上注重对人民群众的人文关怀，殡葬服务方面增加诸如环境优化等服务，婚姻工作方面增加诸如纠纷调解，心理疏导等服务，真正地为人民群众解决基本问题；二是要明确政务办事流程，加快办理效率，提升服务质量，协调整合资源，改变部门之间的关系，打破资源壁垒，加强合作提升服务质量，让人民群众办理事务只跑一次，降低人民群众的办事成本，提供真正让群众满意的贴心服务。再次，政府应当以新时代背景下的社会发展现实为基准，科学利用现代技术。一是要积极推动绿色殡葬工作的进程，协调用地问题，将更多的资金投入转换殡葬观念，改善殡仪机构环境，设计殡葬机构规划上；二是要同时加强科技投入，采用新型环保材料，重复利用水资源等符合低碳环保理念的做法，使殡葬工作的生态功能得以突出。

第三，坚持"管理兜底，服务为先"理念，促进基层社会治理服务水平提升。首先，政府应当以新时代背景下的社会发展现实为基准，将基层政府和基层自治组织的区别进行明晰化，同时也要认清楚基层政府和社会自治组织的联系，双方进行良性互动，以基层自治组织服务为主，基层政府管理为辅，提高治理水平，全方位服务于人民群众。其次，政府应当进一步加快出台关于基层自治组织的法律条例，尤其是在农村地区，如何切实保护基层人民群众的基本利益，提高基层人民群众的生活质量是必须要考虑的。一是要加强对村干部选举的规范性，设立相关选举规范，例如回避制度和连任次数限制制度等。二是要通过法制建设保障人民的基本民主权利，进而促进基层人民进一步发挥创造性，探索满足人民群众需求的基层治理方法。再次，政府应当以新时代背景下的社会发展现实为基准，重视社区自治组织的建设，在发达国家社会自治组织多样化且发展迅速，在我国东部发达地区也逐渐兴起，社会自治组织多为志愿性、服务性的民间组织，多秉承构建和谐社会，服务社区群众的总值，在社区治理中发挥了重要作用。

第四，坚持"管理兜底，服务为先"理念，促进养老福利服务水平提升。首先，政府应当以新时代背景下的社会发展现实为基准，加强现代养老观念的引导。一是要通过宣传改变老年人旧有的养老观念，积极进行社区养老、居家养老模式的发展，使老年人逐渐接受民办养老机构或社区服务中心提供的服务；二是要注重老年人的心理问题，联合企业或文艺组织进入社区或农村举办相关文艺活动，丰富老年人日常生活，保障老年人的身心健康。其次，政府应当以新时代背景下的社会发展现实为基准，探索新型养老福利服务模式。一是要将养老福利工作和医养结合服务相融合，利用医疗设施对老年人身体情况进行定期检查，加强养老机构的综合性构建，以满足老年人的医疗护理需求；二是要构建社区医疗卫生站，"社区食堂"等养老模式，为可以正常生活的老年人提供生活服务，让他们的生活更加方便，相对减少家庭养老成本。再次，政府应当以新时代背景下的社会发展现实为基准，提供多种养老模式供老年人选择。一是要根据不同年龄、身体健康情况等为老年人提供个性化服务，而非通过缴费多少来提供相应服务；二是要在农村地区要增加养老床位及相关服务设施，构建集体养老和互助养老的模式。

第十一章

结论及下一步工作

第一节　研究结论与创新之处

本书通过对民政事业的相关研究进行梳理总结，探索得到了我国民政事业发展的基本趋势以及特征规律；从明晰民政事业与社会发展的关系、现实经济社会发展中的问题等角度入手，对民政事业进行功能定位；通过数据测算从经济建设支撑水平、社会救助兜底水平、社会事务覆盖水平、基层社会治理水平和养老福利普惠水平五个方面分别进行排名对比和评分分析，探索我国民政事业发展的波动性和差异性，对整体水平进行现状评估；以及针对民政事业当中存在的问题针对性地提出适应民政事业高质量发展、促进经济社会发展的发展战略，研究当中主要有以下几点发现：

第一，我国的民政事业经历了由建国初期的初步构建、职能探索，到改革开放以来的协调优化、转型发展的转变，使民政事业的内容逐渐专门化、多样化，同时民政事业的工作方式也由管理转向了服务。这是由我国的国情决定的，民政事业作为服务于人民的工作，在发展的过程中以人民需求为基础，在不同的时代背景下需要面对不同的社会问题，伴随着经济社会的不断发展，民政事业必将进行改革调整，以更好地满足人民需求，促进社会公平正义。

第二，通过对各省份民政事业高质量发展综合水平进行分析对比，发现我国整体的民政事业发展势头向好，社会救助、社会事务、基层社会治理、养老福利等方面均取得了不错的成绩，但是目前我国的民政事业发展存在着较大的地区差异性，整理来看发展较为不平衡，东部地区的综合水平最高，中部地区第二，东北地区第三，西部地区垫底。在2010～2017年，各地区的发展增幅差异性也十分巨大，东部地区的增幅持续加大，而西部地区的增幅则十分缓慢。同时各地区内部也存在着发展不平衡的问题，通过总结分析可以看到，民政事业发展的差异性大致与经济发展的差异性相同，这是因为经济发展对民政事业有着巨大的影响作用，当地经济发展水平的好坏直接影响着民政事业的人、物、事的所需资金投入多寡，所以民政事业的发展还是要依托地方经济的发展，才能更好地满足人民群众需求。

第三，通过对各省份经济建设支撑水平进行分析对比，发现我国在 2010~2017 年的经济发展、财政支配调用、公共服务建设等方面都有着较大的改进，但是我国的经济发展存在着不平衡的问题，虽然西部地区有着西部大开发等一系列的政策支持，但是仍存在基础薄、结构差等一系列问题，与东部地区有着较大的差距，中部地区与东北地区相比有着长足的进步，整体来看我国的经济建设支撑水平的增幅在 2010~2017 年呈现出东部地区第一，中部地区第二，西部地区第三，东北地区垫底的态势，这是因为东部地区与其他地区相比经济发展的基础较好，开放程度更高；中部地区受益于国家政策的帮扶以及自身资源与交通方面的优势的不断挖掘，其发展水平不断提升；东北地区则由于产业、环境等一系列综合原因造成了人口的大量流出，使其增速较慢；而西部地区虽然近年来有一定成果，但是受限于历史发展水平较低，目前仍与发达地区相比有着较大的差距。

第四，通过对各省份社会救助兜底水平进行分析对比，发现我国在 2010~2017 年社会救助工作在单位基本结构、服务管理能力、社会救助服务水平和财政投入状况四方面都有所进步，但是社会救助兜底水平也存在着不平衡的问题，整体呈现出东部地区第一，东北地区、中部地区相近，西部地区垫底的态势，同时各个地区内部也存在着不平衡的问题，整体来看虽然各地区之间发展不平衡，但是差异性并不是很大。这是因为保障人民基本生存是人民对政府最基本的要求，所以在社会救助工作当中，政府会调配资源和财政向当地经济发展水平不能很好支撑救助工作的地区倾斜，这就可以保障落后地区人民最基本的生存权，所以各地区之间的不均衡性是由于不同地区基础设施、受帮扶群众等一系列现实原因的差异性导致的。在进入脱贫攻坚战决胜期的今天，社会救助工作的中心会进一步向落后地区倾斜。

第五，通过对各省份社会事务覆盖水平进行分析对比，发现我国在 2010~2017 年社会事务工作在单位基本结构、服务管理能力、社会事务服务水平和财政投入状况四方面都有所进步，但是社会事务覆盖水平也存在着不平衡的问题，整体呈现出东部地区第一，东北地区第二，中部地区第三，西部地区垫底的态势，在增幅方面东部地区与其他三个地区之间的差距越来越大，同时各个地区内部也存在着不平衡的问题。这是因为东部地区和东北地区的基础设施建设水平较高，伴随着经济发展可以满足人民群众的一些需求，而西部地区本身经济发展水平较慢，相关的基础设施建设也无法满足人民需求，相关工作人员的工作水平较差，同时由于西部地区是多民族地区，在社会事务处理中存在着较大的特殊性，这一系列因素致使西部的社会事务覆盖水平存在着提升缓慢的问题。

第六，通过对各省份基层社会治理水平进行分析对比，发现我国在 2010~

2017年基层社会治理建设工作在单位基本结构、服务管理能力和财政投入状况三方面都有较大进步，但是基层社会治理水平也存在着不平衡的问题，整体呈现出东部地区第一，中部地区第二，东北地区第三，西部地区垫底的态势，对每个地区内部的省份进行分析发现各个地区均存在这较大的差异性，例如西部地区存在着排名上升最多的重庆市，也存在着长期垫底的甘肃省，整体来看2010～2017年全国基层社会治理水平的差异性逐年明显。这是因为由于东部地区开放水平较高，政府积极引导，由于人民的要求越来越高、社会组织越来越多使政府在审批流程等方面积极进行改革，然而其他地区则在各个方面都与东部地区有较大差距，另外每个地区内部经济发展水平较高的省份大多都排了基层社会治理水平的上游区，这就说明了经济发展水平带动了当地社会人民参政议政意识的增强，进而促进了当地基层社会治理水平的提升。

第七，通过对各省份养老福利普惠水平进行分析对比，发现我国在2010～2017年养老福利工作在单位基本结构、服务管理能力、养老福利服务水平和财政投入状况四方面都有较大进步，但是养老福利普惠水平也存在着不平衡的问题，整体呈现出东部地区第一，东北地区第二，中部地区第三，西部地区垫底的态势，从增幅的角度来看东部地区与东北地区发展较为迅速，而中部地区与西部地区的增幅较低，2010～2017年各省份的养老福利普惠水平变动较大。这是因为各地的现实情况不同，致使养老福利工作的发展水平也不同，东部地区由于相关医疗卫生条件较好，新型养老模式容易开展，促进了东部地区的养老福利工作的发展，然而东北地区和西部地区由于青年人群的大量流失，人口老龄化问题逐渐明显，与东北地区不同的是西部地区由于少数民族众多，经济发展水平落后，养老观念陈旧等一系列问题，新型的养老模式在西部地区开展的难度较大。

第八，以我国现实社会问题为基础，从目前民政事业发展的不足出发，研究认为应当从不同的角度分别进行发展战略的研究以全方位地促进民政事业的高质量发展，首先应当遵循"覆盖面广，精细度深""政府主导，多元参与""管理兜底，服务为先"三大理念，"覆盖面广，精细度深"是要进一步扩大民政事业的覆盖范围，减少落后地区相关机构、服务覆盖不足的问题，同时在工作当中进一步进行精细化分类，针对性服务；"政府主导，多元参与"是要在政府把控主导方向的前提下，积极带动人民群众以及相关社会组织参与到民政事业的发展中来，激发社会内在动力，以更好地推动民政事业的发展；"管理兜底，服务为先"是在政府职能转变的过程中，民政事业也要从"管理者"向"服务者"过渡，在保障底线工作的基础上，多方面地满足人民需求，以服务的态度进行工作，才能更好地促进社会稳定，提升人民满意度。其次应当在民政事业整体平衡发展、机构优化人才建设、服务质量提升三方面进行高质量发展，在促进民政事业整体进一步发展的基础上缩小不同地区的发展差距，增多民政事业发展经验的交流；在增多相关工作机构、人才数量的基础上优化机构结构，提升人才素质；在提升民政服务质量的基础上进一步转变观念，创新模式，更好地提升民政服务效率。

本书的主题内容"民政事业"，在学术界的研究视角和研究方法较为单一，多为工作总结或者纯文字性的理论论述，但本书创新性地使用了数据分析与理论相结合的方法来对民政事业进行研究，本书有以下几点创新：

第一，通过梳理民政事业发展过程和对相关民政学科的文献述评，结合我国进入中国特色社会主义新时代的社会背景，论述了经济社会和民政事业之间的相互关系，进一步丰富了中国民政事业高质量发展的理论，构建了"现实问题—秉承理念—发展方向"的民政事业高质量发展框架，通过对现实需求的正确把握和细致的维度划分，对我国高质量发展的民政事业进行了功能定位。

第二，基于对民政事业的功能定位和职能划分，探寻了影响民政事业高质量发展的关键因子，并通过数据挖掘结合灰色综合评价方法，构建出了一套系统性、客观性、科学性极强的中国民政事业高质量发展指数评估体系，对民政事业的发展现状进行了评估，用数据直观地展现出 2010～2017 年我国民政事业的发展态势，相较于以往单纯用文字叙述的研究方法更直观，更客观。

第三，针对中国民政事业高质量发展指数评估系统，对全国及各地区的民政事业发展短板进行了分析和建议，提出了"覆盖面广，精细度高""政府主导，多元参与""管理兜底，服务为先"三大发展理念，并从社会救助、社会事务、基层社会治理和养老福利工作四方面分别进行了战略建议，在研究中遵循了明确职能、分析现状、针对建议的正确逻辑，做到了有的放矢。

第二节　下一步工作

关于民政事业的职能定位已有较多学者进行了探讨和分析，但大多都集中于民政事业内部子系统的讨论和整体民政事业的定位，较少有学者对民政事业的发展一般规律、民政事业内部关系以及民政事业和经济社会发展的关系进行总结归纳，同时在民政的相关研究中，本书中的中国民政事业高质量发展指数评估体系，其数据覆盖性和系统整体性都是学界少有的，但是由于笔者学识有限，基于本书的内容，仍有诸多方面可以进行完善补充：

第一，数据口径可以进一步扩大，本书的研究数据采集来源于《中国民政统计年鉴》，在数据采集过程中发现了数据缺失的情况，在未来的研究当中可以进一步进行数据口径的挖掘，力求取得更完整，更能系统反映民政事业发展情况的数据。

第二，数据样本可以进一步完善，本书的研究数据只包含了我国 29 个省份，由于无法采集到西藏自治区，海南省以及港澳台地区的民政数据，所以在进行各省份对

比和全国综合水平分析的时候就有所偏差，在下一步的研究当中要对数据样本的采集
进一步完善。

第三，体系构建的动态变化问题，民政事业的发展是一个动态变化的过程，本书
中的中国民政事业高质量发展指数评估体系针对 2010～2017 年的民政事业数据进行
了科学分析，但是目前并没有更新的数据体系去支持一个可以动态更新指数的系统出
现，所以在未来的研究当中可以就动态变化这一方面进行更进一步的研究。

参 考 文 献

［1］李包庚．马克思"人民主体性"思想解读［J］．马克思主义研究，2014
（10）：103 – 111，160.

［2］窦玉沛．"以人为本"与民政工作［J］．中国民政，2008（12）：4 – 13.

［3］郝洪涛．读《诗经》札记［J］．社科纵横，2017，32（7）：160 – 162.

［4］曹培．清代州县民事诉讼初探［J］．中国法学，1984（2）：133 – 156.

［5］戴均良．旧中国专门民政机构的设置和变化［J］．社会学研究，1987（5）：
88 – 93.

［6］陶澄滨．建国前民政职事机构理念述要［J］．中国民政，2013（3）：25 – 27.

［7］李慧．论清末黑龙江地方政权改革的原因［J］．北方文物，2010（3）：
98 – 101.

［8］成晓军，范铁权．近20年来晚清官制改革研究述评［J］．社会科学辑刊，
2000（1）：117 – 122.

［9］方秋梅．辛亥革命与近代汉口市政体制转型［J］．江汉论坛，2011
（11）：111 – 118.

［10］康尚谦．论民政工作的社会稳定机制作用［J］．兰州学刊，1990（2）：
40 – 42，46.

［11］杨立雄．新时代背景下民政职能改革研究［J］．内蒙古社会科学（汉文
版），2019，40（1）：31 – 38.

［12］岳宗福．新中国60年社会保障行政管理体制的变迁［J］．安徽史学，
2009（5）：27 – 35.

［13］李勤．1954年湖北水灾与救济［J］．当代中国史研究，2003（5）：89 –
93，127.

［14］杨荣，刘喜堂．新中国民政职能的历史变迁与路径依赖［J］．华中师范
大学学报（人文社会科学版），2015，54（4）：18 – 25.

［15］本刊编辑部．历次全国民政会议辑要［J］．中国民政，2019（6）：34 – 37.

［16］王涵，姚景明．内务部机构及职能［J］．中国民政，1999（1）：35.

［17］岳宗福.中国社会救助行政管理体制的演变与思考［J］.行政论坛,2011,18（1）：20－23.

［18］谢春涛."大跃进"运动研究述评［J］.当代中国史研究,1995（2）：25－34.

［19］刘继同.生活质量与需要满足：五十年来中国社会福利研究概述［J］.云南社会科学,2003（1）：34－39.

［20］本刊编辑部,谌金松.历次全国民政会议回眸［J］.中国民政,2012（3）：51－56.

［21］戴卫东.新中国老年福利事业的反思与前瞻［J］.社会科学战线,2015（2）：191－197.

［22］宋士云.新中国社会福利制度发展的历史考察［J］.中国经济史研究,2009（3）：56－65.

［23］林闽钢.我国社会救助体系发展四十年：回顾与前瞻［J］.北京行政学院学报,2018（5）：1－6.

［24］李荣时.民政统计历史资料汇编［M］.民政部计划财务司,1993.

［25］攸谊发.优抚工作五十年［J］.中国民政,1999（6）：41－42.

［26］左然,左源.40年来我国机构改革的经验和启示［J］.中国行政管理,2018（9）：52－57.

［27］民政部办公厅.跨世纪的中国民政事业：1994－2002（文献卷）［M］.北京：中国社会出版社,2002：205.

［28］廖鸿,杨婧.改革开放以来社会组织的发展与主要成就［J］.中国民政,2018（15）：29－32.

［29］廖鸿.民政部机构改革顺利完成［J］.中国民政,1999（1）：37.

［30］谢海燕.受教育权不平等：基础教育与高等教育的双重视野［J］.宁夏社会科学,2013（4）：139－142.

［31］李志明.中国养老服务"供给侧"改革思路——构建"立足社区、服务居家"的综合养老服务体系［J］.学术研究,2016（7）：99－104.

［32］吴秀荣.我国行政体制改革：职能优化的视角［J］.当代世界,2014（9）：76－79.

［33］吴玉宗.服务型政府：缘起和前景［J］.社会科学研究,2004（3）：10－13.

［34］辽宁省民政厅课题组.今后五年我国民政事业发展趋势和方位的思考［J］.中国民政,2006（7）：15－16.

［35］本刊编辑部.盘点2013布局2014—2014年全国民政工作会议解读［J］.中国民政,2014（1）：11－22.

［36］李学举.用科学发展观认识、定位、推进民政工作［J］.中国民政,2009

（4）：4 - 10.

[37] 刘健. 现代民政的基本内涵功能作用发展路径 [J]. 中国民政，2009（10）：11 - 14.

[38] 姜晓萍. 国家治理现代化进程中的基层社会治理体制创新 [J]. 中国行政管理，2014（2）：24 - 28.

[39] 崔传义. 当前农民工社会管理的突出问题与政策建议 [J]. 重庆工学院学报，2005（10）：7 - 12.

[40] 鲍常勇. 抓住关键实现新时代民政工作新发展 [J]. 中国民政，2018（22）：10 - 11.

[41] 胡鞍钢，刘生龙，马振国. 人口老龄化、人口增长与经济增长——来自中国省际面板数据的实证证据 [J]. 人口研究，2012，36（3）：14 - 26.

[42] 张山山，刘锦桃. 中国各地区人口预期寿命及地理分布分析 [J]. 西北人口，2014，35（4）：18 - 21.

[43] 柳清瑞，刘淑娜，郝婧，范玥臻. 少子老龄化背景下年龄管理的理论与政策 [J]. 辽宁大学学报（哲学社会科学版），2019，47（2）：67 - 82.

[44] 张启春，山雪艳. 基本公共服务标准化、均等化的内在逻辑及其实现——以基本公共文化服务为例 [J]. 求索，2018（1）：115 - 123.

[45] 苏明，贾西津，孙洁，韩俊魁. 中国政府购买公共服务研究 [J]. 财政研究，2010（1）：9 - 17.

[46] 柏萍. 论城市养老和社会福利体制的改革 [J]. 广东社会科学，2001（2）：106 - 110.

[47] 都阳，蔡昉. 中国农村贫困性质的变化与扶贫战略调整 [J]. 中国农村观察，2005（5）：2 - 9，22 - 80

[48] 本刊编辑部. 历次全国民政会议辑要 [J]. 中国民政，2019（6）：34 - 37.

[49] 许耀桐，刘祺. 当代中国国家治理体系分析 [J]. 理论探索，2014（1）：10 - 14，19.

[50] 杜飞进. 中国现代化的一个全新维度——论国家治理体系和治理能力现代化 [J]. 社会科学研究，2014（5）：37 - 53.

[51] 蔡为民. 认真学习贯彻党的十九大新要求新部署扎扎实实做好机关党建工作 [J]. 行政管理改革，2017（11）：81 - 83.

[52] 徐敬宏，王欢. 我国网上公共领域的特点研究 [J]. 情报理论与实践，2009，32（9）：44 - 47.

[53] 刘成. 英国艾德里工党政府的福利政策 [J]. 学海，2007（6）：92 - 96.

[54] 彭华民. 福利三角：一个社会政策分析的范式 [J]. 社会学研究，2006（4）：157 - 168，245.

[55] 王承慧. 美国社区养老模式的探索与启示 [J]. 现代城市研究, 2012, 27 (8): 35 – 44.

[56] 赵万里, 李谊群. 中国多元养老服务模式研究——基于中外养老服务模式的比较分析 [J]. 天津师范大学学报 (社会科学版), 2019 (2): 61 – 67.

[57] 郑杭生. 社会建设和社会管理研究与中国社会学使命 [J]. 社会学研究, 2011, 26 (4): 12 – 21, 242.

[58] 马伊里. 以人为本以人和为目标——关于现代民政核心价值观的讨论 [J]. 中国民政, 2009 (12): 17 – 22.

[59] 王世田. 大民政、现代民政与民生民政 [J]. 中国民政, 2011 (1): 38.

[60] 杨荣, 刘喜堂. 新中国民政职能的历史变迁与路径依赖 [J]. 华中师范大学学报 (人文社会科学版), 2015, 54 (4): 18 – 25.

[61] 江华锋, 吕静. 我国现代民政工作标准化建设 [J]. 河北大学学报 (哲学社会科学版), 2014, 39 (1): 101 – 105.

[62] 唐钧. 民政改革创新应把握的几个原则 [N]. 中国社会报, 2017 – 02 – 20 (002).

[63] 马伊里. 增加人的社会资本恢复人的社会功能——关于现代民政功能的思考 [J]. 中国民政, 2009 (9): 18 – 20.

[64] 崔艳丽. 浅谈民政部门的基本职能定位 [J]. 中国民政, 2018 (22): 21.

[65] 汤维建. 关于现代民政改革的若干思考和建议 [J]. 贵州民族大学学报 (哲学社会科学版), 2018 (1): 142 – 160.

[66] 张海滨. 关于新时代民政工作的思考与建议 [J]. 中国民政, 2019 (5): 18 – 19.

[67] 栾波. 关于当前基层民政部门职责定位的思考 [J]. 中国民政, 2018 (22): 27.

[68] 吕承超. 中国社会保障发展空间非均衡及影响因素研究 [J]. 中央财经大学学报, 2016 (2): 10 – 21.

[69] 肖宁. 山东省民政领域标准化建设探索 [J]. 中国民政, 2016 (19): 32 – 34.

[70] 李丽君. 着力破解民政发展不平衡不充分问题 [J]. 中国民政, 2018 (21): 43 – 44.

[71] 郑功成. 新时代民政事业发展需把握好"四性" [J]. 中国民政, 2018 (13): 29 – 31.

[72] 全面贯彻党的十九大精神努力践行"为民爱民"理念加快推动首都民政事业创新发展 [J]. 中国民政, 2018 (1): 17.

[73] 雷黎明. "1 + 1 + 1"是新时代民政功能定位的重要遵循 [J]. 中国民政,

2018（22）：29－30.

　　［74］丁文才．对新时代民政工作的理解和行动［J］．中国民政，2018（22）：17.

　　［75］萧琮琦，古允文，蓝元杉．台湾新修社会救助法内涵探析：兼论非营利组织在新制下与政府部门的互动［J］．社会保障研究，2011（2）：14－27.

　　［76］胡发贵．论"仁爱"与慈善［J］．苏州大学学报（哲学社会科学版），2010，31（5）：1－5.

　　［77］郑功成．中国社会保障改革与制度建设［J］．中国人民大学学报，2003（1）：17－25.

　　［78］姚善策．关于少数民族山区九十年代扶贫开发的战略思考［J］．社会科学探索，1990（6）：96－101.

　　［79］谢玉梅，臧丹．多元共治贫困：基于江苏省泗阳县的个案研究［J］．农业经济与管理，2018（5）：30－39.

　　［80］渠敬东，周飞舟，应星．从总体支配到技术治理——基于中国30年改革经验的社会学分析［J］．中国社会科学，2009（6）：104－127，207.

　　［81］张蕾．以需为本的残疾人社会保障：国际经验与中国实践［J］．残疾人研究，2016（1）：16－22.

　　［82］林闽钢．新时代我国社会救助发展方向［J］．中国民政，2019（3）：45，50.

　　［83］钱再见．中国社会弱势群体及其社会支持政策［J］．江海学刊，2002（3）：97－103.

　　［84］胡宏伟，杜晓静．新时代中国社会救助精准治理——现状、挑战与改进［J］．北京航空航天大学学报（社会科学版），2019，32（2）：60－69.

　　［85］郑杭生，李应升．全面建设小康社会与弱势群体的社会救助［J］．中国人民大学学报，2003（1）：2－8.

　　［86］刘凤芹，张秀兰．中国农村反贫困政策的反思－从社会救助向社会保护转变［J］．中国社会科学，2007（3）：40－53，203－204.

　　［87］江治强．经济新常态下社会救助政策的改革思路［J］．西部论坛，2015（4）：31－39.

　　［88］关信平．论现阶段中国社会救助制度目标提升的基础与意义［J］．社会保障评论，2017（4）：73－83.

　　［89］谢勇才，丁建定．从生存型救助到发展型救助：我国社会救助制度的发展困境与完善路径［J］．中国软科学，2015（11）：39－49.

　　［90］杨思斌．中国社会救助法制建设的现状分析与对策研究［J］．探索，2008（4）：132－136.

［91］张新宇．试论宋代漏泽园公墓制度的形成原因和渊源［J］．四川大学学报（哲学社会科学版），2008（5）：127 – 133．

［92］王思梅．新中国第一部《婚姻法》的颁布与实施［J］．党的文献，2010（3）：23 – 27．

［93］张学军．事实婚姻的效力［J］．法学研究，2002（1）：66 – 80．

［94］周安平．对我国婚姻法原则的法理学思考［J］．中国法学，2001（6）：167 – 172．

［95］张昆，王创业．从"家国天下"到"社会媒介国家"：死亡政治的演化［J］．新闻与传播评论，2018，71（2）：17 – 27．

［96］丁文，冯义强．我国农村殡葬用地制度的困境及其完善研究［J］．华中师范大学学报（人文社会科学版），2019，58（2）：30 – 38．

［97］陈华文．殡葬改革与农民利益［J］．广西民族大学学报（哲学社会科学版），2006（6）：48 – 51．

［98］陈先义．农村殡葬改革的异化现象及其治理策略——基于安庆殡葬改革的考察［J］．湖南农业大学学报（社会科学版），2017，18（3）：65 – 70．

［99］张淑华．建设"四个民政"奋力谱写民政新篇章［J］．中国民政，2018（22）：14 – 15．

［100］戴香智，熊英．殡葬改革社会政策梗阻现象探析——以 H 省 W 市 Z 村为例［J］．社会工作（学术版），2011（7）：88 – 90．

［101］王启梁，刘建东．中国殡葬法制的意外后果［J］．云南社会科学，2016（1）：113 – 120．

［102］许海兵．推进婚姻登记异地办理势在必行［N］．人民法院报，2018 – 11 – 04（002）．

［103］全信子．关于朝鲜族女性涉外婚姻基本模式的探讨——以嫁到韩国的朝鲜族女性为个案研究［J］．东疆学刊，2007（4）：99 – 105．

［104］王淑敏．婚姻登记现存问题浅析［J］．中国民政，2012（12）：43 – 44．

［105］赵莲．关于云南边民事实婚姻的探讨［J］．中国民政，2011（6）：43 – 44．

［106］仝晰纲．秦汉时期的乡里管理体制［J］．东岳论丛，1999（4）：104 – 107．

［107］马新，齐涛．试论魏晋隋唐时期的宗族政策［J］．史学集刊，2012（4）：3 – 12．

［108］肖唐镖．从正式治理者到非正式治理者——宗族在乡村治理中的角色变迁［J］．东岳论丛，2008（5）：118 – 124．

［109］林尚立．基层群众自治：中国民主政治建设的实践［J］．政治学研究，1999（4）：47 – 53．

［110］徐勇．村民自治：中国宪政制度的创新［J］．中共党史研究，2003（1）：

64－69.

[111] 姜明安. 公众参与与行政法治 [J]. 中国法学, 2004 (2): 28－38.

[112] 汪莉. 论行业自治的合法性 [J]. 理论学刊, 2012 (11): 93－97.

[113] 谢海定. 中国民间组织的合法性困境 [J]. 法学研究, 2004 (2): 17－34.

[114] 重庆市委统战部课题组. 关于社团统战工作的几点思考 [A]. 中共中央统战部. 中国社团发展与统一战线工作研讨会论文集 [C]. 中共中央统一战线理论研究会, 2003: 13.

[115] 王名. 走向公民社会——我国社会组织发展的历史及趋势 [J]. 吉林大学社会科学学报, 2009, 49 (3): 5－12, 159.

[116] 王勇. 改革开放以来中国基层社会治理创新的历史考察 [J]. 科学社会主义, 2013 (6): 102－106.

[117] 方长春. 社会组织形成与发展中的政府角色 [J]. 江汉学术, 2019, 38 (2): 13－18.

[118] 郁建兴, 任杰. 中国基层基层社会治理中的自治、法治与德治 [J]. 学术月刊, 2018, 50 (12): 64－74.

[119] 李晓广, 吴国清. 农村女性参政缺失的新制度政治学分析 [J]. 华南农业大学学报 (社会科学版), 2010, 9 (4): 47－52.

[120] 张志远. 边疆多民族聚居区基层治理创新——以西双版纳城乡社区建设实践为例 [J]. 社会学评论, 2014, 2 (1): 71－79.

[121] 严仍昱. 社会管理格局创新: 从政府包揽向多元参与转变 [J]. 中国社会科学院研究生院学报, 2013 (4): 139.

[122] 马庆钰, 贾西津. 中国社会组织的发展方向与未来趋势 [J]. 国家行政学院学报, 2015 (4): 62－67.

[123] 康晓强. 有效引导社会组织有序参与社会管理的四大思路 [J]. 科学社会主义, 2011 (3): 117－120.

[124] 谢群慧. 建立现代社会组织体制: 新任务新要求——访浦东新区区委党校副教授冯梦成 [J]. 浦东开发, 2013 (6): 17－19.

[125] 夏建中. 城市社区基层社会管理组织的变革及其主要原因——建造新的城市社会管理和控制的模式 [J]. 江苏社会科学, 2002 (1): 165－171.

[126] 徐勇. 论城市社区建设中的社区居民自治 [J]. 华中师范大学学报 (人文社会科学版), 2001 (3): 5－13.

[127] 陈阵, 徐家良. 我国村民委员会换届选举的困境、博弈及救济实证研究——基于村民自治的视角 [J]. 行政论坛, 2019 (2): 21－26.

[128] 葛忠明. 社会自组织研究的主要进展、存在的问题和重点发展方向 [J]. 东岳论丛, 2016, 37 (7): 133－140.

[129] 康晓强. 有效引导社会组织有序参与社会管理的四大思路 [J]. 科学社会主义, 2011 (3): 117 - 120.

[130] 项继权. 农村社区建设: 社会融合与治理转型 [J]. 社会主义研究, 2008 (2): 61 - 65.

[131] 郑平安, 刘海茹. 关于老年人权益保障的立法思考 [J]. 医学与社会, 1998 (6): 60 - 62.

[132] 张鹤泉. 西汉养老制度简论 [J]. 学习与探索, 1992 (6): 130 - 134.

[133] 张绪. 明清老人问题研究综述 [J]. 中国经济与社会史评论, 2015 (00): 345 - 351.

[134] 何兆永. 改革时期的农民家庭和乡村组织及其变迁——萧山农村变革的实证研究 [J]. 社会学研究, 1996 (6): 93 - 100.

[135] 钟慧澜, 章晓懿. 激励相容与共同创业: 养老服务中政府与社会企业合作供给模式研究 [J]. 上海行政学院学报, 2015, 16 (5): 31 - 40.

[136] 黎民, 胡斯平. 中国城镇机构养老及其模式选择——以广州为实例的研究 [J]. 南京社会科学, 2009 (1): 89 - 95.

[137] 朱海龙, 欧阳盼. 中国人养老观念的转变与思考 [J]. 湖南师范大学社会科学学报, 2015, 44 (1): 88 - 97.

[138] 邬沧萍, 谢楠. 关于中国人口老龄化的理论思考 [J]. 北京社会科学, 2011 (1): 4 - 8.

[139] 青连斌. "抱团养老" 的利与弊 [J]. 人民论坛, 2018 (6): 69 - 71.

[140] 柴效武. 异地集中养老模式可行性探讨 [J]. 浙江大学学报 (人文社会科学版), 2004 (6): 151 - 154.

[141] 郭竞成. 居家养老模式的国际比较与借鉴 [J]. 社会保障研究, 2010 (1): 29 - 39.

[142] 蔡笑腾, 白海军. 家庭养老缺失及我国农村养老策略构想 [J]. 国家行政学院学报, 2010 (2): 39 - 43.

[143] 睢党臣, 彭庆超. "互联网, 居家养老": 智慧居家养老服务模式 [J]. 新疆师范大学学报 (哲学社会科学版), 2016, 37 (5): 128 - 135.

[144] 李学斌. 我国社区养老服务研究综述 [J]. 宁夏社会科学, 2008 (1): 42 - 46.

[145] 刘喜堂, 张琳, 孙杨, 毛立坡. 关于民政职责定位的思考 [J]. 中国民政, 2017 (9): 32 - 34, 51.

[146] 范征空. 东北解放区与新中国的建立 [J]. 延边大学学报 (社会科学版), 2008 (2): 138 - 141.

[147] 赵绪生. 我国计划经济体制时期的党政关系评析及启示 [J]. 理论学刊,

2014 (2)：39 - 45.

[148] 吴鲁平，韩小雷．孤残儿童家庭寄养政策研究 [J]．中国青年研究，2006 (1)：30 - 35.

[149] 张文显．法治与国家治理现代化 [J]．中国法学，2014 (4)：5 - 27.

[150] 王晓征．基层政府向社会组织购买公共服务探析——基于豫东地区的实证研究 [J]．社会主义研究，2013 (5)：112 - 117，170.

[151] 刘祖云，武小龙．城乡发展一体化的逻辑重塑——中央、地方与民众的衔接 [J]．甘肃社会科学，2014 (6)：11 - 15.

[152] 俞可平．推进国家治理体系和治理能力现代化 [J]．前线，2014 (1)：5 - 8，13.

[153] 江必新，李沫．论社会治理创新 [J]．新疆师范大学学报（哲学社会科学版），2014，35 (2)：2，25 - 34.

[154] 潘素昆，王跃生．利用对外直接投资推动中国经济高质量发展 [J]．新视野，2018 (4)：89 - 95.

[155] 曾明星，陈丽梅，丁金宏，张剑．中国人口发展中的区域均衡问题及破解思路 [J]．宁夏社会科学，2019 (2)：101 - 108.

[156] 王东，王木森．新时代乡村振兴战略实施的共享理路 [J]．西北农林科技大学学报（社会科学版），2019 (3)：1 - 9.

[157] 李建民．"丝路精神"下的区域合作创新模式——战略构想、国际比较和具体落实途径 [J]．人民论坛·学术前沿，2013 (23)：20 - 25.

[158] 本刊编辑部，赵宇新．打赢脱贫攻坚战民政系统勇担当 [J]．中国民政，2018 (16)：6.

[159] 裴育，史梦昱．地方公共养老服务体系建设水平及其影响因素研究 [J]．南京审计大学学报，2018，15 (5)：1 - 11.

[160] 郭威，杨弘业，李明浩．加快建设现代化经济体系的逻辑内涵、国际比较与路径选择 [J]．经济学家，2019 (4)：59 - 70.

[161] 李姗姗，孙久文．中国城市贫困空间分异与反贫困政策体系研究 [J]．现代经济探讨，2015 (1)：78 - 82.

[162] 江立华，肖慧敏．心理健康与精准扶贫：激发脱贫内生动力的新途径 [J]．湖北民族学院学报（哲学社会科学版），2018，36 (5)：131 - 137.

[163] 于冠一，陈卫东，王倩．电子政务演化模式与智慧政务结构分析 [J]．中国行政管理，2016 (2)：22 - 26.

[164] 王浦劬．国家治理、政府治理和社会治理的含义及其相互关系 [J]．国家行政学院学报，2014 (3)：11 - 17.

[165] 王玲凤．城市空巢老人心理健康状况的调查 [J]．中国老年学杂志，

2009, 29 (22): 2932 - 2935.

[166] 郑碧强, 黄序和. 民政标准化实践的"福建模式"探索 [J]. 东南学术, 2015 (1): 47 - 54.

[167] 窦玉沛, 蒋昆生, 王杰秀, 李永新, 高洪山, 许亚敏, 刘勇. 关于天津市美丽社区建设的调研报告 [J]. 中国民政, 2014 (11): 16 - 19.

[168] 石巧珍. 民生服务保障的"黄冈模式" [J]. 中国民政, 2019 (2): 38 - 39.

[169] 李立国. 着力提高民政标准化工作水平不断增强标准对民政事业发展的支撑能力 [J]. 中国民政, 2009 (12): 12 - 16.

[170] 顾友仁. 中国特色社会主义的价值向度——近五年社会主义核心价值观研究述要 [J]. 社会科学研究, 2011 (2): 180 - 186.

[171] 王如松, 欧阳志云. 社会—经济—自然复合生态系统与可持续发展 [J]. 中国科学院院刊, 2012, 27 (3): 337 - 345, 403 - 404, 254.

[172] 刘旺洪. 社会管理创新: 概念界定、总体思路和体系建构 [J]. 江海学刊, 2011 (5): 137 - 146, 239.

[173] 辜胜阻, 王敏. 智慧城市建设的理论思考与战略选择 [J]. 中国人口·资源与环境, 2012, 22 (5): 74 - 80.

[174] 周宏春. 新时代东北振兴的绿色发展路径探讨 [J]. 经济纵横, 2018 (9): 2, 64 - 72.

[175] 侯继迎, 倪志安. 实证·总体·实践: 历史唯物主义理解三题 [J]. 哲学动态, 2018 (1): 36 - 42.

[176] 竺乾威. 经济新常态下的政府行为调整 [J]. 中国行政管理, 2015 (3): 32 - 37.

[177] 冯志峰. 供给侧结构性改革的理论逻辑与实践路径 [J]. 经济问题, 2016 (2): 12 - 17.

[178] 雷明. 扶贫战略新定位与扶贫重点 [J]. 改革, 2016 (8): 74 - 77.

[179] 赵司空. 民主巩固与挑战: 反思"电子民主"及其两面性 [J]. 社会科学, 2018 (9): 127 - 134.

[180] 沈毅. 中国城乡居民社会养老保险适度水平研究——基于"生存公平"需求的测算与比较 [J]. 西部论坛, 2015, 25 (2): 47 - 53.

[181] 王思斌. 我国适度普惠型社会福利制度的建构 [J]. 北京大学学报 (哲学社会科学版), 2009, 46 (3): 58 - 65.

[182] 汪伟, 刘玉飞, 彭冬冬. 人口老龄化的产业结构升级效应研究 [J]. 中国工业经济, 2015 (11): 47 - 61.

[183] 贺东航, 孔繁斌. 公共政策执行的中国经验 [J]. 中国社会科学, 2011

（5）：61－79，220－221．

[184] 彭国甫．地方政府绩效评估程序的制度安排 [J]．求索，2004（10）：63－65．

[185] 刘永泽，唐大鹏．关于行政事业单位内部控制的几个问题 [J]．会计研究，2013（1）：57－62，96．

[186] 罗依平．深化我国政府决策机制改革的若干思考 [J]．政治学研究，2011（4）：35－43．

[187] 夏国锋，吴理财．公共文化服务体系研究述评 [J]．理论与改革，2011（1）：156－189．

[188] 刘国利．应对基层民政队伍现状问题的几点对策 [N]．中国社会报，2013－04－03（005）．

[189] 郝时远．构建社会主义和谐社会与民族关系 [J]．民族研究，2005（3）：1－13，106．

[190] 吴理财，吴孔凡．美丽乡村建设四种模式及比较——基于安吉、永嘉、高淳、江宁四地的调查 [J]．华中农业大学学报（社会科学版），2014（1）：15－22．

[191] 李淑，李松龄．对共享发展理念的几点理论认识 [J]．经济纵横，2018（6）：24－30．

[192] 马庆钰．共建共治共享基层社会治理格局的意涵解读 [J]．行政管理改革，2018（3）：34－38．

[193] 张文显．法治与国家治理现代化 [J]．中国法学，2014（4）：5－27．

[194] 刘洪．以新的发展理念谋划和推进广东民政事业 [J]．中国民政，2016（5）：42－45．

[195] 习近平．决胜全面建成小康社会夺取新时代中国特色社会主义伟大胜利 [N]．人民日报，2017－10－28（001）．

[196] 韩昌跃．论马克思主义人本发展观视阈下当代中国人的发展 [J]．求实，2014（11）：33－39．

[197] 阮青，牟笛．当代中国社会需求观问题研究 [J]．贵州社会科学，2010（6）：4－9．

[198] 蓝国彬，樊炳有．我国体育公共服务供给主体及供给方式探析 [J]．首都体育学院学报，2010，22（2）：27－31．

[199] 吴忠民．普惠性公正与差异性公正的平衡发展逻辑 [J]．中国社会科学，2017（9）：33－44．

[200] 詹成付．做好2019年社会组织工作要把握好的几个重要问题 [J]．中国民政，2019（4）：6－12．

[201] 曾波彦. 民政信息化的思维视域、路径选择与探索实践 [J]. 中国民政, 2018 (10): 34 – 36.

[202] 陈天祥, 杨婷. 城市社区治理: 角色迷失及其根源——以 H 市为例 [J]. 中国人民大学学报, 2011, 25 (3): 129 – 137.

[203] 李丽君. 着力破解民政发展不平衡不充分问题 [J]. 中国民政, 2018 (21): 43 – 44.

[204] 郑杭生, 黄家亮. 论我国社区治理的双重困境与创新之维——基于北京社区管理体制改革实践的分析 [J]. 东岳论丛, 2012, 33 (1): 23 – 29.

[205] 习近平对民政工作作出重要指示 强调聚焦脱贫攻坚聚焦特殊群体聚焦群众关切 更好履行基本民生保障基层社会治理基本社会服务等职责 李克强会见全国民政会议代表 [J]. 中国社会组织, 2019 (7): 1.

[206] 黄承伟. 党的十八大以来脱贫攻坚理论创新和实践创新总结 [J]. 中国农业大学学报 (社会科学版), 2017, 34 (5): 5 – 16.

[207] 林闽钢. 中国反贫困新命题 [J]. 中国经济报告, 2016 (10): 32 – 33.

[208] 左停. 贫困的多维性质与社会安全网视角下的反贫困创新 [J]. 社会保障评论, 2017, 1 (2): 71 – 87.

[209] 侯秀丽, 王保庆. 我国失独现状的分析与思考 [J]. 湖南师范大学社会科学学报, 2014, 43 (3): 92 – 102.

[210] 谢勇才, 黄万丁, 王茂福. 失独群体的社会救助制度探析——基于可持续生计视角 [J]. 社会保障研究, 2013 (1): 72 – 79.

[211] 张明. 以人为本、执政为民是共产党执政的最高标准 [J]. 中共四川省委省级机关党校学报, 2012 (3): 43 – 46.

[212] 邓海骏, 郭林. 跨越厚葬与薄葬: 绿色殡葬的形式社会学研究 [J]. 中州学刊, 2013 (12): 78 – 83.

[213] 宁家骏. "互联网" 行动计划的实施背景、内涵及主要内容 [J]. 电子政务, 2015 (6): 32 – 38.

[214] 包国宪, 王学军. 我国政府绩效治理体系构建及其对策建议 [J]. 行政论坛, 2013, 20 (6): 1 – 7.

[215] 徐选国, 侯利文, 徐永祥. 社会理性与新社会服务体系建构 [J]. 中州学刊, 2017 (1): 58 – 64.

[216] 宋道雷. 转型中国的社区治理: 国家治理的基石 [J]. 复旦学报 (社会科学版), 2017, 59 (3): 172 – 179.

[217] 张国磊, 张新文. 基层社会治理的政社互动取向: 共建、共治与共享 [J]. 内蒙古社会科学 (汉文版), 2018, 39 (3): 131 – 137.

[218] 祁峰. 完善我国居家养老的对策 [J]. 经济纵横, 2014 (1): 35 – 38.

［219］耿爱生．养老模式的变革取向："医养结合"及其实现［J］．贵州社会科学，2015（9）：101－107.

［220］何郁冰．产学研协同创新的理论模式［J］．科学学研究，2012，30（2）：165－174.

［221］郁建兴，高翔．地方发展型政府的行为逻辑及制度基础［J］．中国社会科学，2012（5）：95－112，206－207.

［222］戴祥玉．公共服务多元供给模式的发展路径探析［J］．长白学刊，2016（1）：71－77.

［223］侯学元．坚持"五化"方向推动现代民政发展［J］．中国民政，2014（9）：19－21.

［224］曲孝丽．基层社会治理视域中的现代民政创新路径［J］．求知，2014（2）：38－39.

［225］孙建萍，周雪，杨支兰，申华平．国内外机构养老模式现状［J］．中国老年学杂志，2011，31（7）：1264－1266.

［226］韩克庆，王燊成．中美贸易摩擦对我国城乡低保标准的影响研究［J］．广东社会科学，2018（5）：21－30，254.

［227］成志刚，公衍勇．我国农村贫困救助制度：反思与重构［J］．湘潭大学学报（哲学社会科学版），2009，33（6）：76－80.

［228］赫凤起．西部地区社会救助存在的问题及对策——以宁夏为例［J］．宁夏社会科学，2010（5）：57－61.

［229］刘计峰．中越边境跨国婚姻研究述评［J］．西北人口，2011，32（6）：64－68.

［230］蒲蕊，徐玉特．善治视角下的农村学校发展［J］．教育科学研究，2018（10）：19－23，39.

［231］傅宏，陈庆荣．积极老龄化：全球视野下的老年心理健康研究和实践探索［J］．心理与行为研究，2015，13（5）：713－720.

［232］刘燕．西南欠发达地区农村老年人对医养问题的认知与需求分析［J］．西北人口，2018，39（5）：119－126.

［233］张丙宣．支持型社会组织：社会协同与地方治理［J］．浙江社会科学，2012（10）：45－50，72，156－157.

［234］陈伟东．论社区建设的中国道路［J］．学习与实践，2013（2）：40－49.

［235］曹勇．努力展现新时代民政工作新作为［J］．中国民政，2018（4）：17.

［236］蒋悟真，游川．论国家作为社会救助主体的法律责任［J］．江海学刊，2016（5）：127－132.

［237］竹立家．社会转型与国家治理现代化［J］．科学社会主义，2014（1）：

8 - 12.

[238] 张大维. 生计资本视角下连片特困区的现状与治理——以集中连片特困地区武陵山区为对象 [J]. 华中师范大学学报 (人文社会科学版), 2011, 50 (4): 16 - 23.

[239] 石良平, 汤蕴懿. 中国跨境电子商务发展及政府监管问题研究——以小额跨境网购为例 [J]. 上海经济研究, 2014 (9): 3 - 18.

[240] 陈家建, 赵阳. "低治理权" 与基层购买公共服务困境研究 [J]. 社会学研究, 2019, 34 (1): 132 - 155, 244 - 245.

[241] 徐选国, 徐永祥. 基层社会治理中的 "三社联动": 内涵、机制及其实践逻辑——基于深圳市 H 社区的探索 [J]. 社会科学, 2016 (7): 87 - 96.

[242] 孙其宝. 福山政治发展与政治秩序理论研究 [J]. 比较政治学研究, 2016 (2): 114 - 151.

[243] 周湘莲, 周勇. 农村空巢老人精神养老问题研究 [J]. 湖南科技大学学报 (社会科学版), 2014, 17 (4): 101 - 106.

[244] 吴丹洁. 农村中年居民养老观念对养老方式影响因素研究 [J]. 科学决策, 2017 (2): 44 - 60.

[245] 吕同舟. 新中国成立以来政府职能的历史变迁与路径依赖 [J]. 学术界, 2017 (12): 71 - 81, 323 - 324.

[246] 冯留建. 社会主义核心价值观培育的路径探析 [J]. 北京师范大学学报 (社会科学版), 2013 (2): 13 - 18.

[247] 弗朗西斯·福山, 曹义. 社会资本、公民社会与发展 [J]. 马克思主义与现实, 2003 (2): 36 - 45.

[248] 葛志军, 邢成举. 精准扶贫: 内涵、实践困境及其原因阐释——基于宁夏银川两个村庄的调查 [J]. 贵州社会科学, 2015 (5): 157 - 163.

[249] 王思斌. 中国社会工作的嵌入性发展 [J]. 社会科学战线, 2011 (2): 206 - 222.

[250] 王卫星. 美丽乡村建设: 现状与对策 [J]. 华中师范大学学报 (人文社会科学版), 2014, 53 (1): 1 - 6.

[251] 马静. 中国农村社会救助制度改革的顶层设计 [J]. 学术月刊, 2013, 45 (4): 30 - 37.

[252] 俞可平. 中国公民社会: 概念、分类与制度环境 [J]. 中国社会科学, 2006 (1): 109 - 122, 207 - 208.

[253] 王鹏, 高妍伶俐. 中国区域创新能力差异的实证研究——兼评各地区创新能力的影响因素 [J]. 南京工业大学学报 (社会科学版), 2017, 16 (1): 121 - 128.

[254] 渠敬东. 项目制: 一种新的国家治理体制 [J]. 中国社会科学, 2012

（5）：113－130，207.

［255］中国行政管理学会课题组．加快我国社会管理和公共服务改革的研究报告［J］．中国行政管理，2005（2）：10－15.

［256］陈小君．我国农村土地法律制度变革的思路与框架——十八届三中全会《决定》相关内容解读［J］．法学研究，2014，36（4）：4－25.

［257］周大鸣．社会建设视野中的城市社区治理和多民族参与［J］．思想战线，2012，38（5）：11－17.

［258］彭希哲，胡湛．公共政策视角下的中国人口老龄化［J］．中国社会科学，2011（3）：121－138，222－223.

［259］周燕珉，林婧怡．我国养老社区的发展现状与规划原则探析［J］．城市规划，2012，36（1）：46－51.

［260］徐丹佳．我国被征地农民典型养老保险模式分析［J］．思想战线，2010，36（S2）：114－116.

［261］姜晓萍．国家治理现代化进程中的社会治理体制创新［J］．中国行政管理，2014（2）：24－28.

［262］冯研．高职院校贫困生救助体系优化中的政府责任［J］．现代商业，2015（24）：266－267.

［263］魏丽华．我国三大城市群内部经济联系对比研究［J］．经济纵横，2018（1）：45－54.

［264］李强．产业转移、人力资本积累与中部经济增长［J］．数理统计与管理，2011，30（1）：107－117.

［265］景维民，倪沙．中国国家治理的本质要求及其内在逻辑——国家治理的政治经济学分析［J］．经济学动态，2016（8）：13－18.

［266］应松年．社会管理创新引论［J］．法学论坛，2010，25（6）：5－9.

［267］王伟同．中国公共服务效率评价及其影响机制研究［J］．财经问题研究，2011（5）：19－25.

［268］曹应旺．十六大以来"建设创新型国家"述论［J］．党的文献，2011（1）：99－105.

［269］安树伟，张晋晋．山西高质量发展战略研究［J］．经济问题，2019（5）：1－8.

［270］李秉文．西部地区城乡一体化发展程度评价研究［J］．中国农业资源与区划，2012，33（3）：65－69.

［271］李圣军．城镇化模式的国际比较及其对应发展阶段［J］．改革，2013（3）：81－90.

［272］时立荣，刘蔚，闫昊．北京机构型养老资源合理配置政策分析［J］．新视

野，2014（3）：105－109．

［273］艾丽．对我国机构养老模式的思考［J］．人民论坛，2013（11）：154－155．

［274］李长远．民族地区多元主体合作参与养老服务的困境及政策支持［J］．宁夏社会科学，2017（2）：127－134．

［275］汤闳淼．我国社会救助制度下城乡最低生活保障标准设立再思考［J］．中国社会科学院研究生院学报，2016（3）：61－65．

［276］王剑利，庄孔韶，宋雷鸣．农村扶贫工作中的弱势群体识别问题［J］．中国农业大学学报（社会科学版），2015，32（2）：91－97．

［277］施雪华．"服务型政府"的基本涵义、理论基础和建构条件［J］．社会科学，2010（2）：3－11，187．

［278］贺雪峰．论中国农村的区域差异——村庄社会结构的视角［J］．开放时代，2012（10）：108－129．

［279］张成福，吴俣丹．公共服务中的利益冲突及预防机制研究［J］．新视野，2016（4）：5－14．

［280］张西勇，杨继武．历史制度主义视域下我国城市街道办事处的制度变迁［J］．中国行政管理，2012（12）：69－73．

［281］王庆．略论微博问政［J］．江西财经大学学报，2011（4）：21－25．

［282］王延奎．社会组织参与社会治理研究——以深圳市龙岗区为例［J］．人民论坛，2014（32）：224－226．

［283］钱亚仙．老龄化背景下的社会养老服务体系研究［J］．理论探讨，2014（1）：162－165．

［284］银平均，黄文琳．农村留守老人问题研究的现状及其趋势［J］．江西社会科学，2011，31（2）：195－199．

［285］张志雄，孙建娥．多元化养老格局下的互助养老［J］．老龄科学研究，2015，3（5）：33－41．

［286］卢志刚．社会救助的权利救济——兼论《社会救助法（草案）》权利救济程序规定之不足［J］．贵州社会科学，2014（1）：157－160．

［287］施雪华，汤静容．当前中国行政服务中心的主要问题与解决对策［J］．理论与改革，2013（5）：5－12．

［288］周雪光．权威体制与有效治理：当代中国国家治理的制度逻辑［J］．开放时代，2011（10）：67－85．

［289］程淑琴，倪东辉，潘彬．基于大数据视角的基层公务员考核机制创新研究［J］．华东经济管理，2018，32（7）：174－180．

［290］郭林．从"死无所葬"到"葬有所安"：四维特性视域下中国殡葬服务制

度的改革路径研究 [J]. 浙江大学学报（人文社会科学版），2013，43（3）：21 – 31.

[291] 董跃民. 对加强和改进河南农村殡葬改革工作的思考 [J]. 法制与社会，2012（1）：221 – 224.

[292] 李涛，王新强. 协商民主、选举民主与民主政治建设 [J]. 政治学研究，2014（3）：73 – 81.

[293] 杨跃锋，徐晴. 社会碎片化视角下的政府社会管理体制建设 [J]. 华南师范大学学报（社会科学版），2013（3）：74 – 79，162.

[294] 史成虎，张晓红. 当代中国政治体制改革的困境与进路——以路径依赖为视角 [J]. 西南大学学报（社会科学版），2013，39（2）：24 – 31，173.

[295] 石发勇. 城市社区民主建设与制度性约束上海市居委会改革个案研究 [J]. 社会，2005（2）：50 – 77.

[296] 赵晓芳. 健康老龄化背景下"医养结合"养老服务模式研究 [J]. 兰州学刊，2014（9）：129 – 136.

[297] 孙建娥，王慧. 城市失能老人长期照护服务问题研究——以长沙市为例 [J]. 湖南师范大学社会科学学报，2013，42（6）：69 – 75.

[298] 胡祖铨. 养老服务业领域政府投资规模研究 [J]. 宏观经济管理，2015（3）：46 – 48.

[299] 张俊浦. 西部城市社区居家养老的发展障碍及对策——以四川省 D 市为例 [J]. 四川理工学院学报（社会科学版），2013，28（1）：34 – 38.

[300] 向运华，刘欢. 保障性扶贫模式下社会救助助推精准脱贫的实证分析——基于 1989 – 2011 年 CHNS 数据库 9 次调查数据研究 [J]. 江西财经大学学报，2016（5）：63 – 73.

[301] 李秉文. 社会救助："全民就业"式优于"全民低保"式 [J]. 经济学家，2010（11）：28 – 33.

[302] 顾理平. 中国新闻法治的现实困境及推进思路 [J]. 江苏社会科学，2012（5）：246 – 251.

[303] 李丹. 政治传播视角下主流媒体的政府形象塑造——以《人民日报》的精准扶贫报道为样本 [J]. 江汉学术，2018，37（6）：106 – 112.

[304] 王睿倩. 社会管理现代化的社会资源和人力资源研究——针对发达地区的情况分析 [J]. 人民论坛，2012（29）：86 – 87，91.

[305] 何欣峰. 社区社会组织有效参与基层社会治理的途径分析 [J]. 中国行政管理，2014（12）：68 – 70.

[306] 严俊，孟扬. 道德化市场中的社会组织：市场区隔与"价值—利益"双目标行为 [J]. 中国第三部门研究，2018，16（2）：125 – 150，229 – 230.

[307] 卢德平. 略论中国的养老模式 [J]. 中国农业大学学报（社会科学版），

2014，31（4）：56 - 63.

　　[308] 钟涨宝，聂建亮. 农民的养老观念与新农保养老保障能力评价 [J]. 中南民族大学学报（人文社会科学版），2014，34（1）：94 - 100.

　　[309] 张卫国. 美国养老社区研究 [J]. 世界经济与政治论坛，2012（5）：136 - 149.

　　[310] 王茂福，冯楠. 公办养老机构市场化改革对入住老人社会支持的影响 [J]. 学习与实践，2017（6）：107 - 114.

　　[311] 郭涛. 论美国大学教育救助制度与镜鉴 [J]. 郑州大学学报（哲学社会科学版），2010，43（4）：174 - 176.

　　[312] 曾伟，周俊. 法治视阈下的流浪乞讨人员管理与服务研究 [J]. 学术论坛，2015，38（1）：140 - 143.

　　[313] 宫蒲光. 关于"救急难"工作中几个问题的思考 [J]. 行政管理改革，2015（6）：24 - 28.

　　[314] 杨清涛. 试论当前我国干群利益矛盾的表现、特点及其解决途径 [J]. 郑州大学学报（哲学社会科学版），2009，42（6）：39 - 43.

　　[315] 郑俊田，邹媛莹，顾清. 地方政府权力清单制度体系建设的实践与完善 [J]. 中国行政管理，2016（2）：6 - 9.

　　[316] 江国华，肖妮娜. 人民政协参与立法协商的法理与机制 [J]. 湖南大学学报（社会科学版），2019，33（2）：124 - 132.

　　[317] 马金生，刘杨，郭林. "逝有所安"的路径优化——我国公益性公墓建设模式研究 [J]. 湖南社会科学，2017（1）：96 - 102.

　　[318] 胡锦涛. 在庆祝中国共产党成立85周年暨总结保持共产党员先进性教育活动大会上的讲话 [J]. 求是，2006（13）：3 - 10.

　　[319] 朱艳敏. 失独者养老态势与困境摆脱 [J]. 重庆社会科学，2013（8）：34 - 41.

　　[320] 王文娟，陈岱云. 城市独生子女父母养老社会支持问题研究 [J]. 山东社会科学，2008（9）：31 - 35.

　　[321] 康越. 日本养老人才队伍建设简析 [J]. 中央民族大学学报（哲学社会科学版），2013，40（3）：58 - 62.

　　[322] 张浩淼. 重构亚洲国家的社会救助——缓解贫困与促进发展 [J]. 学习与实践，2011（1）：96 - 103.

　　[323] 刘一伟，汪润泉. 收入差距、社会资本与居民贫困 [J]. 数量经济技术经济研究，2017，34（9）：75 - 92.

　　[324] 王延中，王俊霞. 更好发挥社会救助制度反贫困兜底作用 [J]. 国家行政学院学报，2015（6）：67 - 71.

[325] 周沛，陈静. 新型社会救助体系研究 [J]. 南京大学学报（哲学. 人文科学. 社会科学版），2010，47（4）：141-149，160.

[326] 茅铭晨. 政府管制理论研究综述 [J]. 管理世界，2007（2）：137-150.

[327] 高学栋，李坤轩. 推进"互联网，政务服务"对策研究——基于山东省部分政府部门"放管服"改革第三方评估 [J]. 华东经济管理，2016，30（12）：178-184.

[328] 刘智慧，张泉灵. 大数据技术研究综述 [J]. 浙江大学学报（工学版），2014，48（6）：957-972.

[329] 毕绪龙. 坚持群众需求导向加强公共文化服务制度设计 [J]. 求知，2015（2）：35-37.

[330] 王建华，周毅. 政务新媒体语用表达模式述略 [J]. 浙江社会科学，2019（4）：129-134，159-160.

[331] 王名，蔡志鸿，王春婷. 社会共治：多元主体共同治理的实践探索与制度创新 [J]. 中国行政管理，2014（12）：16-19.

[332] 魏治勋. "善治"视野中的国家治理能力及其现代化 [J]. 法学论坛，2014，29（2）：32-45.

[333] 张建荣. 论政府与公众信任关系的双向维度 [J]. 江西师范大学学报（哲学社会科学版），2010，43（6）：29-33.

[334] 王军强. 北京中心城区机构养老服务 [J]. 中国老年学杂志，2018，38（19）：4786-4789.

[335] 姚俊. "多支柱"社会养老服务政策的理念与设计研究——基于服务递送的视角 [J]. 现代经济探讨，2015（7）：48-52.

[336] 李景鹏. 关于推进国家治理体系和治理能力现代化——"四个现代化"之后的第五个"现代化" [J]. 天津社会科学，2014（2）：57-62.

[337] 王芳，李和中. 城市社区治理模式的现实选择 [J]. 中国行政管理，2008（4）：68-69.

[338] 邱莉莉. 中外救助及失业人员再就业政策比较研究 [J]. 城市问题，2009（12）：68-72.

[339] 唐白玉. 做实做好社会救助兜底保障工作为打赢脱贫攻坚战贡献力量 [J]. 中国民政，2018（20）：25-26.

[340] 王增文，邓大松. 倾向度匹配、救助依赖与瞄准机制——基于社会救助制度实施效应的经验分析 [J]. 公共管理学报，2012，9（2）：83-88，126.

[341] 刘德吉. 公共服务均等化的理念、制度因素及实现路径：文献综述 [J]. 上海经济研究，2008（4）：12-20.

[342] 关信平. 当前我国增强社会组织活力的制度建构与社会政策分析 [J]. 江

苏社会科学，2014（3）：83 – 89.

[343] 贾康，苏京春. 论供给侧改革 [J]. 管理世界，2016（3）：1 – 24.

[344] 邱实，赵晖. 论当代中国政治责任的实现路径 [J]. 华东师范大学学报（哲学社会科学版），2015，47（6）：112 – 116，168.

[345] 魏程琳. 权力与关系网络中的农村低保 [J]. 青年研究，2014（3）：46 – 54，95.

[346] 杨宏伟，汪闻涛. 失独家庭的缺失与重构 [J]. 重庆社会科学，2012（11）：21 – 26.

[347] 权小锋，吴世农，文芳. 管理层权力、私有收益与薪酬操纵 [J]. 经济研究，2010，45（11）：73 – 87.

[348] 严晓萍. 美国社区养老服务设施建设及启示 [J]. 社会保障研究，2009（4）：19 – 25.

后 记

中国民政事业高质量发展是社会发展到现阶段的必然要求，只有将民生、民政问题处理好，才能有良好稳定的社会环境，才能有公平正义的社会秩序，才能促进人与社会的和谐发展。

广西壮族自治区民政厅 2018 年 12 月 27 日在其网站上公布了《广西壮族自治区民政厅关于开展 2019 年广西民政政策理论研究工作的通知》（桂民函〔2018〕1496号），并于 2019 年 3 月 13 日公布了《广西壮族自治区民政厅办公室关于发布 2019 年民政政策理论研究立项课题名单的通知》（桂民办函〔2019〕66 号）。曾鹏教授主持申报的课题《中国民政事业发展研究：功能定位、现状评估及发展战略》（2019GXMZKT01）获得了立项，并于 2019 年 7 月 29 日通过结题鉴定，获得"优秀"的等级。本书就是曾鹏教授主持的 2019 年度广西壮族自治区民政厅科研项目《中国民政事业发展研究：功能定位、现状评估及发展战略》（2019GXMZKT01）的研究成果。

在本书出版之际，回想起团队在科研期间的点点滴滴，心中不免感慨万千，从选题到制定写作大纲，从数据采集挖掘到体系构建分析，最后到本书问世，其中既有困难又有欢乐，在相互学习交流中师徒之情渐深。

中国民政事业的发展是基于经济社会发展不断变化的，只有秉承着"民政为民，民政爱民"的理念不断地创新机制，协调发展，才能满足人民群众不断增多的要求。在研究过程中由于我们的数据采集、认知水平和知识储备不够全面，书中不免有不足之处，欢迎广大读者和相关研究人员进行批评指正。

曾 鹏

2020 年 10 月